国家规模 和经济增长译丛

COUNTRY SIZE,
GOVERNMENT AND PUBLIC GOODS

Felix J. Bierbrauer Simon Vicary
James Andreoni Willem H. Buiter

国家规模、政府和公共产品

［德］费利克斯·J.比尔布劳尔 ［英］西蒙·威克瑞
［美］詹姆斯·安德里尼 ［英］威廉·H.比特 等◎著

欧阳峣 周利 周密 周游◎译

格致出版社 上海人民出版社

主编的话

　　社会科学的现实形态,往往是人类认识史上各种理论和知识融通生成的结果。为了挖掘国际学界研究国家规模及其经济影响的成果,系统梳理这个主题的理论发展脉络,以前人的理论智慧启迪今后继续深化研究的方向,我们组织翻译出版这套"国家规模和经济增长译丛"。

　　这个领域的研究文献极为稀缺。2012 年春天,我在斯坦福大学图书馆发现 1957 年国际经济协会海牙会议的论文集《国家规模的经济影响》,这部由罗滨逊教授主编的文集应该是直接研究国家规模和经济增长的最早文献。2017 年春天,我在牛津大学图书馆发现阿莱西纳教授和斯波劳雷教授所著的《国家的规模》以及德国洪堡大学阿卢伊尼的博士学位论文《国家规模、增长和货币联盟》,这两篇文献代表了 21 世纪初期国际学界的研究水平。2018 年夏天,我在哈佛大学拜访经济系前主任珀金斯教授和塔夫茨大学经济系斯波劳雷教授,讨论国家规模和经济增长问题,并从哈佛大学图书馆收集了一些高水平论文,考虑将它们编成两部论文集:《国家规模、贸易和工业化》和《国家规模、政府和公共产品》。于是,就形成了我们翻译出版这套丛书的基本框架。

　　我们研究大国经济发展理论,是从学习张培刚教授的"新发展经济学"开始的。张培刚教授提出,发展中大国应该成为发展经济学的重要研究对象,我把它称为"张培刚命题"。遵循张培刚教授的命题,我们探讨发展中大国的合理界定、评价指标、基本特征以及工业化、城市化和现代化问题。随后,我们在《发展经济学手册》中读到珀金斯教授所作的《大国:规模的影响》,珀金斯教授提出:为什么大国的规模可能会导致更好或更坏的经济表现?我把它称为"珀金斯之问"。带着珀金斯之问,我们开始探索国家规模对经济增长的正面影响、负面影响以及主要原因、影响机理。从经济学角度看,大国经济问题主要是国家规模和经济增长问题,需要把国家规模因素纳入发展经济学理论框架,分析它对市场规模、生产规模和经济规模的影响,进而探讨大国经济发展优势、发展型式和发展战略。

这套丛书选择了国际学界研究国家规模和经济增长的主要成果,希望它能够为中国学者的研究提供理论和方法的借鉴。中国是典型的发展中大国和新兴大国,遵循经济理论和经济事实的重要性相统一的原则,中国经济学家应该基于新兴大国的典型化事实,在大国经济领域进行科学探索,精耕细作,作出富有创新性的理论成果,为构建中国风格的经济学话语体系作出积极贡献。

序　言

　　所谓大国经济理论,实际上就是研究国家规模影响经济增长和经济运行的理论。国家规模的经济影响是比较广泛的,它不仅在贸易和工业化方面有具体表现,而且在政府和公共产品方面也有具体表现。本书收集了比尔布劳尔、威克瑞、安德里尼以及比特等著名专家探索国家规模影响政府和公共产品的机制的十一篇重要论文,取书名为《国家规模、政府和公共产品》。这些论文反映了国际学术界在该领域研究的重要进展,可以说代表了该领域的前沿水平。

　　这部论文集的内容可以归纳为三个主题,具体讨论了国家规模影响公共产品的机制、大经济体中公共产品捐赠的机制以及国家规模影响政府治理的机制。首先讨论大经济体中公共产品供给的特征,以及实现最优公共产品供给路径、价格效应和代理人机制;然后讨论大经济体中公共产品的特殊类型——捐赠,涉及自愿捐赠的模型、均衡供应收敛和利他主义贡献;最后拓展到国家规模与政府治理的关系,涉及国家规模影响开放程度、进而影响政府规模的机制,大经济体中政府分权影响政府质量的效果,政府规模与环境质量的负相关性,以及大经济体公共债务增长的跨国效应。

　　第一个主题讨论国家规模影响公共产品供给的机制,有四篇论文集中讨论该领域的问题。首先是德国科隆大学的比尔布劳尔和德国马克斯·普朗克集体物品研究所的海恩维格撰写的《大经济体中的公共产品供给》,刊载于《德国马普学会论文集》。作者遵循大经济体范式进行分析,认为小经济体模型的主要特征是每个个体都可以对总体结果发生显著的影响,所以特别关注个体激励的相容性,致力于使人们的收益与他们的偏好表达相一致;大经济体模型的主要特征是没有一个人可以单独影响公共产品供给的水平,所以人们不希望通过表达自己的偏好对公共产品的供给水平产生重要影响,从而要求通过预算平衡使最优公共产品供给规则得到有效实施,这里主要涉及投票机制而不是利益评估问题。

德国海德堡大学迪德里希和格施尔兹撰写的《大经济体中的贡献:基于实地实验的价格和非价格效应》,系阿尔弗雷德·韦伯经济研究所工作论文,讲述了大经济体中公共产品贡献的价格效应的绝对和相对作用,发现价格效应是存在的,但其效应值很小,公共产品供给价格的正向变化将会对贡献倾向产生预期的负面影响;而其他变量在解释超大经济体中所观察到的贡献方面具有更大影响力,社会经济变量、情境变量以及与内疚感和道德责任相关的态度变量主导了价格效应。

中国上海财经大学荣康撰写的《大经济体中公共产品的供给和个体理性的比例》,刊载于《数理经济学期刊》。作者提出了一个衡量代理人在机制中的影响力的标准差,即代理人的临时预期供给,通过研究发现当经济体规模变大的时候,代理人在任何匿名机制序列中的影响都会收敛到零。因此,任何匿名可行机制都必须收敛到一个恒定的机制,而且只有当从该机制中获得非负临时预期效用的代理人的比例弱高于所需的一致率时,才能提供公共产品并从代理人那里收取费用。

美国波士顿学院小西秀男和日本法政大学筱原龙介撰写的《大型有限经济体中公共产品的供给和自愿参与》,刊载于《公共经济理论期刊》。作者假定一个自愿参与的公共产品供给博弈,参与博弈的代理人提供公共产品并按照一种机制支付费用,而非参与者可以搭便车。在这种条件下,研究经济体人口增长对均衡公共产品供给水平的影响。结果表明,在由多个代理人组成的大型经济体中,如果每个代理人都可以选择是否参与有效的公共产品机制,那么公共产品的均衡水平就是低效的和微小的。

第二个主题讨论大经济体中公共产品捐赠的机制,私人捐赠属于公共产品的特定类型,有三篇论文集中讨论该领域的问题。日本国际大学柿中真和日本高知工科大学小谷浩示撰写的《大经济体中公共产品自愿捐赠的内在动机与外在动机之间的相互作用》,刊载于《公共选择》杂志。作者构建了在大经济体中对公共产品进行自愿捐赠的模型,其中人们的偏好包括外在的收益和内在的收益。结果发现,公共产品供给变化的影响不仅取决于内在收益的动机转移,而且取决于公共产品在外在收益中与私人产品相关的特征。当动机转移足够大、私人产品和公共产品是外在互补品或者独立的时候,有可能发生过度挤出;当动机转移足够小、私人产品和公共产品是外在替代品的时候,则将发生不完全挤出或挤入。

英国赫尔大学维卡里撰写的《大经济体中公共产品的捐赠》,刊载于《欧洲经济评论》。作者试图研究大经济体中的代理人从事对公共产品数量产生不利影响的活动时的私人提供公共产品的特征,提出一个包含可以为公共产品做出贡献的两种方式的模型,积极的方式是个人捐赠,消极的方式是购买私人产品,假如存在纳什均衡,随着群体规模的增加,可以得到一个纳什均衡序列。在唯一性假设下的公共产品的均衡供应收敛到最终水平,个体的平均捐赠为零,当社区规模扩大到无穷时,平均捐赠将趋近于正值。

美国威斯康星大学麦迪逊分校安德里尼撰写的《大经济体中私人提供的公共产品:利他主义的有限性》,刊载于《公共经济学期刊》。作者着眼于研究随着经济规模的扩大,对公共产品做出贡献的人和没有做出贡献的人这两个群体规模的变化。他发现传统的捐赠模型既不能解释捐赠的广泛性和密集性,更不能预测在可观察到水平上的不完全挤出。特别是,随着经济规模的增长,利他主义对公共产品的贡献比例降至零,因而需要将私人提供的公共产品的描述模型推广到包括其他非利他的捐赠动机。

第三个主题讨论国家规模影响政府治理的机制,有四篇论文集中讨论该领域的问题。美国哈佛大学阿莱西纳和瓦克奇亚格撰写的《对外开放、国家规模与政府治理》，刊载于《公共经济学杂志》。作者致力于研究国家规模、开放程度和政府规模之间的关系，发现大国从贸易中获得的动态收益比小国少，小国需要通过贸易开放进入更大市场中获益。如果在公共产品供给方面存在着与部分或完全非竞争相关的固定成本和规模经济，那么小国的政府在 GDP 中所占份额更大，而大国中的公共产品的成本可以分摊到更大的纳税人群体中，国家规模增加的效应在于降低给定供给水平下公共产品的人均成本。对外开放度与政府规模呈正相关，更开放的国家将拥有更大的政府，因为它需要更大的政府支出来发挥稳定收入和消费的作用。

美国加州大学洛杉矶分校特瑞斯曼撰写的《政府分权与政府质量》，这是一篇工作论文。作者利用新建立的包括 166 个国家的八个不同分权指标的数据集检验政府分权影响政府质量的效果，他主要选择均衡效率的指标而不是成本效益指标进行分析，发现若干类型的分权倾向于降低政府的质量。具体表现在加深腐败的程度，降低卫生、教育和基础设施服务的效果，这是因为在权力分散的国家，掠夺性政府未能协调而导致极高的贿赂比率，更大的垂直划分权力将导致更大的浪费、严重的搭便车现象，而且中央的监控越差。

苏黎世联邦理工学院伯瑙尔和库比撰写的《政府规模大就能更好地提供公共产品吗?》，刊载于《公共选择》期刊。作者针对主张政府规模由需求驱动的公民优先理论和政府规模由供给驱动的国家优先理论的不同思路，通过考察 42 个国家的政府规模与一种特殊的公共产品即环境质量之间的关系，发现政府规模与环境质量两者之间是负相关的。这一结果并不能决定性地证明政府规模扩张是由公共产品以外的因素推动的，但它为反对政府规模增强公共产品供给的理论假设提供了一定的支持。将腐败指数和官僚质量指数的总和与政府规模变量一起纳入回归来衡量政府质量，发现除政府规模导致腐败、官僚素质和公共产品供给渠道低等因素外，大型政府还可能通过其他渠道对环境产生消极影响。

英国伦敦政治经济学院比特和伦敦大学西伯特撰写的《大型开放经济体中的政府赤字:公共债务太少的问题》,刊载于《经济学》杂志。作者根据大经济的公共债务增长引发的大国借债的跨国效应问题,构建一个考虑高昂税收及外生的公共支出和初始债务的动态优化模型,分析与单个国家赤字相关的外部效应,以及政府的税收和借贷策略对国际利率溢出的福利经济学影响。发现倘若没有市场力量或初始债务则最优化政府将使税收完全平稳,如果各国的规模足以影响世界利率,最优化政府在当前期间将会比未来降低税收。

目　录

第1章　大经济体中的公共产品供给

　　　　　　　　费利克斯·J.比尔布劳尔　马丁·F.海恩维格　001

第2章　大经济体中公共产品自愿捐赠的内在动机与外在动机
　　　　之间的相互作用　　　　　　　　柿中真　小谷浩示　060

第3章　大经济体中公共产品的捐赠　　　　　　西蒙·维卡里　077

第4章　大经济体中的贡献:基于实地实验的价格和非价格效应

　　　　　　　　约翰尼斯·迪德里希　蒂莫·格施尔兹　088

第5章　大经济体中私人提供的公共产品:利他主义的有限性

　　　　　　　　　　　　　　　　　詹姆斯·安德里尼　130

第6章　大经济体中公共产品的供给和个体理性的比例　荣康　149

第7章　大型有限经济体中公共产品的供给和自愿参与

　　　　　　　　　　　　　　　小西秀男　筱原龙介　178

第8章　对外开放、国家规模与政府治理

　　　　　　　　阿尔贝托·阿莱西纳　罗曼·瓦克奇亚格　205

第9章　政府分权与政府质量　　　　　　丹尼尔·特瑞斯曼　223

第10章　政府规模大就能更好地提供公共产品吗?

　　　　——以空气污染为例　托马斯·伯瑙尔　瓦里·库比　266

第11章　大型开放经济体中的政府赤字:公共债务太少的问题

　　　　　　　　　　　　　威廉·比特　安妮·西伯特　287

第1章 大经济体中的公共产品供给[*]

在一个大经济体中,最优公共产品供给规则可以通过预算平衡得到有效实施,因为任何个体都无法独自影响总体结果。然而,最优结果可能会被一致行动的代理人联盟阻止。我们发现,在抗强阻性下,对于作为单一不可分割单位的公共产品来说,单调的社会选择函数不能以偏好强度为条件,而只能以倾向于一个结果而非另一个结果的人口比例为条件。任何这样的社会选择函数都可以通过简单的投票机制来实现。随着公共产品供给水平的提高,需要更复杂的机制,但它们仍然涉及投票机制而不是利益评估,单调性以及抗强阻性为投票机制的使用奠定了基础。

1.1 引言

1.1.1 大经济体

我们研究了一个经济体中的公共产品供给,其中参与者众多,且每个参与者都微不足道,无法对总体结果产生显著影响。在经济理论和政治经济学的其他方面,这样的大经济体发挥着核心作用。对于私人产品而

---

* 作者:费利克斯·J.比尔布劳尔(Felix J. Bierbrauer),德国科隆大学宏观经济研究中心;马丁·F.海恩维格(Martin F. Hellwig),德国马克斯·普朗克集体物品研究所。论文选自《德国马普学会论文集》(2015 年)。

言,大经济体范式提供了一种适宜的框架,用于探究当涉及数百万个体且没有一个个体有能力影响市场价格时会发生什么。在公共经济学中,大经济体研究范式被用来研究当个体不能对政府预算产生显著影响时人们对税收的反应。而在政治经济学中,大经济体研究范式被用于研究当没有个体认为自己对选举结果起关键作用时的投票行为。

相比之下,大多数关于公共产品供给的分析都涉及小经济体模型,其主要的特征是,每个个体都可以对总体结果产生显著影响。[①]这一方法反映了该理论的关注点在于个体激励相容性,其关键在于如何使人们的收益与他们的偏好表达相一致,这样他们既不希望低估自己对公共产品的偏好(以减少他们的收益),也不希望夸大他们的偏好(从而以牺牲他人的代价获得更多的供给)。[②]要使这个问题变得重要,每个人都必须有明确的机会成为“关键人物”,即能够通过表达自己的偏好对公共产品的供给水平产生显著影响。这体现的是一种小经济体的方式。

这种小经济体的方式可能适合研究公寓中的人们如何决定在维护和园艺上的花费,但不适合研究一个拥有数百万人的社会如何决定在国防、司法方面的花费。一个大经济体模型的特征在于没有一个人能够单独影响公共产品供给的水平,这也恰恰体现了这样一个概念,即作为个体,人们不希望个体对这种群体决策产生任何影响。

个体不足以对总体结果产生显著影响这一观点,如同对于某些竞争性市场或者投票问题一样,其对于公共产品供给的某些问题来说也是非常重要的。将公共产品供给理论限制在每个个体对总体结果具有显著影响的模型中,类似于将市场分析限制在讨价还价和寡头垄断的模型中而不谈完全竞争。

---

① 例如,参见 Fudenberg 和 Tirole(1991)、Masi-Colell 等(1995),或 Hindriks 和 Myles(2006)。

② 关于占优策略的实施,请参见 Clarke(1971)、Groves(1973)、Green 和 Laffont(1979a);关于(临时)贝叶斯—纳什(Bayes-Nash)的实施,请参见 d'Aspremont 和 Gérard-Varet(1979)。最近,Bergemann 和 Morris(2005)研究了临时实施,并在确定代理人对其他参与者的信念方面具有稳健性。

1.1.2　有什么问题？

在一个大经济体中，为公共产品供给寻找个体激励相容机制的问题是微不足道的，因为没有任何一个人能够单独影响公共产品的供给水平，没有人是永远"关键"的。对于个体激励相容性，收益不受人们言论的影响就足够了。如果一个人所表达的偏好既不影响公共产品的供给水平，也不影响此人必须有的收益，那么他也可以如实地报告他的偏好。

如果真实地报告偏好，那么为公共产品实施有效供给的规则就没有问题。比如，我们可以向人们询问公共产品对他们的价值。如果调研显示横截面数据结果的平均值超过人均成本，那么就提供公共物品，同时根据人口平均分摊成本。如果调研中的横截面数据的平均值低于人均成本，则不提供公共物品，当然也不获得任何收益。尽管参与公共产品供给行为可能不是自愿的，但没有激励相容性的问题[1]。当然，调查中的说实话行为实际上是一种（弱）占优策略。

这里也不存在预算平衡问题。对于有限经济体而言，占优策略或稳健贝叶斯—纳什的有效公共产品供给规则与预算平衡不相容。[2]激励措施所需的收益与当前各国提供的成本不相符。但是，在大经济体中因为微不足道的个体激励措施而使得这个问题不复存在。

但是，我们需要注意另一个问题。我们认为，公共产品供给理论应该同时兼顾关注群体和个人。然而在群体决策中，我们通常更多关注利益集团和政党，这些利益集团和政党有助于协调具有相似兴趣和相似观点的个人。在与其成员的关系中，这些群体可能受到他们自己的信息和激励问题的阻碍，但在与整个系统的关系中，他们往往能够影响总体结果。

---

[1]　我们不坚持自愿参加。如果国家有强制权力，并且此权力可让人们为一项公共产品融资，即使它对人们没有好处，参与限制也无关紧要。

[2]　参见 Green 和 Laffont(1979a)。

考虑到群体问题,我们强化了联盟证明的条件。在这种情况下,不得有任何一组参与者能够通过协调其成员的报告来影响总体结果,从而在不损害其他成员的情况下让其一大部分成员更好。在本章我们不分析影响公共决策的政党或行业游说团体等现实组织。相反,我们的目的是基于不同的人对公共产品的价值,通过抽象的方式调查联盟形成的潜力是什么,以及这种联盟的形成对公共产品供给有什么限制。

在下一节中,我们使用一个例子来解释为什么要求存在联盟证明,以及为什么它会产生影响。研究表明,最优实施可能需要依赖来自实际受其信息使用影响的人的信息。因为这些人都不希望单独考虑总体结果,所以与个体激励相容性没有冲突,但作为一个群体,如果他们配合伪造报告,这些人就可以获益。联盟证明的要求考虑了这种群体利益,但是完成此操作后,可能无法实现有效的公共产品供给规则。

我们还用另外的例子来说明,大经济体中联盟证明的失败在参与者数量有限的小经济体中也存在。对于小经济体而言,我们实际上证明了两种类型的联盟证明失败。第一种类型的失败主要通过观察已有文献获得,已有文献显示,关键个体的激励收益和相关的预算平衡不足有关,联盟证明的这种失败只与小经济体有关。[①]第二种类型的失败涉及具有共同利益的潜在大集团操纵信息以便改变总体结果的能力,这种失败与大经济体和小经济体规模相关。

1.1.3 研究结论

本章正文部分正式地阐释了如下见解:首先使用贝叶斯方法来构建具有稳健性的社会选择函数。其中,公共产品供给规则和参与者收益都不允许依赖于人们对彼此的信仰规范,同时强化了偏离联盟机制上的稳健性条件。

接着关注单调的社会选择函数,如果公共产品估值基于人口数的

---

① 见 Bennett 和 Conn(1977)、Green 和 Laffont(1979b)。

分布"向上"移动说明一阶随机占优,那么公共产品的供给水平就不会降低。①研究显示,如果单调的社会选择函数免于稳健形成的、匿名的、稳健可实施的联盟的影响,那么它可以通过投票机制来实现。即,在不考虑人们偏好强度的情况下,公共产品的供给水平取决于偏好所选择的水平而不是不同的替代方案的人数。相反,任何匿名且稳健可实施的不受稳健联盟形成影响的社会选择函数都可以通过投票机制来实现。

公共产品作为一个不可分割的单位,它需要询问那些支持和反对提供公共产品的人,并对两种选择的投票比例进行调整。如果公共产品有多个单位,并且单位成本不变,那么这个结论仍然是正确的。由于具有多个单位,并且每单位成本增加,需要采用更复杂的程序,但是如果社会选择函数免于反稳健阻碍、单调的影响,它仍然是正确的,那么此时它不考虑偏好强度,并且可以使用广泛投票程序来实现。对于某类重要的社会选择函数,在每个潜在的公共利益水平下,我们需要看每增加一个单位水平的公共产品时支持与反对的人口比例,只有当支持的人口比例增加到一定门槛数值时,单位水平的公共产品供给增加才有可能实现。

因此,研究结果提供了机制设计与公共产品供给的政治经济学方法之间的联系。实际上,在高速公路、国防或司法系统等公共产品上的花费是由政治体系决定的。在民主社会中,公共决策以"一人一票原则"进行投票来决定。在大多数国家,投票与决定谁将成为议会和政府成员的人有关,但在一些国家也有实质性问题的民众投票。例如,瑞士就安装市政游泳池、新建阿尔卑斯隧道,甚至是否废除军队等这些问题进行公民投票。

经济学家一直批评投票,原因在于投票不考虑偏好强度,因此可能导致无效的结果。②如果有很多人反对提供公共产品而只有少部分人支持

①　如果我们把一个拥有连续个体的经济看作一个大型且有限的理想化经济体,那么对单调供给规则的关注就没有限制性。在个体数量有限的经济体,单调性是个体激励相容性的一种含义。

②　因此,Buchanan 和 Tullock(1962)认为,选票交易是可取的,因为它提供了克服这一问题的方法。与此类似 Casella(2015)认为,如果选民有投票权,可以将更多选票投给他们认为更重要的问题,那么强度可以被考虑在内。Goeree 和 Zhang(2013)提议用货币代替投票。

提供公共产品,投票机制将决定不提供公共产品,这可能是次优的,因为关于此事,支持者的利益相关可能很大,而反对者感觉不是很强烈。同时分析表明,如果公共产品供给机制具有稳健的激励兼容性、联盟证明、匿名性,那么这种批评就无关紧要了。考虑了偏好强度的机制必然违反这些条件之一。[1]

1.1.4 相关研究

Hammond(1979,1987)、Mas-Colell 和 Vives(1993)以及 Guesnerie (1995)开创了大经济体机制设计方法研究的先河。本章进一步扩展其框架,增加总体不确定性,即对整个经济中偏好的横截面分布的不确定性。[2]

Bennett 和 Conn(1977)、Green 和 Laffont(1979a)和 Crémer(1996) 研究了公共产品供给中的联盟证明问题,他们表明 Groves 机制在占优策略中实施了有效的分配,因此不具有联盟证明。正如我们在下一节中解释的那样,他们的论点涉及出现一些关键代理人时,联盟证明失败。相比之下,我们关注的是联盟证明的失败,这种失败是在没有关键个体代理人时产生的,但是一组重要的代理人可以通过协调报告来获益,从而改变总体结果。

Bennett 和 Conn(1977)、Green 和 Laffont(1979a)和 Crémer(1996) 事后依赖于联盟证明的概念,即在揭示世界状态之后,我们考虑过时的联盟证明,也就是说,在每个代理人都知道他的个体估值,但不确定整体经济状况时。像 Laffont 和 Martimort(1997,2000)一样,我们对联盟的形成施加了激励约束,考虑了每个代理人的利益估值只为该代理人,而不是

---

[1] 当我们提到投票机制时,我们并不一定指多数决定原则。一个涉及多数投票的机制可能是但不一定是最优的。如果在机制设计阶段,存在公共产品的受益者强烈感受而反对者不强烈感受的先验信息,那么如果有足够多的少数人投票支持,就可能需要一个规则,即公共产品已经供给。如果在投票中没有这种关于潜在偏见的先验信息,多数投票可能是可取的。

[2] 在个人层面上,总体不确定性与私人价值的结合产生了一些度量理论问题,对此我们向读者推荐 Qiao 等(即将发表)。

联盟的参与者所知。Laffont 和 Martimort(1997，2000)专注于所有代理人的大联盟的偏差,而我们允许任意规模的联盟产生偏差。如果一个联盟包含一部分代理人,联盟组织者可以使用激励机制来了解联盟成员对公共产品的估值,但他无法了解联盟以外的人的估值。考虑到这种信息缺乏,我们要求联盟证明的失败是稳健的,即联盟实施的群体偏离必须使联盟成员能够在不论其他经济状况如何的情况下获得更好的关系。

在 Bierbrauer 和 Hellwig(2015)中,我们研究了在有有限多参与者的环境中,联盟证明对于公共产品供给的影响,并表明任何稳健的可实施和联盟证明的社会选择函数必须通过投票机制来实现。然而,在那篇论文中,我们允许联盟根据参与者彼此之间的信念来调整他们的行为,并且我们需要每个特定的代理人信念系统的联盟证明。因此,联盟组织者被认为比整体机制设计者知道得更多。对于所有参与者"都知道"经济状况的退化的信念体系来说,联盟组织者了解联盟以外的人的问题,因此没有实际意义。在 Bierbrauer 和 Hellwig(2015)中,证明每个稳健且联盟证明的社会选择函数都是一种投票机制,使得这些"完整的信息信念系统"得到充分的利用。这种证明策略在这里不可用,因为我们不允许群体偏离以信念体系为条件,更不用说联盟以外的人的处境了。我们现在要求联盟的群体偏离得到稳健的设计,并对联盟成员有利。鉴于这种稳健性要求,我们还表明,在一个大经济体中,联盟成员之间没有任何单边收益的余地;相反,在 Bierbrauer 和 Hellwig(2015)看来,没有单边收益是一种假设。

Bierbrauer(2009a,b;2012;2014)、Bierbrauer 和 Sahm(2010)探讨了大经济体中最优税收和公共产品供给的相互作用。这些文献涉及的环境中,个体差异不仅体现在他们对公共产品的偏好中,而且体现在他们的生产能力方面,如 Mirrlees(1971)的传统中的最优所得税理论。由此产生的代理人之间的二维异质性引入了多维机制设计的问题,这是这些论文的焦点。Bierbrauer(2009b)、Bierbrauer(2012)和 Bierbrauer(2014)也提出了联盟证明的要求,这种要求自然地产生,因为若假设在生产能力方面只有两个"类别",而且公共产品只有两个可能的估值,则很容易看出哪些联盟可能会受益于操纵所得税和公共产品供给机制。相比之下,本章孤立地着眼于公共产品供给,并提出了联盟证明的概念,而没有采用任何自然的"种类差别"。

在下文中,1.2 节使用一个例子来更详细地解释为什么个体激励相容性条件应该由联盟证明和稳健性条件来补充。我们还用这个例子将我们对大经济体中公共产品供给的分析与占优策略实施的传统分析或有限经济中的贝叶斯—纳什模型联系起来。随后,1.3 节介绍了我们的正式模型,并介绍了稳健实施可行性的要求。联盟证明要求在 1.4 节中被正式引入。1.5 节给出了我们的主要结果,即在大经济体中稳健联盟证明的公共产品供给的特征。1.6 节讨论了我们描述的福利含义,1.7 节扩展了分析,允许公共产品的多个供给水平。最后一节进行了小结。

1.2 为什么联盟证明? 为什么稳健?

在本节中,我们解释了为什么公共产品供给分析不仅要求个体激励相容性,还有要求联盟证明。我们用一个简单的例子来说明我们的观点。

在这个案例中,首先假设公共产品是一个不可分割的单位,且提供每个单位公共产品的人均成本等于 4。提供公共产品的代理者可以从中获取 0、3、10 不确定的收益。我们将获得 0、3、10 收益的代理人在人口中的占比记为 s_0、s_3、s_{10}。当 $3s_3 + 10s_{10} > 4$ 时,有效供给规则要求应该提供公共产品,而 $3s_3 + 10s_{10} < 4$ 时不提供公共产品。要实现上述规则,我们需要知道 s_3 和 s_{10} 的取值。如果代理人提供的公共产品的估值是属于他们的私人信息,要获取 s_3 和 s_{10} 这两个值只能通过代理人交流他们的估值。这就是个体激励相容性的来源。

为了强加一些结构,我们假设 $\alpha \in [0, 0.7]$,这样不同的代理人估值是独立同分布的随机变量,且估值为 0 的概率为 $0.7 - \alpha$,估值为 3 的概率为 α,估值为 10 的概率为 0.3。对于具有连续代理人的大经济体,此假设意味着代理人份额 s_0、s_3、s_{10} 分别对应取值 0、3、10,是非随机变量,分别为：$0.7-\alpha$、α、0.3。[①]当 $\alpha>\dfrac{1}{3}$ 时则应提供公共产品，当 $\alpha<\dfrac{1}{3}$ 时不应提供公共产品。必要的资源可通过收益规则获得，如果提供公共产品，每个人收益 4 美元，如果不提供，则收益 0 美元。因为没有一个代理人对供给公共产品至关重要，所以实施这一规则的机制与具有同等成本分摊的公共产品供给是激励相容的。

如果 α 是常识，这种推理是没有问题的。相反，如果 α 是非简随机变量 $\tilde{\alpha}$ 的代理变量，则因为需要先验证清楚是否应该提供公共产品，这会是一个问题。在这种情况下，必须从参与者报告的偏好中推断出是否应该提供公共产品的信息。如果报告估值为 3 的人口比例超过 $\dfrac{1}{3}$ 时，可以推断 $\tilde{\alpha}>\dfrac{1}{3}$ 时应该提供公共产品。

然而，在这一点上，我们感到困惑的是，有效供给可以通过收益规则来实施，如果提供公共产品，每个人收益 4，如果不提供则收益 0。为什么估值为 3 的人应该诚实地报告此估值？报告 3 的估值更有可能有助于提供公共产品，如果只是无限小的话。如果提供公共产品，这些人享受 3 的收益，并且必须付出 4，即净收益等于 -1。如果没有提供公共产品，他们中的每一个都会更好。此外，如果这些人中的每一个人都报告估值为 0，那么确实不会提供公共产品。那么，为什么他们应该诚实地报告，而不是声称公共产品对他们毫无价值？

如果个体激励相容性是公共产品供给机制的唯一要求，那么这个问题的答案就是没有人会诚实地报告他的估值，因为没有人认为他的报告会对任何事情产生任何影响。我们觉得这个答案不能令人信服。

究竟什么是错误的？两个反对意见自然而然产生。首先，这些假设有些武断，如果代理人对他们掌握的不同信息漠不关心，他们就会解决这种漠不关心，转而说实话。在我们的例子中，一个将公共产品估值为 3 的

---

① 关于具有连续体模型中的大数定律的正式处理，请参见 Sun(2006) 和 Qiao 等（即将发表）。

代理人可能会认为,即使概率为 1,他的报告也不会产生影响,但在概率为 0 的事件中,他可能会产生影响,报告估值 0 将导致一个首选结果,即没有提供公共产品而且没有付款。这些考虑因素构成了政治经济学中真诚投票的假设。在这种假设下,人们投票给他们的偏好,即使作为个人,他们也不希望他们的投票对总体结果产生影响。[1]从概念上讲,这涉及所谓的超占优标准,即消除通常意义上不对称但在虚拟概率零事件中占优策略的稳健性标准。在我们的例子中,具有相同成本分摊的有效供给规则不满足此标准。

其次,在我们的例子中,一个重视 0 或 3 估值公共产品的人通过联盟协调他们的报告来阻止实施具有相同成本分摊的有效供给规则,以便报告 3 的人数总是少于 $\frac{1}{3}$。此时根本不会提供公共产品,所有联盟成员都会变得更好。这样一个联盟向其成员推荐的报告都将具有个体激励相容性。由于没有人可以影响总体结果,因此任何联盟成员都不会因偏离操纵而获得任何好处。与试图消除其成员之间竞争的卡特尔相比,这样一个联盟不会有自己的激励相容性问题。

哪些观察结果提供了处理问题的"正确"方法?在解决这个问题时,重要的是要记住,拥有连续代理人的大经济体的概念是一种理想化,不能从字面上理解。现实中没有经济体有连续的代理人,但连续统模型是有用的,因为它把重点放在策略互动的某些特征上,这些特征在大型有限经济体和连续统模型中是必不可少的,但在有限的模型中分析更加困难。在有限的模型中,分析师必须准确跟踪有多少代理人以及每个代理人相对于总体的重要性。[2]

鉴于连续统经济作为理想化的解释,它捕捉了大型有限经济体的基本特征,连续模型中强加的任何条件都应该在大型有限模型中具有自然

---

① 例如,见 Austen-Smith 和 Banks(1996)。

② 在这种情况下,值得回顾的是,在有 20 个参与者的双重口头拍卖的实验研究中,结果往往与瓦尔拉斯的竞争均衡结果没区别。严格地说,任何一个参与者的市场力量都不是零。

的类比。因此,在下文中,我们用有限多个代理人重新考虑我们的例子。我们将看到,在有限的情况下,超占优标准没有效果,且联盟证明确实如此。

1.2.1　有限经济中占优策略实施和联盟证明的重要性

考虑一个有 n 个代理人的经济体,且假设公共产品是一个不可分割的单位,人均供给成本等于 4,因此对于 n 个代理人,成本等于 $4n$。代理人对公共产品的估值为 0、3、10,如果 S_3 和 S_{10} 代表估值为 3 和 10 时的代理人数量,最优供给规则要求满足当 $3S_3 + 10S_{10} > 4n$ 时提供公共产品,当 $3S_3 + 10S_{10} < 4n$ 时不提供公共产品。考虑公共产品的特异性,假设 $3S_3 + 10S_{10} = 4n$ 时提供公共产品。

由于参与者有限,参与者的策略相互依赖性是重要的。在关于公共产品供给的文献中,通常考虑通过占优策略均衡或通过贝叶斯—纳什均衡实施来实现这一点。我们首先考虑占优策略的实施。

Groves 机制获得了最优供给规则的占优策略实施,促使代理人考虑他们的选择可能对其他人施加的外部性。[①] 在我们的案例中,Groves 机制根据最优供给规则以及代理人 i 的收益成本构建代理人报告的估值 $\hat{v}_i$、其他代理人报告的估值为 3 和 10 时 $\hat{S}_3$ 和 $\hat{S}_{10}$ 数量的函数。因此,对于某些任意函数 h_i 有:

$$如果 \ 4n \leqslant \hat{v}_i + 3\hat{S}_3 + 10\hat{S}_{10}, \tag{1.1}$$
$$p_i(\hat{v}_i, \hat{S}_3, \hat{S}_{10}) = h_i(\hat{S}_3, \hat{S}_{10}) + 4n - 3\hat{S}_3 - 10\hat{S}_{10}$$

$$如果 \ 4n > \hat{\theta}_i + 3\hat{S}_3 + 10\hat{S}_{10}, \ p_i(\hat{v}_i, \hat{S}_3, \hat{S}_{10}) = h_i(\hat{S}_3, \hat{S}_{10}) \tag{1.2}$$

给定这种形式的收益规则并给出第一个最优供给规则,可以轻松验证真实性是每个代理人的占优策略。

我们进一步专门化分析,假设对于任何 i,函数 h_i 的形式为:

---

① 见 Groves(1973)。

$$h_i(\hat{S}_3, \hat{S}_{10}) = \max[0, 3\hat{S}_3 + 10\hat{S}_{10} - 4(n-1)] \qquad (1.3)$$

因此,得到 Clarke-Groves 机制的特例。[①]从式(1.1)—式(1.3)人们很容易看出这种机制永远不会出现赤字。表 1.1 描述了用于任意但有限数量 n 个体的 Clarke-Groves 机制。通过标准化,我们将总估值 $\bar{V}$ 替换为平均估值 $\bar{v} = \dfrac{\bar{V}}{n}$。因此,如果 $\bar{v} \geqslant 4$ 则提供公共产品,并且如果 $\bar{v} < 4$ 则不提供公共产品。

表 1.1

	$v_i = 0$	$v_i = 3$	$v_i = 10$
$\bar{v} \leqslant 4\left(1 - \dfrac{1}{n}\right)$	$p_i = 0$	$p_i = 0$	$p_i = 0$
$4\left(1 - \dfrac{1}{n}\right) < \bar{v} < 4$	$p_i = n\bar{v} - 4(n-1)$	$p_i = 0$	$p_i = 0$
$4 \leqslant \bar{v} < 4 + \dfrac{6}{n}$	$p_i = 4$	$p_i = 4$	$p_i = 4n - (n\bar{v} - 10)$
$\bar{v} \geqslant 4 + \dfrac{6}{n}$	$p_i = 4$	$p_i = 4$	$p_i = 4$

该表显示了四种情况,如果 $\bar{v}$ 很低,则不收益,也不供给公共产品;如果 $\bar{v}$ 接近但小于 4,估值为零的代理人收益,且不供给公共产品;如果 $\bar{v}$ 非常高,则提供相等的成本分摊;最后,如果 $\bar{v}$ 接近但不低于 4,则由具有估值 10 的代理人提供额外收益。

说实话是一种占优策略,而且,无论何时,个体对公共产品的供给都至关重要,说实话是唯一的最佳回应。因此,说实话完全符合超支配标准。

但是,联盟证明存在问题。联盟证明可以以两种方式失败。第一,如果 $4\left(1 - \dfrac{1}{n}\right) < \bar{v} < 4$ 且 $4 \leqslant \bar{v} < 4 + \dfrac{6}{n}$,所有代理人的大联盟可以通过报告所有估值为零$\left[$如果 $4\left(1 - \dfrac{1}{n}\right) < \bar{v} < 4\right]$或报告所有估值为 10$\Big($如果

---

① 见 Clarke(1971)。

$4 \leqslant \bar{v} < 4 + \dfrac{6}{n}$）来减少付款。第二，如果 $\bar{v} > 4 + \dfrac{6}{n}$ 且 $s_{10} < 4n$，一个具有估值 3 的代理人联盟希望通过报告他们的估值实际为 0 来阻止公共产品的提供。Bennett 和 Conn（1977），以及 Green 和 Laffont（1979b）已经注意到联盟证明的第一种失败类型。第二种类型的失败是连续模型中联盟证明失败的确切类比。

如果参与者人数众多，联盟证明的第一类失败并不是很重要。为了看到这一点，回想一下这样的假设：对于某些 $\alpha \in (0, 0.7)$，不同的代理人的估值是独立的，并且同概率分布，估值 0 的概率为 $0.7 - \alpha$，估值 3 的概率为 α，估值 10 的概率为 0.3。如果 n 足够大，则根据大数定律，概率接近 1，估值为 0、3、10 的概率无限趋近于 $0.7 - \alpha$、α 和 0.3。当 $\alpha > \dfrac{1}{3}$ 时，概率接近 1，则人均资本的累积值 $\bar{v}$ 将大于 $4 + \dfrac{6}{n}$；类似地，当 $\alpha < \dfrac{1}{3}$ 时，人均资本的累积值 $\bar{v}$ 无限接近概率 1，且小于 $4\left(1 - \dfrac{1}{n}\right)$。在这两种情况下，不管 $\alpha > \dfrac{1}{3}$ 或者 $\alpha < \dfrac{1}{3}$，当 n 越来越大时，关系式 $4\left(1 - \dfrac{1}{n}\right) < \bar{v} < 4$ 和 $4 \leqslant \bar{v} < 4 + \dfrac{6}{n}$ 变得越来越不可能。因此，与这些事件相关的联盟证明问题（以及预算平衡问题）也是如此。

如果我们将 α 作为一个随机变量的实现，其取值为 $\dfrac{1}{3}$ 的概率为 0，那么对于大的 n，关系式 $4\left(1 - \dfrac{1}{n}\right) < \bar{v} < 4$ 和 $4 \leqslant \bar{v} < 4 + \dfrac{6}{n}$ 就不太可能成立。没有一个代理人是关键的连续模型反映了这一发现。对于大的 n，是否应该供给公共产品的问题更多地取决于 α 是否大于或小于 $\dfrac{1}{3}$，而不是单个 $v_i s$ 的偏差是正的还是负的。然而，对于任何 α 而言，无论是个体还是连续个体，最优实施都与条件相悖，即估值为 3 的代理人联盟不应该

发现联合报告 0 的估值更具吸引力。

1.2.2 贝叶斯—纳什的实施、联盟证明和稳健性

对于贝叶斯—纳什的实施，像往常一样，代理人的估值被视为相互独立还是相互关联，这会产生很大的不同。在我们的例子中，如果参数 α 被固定并且通常已知，我们有独立的私有值；如果 α 被认为是非简并随机变量 $\tilde{\alpha}$ 的实现，我们有相关值 α。在后一种情况下，每个代理人的估值与 $\tilde{\alpha}$ 相关，因此，不同代理人的估值相互关联。

关于贝叶斯模型中具有"很多代理人"的公共产品供给的文献，通常假设私有值是独立的，而不是相关的。[①]从大经济体的角度来看，这个案例并不十分有趣，因为如果 α 已知，也很清楚是否公共产品被有效提供。在具有独立私人价值的大经济体中，公共产品供给的有效规则并不需要参与者提供任何信息。如果是否提供公共产品的问题非常重要，那么必须实现不直接观察到的非简并随机变量 $\tilde{\alpha}$。[②]

如果 $\tilde{\alpha}$ 是非简并随机变量，则每个代理人对 $\tilde{\alpha}$ 的信念将随着他自己对公共产品的估值而变化。较高的 $\tilde{\alpha}$ 值使得估值为 0 的可能性降低，估值为 3 的可能性提高。因此，对估值 0 的观察导致向下调整，对估值 3 的观察导致向上调整，概率为代理人分配给 $\tilde{\alpha}$ 的高值。因为估值 10 的概率独立于 α，代理人在观察估值 10 后的信念与其先前的信念相同。

正如 Crémermer 和 McLean(1985，1988)首次指出的那样，信念的差异引起了对彩票偏好的差异，其结果取决于 $\tilde{\alpha}$ 的值，并且这些对彩票的偏好差异可以用于机制设计。这种依赖于估值和结果的收益方案实际上可以提供一种联盟证明——贝叶斯激励相容的最优供给规则的

[①] 开创性的文献见 d'Aspremont 和 Gérard-Varet(1979). 随后的文献包括 Güth 和 Hellwig (1986)、Mailath 和 Postlewaite(1990)、Hellwig(2003)以及 Norman(2004)。

[②] 对这一点的一般性讨论，见 Bierbrauer 和 Hellwig(待发表)。

实施。

例如,当我们用类似表 1.1 的方法来考虑表 1.2 的收益方案时,$\bar{v}$ 是公共产品的总人均估值。在连续模型中,当 α 取值 $\tilde{\alpha}$ 时,有 $\bar{v}=3\alpha+3$。如前所述,假设当且仅当 $\bar{v} \geqslant 4$ 时提供公共产品。

表 1.2

	$v_i=0$	$v_i=3$	$v_i=10$
$\bar{v}<4$	$p_i=-2.1$	$p_i=8.4$	$p_i=-2.1$
$4\leqslant\bar{v}$	$p_i=10$	$p_i=0$	$p_i=10$

对于 $v_i \in \{0,3,10\}$,表达式 $\beta_L(v_i)$ 和 $\beta_H(v_i)=1-\beta_L(v_i)$ 衡量代理人将公共产品估值 v_i 分配给事件 $\left\{\tilde{\alpha}<\frac{1}{3}\right\}$ 和 $\left\{\tilde{\alpha} \geqslant \frac{1}{3}\right\}$ 的概率,或者也可等效为,事件 $\{\bar{v}<4\}$ 和 $\{\bar{v}\geqslant4\}$。给定个体不能影响公共产品供给的水平,如果满足以下条件,人们很容易证实表 1.2 中的收益方案是严格的贝叶斯激励相容的:

$$\beta_L(0)=\frac{5}{6},\ \beta_H(0)=\frac{1}{6};\ \beta_L(3)=\frac{1}{4},$$

$$\beta_H(3)=\frac{3}{4};\ \beta_L(10)=\frac{1}{2},\ \beta_H(10)=\frac{1}{2} \tag{1.4}$$

$v_i \in \{0,3,10\}$ 的 $\beta_L(v_i)$ 和 $\beta_H(v_i)$ 的这些值实际上可以从一个共同的先验得出,该先验将随机变量 $\tilde{\alpha}$ 的两个可能值 0.2 和 0.6 的概率分配一半。对于 $\tilde{\alpha}$ 的这个规范,给定机制在大经济体中也是可行的:如果 $\tilde{\alpha}=0.2$,则人均收益总额等于 $0.2\times8.4-0.8\times2.1=0$;如果 $\tilde{\alpha}=0.6$,则人均收益总额等于 $0.6\times0+0.4\times10=4$;这只是提供公共产品的人均成本,正如本次事件所规定的那样。①

———————————

① 所给的机制也是个体理性的,临时预期收益为 $\frac{5}{6}\times2.1-\frac{1}{6}\times10=\frac{0.5}{6}$ 时,代理人 $v_i=0$;$-\frac{1}{4}\times8.4+\frac{3}{4}\times3=\frac{0.6}{4}$ 时,代理人 $v_i=3$;$\frac{1}{2}\times2.1$ 时代理人 $v_i=10$。

表 1.3

j	s_0^j	s_5^j	s_{10}^j	$\bar{\mathbf{v}}(s^j)$
1	0.3	0.7	0	3.5
2	0.4	0.1	0.5	5.5

给定的激励机制也是联盟证明。根据表 1.3 中的收益计划,与平等成本分摊相反,重视公共产品估值 3 的人不再厌恶提供公共产品。提供公共产品时,他们的净收益为 3,如果没有提供公共产品,他们的净收益为 −8。因此,他们不愿加入任何会降低公共产品供给的联盟。然而,如果没有他们的合作,就不会形成一个能够减少公共产品供给的联盟。通过类似的论证,那些将公共产品估值视为 0 的人不会加入任何会增加公共产品供给的联盟,因此,这样的联盟就无法形成。

直观的连续性考虑意味着,如果 n 很大,也可以为该示例的 n 个代理人版本获得联盟证明最优供给规则的贝叶斯—纳什均衡实现。为了看到这一点,观察事件 $\tilde{\alpha} = 0.2$ 和 $\tilde{\alpha} = 0.6$ 的类型依赖后验概率式(1.4)与经济体中的代理人数量无关。还要注意,如果 n 很大,那么,根据大数定律,事件 $\{\bar{v} < 4\}$ 和 $\{\bar{v} \geqslant 4\}$ 的类型依赖后验概率接近式(1.4)事件的类型依赖后验概率 $\tilde{\alpha} = 0.2$ 和 $\tilde{\alpha} = 0.6$。对于式(1.4)给出的后验概率,贝叶斯激励相容的条件在大经济体中存在严格的不平等。因此,表 1.3 中的最优供给规则和收益方案给出的机制也具有非常大的 n 的示例的 n 个代理人版本中的贝叶斯激励相容性,因此是对表 1.3 中的收益方案进行小幅扰动的机制,以确保预期收益等于预期成本。

通过连续有限数量的参与者,Crémer-McLean 型机制可用于最优公共产品供给规则的联盟证明、贝叶斯激励相容实施。但是,这些机制并不稳健。表 1.3 中给出的收益方案适用于先验,其为概率 0.2 和 0.6 分配 $\frac{1}{2}$ 的概率,但对于其他一些先验不起作用。例如,如果先验将 $\frac{1}{3}$ 的概率分配给结果 0.2,把 $\frac{2}{3}$ 的概率分配给结果 0.6,则具有估值 $v_i = 10$ 的人具有后

验概率 $\beta_L(10)=\dfrac{1}{3}$、$\beta_H(10)=\dfrac{2}{3}$；有了这些概率，如果某人声称拥有估值

3，则该人希望收益为 $\dfrac{1}{3}\times8.4=2.8$，如果他是诚实的，则收益为 $\dfrac{1}{3}\times$

$(-2.1)+\dfrac{2}{3}\times10=5.9$，否则违反了贝叶斯激励相容性。

类似 Ledyard(1978)以及 Bergemann 和 Morris(2005)，我们认为假设机制设计者拥有关于参与者信念的类型依赖的信息，即他需要实施适当的 Crémer-McLean 收益方案，是不合理的。因此，我们将强制要求稳健性，即用于确定公共产品供给水平的机制和不同代理人的收益不得依赖于模型的随机规范的细节。个体激励相容性必须对个体概率信念规范的变化具有稳健性。[1]这一要求消除了使用 Crémer-McLean 型机制实现联盟证明以及个体激励相容性的可能性。

对于具有私人信息的模型，众所周知，稳健的贝叶斯—纳什和占优策略可实现性要求是相同的，因为它们对激励机制的设计施加了相同的限制。因此，联盟证明限制了稳健的贝叶斯—纳什实施的范围，正如它限制了占优策略实施的范围一样。我们之前的讨论得以继续。

在下文中，我们研究联盟证明对强大的贝叶斯—纳什实现的影响。与占优策略方法相比，贝叶斯—纳什方法的优势在于它明确了参与者面临的决策问题，包括他们对其他代理人类型的信念的完整规范以及他们对其他代理人行为的预期。它还允许对联盟证明进行更丰富的讨论。据我们所知，我们提出的强有力的阻止联盟的概念在占优策略框架中没有对应物。[2]

---

① 参见 Bergemann 和 Morris(2005)。Bögers 和 Smith(2014)认为稳健性可能是一种过于强烈的条件。他们举例说，结果取决于参与者对彼此的信念，但这种依赖是由于人们的行为，而不是激励机制。不幸的是，我们还没有针对他们的做法对机制设计要求提出一个简单的界定。

② 正如 Bennett 和 Conn(1977)、Green 和 Laffont(1979b)，以及 Moulin(1999)所提出的，联盟证明的要求在占优策略设置中要求，不管其他代理人的报告如何，一个代理人的联盟不能受益于一个错误的沟通协调的类型。在 Bergemann 和 Morris(2005)的术语中，这是事后联盟证明的条件。这个条件假设联盟行为可以以所有参与者的估值为条件，包括非联盟的成员。

1.3 大经济体中的稳健性测试

1.3.1 收益与社会选择函数

在连续代理人测度 1 的经济中，存在两种物品：私人产品和公共产品。其中，公共产品是一个不可分割的单位。[①]提供公共产品需要满足总资源（人均）等于 k 单位私人产品。鉴于公共产品供给水平为 $Q \in \{0, 1\}$，任何代理人 i 的效用给定为 $v_i Q - p_i$，其中 v_i 是代理人对公共产品的估值，P_i 是代理人对公共产品供给成本的贡献。假设所有 i 同质，估值 v_i 属于估值集合 V，且估值集合 V 是紧凑区间 $V = [v_{\min}, v_{\max}] \subset \mathbb{R}_+$，$k$ 包含在 V 的内部。

社会选择函数决定了在什么条件下提供公共产品以及不同个体可以作出什么贡献。在 Guesnerie(1995)之后，我们强化匿名条件，要求公共产品供给水平以及具有给定估值 v 的个体收益在个体特征的任何排列下保持不变，这使得偏好的横截面分布不受影响。因此，匿名的社会函数决定了公共产品供给水平和收益规则如何取决于偏好的横截面分布。我们将后者称为经济状态。通常，经济状态是 V 上概率测度的集合 $\mathcal{M}(V)$ 的元素。匿名社会选择函数 $F = (Q_F, P_F)$ 是集合 $Q_F : s \mapsto Q_F(s)$ 和 $P_F : (s, v) \mapsto P_F(s, v)$ 的函数，使得对于任何经济状态 s，$Q_F(s) \in \{0, 1\}$ 是公共产品的供给水平，并且 $P_F(s, \cdot)$ 是指在经济状态 s 时，代理人的收益取决于代理人的估值。

匿名是平等对待的要求。具有相同特征的两个个体必须对提供公共产品的成本作出相同的贡献。此外，决定是否提供公共产品并不取决于具有某些偏好的代理人的身份，而只取决于整体经济中这些偏好的横截面分布。[②]

---

① 在 1.7 节中，我们展示了结果扩展到一个具有紧凑可能的公共产品供给水平集和线性成本函数。

② 匿名性是一个实质性的约束。利用 Green 和 Laffont(1979a)提出的抽样概念，Bierbrauer 和 Sahm(2010)表明，只要从人口中具有代表性的样本中提取公共产品偏好，就可以实现最优结果。如果样本成员和其余人口之间的支付规则不同，则样本的支付规则可用于提供适当的激励，其余成员的支付规则可用于资助公共商品供应。相比之下，如果所有个人对公共产品的供给都有相同的影响，而且所有人的支付规则都是相同的，那么"最优"就不可能实现。

对于任何 $s \in M(V)$，收益规则 $P_F(s, \cdot)$ 被认为是关于 v 的可积分。积分 $\int P_F(s, v) ds(v)$ 对应于在状态 s 时的总收入。我们说匿名社会选择函数 $F = (Q_F, P_F)$ 产生可行的结果，当且仅当在任何经济状态下，总收入足以覆盖公共产品供给成本 $kQ_F(s)$，即当且仅当对所有 $s \in M(V)$ 有下式成立：

$$\int_V P_F(s, v) ds(v) \geqslant kQ_F(s) \tag{1.5}$$

如果 $Q_F(s) \geqslant Q_F(s')$，s 在一阶随机占优中优于 s'，即对每个非递减函数 g 有 $\int g(v) ds(v) \geqslant \int g(v) ds'(v)$ 时，那么社会选择函数被认为是单调的。单调性反映了如果公共产品估值上升，公共产品供给水平不应该下降。

1.3.2　类型与信念

有关类型的信息被假定为私有。像往常一样，我们通过抽象类型空间来建模信息。令 $(T, \mathcal{T})$ 是可测量集合空间，τ 是从 T 到 V 的可测量的映射，β 是在集合空间 $M(M(T))$ 上 T 度量上的概率分布的可测量的映射。我们将 $t_i \in T$ 解释为代理人 i 的抽象类型，$v_i = \tau(t_i)$ 为收益类型，即代理人 i 和 $\beta(t_i)$ 的公共产品估值作为代理人 i 的信念类型。

信念类型 $\beta(t_i)$ 表示代理人对其他代理人的信念。我们根据经济体中类型的横截面分布来指定这些信念。因此，$\beta(t_i)$ 是对这些横截面分布的空间 $M(T)$ 的概率测量。对于任何事件 $X \subset M(T)$，$\beta(X|t_i)$ 衡量代理人 i 的类型 t_i 分配给类型 δ 的横截面分布属于集合 X 的事件的概率。我们将集合 $\beta: T \to M(M(T))$ 称为经济体的信念系统。[①]

$M(T)$ 的典型元素表示为 δ，抽象类型的横截面分布 δ 影响收益类型

[①]　我们不假设信念体系与共同的先验相容。然而，正如 Bierbrauer 和 Hellwig(2010)所示，如果我们将自己限制在与共同先验相容的信念体系中，我们的分析将不会改变。Hellwig(2011)讨论了给定条件下共同先验的存在唯一性。

的横截面分布 $s(\delta)=\delta\circ\tau^{-1}$ 或公共产品估值。对于 V 的任意子集 V'，定义为 $s(V'|\delta)$，表示 V' 中的收益类型个体分布 $s(\delta)$。其中 $\mathcal{M}(T)$ 种的元素使用 s 表示。

我们将主要考虑没有质点和信念的收益类型分布，其将概率零指定给具有质点的收益类型分布。当且仅当所有 $t\in T$，信念系统 $\beta:T\to(\mathcal{M}(T))$ 是可以接受的，由此产生信念函数 $(s^{-1}(\mathcal{M}^{na}(T))|t)=1$，其中 $\mathcal{M}^{na}(T)$ 是 V 上测量值的集合，不具有原子。这种限制将允许我们忽略在不同类型的代理人之间进行选择，因为这些代理人的集合的测度为零。

除了抽象类型空间 $[(T,\mathcal{T}),\tau,\beta]$ 的一般概念，我们还将利用朴素类型空间 $[(V,\mathcal{V}),\beta_s]$ 的特殊概念，其中 V 是可能估值的集合，$\mathcal{V}'$ 是 V 上的 Borel σ 代数。这是抽象类型空间的特殊情况，其中代理人的类型由其公共产品的估值给出，使得 $(T,\mathcal{T})=(V,\mathcal{V})$ 并且 τ 是可逆映射。

1.3.3 稳健的激励相容性

我们聚焦于可以作为直接机制的真实均衡来实现社会选择函数，这种社会选择函数将被称为激励相容性。形式上，社会选择函数 $F=(Q_F, P_F)$ 被认为在给定类型空间 $[(T,\mathcal{T}),\tau,\beta]$ 上是激励相容的，如果对于所有 $t,t'\in T$ 有：

$$U(t|t)\geqslant U(t|t') \tag{1.6}$$

且有：

$$U(t\mid t'):=\int_{\mathcal{M}(T)}\{\tau(t)Q_F(s(\delta))-P_F(\tau(t),s(\delta))\}\mathrm{d}\beta(\delta\mid t)$$

是具有类型 t 的个体的临时期望效用，其在给定社会选择函数 F 的直接机制下报告类型 t'。

在集合 $(T,\mathcal{T})$ 内，有 $\tau:T\to V$，匿名社会选择函数 F 被认为是稳健的激励相容的或不能实现的，不等式（1.6）适用于每个可接受的信念体系 β。

1.3.4　稳健性与事后激励相容性的等价性

以下命题断言稳健的激励相容性等同于事后激励相容性，在这种情况下，一旦 s 已知，没有个体后悔向机制如实透露自己的类型。事后激励相容性当然相当于占优策略激励相容性。命题 1.1 适应 Bergemann 和 Morris(2005)的论证。[①]

命题 1.1　当且仅当在事后激励相容的意义上，匿名社会选择函数 $F=(Q_F,P_F)$ 是稳健激励相容的，对于 V 中的所有 v 和 v' 和所有 $s\in \mathcal{M}(V)$，有：

$$vQ_F(s)-P_F(v,s)\geqslant vQ_F(s)-P_F(v',s) \tag{1.7}$$

通过式(1.7)中的设定，对所有 v、v' 和 s，事后激励相容性等同于 $P_F(v,s)=P_F(v',s)$。如果某些代理人的收益对某些 s 来说比某些其他代理人的收益要小，那么后者希望用小额成本来模仿代理人。这与事后激励相容性相矛盾。这一观察在命题 1.1 的基础上得到以下推论。

推论 1.1　当且仅当收益与个体收益类型无关时，匿名社会选择函数 $F=(Q_F,P_F)$ 具有强大的激励相容性，即对于所有 $v\in V$ 和 $s\in \mathcal{M}(V)$，存在函数 $\bar{P}_F:\mathcal{M}(V)\rightarrow \mathbb{R}$ 使得 P_F 对于 $P_F(v,s)=\bar{P}_F(s)$ 都成立。

鉴于推论 1.1，如果横截面分布收益类型等于 $s\in \mathcal{M}(V)$，我们将 $(Q_F,\bar{P}_F)$ 代表一个稳健激励相容的社会选择函数取值，其中 $F=(Q_F,P_F)$ 是公共产品供给成本产生的总收益。

1.3.5　具有同等成本分摊的最优供给规则的稳健激励相容性

如果对于所有 $s\in \mathcal{M}(V)$，对 $(Q_F(s),P_F(s,\cdot))$ 最大化总剩余，则匿名社会选择函数 $F=(Q_F,P_F)$ 产生最优结果：

$$\int_V \{vQ_F(s)-P_F(v,s)\}\mathrm{d}s(v)$$

---

① 可在 Bierbrauer 和 Hellwig(2010)中找到证明。

满足可行性条件式(1.5)。通过标准参数,如果总估值 $\bar{v}(s):=\int_V vds(v)$ 超过成本 k,则需要提供公共产品,如果 $\bar{v}(s)$ 小于 k,则不应提供公共产品。此外,可行性约束应该没有松弛条件,即:总收益应该完全涵盖公共产品供给的成本。将这些观察结果与推论 1.1 结合起来后,我们得到:

定理 1.1 当且仅当对于所有 $s\in M(V)$ 时,最优匿名社会选择函数 $F=(Q_F, P_F)$ 具有强大的激励相容性,有:

$$Q_F(s)=\begin{cases}0, & 当 \bar{v}(s)<k \\ 1, & 当 \bar{v}(s)>k\end{cases} \quad 对于任意 v\in V, \ kQ_F(s)=P_F(v, s)$$

定理 1.1 提供了在大经济体中实现稳健的最优实施的一般可能性结果。人们被问到他们的收益类型。当且仅当报告的人均平均估值超过 k 时才提供公共产品。设定所需提供的成本,以便平等分享公共产品的成本,这确保了预算平衡以及稳健的激励相容性。

这一结论与已有的部分经济学的文献结果形成鲜明对比。例如,Green 和 Laffont(1979a)表明,最优社会选择规则的占优策略实施与预算平衡不相容。原因从表 1.1 中可以明显看出:对可能是关键的代理人提供激励,要求收益与必须承担的实际成本有关,无论是否提供公共产品。

在大经济体中,这些担忧都没有实际意义,因为任何代理人都不是关键。因此,在没有参与约束的情况下,定理 1.1 表明,在大经济体中,最优公共产品供给规则的稳健激励相容性不会涉及任何基本困难。

然而,我们并不认为定理 1.1 是大经济体中公共产品供给规范性理论的令人满意的基础。正如我们在介绍部分所讨论的那样,我们认为稳健的激励相容性要求太弱,无法完全公正地处理这种经济体中公共产品供给的信息和激励问题。因此,在下一节中,我们将介绍联盟证明作为社会选择函数的补充限制的分析。

1.4　联盟证明

要实现最优的结果,必须知道公共产品的总估值 $\bar{v}(s)$。这些信息来自人们关于其个体估值的报告。根据定理 1.1 中的社会选择函数,人们愿意提供这些信息,因为他们认为自己根本无法影响结果。由于无法影响任何事情,他们对所报告的内容漠不关心。鉴于这种情况,真实性是贝叶斯—纳什的临时平衡。

然而,具有类似估值的人具有相似的利益。总的来说,他们可能会破坏真实性平衡,例如通过报告协调后夸大的信息来操纵社会结果。如果收益类型为 $\tau(t) > k$ 的所有代理人都要报告类型 t',那么有 $\tau(t') = v_{max}$,他们会将对公共产品总估值的评估从其真实水平 $\bar{v}(s)$ 提升到 $\bar{v}(s) + \int_{\{\tau(t) > k\}} [v_{max} - \tau(t)] d\delta(t)$。这种对公共产品供给的热情可能群体夸大收益,从而会导致公共产品的供给,即使总估值 $\bar{v}(s)$ 低于人均成本 k。从 $\tau(t) > k$ 类型的角度来看,这种结果将支配真实性均衡。值得注意的是,由于人们对他们所报告的内容漠不关心,这种具有高于 k 的收益类型的代理人的群体偏离,结合其他人的真实性,也是一个由整体机制引发的博弈的临时的贝叶斯—纳什均衡。

为了消除这种操纵的可能性,除了匿名和稳健的激励相容性之外,我们还要求加入联盟证明。

1.4.1　建立联盟证明

有许多方法可以形成联盟证明的概念。[①]人们可以研究联盟形成的广泛形式博弈,或者可以使用标准规范。人们可以假设联盟内的联盟成员之间存在附加收益,或者不允许附加收益。人们可以允许间接机制,或

---

① 重要参考文献包括 Green 和 Laffont(1979b)、Bernheim 等(1986)、Crémer(1996)、Laffont 和 Martimort(1997,2000)、Moulin(1999)、Che 和 Kim(2006)。

者专注于直接机制的真实性均衡。①最后，人们可能会或可能不会施加额外的要求，例如以下条件：联盟对参与者私人信息的任何使用都必须考虑到激励相容性约束；任何偏离联盟本身必须对次级联盟的形成具有强大作用，这反过来可能必须对次级联盟的形成具有强大的作用，等等，参见Bernheim 等(1986)。

在本章的前一版本中，我们通过广义博弈来模拟联盟的形成，可参见Laffont 和 Martimort(1997，2000)。②广义博弈的方法具有精确显示偏离联盟如何获得其用于阻碍社会选择函数实施的信息的优点。但是，使用起来很麻烦，因此我们使用快捷方式，以更简单的方式产生基本相同的结果。

我们引入 Bennett 和 Conn(1977)以及 Green 和 Laffont(1979b)的方法，并且已经被 Moulin(1999)和 Mehta 等(2009)使用。鉴于我们将社会选择函数的实施作为直接机制的真实性均衡，③我们通过要求不存在一组能够从偏好的错误沟通中受益的代理人来代表联盟的证明。鉴于Bennett 和 Conn(1977)，以及 Green 和 Laffont(1979b)在事后应用这一概念，我们将其应用于临时情形，代理人根据其类型依赖信念评估联盟结果。此外，我们强化了阻碍社会选择函数实施的群体偏离的稳健性要求。

除了这种稳健性要求之外，我们的联盟证明概念非常基础。没有考虑到广义博弈，联盟中的个体激励相容性，或联盟对次级联盟进一步偏离

---

① 在联盟证明的要求下，揭示原则的有效性并不是理所当然的，见 Boylan(1998)或 Bierbrauer (2014)。

② 见 Bierbrauer 和 Hellwig(2010)。在这个博弈中，整体机制是在阶段 0 宣布的。在阶段 1，联盟组织者可以提出一个操纵的侧机制。在阶段 2，个体将决定是否参与这个联盟。在阶段 3，选择参与的代理人将向联盟组织者发送信息。在阶段 4，联盟组织者将使用这些消息提供的信息，以便为联盟成员选择关于他们应该发送到整个机制的消息("谎言")的建议。最后，在阶段 5，个体将向整体机制发送消息。在这些信息的基础上，整体机制将决定公共产品的供应水平和不同的代理人支付。顺序均衡条件保证了个体激励约束得到满足，保证了在博弈过程中，没有人会依赖先前没有提供的信息。

③ 这种方法大大简化了说明。然而，它提出了一个问题：是否可以通过允许非直接机制来扩大可执行的社会选择函数集。在之前的一篇论文中，我们给出的答案是"否"，参见 Bierbrauer 和 Hellwig(2011)。

的潜在敏感性。原则上,希望考虑所有这些限制。然而在连续经济中,要求联盟设计具有稳健性,其中一些问题没有实际意义。如上所述,拓展形式的考虑因素根本不会产生差异。我们也不关心联盟中的个体激励相容性。①对次级联盟进一步偏离的担忧也没有实际意义,因为对我们的分析至关重要的联盟都是同质的,而且形成次级联盟毫无意义。②我们将继续讨论其中的一些问题。

1.4.2　强力阻碍联盟

我们继续强化社会选择函数的匿名性、稳健的激励相容性要求。因此,根据推论 1.1,收益和公共产品供给水平独立于个体报告。我们认为联盟由联盟组织者管理,他提出群体偏离,从联盟成员那里收集报告,然后选择联盟成员要对整体机制做出的报告。因为个体希望他们的报告对结果没有影响,所以任何报告都是最好的回应。因此,会自动给出联盟组织者建议的报告的个体激励相容性。

考虑抽象类型空间 $(T, \mathcal{T})$,有收益类型函数 $\tau: T \to V$ 和稳健可实施的社会选择函数 $F = (Q_F, \bar{P}_F)$。目前,我们不考虑联盟内附加收益的可能性。集合 $T' \subset T$ 的集体偏离被指定为策略(说谎策略) $\ell_{T'}: \hat{M}(T') \to M(T)$。此处, $\hat{M}(T')$ 是 T' 上具有小于或等于 1 的度量集合。我们将 $\ell_{T'}(\delta_{T'})$ 视为抽奖一样对于 T' 个体类型的报告或个体"说谎"的概率分布,也可以将 $\ell_{T'}(\delta_{T'})$ 理解为集合 T' 中个体报告的真实性,当分布 T' 为 $\delta_{T'}$ 时,报告类型 T' 中的这些个体报告的内容传递给整体。对于任何可测量的集合 $\tilde{T} \subset T$ 时, $\ell_{T'}(\tilde{T} | \delta_{T'})$ 就是报告在集合 $\tilde{T}$ 中的可能性。③在这种

---

①　正如 Bierbrauer 和 Hellwig(2015)所讨论的,在参与者有限的情况下,个体激励相容性问题确实会对联盟的形成造成限制,但对于强大的联盟证明,这些限制并不影响分析。

②　在 Bierbrauer 和 Hellwig(2015)中,我们确实施加了这样的要求:偏离联盟必须是次级联盟证明,次级联盟必须是次次级联盟证明,等等。在 Bierbrauer 和 Hellwig(2015)中,有一个稳健的联盟证明要求,这个要求在证明下文定理 1.3 的类比中起作用,因为它消除了涉及不同利益的代理人的联盟。

③　任何一名联盟成员的 $\ell_{T'}(\cdot)$ 报告也可能取决于他的类型。然而,这不会有什么不同,因为无论如何,个体激励相容是成立的,只有总体谎言才是重要的。

解释中,大数定律意味着 $\ell_{T'}(\tilde{T}|\delta_{T'})$ 也是来自说谎集合 $\tilde{T}$ 中联盟成员的报告的份额。说谎是 $\delta_{T'}$ 的函数,而不是 $\delta=(\delta_{T'},\delta_{T\backslash T'})\in\hat{\mathcal{M}}(T')\times\hat{\mathcal{M}}(T\backslash T')$ 的函数,因为联盟组织者只观察参与个体集合中的类型,并且对于非关键的代理人集合中的类型分布一无所知,如果他吸引了 T' 类型的代理人,那么他知道 $\delta_{T'}$ 但不知道 $\delta_{T\backslash T'}$。

如果类型的真实横截面分布是 δ,那么可以将 $\ell_{T'}$ 生成的报告的整体横截面分布写成 $\hat{\delta}(\ell_{T'},\delta)$。因此,有:

$$\hat{\delta}(\ell_{T'},\delta)=\delta(T')\cdot\ell_{T'}(\delta_{T'})+\delta_{T\backslash T'} \tag{1.8}$$

其中 $\delta_{T\backslash T'}\in\hat{\mathcal{M}}(T\backslash T')$ 是类型 $T\backslash T'$ 的(非标准化的)横截面分布。隐含的收益类型分布是 $s(\hat{\delta}(\ell_{T'},\delta))$。如果 $(T,\mathcal{T})$ 实际上是朴素类型空间 $(V,\mathcal{V})$,当真实的横截面分布为 s 时,我们将集合偏差 $\hat{s}(\ell_V,s)$ 隐含的报告(收益)类型的横截面分布写为 $(V',\ell_{V'})$。

当且仅当下式成立时,给定类型空间 $[(T,\mathcal{T}),\tau,\beta]$,我们说群体偏离 $(T',\ell_{T'})$ 阻碍 $[(T,\mathcal{T}),\tau,\beta]$ 上的匿名且稳健实施的社会选择函数 F:

$$\int_{\mathcal{M}(T)}\{\tau(t)Q_F(s(\hat{\delta}(\ell_{T'},\delta)))-\overline{P}_F(s(\hat{\delta}(\ell_{T'},\delta)))\}\mathrm{d}\beta(\delta\mid t)$$
$$\geqslant\int_{\mathcal{M}(T)}\{\tau(t)Q_F(s(\hat{\delta}))-\overline{P}_F(s(\hat{\delta}))\}\mathrm{d}\beta(\delta\mid t) \tag{1.9}$$

对于所有 $t'\in T'$,对于不可忽略的 $t'\in T'$ 集合具有严格的不等式。给定抽象类型空间 $(T,\mathcal{T})$ 和收益类型函数 $\tau:T\to V$,群体偏离 $(T',\ell_{T'})$ 阻碍匿名且稳健实施的社会选择函数 F,条件是它阻碍 $[(T,\mathcal{T}),\tau,\beta]$ 对于每个可接受的信念系统,对于 $t\in T'$,信念 $\beta(t)$ 为偏差 $(T',\ell_{T'})$ 偏离真实性事件指定正概率。如果没有抽象类型空间 $[(T,\mathcal{T}),\tau]$,并且没有群体偏离 $(T',\ell_{T'})$ 在 $[(T,\mathcal{T}),\tau]$ 上稳健地阻碍社会选择函数 F,社会选择函数 F 对免于稳健性阻碍。

免于稳健性阻碍弱于 Bierbrauer 和 Hellwig(2015)中提出的稳健联

盟证明条件。如果没有类型空间$[(T,\mathcal{T}),\tau,\beta]$,且没有集体偏差$(T',\ell_{T'})$阻止社会选择函数$F$,社会选择函数$F$是稳健联盟证明。此条件允许群体偏离$(T',\ell_{T'})$适应使用它的特定类型空间。因此,联盟组织者被认为比想要实施社会选择函数的整体机制设计者拥有更多信息。对免于稳健性阻碍不需要涉及这种假设。[①]

1.4.3 稳健联盟设计中附加收益的无关性

如果我们允许联盟内成员之间存在附加收益,会发生什么?原则上,附加收益扩大了联盟形成的范围,因此如果允许附加收益,则存在一些联盟证明使得社会选择函数的取值范围变小。

如果联盟可以在信念系统上调节他们的行为,那么允许附加收益可能意味着不存在任何社会选择函数的稳健联盟证明。原因是,附加收益使代理人有可能根据他们的信念进行交易。利用准线性效用函数,这些交易的收益可以任意大,并且可以超过对公共产品供给的任何担忧。但是,这种博弈取决于信念准则。如果我们要求集体偏差本身变得更稳健,它们就会消失。我们简要地说明,在稳健的联盟设计中,附加收益没有任何作用。

为了看到这一点,考虑一个集体偏差的扩展概念$(T',\ell_{T'},z_{T'})$,其中T'是偏离类型的集合,$\ell_{T'}$是联盟的报告策略,而$z_{T'}$表示向联盟成员支付单边收益的函数。报告情况和附加收益取决于集合T'和横截面分布$\delta_{T'}$或T'中的类型,但不取决于信念系统β或$T\backslash T'$中类型的分布。给

---

① 稳健的联盟证明性的要求也使得有可能回避关于联盟中非成员之间类型分布的不完全信息的问题。稳健的联盟证明尤其意味着在完全信息下不存在阻塞联盟。因此,如果F是稳健的联合证明,那么就不存在类型空间$[(T,\mathcal{T}),\tau,\beta_{\delta}]$具有一个信念系统$\beta_{\delta}$,在该信念系统下,所有代理人"知道"经济状态为$\delta\in\mathcal{M}^{na}(T)$使得一些集体偏差$(T',\ell_{T'})$阻止了$[(T,\mathcal{T}),\tau,\beta_{\delta}]$上的$F$。每$\delta\in\mathcal{M}^{na}(T)$和每个集体偏差$(T',\ell_{T'})$,都存在一组不可忽略的类型$t\in T'$使得:$\tau(t)Q_F(s(\hat{\delta}(\ell_{T'},\delta)))-\bar{P}_F(s(\hat{\delta}(\ell_{T'},\delta)))<\tau(t)Q_F(s(\delta))-\bar{P}_F(s(\delta))$。当$\delta$是参与者的共同知识时,这是事后证明联盟的一个条件。在 Bierbrauer 和 Hellwig(2015)中,我们使用这些约束来证明每一个稳健且联盟证明的社会选择函数都是一个投票机制。在这里,这种证明策略是不可用的,因为对于每个可接受的信念系统,集体偏差必须对参与者具有吸引力。

定信念系统 β,类型为 $t' \in T'$ 的个体参与该联盟接收的预期单边收益为 $\int_{\mathcal{M}(T')} z_{T'}(t', \delta_{T'}) \mathrm{d}\beta(\delta_{T'} \mid t')$ 并实现预期效用:

$$\int_{\mathcal{M}(T)} \{\tau(t) Q_F(\hat{s}(\ell_{T'}, \delta)) - \bar{P}_F(\hat{s}(\ell_{T'}, \delta))\} \mathrm{d}\beta(\delta \mid t')$$

$$+ \int_{\mathcal{M}(T')} z_{T'}(t', \delta_{T'}) \mathrm{d}\beta(\delta_{T'} \mid t')$$

个体意识到他们的行为对公共产品供给没有影响,但可能会影响他们收到的附加收益。因此附加收益函数必须满足以下激励、参与和可行性约束条件:

激励相容性。因为个人可以自由地误报他们的类型,所以附加收益函数在条件 t' 和 $\hat{t}' \in T'$ 下,必须满足:

$$\int_{\mathcal{M}(T')} z_{T'}(t', \delta_{T'}) \mathrm{d}\beta(\delta_{T'} \mid t') \geqslant \int_{\mathcal{M}(T')} z_{T'}(\hat{t}', \delta_{T'}) \mathrm{d}\beta(\delta_{T'} \mid t')$$

$$(1.10)$$

参与约束条件。因为个体可以自由不加入联盟,他们的期望收益必须是非负的,即对于所有 $t' \in T'$,必须是这样的情况:

$$\int_{\mathcal{M}(T')} z_{T'}(t', \delta_{T'}) \mathrm{d}\beta(\delta_{T'} \mid t') \geqslant 0 \qquad (1.11)$$

可行性约束条件。联盟组织者不能指望赔钱。[①]

我们要求激励与参与约束对于每个可接受的信念系统稳健成立。[②] 稳健的激励相容性再次暗示代理人收到的附加收益必须独立于代理人的

---

① 我们对这一约束的表述故意含糊其词,因为我们没有提到联盟组织者的信念。使可行性约束精确的一种方法是事后施加它,即对每个 ∂_T 分别假设它。较弱的版本允许根据联盟组织者可能有的某些特定信念进行平均。正如我们在下文中所解释的,如果激励和参与约束得到了充分满足,那么这种建模选择对于附加收益不起作用的结论是无关紧要的。

② Crémer 和 McLean(1988)的论点暗示,对于任何固定的信念函数 β,通常存在一个满足激励和参与约束的非平凡附加收益函数,此外,对于任何 δ,有不等式 $\int_{T'} z_{T'}(t', \delta_{T'}) \mathrm{d}\delta(t') \leqslant 0$,这样联盟组织者就不必自己捐款。

报告。因此对于所有 $t' \in T'$、$z_{T'}(t', \delta_{T'}) = \bar{z}_{T'}(\delta_{T'})$，有 $\bar{z}_{T'} : \mathcal{M}(T') \rightarrow$ $\mathbb{R}$。参与约束条件说明：

$$\int_{\mathcal{M}(T')} z_{T'}(\delta_{T'}) \mathrm{d}\beta(\delta_{T'} \mid t') \geqslant 0$$

不管信念系统 β 如何，为了保持这个不等式成立，必须有 $\bar{z}_{T'}(\delta_{T'}) \geqslant 0$，因此对于所有 $\delta_{T'}$ 有：

$$\int_{T'} z_{T'}(t', \delta_{T'}) \mathrm{d}\delta(t') = \bar{z}_{T'}(\delta_{T'}) \geqslant 0 \text{。}$$

其中 $\delta_{T'}$ 满足 $\bar{z}_{T'}(\delta_{T'}) > 0$，联盟组织者会遭受损失。因此，对于所有 $\delta_{T'}$，$\bar{z}_{T'}(\delta_{T'}) = 0$，或者收益方案 $z_{T'}$ 违反可行性约束。

因此，与我们预期的相反，当大经济体模型中具有稳健激励、参与和可行性的约束条件，附加收益实际上并没有扩大联盟形成的范围。

1.5　单调社会选择函数与投票机制

在本节中，我们展示了可以通过投票机制实现稳健实施且免于联盟阻碍的社会选择函数。

1.5.1　投票机制

简单的投票机制 Φ 被定义为具有以下属性：

● 向人们提供两种选择，可以投票给其中一种，或弃权。因此，消息集是三类：{备选方案 0；备选方案 1；弃权}。

● 备选方案 1 规定应提供公共产品，并且每个参与者应获得收益 $P_\Phi^1 \geqslant k$；备选方案 0 规定不应提供公共产品，并且每个参与者应收益 $P_\Phi^0 \geqslant 0$。

● 实施的结果单调地取决于投票支持不同方案的人的比例。例如，可能存在阈值 $m_\Phi^1 \in [0, 1]$，以便当且仅当投票的人的比例超过 $m_\Phi^1 \in [0, 1]$ 时才实施备选方案 1。

公共产品的经典效率条件是强调偏好强度下的，即个体为公共产品付费的平均意愿是公共产品供给意愿的主要决定因素。从这个角度来看,投票机制的使用是不合理的。投票中对偏好强度的忽视似乎是扭曲的主要根源。

然而,在下文中,我们将表明,这种对偏好强度的忽视实际上是由单调性、稳健的可实现性和免于稳健阻碍所暗示的。如果一个单调的、匿名的、稳健的可实施的社会选择函数决定公共产品在偏好强度上的供给,那么它将被一些联盟稳健地阻碍。凭借稳健的激励相容性和联盟证明,公共产品的提供只能取决于公共产品供给受益人群的规模以及受公共产品供给损害人群的规模。

1.5.2 结果取决于收益类型

我们首先表明,在稳健的可实施性和免于稳健阻碍条件下,收益是公共产品供给水平的函数:如果经济状态 s 和 s' 有 $Q_F(s)=Q_F(s')$,那么也必须有 $\bar{P}_F(s)=\bar{P}_F(s')$。逻辑非常简单:如果两个经济状态下的公共产品供给水平相同,若一个经济状态的收益率很高,而另一个经济状态的收益率较低,那么所有参与者的大联盟都可以使用群体偏离来引致低收益的结果。实际的经济状态会要求高收益的结果。

命题 1.2 如果匿名且稳健实施的社会选择函数 F 免于稳健阻碍,那么存在 P_F^0 和 P_F^1,以便对于所有 $v \in V$ 和 $s \in \mathcal{M}^{na}(V)$,有:

$$P_F(v, s) = \begin{cases} P_F^0, & \text{当 } Q_F(s)=0 \\ P_F^1, & \text{当 } Q_F(s)=1 \end{cases} \tag{1.12}$$

证明:设 $F=(Q_F, \bar{P}_F)$ 是一个匿名且稳健实施的社会选择函数。对于 $q \in \{0, 1\}$,令 $\hat{P}_F^q$ 是集合 $\{s | Q_F(s)=q\}$ 的 $\bar{P}_F(s)$ 的下限。给定抽象类型空间 $(T, \mathcal{T})$ 和收益类型函数 $\tau: T \rightarrow V$,对于任意 $\varepsilon > 0$,令 δ_ε^q 满足:

$$Q_F(s(\delta_\varepsilon^q))=q \text{ 和 } \bar{P}_F(s(\delta_\varepsilon^q)) \in [\hat{P}_F^q, \hat{P}_F^q+\varepsilon)$$

考虑一个群体偏离 ℓ_T,对所有 $q \in \{0, 1\}$,有:

当 $Q_F(s(\delta))=q$ 和 $\bar{P}_F(s(\delta))>\hat{P}_F^q+\varepsilon$，$\ell_T(\delta)=\delta_\varepsilon^q$

在其他情况下，$\ell_T(\delta)=\delta$

我们很容易地验证群体偏离 ℓ_T 在所有类型空间 $[(T,\mathcal{T}),\tau,\beta]$ 上阻碍 F，其中信念系统将正概率分配给事件 $\{Q_F(s(\delta))=q,\bar{P}_F(s(\delta))>\hat{P}_F^q+\varepsilon\}$。对于 $q\in\{0,1\}$，如果社会选择函数 F 不具有稳健的联盟，那么只要 $q\in\{0,1\}$，所有信念系统将零概率分配给事件 $\{s\mid Q_F(s(\delta))=q,\bar{P}_F(s(\delta))>\hat{P}_F^q+\varepsilon\}$。由于 ε 可以任意小，对于 $q\in\{0,1\}$，所有信念系统将零概率分配给事件 $\{s\mid Q_F(s(\delta))=q,\bar{P}_F(s(\delta))>\hat{P}_F^q\}$。命题得证。∎

1.5.3 稳健的可实施性、单调性和免于稳健阻碍的投票

鉴于命题 1.2，我们将注意力限制在社会选择函数上，其收益仅取决于是否提供公共产品。对于这样的社会选择函数，我们发现写作 $F=(Q_F,P_F^0,P_F^1)$ 比写作 $F=(Q_F,\bar{P}_F)$ 更方便。鉴于这种社会选择函数，我们分别用：

$$V_1(P_F^1-P_F^0):=\{v\in V\mid v>P_F^1-P_F^0\}\text{ 和}$$

$$V_0(P_F^1-P_F^0):=\{v\in V\mid v<P_F^1-P_F^0\}$$

表示公共产品供给的净赢家和净输家的收益类型。这两组将在我们的分析中发挥关键作用。为了便于说明，我们将在不产生混淆的情况下放弃 $P_F^1-P_F^0$。

如果 $s\in\mathcal{M}^{na}(V)$，那么几乎所有人属于收益类型 V_1 或 V_0，即有：

$$s(V_1)+s(V_0)=1 \tag{1.13}$$

因为分布 s 没有质点，且它的测量值为零，所以在两个替代方案之间漠不关心的人可以被忽略，这些人对公共产品的估值为 $v=P_F^1-P_F^0$，且 $s\in\mathcal{M}^{na}(V)$ 时有 $s(\{P_F^1-P_F^0\})=0$。

定理 1.2 如果一个单调的、匿名的、稳健实施的社会选择函数 F 免于稳健阻碍，那么对于 $\mathcal{M}^{na}(V)$ 中所有的 s 和 s'，有：

$$当 s(V_1) \geqslant s'(V_1) 时，有 Q_F(s) \geqslant Q_F(s') \qquad (1.14)$$

证明：设 F 满足定理的条件。对于任何 $\sigma \in [0, 1]$，有：

$$Q_F^*(\sigma) := Q_F(\sigma s_{v_{max}} + (1-\sigma) s_{v_{min}}) \qquad (1.15)$$

其中 $s_{v_{max}}$ 和 $s_{v_{min}}$ 是 V 的取值范围，它将所有概率质量分配给极值点 v_{max} 和 v_{min}。对于任何 $s \in \mathcal{M}^{na}(V)$，有：

$$Q_F(s) = Q_F^*(s(V_1)) \qquad (1.16)$$

根据式（1.15）和 Q_F 的单调性，可知 $Q_F^*(\cdot)$ 是一个非递减函数，因此定理的结论紧跟在式（1.16）之后。

式（1.16）仍有待证明。假设 $Q_F(s) < Q_F^*(s(V_1))$ 在部分条件 $s \in \mathcal{M}^{na}(V)$ 成立。然后有 $Q_F(s) = 0$ 和 $Q_F^*(s(V_1)) = 1$。在这种情况下，F 稳健阻碍朴素类型空间 $(V, \mathcal{V})$。要看到这一点，考虑群体偏离 (V_1, ℓ_{V_1})，对于 $s' \in \mathcal{M}(V)$ 及任何 $s'(V_1) > 0$ 有：

$$当 Q_F^*(s(V_1)) = 0, \ell_{V_1}(s'_{V_1}) = \frac{1}{s_{V_1}'} \cdot s_{V_1}' \qquad (1.17)$$

以及：

$$当 Q_F^*(s(V_1)) = 1, \ell_{V_1}(s'_{V_1}) = s_{v_{max}} \qquad (1.18)$$

其中 s'_{V_1} 是 s' 到 V_1 的限制条件。如果 $Q_F^*(s(V_1)) = 0$，报告 $\ell_{V_1}(s'_{V_1})$ 实际上是真实情况，但是如果 $Q_F^*(s(V_1)) = 1$，所有联盟成员都撒谎说他们的公共产品估值是 v_{max}。

通过 Q_F^* 的定义和 Q_F 的单调性，对于所有 s'，有：

$$Q_F^*(s'(V_1)) \leqslant Q_F(\hat{s}(\ell_{V_1}, s')) \qquad (1.19)$$

依上文，$Q_F^*(s'(V_1)) = 1$ 意味着对于所有 s' 都有 $Q_F(\hat{s}(\ell_{V_1}, s'))$ 成立。因此，对于任何 β 及 $t \in V_1$，有群体偏离在类型空间 $[(V, \mathcal{V}), \beta]$ 上阻碍社会选择函数 F，$\beta(t) \in \mathcal{M}(\mathcal{M}^{na}(V))$ 为该集合分配正概率：

$$\{s' \in \mathcal{M}^{na}(V) | Q_F(s') = 0, 且 Q_F^*(s'(V_1)) = 1\} \qquad (1.20)$$

如果某些 $s \in \mathcal{M}^{na}(V)$ 而言, $Q_F(s) < Q_F^*(s'(V_1))$ 成立, 那么式 (1.20) 是非空的, 群体偏离 (V_1, ℓ_{V_1}) 在空间 $(V, \mathcal{V})$ 上稳健阻碍社会选择函数 F 的实现。相反, 免于稳健阻碍意味着式 (1.20) 是空集, 此时, 没有 $s \in \mathcal{M}^{na}(V)$ 满足 $Q_F(s) < Q_F^*(s'(V_1))$。

另外, 如果当某些 $s \in \mathcal{M}^{na}(V)$ 时有 $Q_F(s) > Q_F^*(s(V_1))$, 那么可以得到类似的结论, 函数 F 在群体偏离 (V_0, ℓ_{V_0}) 是被稳健阻碍的。那么, 当条件 $s' \in \mathcal{M}^{na}(V)$ 和 $s'(V_0) > 0$ 同时成立时, 有:

$$\text{当 } Q_F^*(1 - s'(V_0)) = 1, \ell_{V_0}(s'_{V_0}) = \frac{1}{s'_{V_0}} \cdot s'_{V_0} \tag{1.21}$$

$$\text{当 } Q_F^*(1 - s'(V_0)) = 0, \ell_{V_0}(s'_{V_0}) = s_{v_{\min}} \tag{1.22}$$

任意满足条件 $s' \in \mathcal{M}^{na}(V)$ 时, 式 (1.13) 说明:

$$s'(V_0) + s'(V_1) = 1$$

因此, 式 (1.21) 式 (1.22) 中的条件 $1 - s'(V_0)$ 相当于条件 $s'(V_1)$。通过与前面相同的参数, 对于任意 β, 群体偏离 (V_0, ℓ_{V_0}) 在空间集 $[(V, \mathcal{V}), \beta]$ 上阻碍 F, 对于任何满足条件 $t \in V_1$、$\beta(t) \in \mathcal{M}(\mathcal{M}^{na}(V))$, 该集合为以下集合分配正概率:

$$\{s' \in \mathcal{M}^{na}(V) \mid Q_F(s') = 1, Q_F^*(s'(V_1)) = 0\} \tag{1.23}$$

当 $s \in \mathcal{M}^{na}(V)$ 时, 有 $Q_F(s) > Q_F^*(s'(V_1))$。式 (1.23) 是非空集合, 且群体偏离 (V_0, ℓ_{V_0}) 在空间 $(V, \mathcal{V})$ 上显著阻碍社会选择函数 F。

因此, 针对任何 $s \in \mathcal{M}^{na}(V)$, 针对免于稳健阻碍必须有式 (1.16) 的形式。　∎

论点背后的意义十分简单: 如果社会选择函数是单调的, 那么 V_1 收益类型的人不能通过声称他们的估值处于最高点 $V_{\max}$ 而损失, 并且具有收益类型 V_0 的人不能通过声称他们的估值处于最底部 $V_{\min}$ 而损失。此外, 除非社会选择函数完全从偏好的强度中抽象出来, 否则这些人的联盟可以通过这种主张获胜。实际上, 他们可以稳健做到, 即无论信念准则如何,都可以使用声称极端估值的策略来阻碍。为了免于稳健阻碍,社会选择函数因此必须采取式(1.16)的形式。

社会选择函数的单调性不是一个非常严格的条件。定理 1.1 中最优的公共产品供给规则是单调的。此外,在具有有限数量的参与者的模型中,单调性是由(稳健的)激励相容性所暗示的。因此,如果我们将连续模型视为具有有限参与者的模型的理想化,则单调性是一种自然条件。

定理 1.2 的证明实际上没有使用 Q_F 单调性的全部强度假设。所使用的假设是,对于任何 σ,有从 $\mathcal{M}(V) \times \mathcal{M}(V)$ 到 $\{0, 1\}$ 的函数:

$$(s_0, s_1) \rightarrow Q_F(\sigma s_1 + (1-\sigma)s_0) \tag{1.24}$$

有一个鞍点,即存在一对 $(s_0^*, s_1^*) \in \mathcal{M}(V)^2$,使得对于所有 $(s_0, s_1) \in \mathcal{M}(V)^2$,有:

$$Q_F(\sigma s_1^* + (1-\sigma)s_0) \geqslant Q_F(\sigma s_1 + (1-\sigma)s_0^*)$$

Q_F 的单调性确保 $(s_{v_{max}}, s_{v_{min}})$ 是式(1.24)的一个鞍点。该属性对于定理 1.2 的证明至关重要。[①]

如果要求社会选择函数满足稳健的联盟证明而不是免于稳健阻碍,则不需要定理 1.2 的单调性或式(1.24)的鞍点存在。[②]如果群体偏离可以以信念系统为条件,那么对于完全信息的信念系统,它们实际上可以以非联盟成员之间的分布类型为条件。允许联盟避免这样的风险,对于非成员报告来说,群体偏离可能会使公共产品供给水平向错误的方向发展。这里的分析表明,如果社会选择函数是单调的,那么这种风险就无关紧要了。在这种情况下,倾向于夸大偏好的群体偏离,在收益类型 V_1 中的人是向上的,对于收益类型 V_0 的人是向下的,且永远不会在联盟成员不喜欢的方向上提升公共产品的水平。

---

① 鞍点条件可以解释为联盟组织者之间的严格竞争博弈的纳什均衡条件,当两个联盟的人口比例为 1 时,这两个联盟组织者分别针对 V_0 和 V_1 中的收益类型的 $1-\sigma$ 和 σ。

② 对于代理人数量有限的经济体,这是 Bierbrauer 和 Hellwig(2015)的主要结果。这里给出的论点也适用于连续介质模型。

定理 1.2 意味着,对于任何免于稳健阻碍的单调、匿名且稳健实施的社会选择函数 F,存在阈值水平 $\bar{s}_1$,使得:

$$Q_F(s) = 1 \text{ 说明 } s(V_1) > \bar{s}_1 \tag{1.25}$$

$$Q_F(s) = 0 \text{ 说明 } s(V_1) < \bar{s}_1 \tag{1.26}$$

实施这样的社会选择函数 F,只需要询问谁赞成提供公共产品,并根据收益人群的比例是否超过给定的门槛 $\bar{s}_1$ 来判定结果就足够了。作为定理 1.2 的直接推论,我们得到:

推论 1.2　如果一个匿名、可稳健实施、单调的社会选择函数 F 免于稳健阻碍的影响,那么它可以通过简单的投票机制来实现。

鉴于式(1.13),定理 1.2 中的式(1.14)等同于:

$$s(V_0) \geqslant s'(V_0) \text{ 说明 } Q_F(s) \leqslant Q_F(s') \tag{1.27}$$

式(1.25)和式(1.26)中的公共产品供给的规则等同于:

$$Q_F(s) = 1 \text{ 说明 } s(V_0) < 1 - \bar{s}_1 \tag{1.28}$$

$$Q_F(s) = 0 \text{ 说明 } s(V_0) > 1 - \bar{s} \tag{1.29}$$

因此,投票机制也可能会询问谁反对提供公共产品,当且仅当反对者的投票比例非常小时才做出规定。

那些漠不关心的人呢? 前面的分析依赖于几乎没有人漠不关心的假设。如果违反了这个假设,即如果我们允许质点为 $v = P_F^1 - P_F^0$ 的横截面收益类型分布,我们实际上会得到一个不存在的结果。在这种情况下,对定理 1.2 证明中的论证的适当修改将得出结论:社会选择函数必须满足式(1.14)和式(1.27)两个条件。[①]然后存在 $\bar{s}_1$ 和 $\bar{s}_0$ 两个阈值(不一定等于 $1-\bar{s}_1$),使得公共产品供给规则满足式(1.25)、式(1.26),以及式(1.28)、式(1.29),其中 $1-\bar{s}_1$ 被替换为 $\bar{s}_0$。但是,这只有在 $\bar{s}_1 = 0$ 或者

---

①　在用于建立式(1.14)的论点中,将对漠不关心的人群的收益类型 $V_0(P_F^1 - P_F^0)$ 进行分组。要建立式(1.27),使用对称论点,将漠不关心的人中有 $V_1(P_F^1 - P_F^0)$ 回报类型的人群进行分组。

$\bar{s}_0 = 1$ 时才有可能,即对所有 s 的 $Q_F(s) = 1$ 或者 $Q_F(s) = 0$。如果我们允许质点为 $v = P_F^1 - P_F^0$ 的收益类型分布,那么免于稳健阻碍影响的单调、匿名和稳健激励相容的社会选择函数不存在公共产品供给的一般规则。[①]

在定理 1.2 中,在两个备选方案之间漠不关心的一组个体的度量为零,因为分析仅限于可接受的信念系统,即将概率为零的信念系统分配给具有质点的收益类型分布。任何其他出于相同目的的限制将得出相同的结论。因此,我们得到:

评论 1.1 定理 1.2 的结论适用于任何收益类型空间 V,以及任何具有与结果相关的收益 P_F^1 和 P_F^0 的社会选择函数 F,使得 $P_F^1 - P_F^0 \notin V$。

定理 1.2 的这种扩展对于具有离散收益类型的模型很重要。对于离散收益类型,收益类型分布没有质点的假设没有多大意义。评论 1.1 表明定理 1.2 的结论可以保持,除非差值 $P_F^1 - P_F^0$ 是 V 的元素。在 1.2 节的例子中,对于 $V = \{0, 3, 10\}$,如果社会选择函数规定相等的成本分摊,即 $P_F^0 = 0$,并且 $P_F^1 = k = 4$,则满足该要求。

1.5.4 投票机制免于稳健阻碍

以下结果提供了与定理 1.2 及其推论相反的结果。

定理 1.3 如果一个匿名的、稳健实现的社会选择函数 $F = (Q_F, P_F^1, P_F^0)$ 满足 $\mathcal{M}^{na}(V)$ 中所有 s 和 s' 的条件式 (1.14),则社会选择函数 F 免于稳健阻碍。

证明:设 $F = (Q_F, P_F^1, P_F^0)$ 是满足条件式 (1.14) 的稳健激励相容的匿名社会选择函数。我们将证明 F 也免于稳健阻碍。假设社会选择函数 F 在某个类型空间 $[(T, \mathcal{T}), \tau, \beta]$ 被可接受的信念体系 β 阻碍。设 $\hat{T}$

---

① 如果我们有点武断地假设,有收益类型 $V = P_F^1 - P_F^0$ 的人,永远不与收益类型在 V_0 中的人加入联盟(或者永远不与收益类型在 V_1 中的人加入联盟),这个破坏性的结论是可以避免的。同样地,在阻碍的定义中,我们可能会有一个弱的帕累托标准,适用于意图提高公共产品供给水平的联盟,以及一个严格的帕累托标准,适用于意图降低公共产品供给水平的联盟。

为阻碍联盟,并且令 $\hat{V} = \tau(\hat{T})$ 为相关收益类型的集合。根据 $\hat{V}$ 与集合 V_1 和 V_0 的关系,我们区分了三种情形。

情形 1: $\hat{V} \cap V_1 = \varnothing$。

在这种情况下,显然, $\hat{V} \cap V_0 \neq \varnothing$,并且在假设 $\hat{V} = V_0$ 和 $\hat{T} = T_0 := \tau^{-1}(V_0)$ 时没有普遍性的损失。对于收益类型为 V_0 中的人, F 存在群体偏离 ℓ_{T_0},必须存在一些横截面类型分布 δ,使得:

$$Q_F(s(\delta)) = 1$$

且:

$$Q_F(s(\hat{\delta}(\ell_{T_0}, \delta))) = 0$$

根据条件式(1.14),可以得出一组代理人,其报告表明他们在 V_1 中的估值,必须在 δ 处严格地大于 $\hat{\delta}(\ell_{T_0}, \delta)$,即:

$$\delta(T_1) > \hat{\delta}(T_1 | \ell_{T_0}, \delta)) \tag{1.30}$$

然而, $\hat{\delta}(\ell_{T_0}, \delta)$ 在式(1.8)中的定义显示:

$$\hat{\delta}(T_1 | \ell_{T_0}, \delta)) \geqslant \delta(T_1) \tag{1.31}$$

这与式(1.30)不相容。假设存在阻碍联盟 $\hat{T}$,有 $\tau(\hat{T}) \cap V_1 = \varnothing$,导致了矛盾,因此必然是错误的。

情形 2: $\hat{V} \cap V_0 = \varnothing$。

该论证与情形 1 给出的参数完全对称,感兴趣的读者可以自己证明。

情形 3: $\hat{V} \cap V_0 \neq \varnothing$ 且 $\hat{V} \cap V_1 \neq \varnothing$。

对于在收益类型 V_0 中的人和在收益类型 V_1 中的人的联盟的群体偏离 $\ell_{\hat{T}}$,来阻碍空间 $[(T, T), \tau, \beta]$ 上的社会选择函数 F,在 $\mathcal{M}(T)$ 中必须存在非空集 D_{10} 和 D_{01} 类型分布,这样,对于 $\delta_0 \in D_{10}$,有:

$$Q_F(s(\delta_0)) = 1 \text{ 且 } Q_F(s(\hat{\delta}(\ell_{\hat{T}}, \delta_0))) = 0$$

对于 $\delta_1 \in D_{01}$,有:

$$Q_F(s(\delta_1)) = 0 \text{ 且 } Q_F(s(\hat{\delta}(\ell_{\hat{T}}, \delta_1))) = 1$$

此外,不同参与者的信念必须是,不同的参与者更重视他们喜欢的变化所带来的收益,而不是他们不喜欢的变化所带来的损失。因此,对于代理人类型为 $t_0 \in T_0$,必须满足以下情况:

$$\frac{\beta(D_{10} \mid t_0)}{\beta(D_{01} \mid t_0)} \geqslant 1$$

同时对于代理人类型 $t_1 \in T_1$,有:

$$\frac{\beta(D_{10} \mid t_1)}{\beta(D_{01} \mid t_1)} \leqslant 1$$

并且对于 $\hat{T}$ 中不可忽略的一组代理人,至少有一个不等式必须是严格的。然而,并非所有确定 δ_0 和 δ_1 的正概率的信念系统都满足这些不等式。因此,通过联盟 $\hat{T}$ 来阻碍社会选择函数 F 是不稳健的。 ■

在没有任何附加条件的情况下,如果我们用联盟证明的要求取代了对联盟合谋的要求,从而允许依赖于信念的联盟形成,那么定理 1.3 就不会成立:收益类型 V_1 和 V_0 中的个体的群体偏离将阻碍 F,如果有这样的信念,即在某些经济状态提高公共产品供给,而在其他状态降低公共产品供给的"贸易"似乎是互利的。在定理 1.3 的证明中,使用群体偏离阻碍来消除这种可能性。如果允许基于信念的联盟,那么这种"贸易"也可以通过要求联盟本身免于形成二级联盟来消除。试图与收益类型 V_1 和 V_0 的人的联盟进行"贸易"的可能性是,其本身很容易受到其中一个子群体可能利用其自身的额外群体偏离以便操纵向主要联盟组织者提交的报告,从而使那些向最初联盟提供操纵手段的经济状态的子群体中的人们不会被"观察"到。在 Bierbrauer 和 Hellwig(2015)中,我们使用这个论证的一个版本来证明一个类似于定理 1.3 的有限经济体中存在稳健联盟证明。①

---

① 在 Bierbrauer 和 Hellwig(2015)中,我们实际上使用了 Bernheim 等(1986)的方法,在这种方法中,二级联盟本身必须再次免受可容许二级联盟等的阻碍。在连续体模型中,这个概念涉及一个困难,即不存在最小联盟来建立规模不断扩大的可容许联盟层级。

1.6　福利分析应用

1.6.1　最优实施的限制

从定理 1.1 和定理 1.2,我们立即得出:

推论 1.3　如果在 $\mathcal{M}^{na}(V)$ 中存在 s 和 s',使得 $s(V_0(k)) \leqslant s'(V_0(k))$ 和 $\bar{v}(s) < k < \bar{v}(s')$,那么就不存在匿名的社会选择函数可以产生稳健可实施的最优结果,并且免于稳健阻碍的影响。

虽然小经济体中关于公共产品供给的文献主要是在参与约束和预算平衡的基础上制定了不可能性定理,但定理 1.1 表明,在大经济体中,这些关注点没有实际意义,但最优实施可能容易受到影响,受共同利益的团体操纵。我们在 1.2 节的示例中已经看到了这一点,其中净受益人组的规模始终为 0.3,最优供给规则取决于估值为 0 的人和估值为 3 的人的人口比例,所有人在公共产品供给中受损。在该示例中,显然满足推论 1.3 的条件,例如:

$$\begin{cases} s_0 = 0.7, \ s_3 = 0, \ s_{10} = 0.3 \\ s_0' = 0.7, \ s_3' = 0, \ s_{10}' = 0.3 \end{cases}$$

表 1.3 提供了另外一个案例,对于讨论次优情况比较实用。在这个例子中,有三个可能的收益类型 $V = \{0, 5, 10\}$。公共产品供给的人均成本为 $k = 4.5$。有两种可能的收益类型横截面分布 s^j, $j = 1, 2$。在这两个横截面分布下的不同收益类型的人口比例 s_v^j 如表 1.3 所示。①

表 1.3 中的最后一列显示了每种分配的公共产品的横截面平均估值 $\bar{\mathbf{v}}(s^j)$。

对于表 1.3 中的示例,最优实施要求不应在经济状态 1 中提供公共产品,并且应在经济状态 2 中提供公共产品。在相同的成本分摊下,相关

---

①　表 1.3 中的收益类型分布显然有质点。然而,在成本分摊相等的情况下,满足评论 1.1 的假设,因此定理 1.2 的结论成立。

的收益结果将是 $P_F^0=0$ 和 $P_F^1=4.5$。给定这些收益,公共产品供给的反对者包括所有类型的估值为 0 的人,公共产品供给的净受益者包括所有类型的估值为 5 和 10 的人。从表 1.3,人们可以立即看到,净受益者的集合在经济状态 1 中的人口比例为 0.7,在经济状态 2 中的人口比例为 0.6。因为在第一种经济状态中,净受益人的人口比例大于第二种经济状态,最优实施违反了定理 1.1 中的单调性要求。更具体地说,任何能够实现具有最优结果的社会选择函数的机制都会被估值为 5 和 10 的人的联盟稳健地阻碍。如果联盟的人口比例为 0.6,那么联盟涉及真实性的群体偏离。如果联盟的人口份额为 0.7,则群体偏离涉及以概率 $\frac{5}{7}$ 报告估值 10,并且报告估值 0 和 5 的概率均为 $\frac{1}{7}$。因此,即使真实经济状态为 1,整体机制也相信经济状态为 2。

1.6.2 次优考虑因素

如果最优不可实现,整体机制设计者面临次优问题。鉴于不可能在每个经济状态实现有效的结果,他必须在与效率的不同偏离之间进行选择,这些偏离与免于稳健阻碍要求相一致。例如,通过表 1.3 中的示例,他可以决定是否最好放弃经济状态 2 中公共产品供给的净收益,或者从经济状态 1 的公共产品供给中获得净损失。他也可能想通过稳健实施比他需要的更多的资金收益方案来改变支持者和反对者之间的界限,例如,如果提供公共产品,则要求收益 $P_F^1=5.1$,而不是 $P_F^1=k=4.5$,以便将估值为 5 的人从净受益人转变为公共产品供给的反对者。这将使他能够实施最优的公共产品供给规则,但是当提供公共产品时,经济状态 2 中的资源存在浪费。

任何对不同类型的效率之间权衡的评估都必须依赖于机制设计者赋予不同状态的权重系统。为了具体说明,我们假设机制设计者有自己的先验信念并选择社会选择函数,以便根据这些信念最大化预期的总剩余,受可行性、稳健的可实施性和免于稳健阻碍的约束。这相当于选择 P_F^0、

P_F^1 和 $Q_F : \mathcal{M}(V) \to \{0, 1\}$ 以最大化预期的总盈余的问题：

$$E^M \big[(\bar{\mathbf{v}}(s) - P_F^1) Q_F(s) - P_F^0 (1 - Q_F(s)) \big] \tag{1.32}$$

根据 $P_F^0 \geq 0$，$P_F^1 \geq k$ 的可行性约束，以及对于每对 s 和 s'，$s(V_1) \geq s'(V_1)$ 意味着 $Q_F(s) \geq Q_F(s')$ 的条件。表达式(1.32)中的期望算子 E^M 表明对机制设计者的主观信念采取 s 的期望。

对于表 1.3，该次优问题的解决方案取决于机制设计者分配给不同状态的概率 ρ_1^M 和 ρ_2^M。如果公共产品供给的收益在第二种经济状态已经被放弃，那么，相对于最优方法，在这种经济状态，人均福利损失为 $5.5-4.5$ $=1.0$。如果公共产品是在经济状态 1 中提供的，这是不应该的，此时人均福利损失为 $4.5-3.5=1.0$。如果机制设计者认为这两种经济状态出现的概率是相等的，那么他对经济状态 1 中的过度供给和经济状态 2 中的不供给漠不关心。如果他认为经济状态 2 比经济状态 1 更有可能，他将更愿意在经济状态 1 内过度供给而在经济状态 2 不供给；如果他认为经济状态 1 更有可能也是一样。

但是，在任何情况下，经济状态 2 中的不供给由涉及经济状态 1 时不供给计划和在经济状态 2 时供给收益 $P_F^1 = 5.1 > k$ 主导。相对于最优，该方案在经济状态 2 中的人均福利损失等于 $5.1-4.5=0.6$。如果机制设计者认为这两种经济状态出现的概率相等，那么他有可能更倾向于在经济状态 1 中过度提供公共产品的方案安排。在经济状态 1 中过度供给的公共产品，即在两种经济状态都提供公共产品，但是非浪费性收益 $P_F^0 = 0$ 和 $P_F^1 = k = 4.5$ 仅在分配给经济状态 1 的概率小于 $3/8$ 时是优选的。如果分配给经济状态 1 的概率超过 $3/8$，则次优的社会福利函数规定(有效的)在经济状态 1 中不提供公共产品而在经济状态 2 中提供超额收益。故意浪费资源时，最优方案由于稳健性以及免于联盟稳健阻碍时，次优解决方案可行。[1]

---

① 类似地，在 1.2 节的示例中，机制设计者可能希望在没有提供公共产品的情况下强制收益 1，在提供公共产品时强制收益 4。

1.7 多维视角供给分析

我们的分析在多大程度上取决于这样一个假设，即公共产品属于一个不可分割的单位，因此只有供给与不供给两种选择？扩展定理 1.1 以允许多个供给水平显然没有问题。在一个大经济体中，通常具有相同成本分摊的最优公共产品供给可以稳健地实施。

问题是定理 1.2 和定理 1.3 是否也适用于多维供给水平的一般情况。在下文中，我们提供了这个问题的答案。

1.7.1 具有线性成本函数的多维供给水平

如果供给成本函数是线性的（达到某个上限 $\overline{Q}$）并且收益规则提供相等的成本分摊，则扩展我们之前的分析很容易。在这种情况下，如果人均供给成本是 kQ，则存在两组收益类型：$V_0 = \{v \mid v < k\}$、$V_1 = \{v \mid v > k\}$。因此，对于任何两个供给水平 Q_0 和 Q_1，且有 $Q_1 > Q_0$，收益类型为 V_0 的代理人更倾向于 Q_0，而收益类型为 V_1 的代理人更倾向于 Q_1。对定理 1.2 的证明的简单适应表明，如果单调的、匿名的和可稳健实施的社会选择函数不受稳健联盟的影响，公共产品供给规则必须采用的形式为：

$$Q_F(s) = Q^*(s(V_1))$$

其中 Q^* 是非递减函数。这种社会选择函数可以再次通过投票机制来实现，尽管这次投票不是关于要选择的替代方案。投票可能是关于是否没有公共产品供给，这一水平将取决于支持某种公共产品供给的人口比例。（当效用采用 vQ 形式时，当然，效率会强制 Q^* 应该取值 0 和 $\overline{Q}$，因此线性成本情况无论如何都与二元情况类似。）

1.7.2 边际成本增加时的多维供给水平

然而，如果额外增加或减少一单位公共产品表现为 Q 的增加或减少,那么将我们的分析扩展到多维供给水平是非常重要的。边际成本增加的情况特别有趣。在下文中,我们展示当存在 $0, 1, \cdots, n$ 的 $n+1$ 个供给水平时我们的方法如何工作,并且在 $Q=1$ 时供给成本为 k_1,$Q=2$ 时供给成本为 k_1+k_2,更一般地说,对于 $K=j$ 时 $\sum_{i=1}^{j} k_i$,有:

$$v_{\min} < k_1 < k_2 < \cdots < k_n < v_{\max} \tag{1.33}$$

根据收益类型的分布,供给水平 $0, 1, \cdots, n$ 中的任何一个都是有效的。具体而言,最优供给规则要求:

$$Q_F^{FB}(s) = \begin{cases} 0, & \bar{v}(s) < k_1 \\ j, & \bar{v}(s) \in (k_{j-1}, k_j), \ j=1, \cdots, n-1 \\ n, & \bar{v}(s) > k_n \end{cases}$$

图 1.1 说明了当存在三个供给水平时,$n=2$ 的情况的最优供给规则。坐标轴上,集合 $V_0 = \{v \mid v < k_1\}$ 和 $V_2 = \{v \mid v > k_2\}$ 的人口比例为 $s(V_0)$ 和 $s(V_2)$。对于 $s \in \mathcal{M}^{na}(V)$,更倾向于中间供给水平 $Q=1$ 时的人的集合 $V_1 = \{k_1 < v < k_2\}$ 中的人口比例 $s(V_1)$ 等于 $1 - s(V_0) - s(V_2)$。此时有:

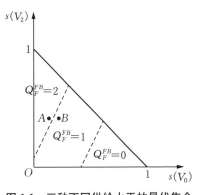

图 1.1　三种不同供给水平的最优集合

$$\{(s(V_0), s(V_2)) \mid 0 \leqslant s(V_0) \leqslant 1, 0 \leqslant s(V_2) \leqslant 1, s(V_0) + s(V_2) \leqslant 1\} \tag{1.34}$$

公式(1.34)表示理解 $s(V_1) = 1 - s(V_0) - s(V_2)$ 和 $s(V_2)$ 的可能集合。假设集合 V_0、V_1、V_2 上的 $s(V_1)$ 的条件均值是固定的并且随着 $s(V_1)$ 的变化不变化,[①]图 1.1 显示了最优供给规则如何依赖于三个群体的人口比例。

---

① 　这一假设仅在图 1.1 中给出。我们随后的分析中没有它。

但是，最优供给规则不能免于稳健阻碍。为了看清这一点，考虑图 1.1 中的点 $A=(s(V_0)^A, s(V_2)^A)$ 和 $B=(s(V_0)^B, s(V_2)^B)$。在这两个点有 $s(V_2)^A=s(V_2)^B$，$Q_F^{FB}(s^A)=2$，$Q_F^{FB}(s^B)=1$。考虑朴素类型空间 $(V, \mathcal{V})$ 和具有 $V_0 \bigcup V_1$ 中收益类型的代理人的群体偏离 $(V_0 \bigcup V_1, \ell_{V_0 \cup V_1})$，这样，无论何时，该联盟的人口比例都是 $1-s(V_2)^A$，并且收益类型为 V_0 的代理人人口比例为 $s(V_0)^A$ 时，报告策略 $\ell_{V_0 \cup V_1}$ 有 $\dfrac{s(V_0)^B}{1-s(V_2)^A}$ 比例的联盟成员报告他们的收益类型是 V_0，$1-\dfrac{s(V_0)^B}{1-s(V_2)^A}$ 比例的联盟成员报告他们的收益类型是 V_1。作为这一操纵的结果，即使经济的实际状况是 s^A，整体机制也实现了 $Q_F^{FB}(s^B)$，虽然经济体的真实状态为 s^A。所有联盟成员都受益于这种操纵，并且从临时角度来看，所有联盟成员都希望从群体偏离 $(V_0 \bigcup V_1, \ell_{V_0 \cup V_1})$ 中受益，只要他们有为经济状态 s^A 分配正概率的信念。因此，群体偏离 $(V_0 \bigcup V_1, \ell_{V_0 \cup V_1})$ 在 $(V, \mathcal{V})$ 上稳健地阻碍最优供给规则。

一般地，要求社会选择函数免于稳健阻碍，以及匿名和稳健激励相容，有什么含义呢？以下结果针对特定类别的社会选择函数回答此问题，其范围包括所有可能的供给水平。

定理 1.4 考虑一个单调的、匿名的和可稳健实施的社会选择函数 F，该模型具有 $n+1$ 个公共产品供给水平，边际供给成本递增，并假设收益规则提供相等的成本分摊。假设存在数字 σ_i，$i=0, \cdots, n$，在 $n \in [0, 1]$ 中，对于任何 i 有：

$$Q_F(\sigma_i s_{v_{max}} + (1-\sigma_i) s_{v_{min}}) = i \tag{1.35}$$

其中 $s_{v_{max}}$ 和 $s_{v_{min}}$ 是将概率 1 分配给 V 中的最小值 v_{min} 和最大值 v_{max} 的简并测度。如果 F 免于稳健阻碍，那么存在数字 $\bar{s}_1, \bar{s}_2, \cdots, \bar{s}_n$，使得：

$$0 < \bar{s}_1 < \cdots < \bar{s}_n < 1 \tag{1.36}$$

此外，对于任何 $s \in \mathcal{M}^{na}(V)$ 和 $j=0, \cdots, n$，有：

当 $s(W_{i-1}^+)>\bar{s}_i$ 与 $s(W_i^+)<\bar{s}_{i+1}$ 同时成立,$Q_F(s)=i$　　(1.37)

其中,为了方便,我们令 $\bar{s}_0=0$ 和 $\bar{s}_{n+1}=1$,对于 $i=0,1,\cdots,n$,$W_i^+=(k_{i+1},v_{max}]$ 是期望供给水平从 $Q=i$ 增加到 $Q=i+1$ 的收益类型集合。此外,对于 $j=1,\cdots,n$,$Q_F(s)$ 在每个集合 $\{s\mid\sum_{i=j}^n s(V_i)=\bar{s}_j\}$ 上是常数,取值 $Q_F(s)=j$ 或 $Q_F(s)=j-1$。

推论 1.4　如果社会选择函数满足定理 1.4 的假设,那么它可以通过一系列投票来实现,关于人们是否想要将公共产品增加一个单位,首先从 0 到 1,然后从 1 到 2,……最后从 $n-1$ 到 n。进入下一阶段的阈值由 $\bar{s}_1$,$\bar{s}_2$,$\cdots$,$\bar{s}_n$ 给出。如果达到阶段 j 但是不满足阶段 $j+1$ 的阈值,则公共产品供给水平是 $Q_F(s)=j$。

对于 $n=2$ 的情况,定理 1.4 通过图 1.2 示出,其再次示出了集合式 (1.34)。偏好 $Q=2$ 供给水平的收益类型集合 V_2,等于期望值从 $Q=1$ 增加到 $Q=2$ 的收益类型集合 W_i^+。如果 s 是无原子的,则收益类型集合 $V_1\cup V_2$ 更偏好供给水平 $Q=1$ 或 $Q=2$ 具有与集合 W_0^+ 的收益类型相同的测度,其中从 $Q=0$ 增加到 $Q=1$ 是理

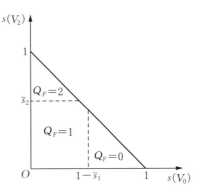

图 1.2　三种不同供给水平时有效免于稳健阻碍的案例

想的,即 $s(W_0^+)=s(V_1\cup V_2)=s(V_1)+s(V_2)$。根据该定理,如果 $s(W_1^+)>\bar{s}_2$,则公共产品由最大水平 $Q=2$ 提供,其对应于图 1.2 中的情况 $s(V_2)>\bar{s}_2$。如果 $s(W_1^+)<\bar{s}_2$ 且 $s(W_0^+)>\bar{s}_1$,则对应于情况 $s(V_2)<\bar{s}_2$ 且 $s(V_0)=1-s(V_1)-s(V_2)<1-\bar{s}_1$,它由水平 $Q=1$ 提供。如果 $s(W_0^+)<\bar{s}_1$ 则完全不提供公共产品,其对应于图 1.2 中的 $s(V_0)>1-\bar{s}_1$ 情况。

图 1.2 还说明了存在 σ_i,$i=\{0,1,\cdots,n\}\in[0,1]$,对于任何 i,$\sigma s_{v_{max}}+(1-\sigma)s_{v_{min}}$ 处的公共产品供给水平满足式(1.35)。对于任何 $\sigma\in$

$[0，1]$，收益类型分布 $\sigma s_{v_{\max}}+(1-\sigma)s_{v_{\min}}$ 对应于集合式（1.34）的边界上的点。该条件要求，当沿着这个边界从点（1，0）移动到点（0，1）时，Q_F 取从 0 到 n 所有可能的值，在图 1.2 中取值为 0、1、2，没有跳跃，例如从 0 到 2。下面，我们进一步讨论这个假设。

1.7.3 证明定理 1.4

为了证明定理 1.4，我们首先指定阈值 $\bar{s}_1$，$\bar{s}_2$，$\cdots$，$\bar{s}_n$。

引理 1.1 在定理 1.4 的假设下，存在满足式（1.36）的阈值 $\bar{s}_1$，$\bar{s}_2$，$\cdots$，$\bar{s}_n$，使得：

$$Q_F(\sigma s_{v_{\max}}+(1-\sigma)s_{v_{\min}})=j，\sigma\in(\bar{s}_j，\bar{s}_{j+1}) \tag{1.38}$$

其中，$\bar{s}_0=0$，$\bar{s}_{n+1}=1$。

证明：由 Q_F 的单调性得非递减函数：

$$\sigma\rightarrow\hat{Q}_F(\sigma):=Q_F(\sigma s_{v_{\max}}+(1-\sigma)s_{v_{\min}}) \tag{1.39}$$

在定理 1.4 的假设下，对于每个 j，集合 $\{\sigma\in[0，1]|\hat{Q}_F(\sigma)=j\}$ 是非空的。对于 $j\geqslant1$，设 $\bar{s}_j$ 是该集合的下限。式（1.38）和式（1.36）遵循式（1.39）的单调性。∎

我们接下来通过归纳进行。首先我们证明，对于任何 $s\in\mathcal{M}^{na}(V)$，如果 $s(W_{n-1}^+)>\bar{s}_n$，则定理是正确的。然后我们证明，如果它们对于 s 满足 $s(W_j^+)>\bar{s}_{j+1}$ 是正确的，那么它们也必须适用于满足 $s(W_{j-1}^+)>\bar{s}_j$ 的任何 s。在整个分析过程中，我们重复使用这样一个事实：如果满足条件 $s\in\mathcal{M}^{na}(V)$，那么对于任何 $j<n$，有：

$$s(W_j^+)=\sum_{i=j+1}^{n}s(V_i) \tag{1.40}$$

我们还引入了一系列收益类型的集合 W_j^-，其中供给水平从 $Q=j$ 减少到 $Q=j-1$ 是合乎需要的，并且我们注意到，如果是 $s\in\mathcal{M}^{na}(V)$，那么对于任何 $j>0$，有：

$$s(W_j^-) = \sum_{i=0}^{j-1} s(V_i) \tag{1.41}$$

引理 1.2 在定理 1.4 的假设下,有:

$$Q_F(s) = n$$

对于任何 $s \in \mathcal{M}^{na}(V)$, $s(V_n) > \bar{s}_n$。

证明: 我们证明如果引理是假的,则可以在朴素类型空间 $(V, \mathcal{V})$ 上稳健阻碍社会选择函数 F。如果引理为假,则存在 $s \in \mathcal{M}^{na}(V)$,使得 $s(V_n) > \bar{s}_n$ 和 $Q_F(s) < n$。考虑群体偏离 (V_n, ℓ_{V_n}),其中 ℓ_{V_n} 取恒定值 $s_{v_{\max}}$。根据单调性,对于任意 $s' \in \mathcal{M}^{na}(V)$,我们有:

$$Q_F(\hat{s}(\ell_{V_n}, s')) \geqslant Q_F(s') \tag{1.42}$$

根据单调性,我们还有:

$$Q_F(\hat{s}(\ell_{V_n}, s')) \geqslant \hat{Q}_F(s'(V_n)) \tag{1.43}$$

根据引理 1.1 以及单调性,当 $s'(V_n) > \bar{s}_n$,遵循:

$$Q_F(\hat{s}(\ell_{V_n}, s')) = n \tag{1.44}$$

因此,对于任何 $s \in \mathcal{M}^{na}(V)$, $s(V_n) > \bar{s}_n$ 和 $Q_F(s) < n$ 一起意味着 $Q_F(\hat{s}(\ell_{V_n}, s)) \geqslant Q_F(s)$。群体偏离 (V_n, ℓ_{V_n}) 在朴素类型空间 $[(V, \mathcal{V}), \beta]$ 上阻碍函数 F,对于任何具有 V_n 中收益类型的人的信念系统,给定状态的状态集 s 的正概率 $s(V_n) > \bar{s}_n$ 和 $Q_F(s) < n$。∎

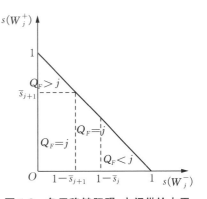

图 1.3　免于稳健阻碍:中间供给水平

在归纳论证中,我们反复参考图 1.3。类似于图 1.2,只是现在,对于一些固定的 j,坐标轴显示了公共产品供给水平较低的人群的期望集合 $s(W_j^-)$,即和公共产品供给水平高于 j 人群期望集合的总体份额 $s(W_j^+)$。我们假设式 (1.37) 对于所有 s 都成立,使得 $s(W_j^+) > \bar{s}_{j+1}$,并继续证明式 (1.37) 对于所有 s 也成立,使得

$s(W_j^+)<\bar{s}_{j+1}$ 和 $s(W_j^+)>\bar{s}_j$，或者等价地，$s(W_j^-)<1-\bar{s}_j$。归纳假设对水平线 s 上方所有式 (1.37) 中的 s 为真，且 $Q_F(s)>j$ 对 $s(W_j^+)=\bar{s}_{j+1}$ 为真。归纳论证将表明式 (1.37) 也为真且 $Q_F(s)=j$ 对应于水平线 $s(W_j^+)=\bar{s}_{j+1}$ 和垂直线之间的中间区域中所有 s 在图 1.3 中 $s(W_j^-)=1-\bar{s}_j$。（该定理还暗示 s 对应于图中垂直线 $s(W_j^-)=1-\bar{s}_j$ 右侧的点对应的所有 s，$Q_F(s)<j$，但这不是归纳参数的一部分。）

证明的不同部分对应于图 1.3 中的不同点集。第一步，我们验证我们对分布 $s\in\mathcal{M}^{na}(V)$ 的要求，其中 $s(W_j^+)<\bar{s}_{j+1}$，$s(W_{j-1}^+)>\bar{s}_j$，此外，$s(V_j)=0$，或等效地，$(W_j^-)+s(W_j^+)=1$。这是一组收益类型分布，对应于图中三角形外边界上的点，三角形即垂直线 $s(W_j^-)=1-\bar{s}_{j+1}$ 和 $s(W_j^-)=1-\bar{s}_j$ 之间的区域。第二步，我们验证了我们对所有剩余分布 $s\in\mathcal{M}^{na}(V)$ 的要求，其中 $s(W_j^-)\in(1-\bar{s}_{j+1},\,1-\bar{s}_j)$。这些分布对应于第一步考虑的边界下方垂直条带上的点。第三步，最后我们建立了对所有分布 $s\in\mathcal{M}^{na}(V)$ 的要求，其中 $s(W_j^-)\leqslant1-\bar{s}_{j+1}$ 和 $s(W_j^+)<\bar{s}_{j+1}$。这对应于坐标轴之间的矩形，即垂直线 $s(W_j^-)=1-\bar{s}_{j+1}$ 和水平线 $s(W_j^+)=\bar{s}_{j+1}$。

下面的引理确立了我们对分布的结论，这些分布对应于图 1.3 中三角形外边界上的点。

引理 1.3　修正 $j<n$。在定理 1.4 的假设下，如果式 (1.37) 对于 $s(W_j^+)>\bar{s}_{j+1}$ 的所有 $s\in\mathcal{M}^{na}(V)$ 成立，那么式 (1.37) 对于 $s(V_j)=0$ 的任何 $s\in\mathcal{M}^{na}(V)$ 也成立，并且 $s(W_j^+)\in(\bar{s}_j,\,\bar{s}_{j+1})$。

证明：证明分三步进行。第一步，我们证明，在归纳假设下，对于满足 $s(V_j)=0$ 和 $s(W_j^+)\in(\bar{s}_j,\,\bar{s}_{j+1})$ 的 $s\in\mathcal{M}^{na}(V)$，$Q_F(s)$ 不能超过 $j+1$。要看到这一点，考虑收益类型分布：

$$s'=\alpha s_{W_j^+}+(1-\alpha)s_{W_j^-}$$

其中 $s_{W_j^+}$ 和 $s_{W_j^-}$ 是 s 对集合 $W_j^+=(k_j,\,v_{\max}]$ 和 $W_j^-=[v_{\min},\,k_j)$ 的约束。同时还需要满足条件：

$$\alpha := \frac{\bar{s}_{j+1} + \bar{s}_{j+2}}{2} \cdot \frac{1}{s(W_j^+)}$$

（此处定义明确，因为 s 满足 $s(W_j^+) > \bar{s}_j$）。分布 s' 满足：

$$s(W_j^+) = s'(W_j^+) = \alpha s(W_j^+) = \frac{\bar{s}_{j+1} + \bar{s}_{j+2}}{2}$$

因此有 $s'(W_j^+) \in (\bar{s}_{j+1}, \bar{s}_{j+2})$。通过归纳假设，得出 $Q_F(s') = j+1$。因此，通过构造，s' 在一阶随机占优意义上支配 s，我们也有 $Q_F(s) \leqslant Q_F(s')$，因此 $Q_F(s) \leqslant j+1$。

第二步，我们证明，对于满足 $s(V_j) = 0$，$s(W_j^+) \in (\bar{s}_j, \bar{s}_{j+1})$ 的 $s \in \mathcal{M}^{na}(V)$，$Q_F(s)$ 不能小于 j。如果这个说法为假，那么在朴素类型空间 $(V, \mathcal{V})$ 上稳健阻碍函数 F。为了看到这一点，考虑群体偏离 $(W_j^+ \cup V_j, \ell_{W_j^+ \cup V_j})$，其中 $\ell_{W_j^+ \cup V_j}$ 是一种报告策略，要求联盟成员在 $s(V_j) = 0$ 和 $s(W_j^+) \in (\bar{s}_j, \bar{s}_{j+1})$ 时报告 $s_{v_{\max}}$，并在所有其他情况下报告真实情况。对于任何 $s' \in \mathcal{M}^{na}(V)$，使得 $s'(V_j) = 0$，并且 $s'(W_j^+) \in (\bar{s}_j, \bar{s}_{j+1})$，该报告策略生成报告的横截面分布 $\hat{s}(\ell_{W_j^+ \cup V_j}, s')$，对于 $\sigma = s'(W_j^+)$，弱占优 $\sigma s_{v_{\max}} + (1-\sigma)s_{v_{\min}}$。通过 F 的单调性得出，对于这样的 s'：

$$Q_F(\hat{s}(\ell_{W_j^+ \cup V_j}, s')) \geqslant Q_F(s(W_j^+)) = j$$

在论证的第一步，我们还有 $Q_F(\hat{s}(\ell_{W_j^+ \cup V_j}, s')) \leqslant j+1$。如果 $s'(V_j) = 0$，那么联盟 $W_j^+ \cup V_j$ 的几乎所有成员都更喜欢公共产品供应水平 $Q_F(\hat{s}(\ell_{W_j^+ \cup V_j}, s'))$ 至 j 以下的任何水平。因此，如果 $Q_F(s)$ 对于某些 $s \in \mathcal{M}^{na}(V)$ 满足 $s(V_j) = 0$ 和 $s(W_j^+) \in (\bar{s}_j, \bar{s}_{j+1})$，群体偏离 $(W_j^+ \cup V_j, \ell_{W_j^+ \cup V_j})$ 将在朴素类型空间 $(V, \mathcal{V})$ 上有力地阻碍 F。

在第三步中，我们展示了满足 $s \in \mathcal{M}^{na}(V)$ 和 $s(V_j) = 0$ 的 $s(W_j^+) \in (\bar{s}_j, \bar{s}_{j+1})$，我们必须有 $Q_F(s) = j$。如果这个声明是错误的，那么 F 将在 $(V, \mathcal{V})$ 上被有力地阻碍。要了解这一点，考虑群体偏离 $(W_j^- \cup V_j, \ell_{W_j^- \cup V_j})$，其中 $\ell_{W_j^- \cup V_j}$ 是一种报告策略，要求联盟成员在 $s(V_j) = 0$ 和 $s(W_j^-) \in (1-\bar{s}_{j+1}, 1-\bar{s}_j)$ 时报告 $s_{v_{\min}}$ 以及在所有其他情况下报告真相。

对于任何 $s' \in \mathcal{M}^{na}(V)$ 使得 $s'(V_j) = 0$ 和 $s'(W_j^+) \in (\bar{s}_j, \bar{s}_{j+1})$，该报告策略生成报告的横截面分布 $\hat{s}(\ell_{W_j^- \cup V_j}, s')$，在 $\sigma = 1 - s(W_j^-) = s(W_j^+)$ 时被分布 $\sigma s_{v_{max}} + (1-\sigma)s_{v_{min}}$ 弱占优。通过 F 的单调性，可以得出，对于这样的 s'，有：

$$Q_F(\hat{s}(\ell_{W_j^- \cup V_j}, s')) \leqslant \hat{Q}_F(s(W_j^+)) = j$$

因此，通过论证的第二步，$Q_F(\hat{s}(\ell_{W_j^- \cup V_j}, s')) = j$，所有联盟成员都倾向于任意更高供给水平。因此，如果对于满足 $s'(V_j) = 0$ 和 $s(W_j^+) \in (\bar{s}_j, \bar{s}_{j+1})$ 的某些 $s \in \mathcal{M}^{na}(V)$，$Q_F(s)$ 等于 $j+1$，则群体偏离 $(W_j^- \cup V_j, \ell_{W_j^- \cup V_j})$ 将在朴素类型空间 $(V, \mathcal{V})$ 上稳健阻碍函数 F。引理得证。∎

下面的引理确立了我们对与图 1.3 中的点相对应的分布的观点，这些分布位于引理 1.3 中考虑的边界点下方的垂直带上。

引理 1.4 假定 $j < n$。在定理 1.4 的假设下，对于所有 $s \in \mathcal{M}^{na}(V)$，$s(W_j^+) > \bar{s}_{j+1}$ 时式 (1.37) 成立，那么式 (1.37) 对于 $s(W_j^+) \in (\bar{s}_j, \bar{s}_{j+1})$ 的所有 $s \in \mathcal{M}^{na}(V)$ 也成立。

证明： 我们首先注意到任何满足条件 $s(W_j^+) \in (\bar{s}_j, \bar{s}_{j+1})$ 的 $s \in \mathcal{M}^{na}(V)$ 时，下式的占优策略：

$$s' = s + s(V_j)s_{v_{max}} - sv_i \tag{1.45}$$

这是通过将所有 s 从集合 V_j 移动到单个 $\{v_{max}\}$ 获得。通过构造，有 $s'(W_j^+) = s'(W_{j-1}^+) = s(W_{j-1}^+) \in (\bar{s}_j, \bar{s}_{j+1})$ 和 $s'(V_j) = 0$。通过引理 1.3，有 $Q_F(s') = j$。根据函数 F 的单调性，有 $Q_F(s) \leqslant j$。

为了证明这个引理，可以证明，对于任何 $s \in \mathcal{M}^{na}(V)$，使得 $s(W_{j-1}^+) \in (\bar{s}_j, \bar{s}_{j+1})$，我们不能有 $Q_F(s) < j$。为此目的，我们证明，如果我们有一些这样的 s 使 $Q_F(s) < j$，那么 F 可以在朴素类型空间 $(V, \mathcal{V})$ 上被稳健阻碍。要看到这一点，考虑群体偏离 $(W_{j-1}^+, \ell_{w_i^+})$，其中 $\ell_{w_i^+}$ 是一种报告策略，每当 $s(W_{j-1}^+) \in (\bar{s}_j, \bar{s}_{j+1})$ 并在所有其他情况下报告真实情况时，要求联盟成员报告：

$$\ell_{W_{j-1}^+}(s_{W_{j-1}^+}) = \frac{1}{s(W_{j-1}^+)} \cdot s_{W_j^+} + \frac{s(V_j)}{s(W_{j-1}^+)} s_{v_{\max}} \tag{1.46}$$

对于任何 $s \in \mathcal{M}^{na}(V)$，使得 $s(W_{j-1}^+) \in (\bar{s}_j, \bar{s}_{j+1})$，由该报告策略生成的报告 $\hat{s}(\ell_{W_{j-1}^+}, s)$ 的分布满足引理 1.3 的条件。所以我们有 $Q_F(\hat{s}(\ell_{W_{j-1}^+}, s)) = j$。由于所有联盟成员都倾向于供给水平 j 到任何较低水平，因此，如果存在分布 $s \in \mathcal{M}^{na}(V)$ 使得 $s(W_{j-1}^+) \in (\bar{s}_j, \bar{s}_{j+1})$ 和 $Q_F(s) < j$，那么群体偏离 $(W_{j-1}^+, \ell_{W_{j-1}^+})$ 将在集合空间 $(V, \mathcal{V})$ 上稳健地阻碍 F。引理得证。∎

最后，我们考虑与图 1.3 中点对应的分布，其位于垂直线 $s(W_j^-) = 1 - \bar{s}_{j+1}$ 的左侧并且低于水平线 $s(W_j^+) > \bar{s}_{j+1}$。

引理 1.5　假定 $j < n$。在定理 1.4 的假设下，如果式 (1.37) 对于 $s(W_j^+) > \bar{s}_{j+1}$ 的所有 $s \in \mathcal{M}^{na}(V)$ 成立，那么式 (1.37) 对于所有 $s \in \mathcal{M}^{na}(V)$（其中 $s(W_{j-1}^+) > \bar{s}_j$）也成立。

证明：由于所有其他情况都被引理 1.4 或归纳假设所涵盖，因此足以证明 $s \in \mathcal{M}^{na}(V)$ 时，式 (1.38) 对于 $s(W_j^+) < \bar{s}_{j+1}$ 和 $s(W_{j-1}^+) > \bar{s}_j$ 成立。对于任何这样的 s，显然存在 $s' \in \mathcal{M}^{na}(V)$，$s$ 是 s' 的占优策略，并且此外，$s'(W_{j-1}^+) \in (\bar{s}_j, \bar{s}_{j+1})$。（从 s 得到 s'，将适当质点从 V_j 位移到单个 $\{v_{\min}\}$。）对于这样的 s'，引理 1.4 意味着 $Q_F(s') = j$。对于任何 $s \in \mathcal{M}^{na}(V)$，使得 $s(W_j^+) < \bar{s}_{j+1}$ 且 $s(W_{j-1}^+) > \bar{s}_j$，因此 $Q_F(s) \geq j$。

为了完成证明，现在足以显示，对于任何 $s \in \mathcal{M}^{na}(V)$，使得 $s(W_j^+) < \bar{s}_{j+1}$ 和 $s(W_{j-1}^+) > \bar{s}_j$，不能得到 $Q_F(s) > j$。给出 $s(W_j^+) > \bar{s}_j$ 和 $s(W_j^+) \leq \bar{s}_j$ 两种情况的单独说明。

情形 1：对于情形 $s(W_j^+) > \bar{s}_j$，存在 s 有 $Q_F(s) > j$，则可以在朴素类型空间 $(V, \mathcal{V})$ 上稳健地阻碍 F。要看到这一点，考虑群体偏离 $(W_{j+1}^-, \ell_{W_{j+1}^-})$，其中 $\ell_{W_{j+1}^-}$ 是一种报告策略，如果 $s(W_{j+1}^-) \in (1 - \bar{s}_{j+1}, 1 - \bar{s}_j)$，或等价地，如果 $s(W_j^+) \in (\bar{s}_j, \bar{s}_{j+1})$，并在所有其他情况下报告真实情况，要求联盟成员报告：

$$\ell_{W_{j+1}^-}(s_{W_{j+1}^-}) = \frac{1}{s(W_{j+1}^-)} \cdot s_{W_{j+1}^-} + \frac{s(V_j)}{s(W_{j+1}^-)} \cdot s_{v_{\min}} - \frac{sv_j}{s(W_{j+1}^-)} \quad (1.47)$$

策略 $\ell_{W_{j+1}^-}$ 要求所有收益类型为 V_j 的人报告 $v_{\min}$，保持其他一切不变。对于任何 $s \in \mathcal{M}^{na}(V)$，使得 $s(W_j^+) \in (\bar{s}_j, \bar{s}_{j+1})$，由该报告策略生成的报告 $\hat{s}(\ell_{W_{j+1}^-}, s)$ 的分布满足引理 1.3 的条件，所以我们有 $Q_F(\hat{s}(\ell_{W_{j+1}^-}, s)) = j$。由于所有联盟成员都倾向于供给水平 j 到任何更高水平，因此，如果存在分布 $s \in \mathcal{M}^{na}(V)$ 使得 $s(W_j^+) \in (\bar{s}_j, \bar{s}_{j+1})$ 且 $Q_F(s) > j$，那么群体偏离 $(W_{j+1}^-, \ell_{W_{j+1}^-})$ 可以在 $(V, \mathcal{V})$ 上稳健阻碍函数 F。因此，对于任何这样的 j，我们必须具有 $Q_F(s) = j$。

情形 2：对于 $s(W_j^+) \leqslant \bar{s}_j$ 和 $s(W_{j-1}^+) > \bar{s}_j$ 的情况，需要注意的是，任何这样的 s 都由 s' 满足 $s'(W_j^+) \in (\bar{s}_j, \bar{s}_{j+1})$ 的分布占优，并且它本身占优满足 $s'(W_j^+) \in (\bar{s}_j, \bar{s}_{j+1})$ 的分布 s''。根据情形 1，$Q_F(s') = j$。通过引理 1.4，$Q_F(s'') = j$。通过 F 的单调性，$Q_F(s') \geqslant Q_F(s) \geqslant Q_F(s'')$ 并因此有 $Q_F(s) = j$。这完成了引理的证明。∎

引理 1.6   在定理 1.4 的假设下，式(1.38)适用于所有 $s \in \mathcal{M}^{na}(V)$。

证明： 鉴于引理 1.2 和引理 1.5，引理遵循 j 的归纳。∎

引理 1.7   在定理 1.4 的假设下，对于任意 s，满足条件 $s(W_{j-1}^+) = \bar{s}_j$ 时，$Q_F(s) = \hat{Q}_F(\bar{s}_j)$。

证明： 通过单调性，$\hat{Q}_F(\bar{s}_j) = j$ 或 $\hat{Q}_F(\bar{s}_j) = j - 1$。分布函数 s 满足 $s(W_{j-1}^+) = \bar{s}_j$ 和 $Q_F(s) \neq \hat{Q}_F(\bar{s}_j)$ 时，可以使用引理 1.3、引理 1.4 和引理 1.5 的证明构造一个稳健阻碍联盟。因此，如果 $\hat{Q}_F(\bar{s}_j) = j$，则在引理 1.3 和引理 1.4 的证明中考虑的联盟可以用于构建群体偏离，如果存在任何满足 $s(W_{j-1}^+) = \bar{s}_j$ 和 $Q_F(s) \neq j$ 的 s，则可以在 $(V, \mathcal{V})$ 上稳健阻碍 F。或者，如果 $\hat{Q}_F(\bar{s}_j) = j - 1$，则可以使用引理 1.3 和引理 1.5 的证明中的自变量来构造群体偏离，如果存在任何满足条件 $s(W_{j-1}^+) = \bar{s}_j$ 和 $Q_F(s) > j - 1$ 的 s，则可以在 $(V, \mathcal{V})$ 上稳健阻碍 F，我们把细节留给读者。∎

1.7.4   讨论

定理 1.4 和推论 1.4 表明，当有多个公共产品供给水平，边际供给成

本增加,且在仅有极端收益类型人时所有供给水平出现在社会选择函数
的范围内时,定理 1.2 和推论 1.2 的基本结论仍然有效。如果要求社会选
择函数免于稳健阻碍、单调、匿名和稳健实施的影响,则供给决策只能以
不同利益群体的人口比例为条件。实施可以使用一组简单的投票机制,
在该投票机制中,参与者被问及他们是否希望公共产品供给水平从 j 增
加到 $j+1$。

当只有极端收益类型的人时,所有供给水平出现在社会选择函数范
围内的额外假设是特殊的,但不是不合理的。将总体(预期)收益与公共
产品额外单位的成本进行比较的社会选择函数将满足该假设,因为当人
口比重从收益类型集的下端转移到上端时,公共产品的额外单位的总(预
期)收益从 $v_{\min}$ 到 $v_{\max}$ 不断移动。

如果不满足关于社会选择函数
的额外假设,我们就会失去对社会
选择函数的简单描述,因为可以通
过对公共产品供给水平的单位增加
进行简单投票来实施。但是,我们
不会失去这样一种财富,即公共产
品的供给只能以不同群体的人口比
例为条件,而这一特性要求免于稳
健阻碍和单调性。

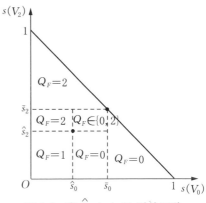

图 1.4　当 $\hat{Q}_F(\sigma) \neq 1$ 时的三种
公共产品供给水平

我们不是正式地陈述和证明这种说法,而是通过图 1.4 说明论证,图
1.4 讨论了 $n=2$ 的情况。我们现在假设函数:

$$\sigma \to \hat{Q}_F(\sigma) := Q_F(\sigma s_{v_{\max}} + (1-\sigma) s_{v_{\min}})$$

上式的取值不是 1,并且存在 $\bar{s}_2 \in (0,1)$ 使得 $\sigma < \bar{s}_2$ 时 $\hat{Q}_F(\sigma) = 0$,$\sigma > \bar{s}_2$
时 $\hat{Q}_F(\sigma) = 2$。对于特异性,假设 $\hat{Q}_F(\bar{s}_2) = 2$。[①]通过类似于引理 1.2 和引

---

① 如果 $\hat{Q}_F(\bar{s}_2)$ 等于 1,我们将回到定理 1.4 的设置中。如果 $\hat{Q}_F(\bar{s}_2)$ 等于 0,分析结果将与我
们给出的结果类似。

理 1.6 的证明中给出的参数,如果社会选择函数免于稳健阻碍和单调的影响,当 $s(W_1^+)=s(V_2)\geqslant\bar{s}_2$ 时 $Q_F(s)=2$,$s(W_1^-)=s(V_0)\geqslant\bar{s}_0$ 时 $Q_F(s)=0$。为了厘清概念,定义 $\bar{s}_0:=1-\bar{s}_2$。通过类似于引理 1.3—1.5 证明中给出的参数,我们还发现,如果对于某些 $s\in M^{na}(V)$ 有 $Q_F(s)=1$,那么我们还必须对所有 $s'\in M^{na}(V)$ 都有 $Q_F(s')$,使得 $s'(V_2)\leqslant s(V_2)$,$s'(V_0)\leqslant s(V_0)$。因此,$s\in M^{na}(V)$ 的(闭合)集合使得 $Q_F(s)=1$ 必须对应于图 1.4 中的矩形。如果不存在这样的点,我们又回到了定理 1.2 和推论 1.2 的情形。如果存在这样一个点,并且矩形的"东北"顶点对应于图 1.4 中的点 $(\bar{s}_0,\bar{s}_2)$,我们又回到了定理 1.4 和推论 1.4 的情形。但是,我们不能排除如图 1.4 所示的,矩形的"东北"顶点 $(\hat{s}_0,\hat{s}_2)$ 可能位于集合式(1.34)的内部的可能性。在这种情况下,F 的单调性意味着如果 $s(V_2)\in(\hat{s}_2,\bar{s}_2]$ 和 $s'(V_0)<\hat{s}_0$,有 $Q_F(s)=2$,如果 $s(V_2)<\hat{s}_2$ 且 $s(V_0)\in(\hat{s}_0,\bar{s}_0]$,则 $Q_F(s)=0$。[①]

这使得矩形的"西南"顶点为 $(\hat{s}_0,\hat{s}_2)$,"东北"顶点为 $(\bar{s}_0,\bar{s}_2)$。免于稳健阻碍说明,在这个矩形中,供给水平 0 和 2 之间的选择只能取决于喜欢 $Q=2$ 超过($Q=0$)的人群的人口比例 $s(V_2\cup V_{12})$ 是否达到(或超过)某个阈值,或等效地,喜欢 $Q=0$ 超过 $Q=2$ 的人口比例 $s(V_0\cup V_{10})$ 是否达到(或超过)某个阈值。任何对偏好强度的依赖都被免于稳健阻碍的要求所排除,因为具有单调的社会选择函数,在收益类型 V_0 和 V_2 中的人永远不会损失并且可能通过报告极端估值 v_{min} 或 v_{max} 而获益,而收益类

---

① 图 1.4 说明了稳健阻碍的要求与事后联盟证明(或稳健联盟证明)之间的差异。$s(V_2)\in(\hat{s}_2,\bar{s}_2]$ 和 $s(V_0)<\hat{s}_0$ 的结果另一方面满足 $s(V_0)\in(\hat{s}_0,\bar{s}_0]$ 和 $s(V_2)<\hat{s}_2$。但也违反了事后联盟证明。例如,如果 $Q_F(s)=2$ 表示 $s(V_2)\in(\hat{s}_2,\bar{s}_2]$ 和 $s(V_0)<\hat{s}_0$,以及 V_{10} 中具有收益类型人的集合,即偏好 $Q=1$ 而非 $Q=0$ 且 $Q=0$ 而非 $Q=2$ 的人的集合足够大,$V_0\cup V_{10}$ 中具有收益类型的人的联盟可以通过报告所有联盟成员在 V_0 中都有收益类型来诱导 $Q=0$ 而不是 $Q=2$。因此,如果所有联盟成员都知道 $s(V_2)\in(\hat{s}_2,\bar{s}_2]$ 和 $s(V_0)<\hat{s}_0$,就像他们事后做的那样,或者在一个完整的信息信念系统中,退化的信念集中在 s,这种联盟可以阻止社会选择功能。然而,我们的稳健阻碍概念要求联盟在没有此类信息的情况下进行。如果在 V_{10} 中有收益类型的人不知道 $s(V_2)$(或无法从联盟 $V_0\cup V_{10}$ 可用的信息中推断 $s(V_2)$),他们一定担心 $s(V_2)<\hat{s}_2$,在这种情况下,联盟成员在 V_0 中报告的所有收益类型会将准备金水平从 $Q=1$ 移动到 $Q=0$,并使 V_{10} 中具有收益类型的代理人的情况更糟。

型 V_{12} 中的人，如果偏好 $Q=1$ 超过 $Q=2$，偏好 $Q=2$ 超过 $Q=0$ 的人不能损失但可能通过报告 V_1 中可能的最高估值而获利。[1]

总结本节，我们注意到，如果投票机制可以实现具有相同成本分摊的单调、匿名社会选择函数，那么它也免于稳健阻碍的影响。证明类似于定理 1.3 的证明，感兴趣的读者可尝试自证。

1.8　结论

本章的研究主要集中在四个方面。第一，研究大经济体的公共产品供给是非常重要的，在这些经济体中，任何一个孤立的个体影响都微不足道，无法影响公共产品的供给水平。在拥有数百万参与者的社会中，从大经济体的角度可以最好地理解重要的公共产品供给问题。大经济体范式提供了重要的简化。特别是，个体并不认为自己是关键的，因此对个体激励相容性的考虑是微不足道的。在一个拥有 100 万人口的社会中，个体从不关键的观点并不十分正确，但关键的概率大约为 10^{-4}，这种关键的概率不太可能对人们的行为造成太大影响。[2]

在一个大经济体中，在有限经济背景下研究的大多数问题都没有实际意义。通过询问人们公共产品对他们有多大价值，可以获知公共产品的供给是否有效，只有如果总收益超过成本并在参与者之间平均分摊成本，才提供公共产品。在没有参与约束的情况下，该机制可以稳健地实现最优结果。它还满足预算平衡，即机制设计者不会出现盈余或赤字。

第二，尽管大多数关于公共产品供给的理论文献都集中在个体激励上，但我们认为联盟证明也应该是一个主要问题。用于最优实施的方案可能依赖于因使用该方案而造成损失的群体的信息。这些人提供这些信

---

[1]　本句中的"最高"和"最低"两个词不能按字面意思理解，而应理解为对上中级的适当近似。

[2]　众所周知，在有 n 个参与者的机制中，关键的概率约为 $n^{-\frac{1}{2}}$。参见 Hellwig(2003)和本文参考文献中的讨论。

息是因为，作为个体，他们认为其报告不会对结果产生影响。联盟证明的要求考虑到他们的群体利益（不违反个体激励相容性）。

联盟证明在大经济体和小型经济体都很重要。在文献中，公共产品供给中的联盟证明问题主要与占优战略或稳健的贝叶斯实施中的预算平衡失败有关。在大经济体中，这些担忧没有实际意义，例如对个体激励相容性和预算平衡的担忧。然而，对偏好强度的群体误传的担忧很重要，并对机制设计施加了重大限制。在大经济体中，即使联盟本身必须满足稳健性条件，这些担忧也很重要，这可以防止它们对人们对彼此的信念进行调节。

第三，强化稳健性条件在阻碍联盟以及社会选择函数方面十分重要。不能假定偏离联盟的组织者了解参与者的信念，也不能假定他们知道非联盟成员的特征。因此，稳健的联盟证明或事后联盟证明的要求过于强烈。我们将其替换为免于稳健阻碍要求。

第四，如果社会选择函数是单调的，并且如果它们必须免受稳健阻碍的影响，那么机制设计仅限于投票机制的使用，即公共产品的供给只能以有利于不同选择的人的人口比例为条件。经济学家倾向于批评使用投票机制，因为他们没有考虑到偏好的强度。我们的分析表明，如果参与者的联盟可以集体歪曲他们的偏好，那么忽视偏好强度是不可避免的。例如，公共产品供给的收益小于人均成本的联盟可以通过让所有联盟成员报告公共产品对他们毫无价值来阻止实施最优结果，即便他们可能受到伤害。或者一个利益超过成本的联盟可能会协调夸大他们报告的利益。在媒体讨论中，难道我们都没有听到或看到这种夸张的廉价谈话吗？鉴于集体歪曲偏好的范围，关于可以可靠使用偏好的唯一信息来源实际上是支持和反对设置公共产品的票数。

关注不同替代方案的投票数会导致信息丢失和效率损失。这些损失是最优实施容易受到群体误报影响后不可避免的后果，现在面临的挑战是更好地了解设计次优机制间的取舍。

参考文献

Austen-Smith, D., Banks, J., 1996, "Information Aggregation, Rationality and the Condorcet Jury Theorem," *American Political Science Review*, 90:34—45.

Bennett, E., Conn, D., 2010, "The Group Incentive Properties of Mechanisms for the Provision of Public Goods," *Public Choice*, 29:95—102.

Bergemann, D., Morris, S., 2005, "Robust Mechanism Design," *Econometrica*, 73:1771—1813.

Bernheim, B., Peleg, B., Whinston, M., 1986, "Coalition-proof Nash Equilibria I. Concepts," *Journal of Economic Theory*, 42:1—12.

Bierbrauer, F., 2009a, "A note on Optimal Income Taxation, Public-Goods provision and Robust Mechanism Design," *Journal of Public Economics*, 93:667—670.

Bierbrauer, F., 2009b, "Optimal Income Taxation and Public-Good Provision with Endogenous Interest Groups," *Journal of Public Economic Theory*, 11:311—342.

Bierbrauer, F., Hellwig, M., 2010, "Public-Good Provision in a Large Economy," Preprint 2010/02, Max Planck Institute for Research on Collective Goods.

Bierbrauer, F., Hellwig, M., 2011, "Mechanism Design and Voting for Public-Good Provision," Preprint 2011/31, Max Planck Institute for Research on Collective Goods.

Bierbrauer, F., Hellwig, M., 2015, "Public Goods, Mechanism Design and Voting," Working Paper, Max Planck Institute for Research on Collective Goods.

Bierbrauer, F., Hellwig, M., in preparation, "Mechanism Design and the Difference between Public and Private Goods," Max Planck Institute for Research on Collective Goods.

Bierbrauer, F., Sahm, M., 2010, "Optimal Democratic Mechanisms for Income Taxation and Public-Goods Provision," *Journal of Public Economics*, 94:453—466.

Bierbrauer, F., 2012, "Distortionary Taxation and the Free-Rider Problem," *International Tax and Public Finance*, 19:732—752.

Bierbrauer, F., 2014, "Optimal Tax and Expenditure Policy with Aggregate Uncertainty," *American Economic Journal: Microeconomics*, 6:205—257.

Buchanan, J., Tullock, G., 1962, *The Calculus of Consent*, University of Michigan Press, Ann Arbor.

Boylan, R., 1998, "Coalition-Proof Implementation," *Journal of Economic Theory*, 82:132—143.

Börgers, T., Smith, D., 2014, "Robust Mechanism Design and Dominant Strategy Voting Rules," *Theoretical Economics*, 9:339—360.

Casella, A., 2005, "Storable Votes," *Games and Economic Behavior*, 51:391—419.

Che, Y., Kim, J., 2006, "Robustly Collusion-Proof Implementation," *Econometrica*, 74:1063—1107.

Clarke, E., 1971, "Multipart Pricing of Public Goods," *Public Choice*, 11:17—33.

Crémer, J., McLean, R., 1985, "Optimal Selling Strategies under Uncertainty for a Discriminating Monopolist when Demands are Interdependent," *Econometrica*, 53: 345—361.

Crémer, J., McLean, R., 1988, "Full Extraction of the Surplus in Bayesian and Dominant Strategy Auctions," *Econometrica*, 56:1247—1257.

Crémer, J., 1996, "Manipulation by Coalition Under Asymmetric Information: The Case of Groves Mechanisms," *Games and Economic Behavior*, 13:39—73.

d'Aspremont, C., Gérard-Varet, L., 1979, "Incentives and Incomplete Information," *Journal of Public Economics*, 11:25—45.

Fudenberg, D., Tirole, J., 1991, *Game Theory*. MIT Press, Cambridge, MA.

Goeree, J., Zhang, J., 1979, "Electoral Engineering: One Man, One Bid," Discussion Paper, University of Zurich.

Green, J., Laffont, J.-J., 1979a, "Incentives in Public Decision-Making," North-Holland Publishing Company.

Green, J., Laffont, J.-J., 1979b, "On Coalition Incentive Compatibility," *Review of Economic Studies*, 46:243—254.

Groves, T., 1973, "Incentives in Teams," *Econometrica*, 41:617—663.

Guesnerie, R., 1995, *A Contribution to the Pure Theory of Taxation*, Cambridge University Press.

Hammond, P., 1979, "Straightforward Individual Incentive Compatibility in Large Economies," *Review of Economic Studies*, 46:263—282.

Hammond, P., 1987, "Markets as Constraints: Multilateral Incentive Compatibility in Continuum Economies," *Review of Economic Studies*, 54:399—412.

Güth, W., Hellwig, M., 1986, "The Private Supply of a Public Good," *Journal of Economics*, Supplement 5:121—159.

Hellwig, M., 2003, "Public-good Provision with Many Participants," *Review of Economic Studies*, 70:589—614.

Hellwig, M., 2011, "Incomplete-Information Models of Large Economies with Anonymity: Existence and Uniqueness of Common Priors," Preprint 2011/08, Max Planck Institute for Research on Collective Goods, 45.

Hindriks, J., Myles, G., 2006, *Intermediate Public Economics*. MIT Press, Cambridge, MA.

Lafft, J., Martimort, D., 1997, "Collusion under Asymmetric Information," *Econometrica*, 65:875—911.

Lafft, J., Martimort, D., 2000, "Mechanism Design with Collusion and Correlation," *Econometrica*, 68:309—342.

Ledyard, J., 1978, "Incentive Compatibility and Incomplete Information," *Journal of Economic Theory*, 18:171—189.

Mailath, G., Postlewaite, A., 1990, "Asymmetric Information Bargaining Problems with Many Agents," *Review of Economic Studies*, 57:351—367.

Mas-Colell, A., Whinston, M., Green, J., 1995, *Microeconomic Theory*. Oxford University Press, New York.

Mas-Colell, A., Vives, X., 1993, "Implementation in Economies with a Continuum of Agents," *Review of Economic Studies*, 60:613—629.

Mirrlees, J., 1971, "An Exploration in the Theory of Optimum Income Taxation," *Review of Economic Studies*, 38:175—208.

Moulin, H., 1999, "Incremental Cost Sharing: Characterization by Coalition Strategy-Proofness," *Social Choice and Welfare*, 16:175—208.

Mehta, A., Roughgarden, T., Sundarajan, M., 2009, "Beyond Moulin Mechanisms," *Games and Economic Behavior*, 67:125—155.

Norman, P., 2004, "Efficient Mechanisms for Public Goods with Use Exclusion," *Review of Economic Studies*, 71:1163—1188.

Qiao, L., Sun, Y., Zhang, Z., forthcoming, "Conditional Exact Law of Large Numbers and Asymmetric Information Economies with Aggregate Uncertainty," *Economic Theory*, DOI 10.1007/s00199-014-0855-6.

Sun, Y., 2006, "The Exact Law of Large Numbers via Fubini Extension and Characterization of Insurable Risks," *Journal of Economic Theory*, 126:31—69.

第2章 大经济体中公共产品自愿捐赠的内在动机与外在动机之间的相互作用[*]

本章构建了一个大经济体中对公共产品进行自愿捐赠的模型,其中人们的偏好包括外在和内在的收益。该模型考虑(1)两个收益之间的相互作用和(2)公共产品供给在内在收益(动机转变)中阻碍道德动机的可能性。我们发现,在单一框架内,由于公共产品供给而产生了各种各样的挤出或挤入效应,此类效应的发生取决于动机转移的程度以及外部收益中与私人产品相关的公共产品的特征。

2.1 引言

本章基于每个人的捐赠对总体供给的影响可以忽略不计的假设,建立了一个大经济体中公共产品自愿捐赠的理论模型。纯利他主义的标准理论认为,理性行动者在这样的环境中不会有捐赠(Andreoni,1988)。然而,经验证据表明,相当一部分人在这种情形中提供了大量捐赠(例如参见 Brunner,1998;Rondeau et al.,2005;Frey and Meier,

---

  * 作者:柿中真(Makoto Kakinaka),日本国际大学国际关系研究生院;小谷浩示(Koji Kotani),日本高知工科大学。论文选自《公共选择》,2011年第1—2期。

2004；Poe et al.，2002）。①

一些论文试图解释这些实证研究的结果。他们声称，外在动机和内在动机之间的权衡可以解释经济理论无法解释的自愿捐赠（例如，参见 Frey and Oberholzer-Gee，1997；Schram，2000；Benabou and Tirole，2003；Le-Grand，2003）。外在动机代表个人利益的偏好，而内在动机代表偏好的非物质成分。

内在动机在讨论自愿捐赠时至关重要，在文献中可分为两种类型。第一种是"道德动机"，它基于个人对履行职责或公共服务的满足感；第二种是"社会动机"，它可能是从与他人的社会互动中演变而来，产生了对公平或声誉建设的担忧。②虽然本章可以很容易地扩展到包括社会动机，但我们专注于将内在收益描述为道德动机。

Andreoni(1989，1990)、Brekke 等（2003）建立了将道德动机作为自愿捐赠的内在收益的理论模型。与这些模型类似，我们重点针对道德动机下的自愿捐赠决策进行建模分析。但是，此模型与之前的模型的区别在于：过去的模型是基于有限人数的纳什解决方案，其中个体捐赠对总供给的影响不可忽略。与之相反，我们将模型扩展到一个大经济体环境，其中个体捐赠的影响可以忽略不计。我们使用均衡概念代替博弈论方法，即每个人事先猜测的公共产品的私人供给与事后私人供给一致。

本章研究公共产品的公共供给增加如何影响私人供给。Warr(1982)和 Roberts(1984)的研究表明，政府拨款在纯粹的利他主义模式中一美元对一美元地挤出自愿捐赠。由 Andreoni(1990)构建的不纯的利他主义模型预测政府拨款不完全挤出自愿捐赠。Ribar 和 Wilhelm (2002)不纯的利他主义模型进一步分析了挤出程度，并表明当人数渐渐

---

①　这些研究是在适合模拟大经济体中自愿捐赠的实地条件的环境中实施的。首先，人们只知道他们属于一个大群体，但不知道参与者的确切人数。其次，采用匿名处理，以控制社会认可或与他人互动的动机。

②　之前有几篇论文在公共产品环境中对社会动机进行了建模（参见 Hollander，1990；Lindbeck，1997；Cowen，2002；Brennan and Brooks，2007；Rege，2004）。

变为无穷大时，不会产生挤出。每个先前的模型都会产生一个独特的单一预测，这与一些现实世界的证据形成对比（Nyborg and Rege，2003）。如，Straub（2004）、Payne（1998）、Ribar 和 Wilhelm（2002）以及 Okten 和 Weisbrod（2000）提出了不完全挤出和零挤出的经验证据，Khanna 和 Sandler（2000）提出了挤入的经验证据。

与先前分析挤出假设的理论模型相反，我们的模型考虑了效用函数中内在收益的"动机转变"影响。动机转变是政府干预引起的内在动机变化。这一概念被引入社会心理学，并且已经被应用于经济学文献中（例如 Frey and Oberholzer-Gee，1997；Le-Grand，2003）。他们认为，政府干预可以影响人们表达其内在动机的自愿程度。虽然我们承认人们可能会经历这种动机转变，但没有任何易处理的模型能够分析这种效应。

我们的模型表明，在单一框架内可以出现各种各样的挤出或挤入假设，这与经验证据一致。该分析产生了完全、不完全或过度挤出以及挤入的可能性。一旦考虑到政府干预引起的外在和内在收益之间的相互作用，就可以实现对公共产品总供给的非常规和新颖的结果。更确切地说，政府干预对总供给的影响取决于：（1）内在收益的动机转移程度，（2）与外在收益中的私人产品相关的公共产品的特征，即在外在收益中提供公共产品时，私人产品消费的边际收益是否增加。如果在外在收益中提供公共产品的情况越来越多，这些特征称为"外在补充"。否则，称之为"外在替代品"。外在补充的一个例子是环境产品与私人娱乐活动之间的关系，如观光和钓鱼。外在替代品的一个例子是公共广播和一些私人娱乐之间的关系。

据我们所知，这项研究是第一个在单一模型中为各种"挤出"和"挤入"提供条件的研究。虽然直觉和现有理论告诉我们挤出的可能性更大，但在某些例外情况下可能会出现挤入现象。该模型不仅促进了我们对自愿捐赠机制的理论方面的理解，而且增加了一些政策含义。正如 Nyborg 和 Rege（2003）所指出的那样，当面临全球变暖等环境问题时，公共产品供给不足。在这种情况下,我们的模型可用于确定政府何时应增加公共产品的公共供给。因此,在单一模型中获得的一系列挤出结果可能可以作为公共供给的规范性理论来实施。

本章的其余内容由三部分组成。在下一节中,我们将概述大经济体中自愿捐赠的模型。之后是对均衡概念的表述,并将分析政府政策对公共产品总供给的影响。我们提出了几个命题,并详细阐述了这些发现背后的经济直觉。在最后一节中,我们得出结论。

2.2　模型

我们认为在一个拥有一种私人产品和一种公共产品的经济体中,私人产品可以通过线性技术转化为公共产品,每个公共产品都可以用美元表示。在这个经济体中存在大量同质的人,他们的群体分析可以标准化为一个单位。[①]每个人都被赋予了 $w > 0$ 的财富,这些财富在私人产品的消费和对公共产品的捐赠之间分配。每个人的效用函数由下式给出:

$$u = v(x, G) + L \qquad (2.1)$$

其中,$x \geqslant 0$ 代表私人产品消费,$G \geqslant 0$ 代表纯公共产品,v 是单调递增的严格凹函数。式(2.1)的第一个部分 $v(x, G)$ 被称为外在收益,代表私人产品消费和提供的公共产品总量的标准收益;第二个部分 L 是内在收益,代表非物质效用。基于 Frey 和 Oberholzer-Gee(1997)的延伸,它解释了决策取决于外在收益和内在收益之间关系的情况。

外在收益的交叉导数 v_{xG} 的取值决定了私人产品和公共产品是互补品还是替代品。通常,当 $v_{xG}(x, G) > 0$ 对所有的 x 和 G 都成立时,私人产品 x 与公共产品 G 之间是严格外在互补的;当 $v_{xG}(x, G) < 0$ 对所有的 x 和 G 都成立时,私人产品 x 与公共产品 G 之间是严格外在可替代

---

① 模型的定性结果不会因异质代理人而发生显著变化。

的。另外,当 $v_{xG}(x,G)=0$ 对所有的 x 和 G 都成立时,私人产品 x 与公共产品 G 是外在独立的。[1]条件 $v_{xG}>0(v_{xG}<0)$ 意味着私人产品的边际效益在公共产品中增加(减少),或者公共产品的边际效益在私人产品中增加(减少)。因此,如果公共产品表现出外在的互补性(可替代性),随着私人产品的消费增加,它变得更具(更少)吸引力。如果是正值,v_{xG} 的绝对值表示外在的互补程度,如果是负值,它表示外在的可替代性程度。如后面所述,其效应会影响公共产品的总供给量。

接下来描述内在收益的公式 L。这一衍生收益来自道德动机,这种道德动机基于履行某些职责或公共服务的个人满足感。这一动机由 Andreoni(1989,1990)和 Brekke 等(2003)建立数理函数。类似于 Brekke 等(2003)和 Elster(1989)的研究,内在收益率由实际贡献 g 与内在理想贡献 h 之间的关系决定。更具体地说,假设遵循 Elster(1989)引入的"每日康德"(everyday Kantian)的两步过程。Elster(1989)声称每个人都认为自己在群体决策中对社会负责,并决定其理想的贡献。在采取第一步行动之前,每个人都确认了社会理想的贡献数量 h。第二步是考虑在社会责任的意愿和成本之间进行权衡,然后确定贡献数量。

在本章中,内在理想贡献是指每个人在内部确定的理想贡献水平。关于内在收益,最好的方法是提供内在理想贡献量。我们假设每个人的内在收益函数为:

$$L \equiv f(g,h) \tag{2.2}$$

其中,当 $g<h$ 时有 $f_g>0$,当 $g>h$ 时有 $f_g<0$,且 $f_{gg}<0$,因此内在收益是严格凹的,并且在 $g=h$ 时达到其最大值。如果每个人的贡献量与内在理想的水平不同,则每个人本能地获得回报损失。随着实际贡献量与内在理想水平的正偏差和负偏差变大,回报损失变大。我们还假设 h

---

① x 和 G 之间的外在可替代性和外在互补性并不排斥。$v_{xG}>0(v_{xG}<0)$ 的条件必须对所有 x 和 G 都成立,即不仅是逐点的,而且是全局的。注意,此处互补性和可替代性概念可能与标准微观经济学教科书中的传统定义不同。

对于每个人来说是同质的，[1]对于任何 h 来说有 $\lim_{g \to 0} f_g(g, h) = \infty$，因此每个个体都会积极贡献公共产品。[2]

关键假设是个人贡献的边际收益在内在理想的贡献增加，即 $f_{gh} > 0$。内在理想贡献的上升（下降）通过提高（减少）个人贡献的边际收益鼓励（阻止）人们对公共产品作出贡献。我们将内在收益的这种变化称为与内在理想贡献的变化相关的动机转变。较大的 f_{gh} 值意味着更大的动机转变，并为个人贡献提供更大的个人鼓励。更具体地说，由 h 上升引起的边际收益的增加被称为动机输入。相反，由 h 下降引起的边际收益下降被称为动机输出。根据式（2.1）和式（2.2），个体的效用函数有：

$$u(x, g; G, h) = v(x, G) + f(g, h) \tag{2.3}$$

本研究假设大量个人被用来概念化经济，所以个人的贡献太小而不能影响所提供的公共产品总量。因此，G 对所有个体来说是外部性的。因此，经典的搭便车行为超出了本研究的范围。这与传统研究形成对比，传统研究假设存在有限数量的代理人的情况下应用纳什均衡解决方案，并且个人贡献对总供给的影响不可忽略。

为了研究公共供给变化的影响，我们假设政府拥有关于个人偏好的完全信息，并且可以实施公共供给 $D \geqslant 0$，通过对每个人征收相等的一次性税来保持平衡预算。[3]因此，每个人的可支配收入由 $\bar{w} \equiv w - D$ 给出，公共产品的总供给等于公共供给 D 和私人供给 g 的总和。

---

①　在本章中，假设 h 是同质的，尽管我们意识到它在现实中可能是异质的。这主要是因为对 h 的同质假设使我们能够进行更直观的表示并简化解释和稍后将介绍的本章主要结果的数学推导。实际上，对异质案例的一些模型扩展可以得出相同的定性结果。鉴于这样的扩展只会使模型变得复杂而没有新的独特结果，我们使用简单的同质设置。

②　$\lim_{g \to 0} f_g(g, h) = \infty$ 的假设保证了每个人都对模型作出了积极的贡献。此假设是为了确保模型设置与大经济体中自愿捐赠的实际情况一致，以便可以继续分析挤出/挤入，这是本章的重点。另一方面，也是确认该假设并未直接用于证明与挤入/挤出讨论相关的主要结果。

③　Andreoni(1989，1990)也采用了这种平衡预算假设。他假设政府有两种政策工具：(1)对个人贡献的补贴，(2)一次性税收。因此，净税收收入直接用于公共供给，并受制于平衡预算。相比之下，我们的模型分析了公共供给作为政府政策对私人供给的影响，一次性税收服从平衡预算。这样做是因为我们的重点是通过改变公共供给来研究动机转变对私人供给的影响。

$$G = g + D \qquad\qquad (2.4)$$

在这里，不需要汇总所有个人的贡献来确定私人供给总量以及总供给 G。这里因为之前所有个体的效用函数具有同质性的假设，在研究分析中标准化为 1 单位。

政府干预可以改变个人贡献的内在收益。正如 Frey 和 Oberholzer-Gee(1997)以及 Le-Grand(2003)所研究的，内在理想贡献的表达式应该考虑到动机的转变。为了捕捉这一点，我们假设内在理想贡献 h 受到公共产品的公共供给 D 的负面影响，并且由下式表达：

$$h \equiv h(D) \qquad\qquad (2.5)$$

其中 $h'(D) < 0$ 且 $\lim_{D \to \infty} h(D) \geqslant 0$。假设 $h'(D) < 0$ 是因为人们的内在动机存在效率问题，这取决于他们的内在理想贡献 h（Elster，1989；Brekke et al.，2003）。在某种程度上，当政府资助公共产品属于自愿捐赠，人们失去内在动机（Frey and Oberholzer-Gee，1997；Le-Grand，2003；Attanasio and Victor Rios-Rull，2000）。$h'(D) < 0$ 的假设是描述这种情况重要的一步。

这也可以解释为内在理想贡献是单独制定的，并且与其他人的行为无关，仅取决于公共供给。[①]同时，D 的增加会降低 $f_{gh}(g, h(D))$ 的值，因此，公共供给的增加会通过内在理想贡献的下降而引发动机输出，而公共供给的减少通过内在理想贡献的增加诱导了动机输入。

2.3　模型分析

本节首先考察每个人的理性行为。然后，我们通过分析公共供给的影响来描述均衡结果并讨论挤入/挤出假设。

---

①　函数 h 的一种可能简化是 $h(D) = G^\circ - D$，其中 G° 表示公共产品 G° 的社会最优水平，由社会福利最大化问题确定：$G^\circ \equiv G^\circ(w) = \arg \max_{G \geqslant 0} v(w - G, G)$。在这种情况下，应该假设 G° 是社会中的常识。Andreoni(2004)讨论了内在收益是否应被包括在社会福利中。他提到，在福利中计算"温情效应"是有问题和误导性的。这意味着我们应该忽略社会福利最大化的内在收益。

2.3.1　个体行为分析

本部分描述个体行为、可支配收入 $w-D$、内在理想贡献 h 和给定的公共产品的事前私人供给 P。我们在这里将私人供给总量视为"事前的"。在后面的部分中,我们将介绍均衡概念,其中私人供给总量是事后内生确定的。P 值可以被视为个人对私人供给总量的推测,并且假设所有个体都认为这样的猜想是相同的。每个人决定他的实际贡献 g,给定推测值 P。

根据个体预算约束 $x+g=w-D$,个体相对于 $g \geqslant 0$ 最大化效用式 (2.3),具有推测值 P。由一阶条件得到最优值:[①]

$$v_x(w-D-g, P+D)=f_g(g, h) \qquad (2.6)$$

对于任何个体而言,外在收益中私人产品消费的边际收益(个体贡献的边际成本)等于个体贡献在内在收益中的边际收益。利用效用函数的假定属性,条件式(2.6)产生事前个体贡献,$g^* \equiv g^*(P, h, D)$,其表示面对 P、h 和 D 的个体的贡献量。

关于事前个体贡献 g^* 的比较静态,对式(2.6)关于 h、D 和 P 微分:

$$g_h^*=-\frac{f_{gh}}{\Delta}, \quad g_D^*=-\frac{v_x G-v_{xx}}{\Delta}, \quad g_P^*=\frac{v_x G}{\Delta} \qquad (2.7)$$

其中,$\Delta=f_{gg}+v_{xx}<0$。g_h^*、g_D^*、g_P^* 分别代表事前私人供给的变化,以响应内在理想贡献、公共供给和事前私人总供给的变化。由于式(2.7)中表达式的分母为负,比较静态的方向由分子的符号决定,该符号与外在收益 $v(x, G)$ 或内在收益 $f(g, h)$ 相关。因为 $f_{gh}>0$ 且 $v_{xx}<0$,我们的模型说明:(1)g^* 随 h 而增加;(2)当 $v_{xG}<0$ 时 g^* 随着 P 的增加而增加,当 $v_{xG}>0$ 时 g^* 随着 P 的增加而减少;(3)当 $v_{xG}<v_{xx}$ 时 g^* 随着 D 的增加而增加,当 $v_{xG}>v_{xx}$ 时 g^* 随着 P 的增加而减少。

---

① 我们假设个体问题存在内部解决方案。

首先，g_h^* 的符号取决于内在收益。由于 h 的增加导致动机，因此 g^* 随 h 而增加。其次，g_P^* 的符号取决于外部收益中 v_{xG} 的符号。假设 x 和 G 是外在互补（替代）的，即 $v_{xG}<0(v_{xG}>0)$。在这种情况下，私人产品的边际收益随事前总供给量 G 而增加（减少），即随着 G 的增加（减少），个体贡献变得更少（更多）。因此，g^* 随 P 而减小（增加）。再次，g_D^* 的符号取决于外在收益。D 的增加通过两个通道影响 g^*。第一个来自总供给量的增加，第二个来自可支配收入的减少。第一个影响取决于两种产品的外在互补性或可替代性。如果这两种商品是外在互补的，则 D 的增加会降低 g^*。相反，如果两种商品是外在替代品，则 D 的变化对 g^* 的影响是模糊的。在后面的部分中，g_h^*、g_D^*、g_P^* 的值在表征均衡的私人总供给中起着至关重要的作用。

2.3.2 均衡分析

前一部分研究了面临 h、D 和 P 的个体的问题。在这一部分中，我们探讨均衡结果，将公共产品 D 的公共供给视为给定，私人供给总量在模型中内生确定。

引入均衡概念（实现期望均衡）后，所有人都正确地预见到公共产品的私人总供给。在均衡状态下，私人总供给的猜想必须等于由此产生的私人总供给。[①]令 $\hat{P}\equiv\hat{P}(D)$ 表示公共产品私人总供给的均衡水平，将公共供给 D 视为给定。在均衡状态下，事后私人总供给与事前的私人总供给一致，这是通过基于事前或推测的私人总供给来解决个体的决策问题而得出的，有：

$$\hat{P}=g^*(P,h(D),D) \tag{2.8}$$

以下结果来自对均衡的唯一性的检查。

命题 2.1(均衡的唯一性)　假设所有 $P>0$ 的 $g_P^*(P,h(D),D)<$ 1。那么公共产品的私人总供给存在一个独特的（稳定的）均衡水平 $\hat{P}\equiv$

---

① 这一均衡概念也与 Hollander(1990)中介绍的类似。

$\hat{P}(D) > 0$。

回想一下，g_P^* 衡量事前私人总供给 P 增加对事前个人私人供给 g^* 的影响。g_P^* 的符号取决于私人产品和公共产品是外在替代品还是补充品。式(2.8)右侧随 P 而减小(即如果 x 和 G 是外在互补品，则所有 P 的 $g_P^* < 0$)，或随 P 而增加(即，如果 x 和 G 是外在替代品，则对所有 P 的 $g_P^* > 0$)。我们将前者分类为情形 I，将后者分类为情形 II。情形 I 和情形 II 在图 2.1 和图 2.2 中示出。在图 2.1 和图 2.2 中，均衡条件式(2.8)的右侧和左侧分别绘制为虚线和粗线。从图中可以看出，如果右侧的斜率小于 1(即：对于所有 $P > 0$，$g_P^* < 1$)，则平衡是唯一且稳定的。这意味着私人供给总量增加 1 美元并不会使事前私人供给增加 1 美元以上。

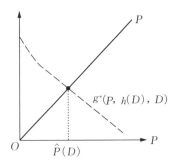
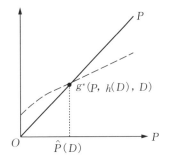

图 2.1　$P > 0$ 时 $g_P^* < 0$ 的情形　　　**图 2.2　$P > 0$ 时 $0 < g_P^* < 1$ 的情形**

为了检验稳定性，假设私人总供给推测值 P^c 大于均衡水平 $\hat{P}(D)$。在这种情况下，私人总供给的猜想大于基于该猜想的事前私人总供给(即 $P^c > g^*(P^c, h(D), D)$)，这反过来迫使个人向下修改猜想。另一方面，假设私人总供给的猜想 P^c 小于均衡水平 $\hat{P}(D)$。在这种情况下，私人总供给的猜想小于事前私人总供给，即 $P^c < g^*(P^c, h(D), D)$。这反过来迫使个人向上修改的猜想。

外在互补性或外在可替代性在稳定均衡是否唯一确定中起着重要作用。如情形 I 中的外在互补性意味着 $g_P^* < 0$，因此存在公共产品的独特(稳定)均衡水平，$\hat{P}(D) > 0$。相反，如果两种商品是外在替代品，那么 $g_P^* > 0$，因此无法保证均衡的唯一性和稳定性。需要额外的假设 $g_P^* < 1$。

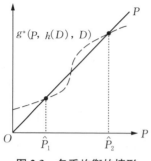

图 2.3　多重均衡的情形

值得注意的是，在某些条件下可能存在多重均衡，如图 2.3 所示。在这种情况下，命题 2.1 中的条件违反了某些 P，并且有三个均衡，每个均衡达到不同的私人总供给水平。可以看出，中间的均衡是不稳定的，而其他两个均衡是稳定的。这种多样性导致了由此产生的私人总供给的不确定性，这可以解释为什么公共产品的总供给在几乎相同的环境中是不同的。虽然我们承认这些问题，但在本章的其余部分，我们假设所有 $P>0$ 的 $g_P^*<1$，因此均衡是唯一且稳定的。

2.3.3　公共供给

本部分研究公共供给对总供给和公共产品的私人总供给的影响。为此，我们将均衡条件式(2.8)关于 D 进行微分，得到：

$$\hat{P}(D)=\frac{g_h^*(\hat{P}, h(D), D)h'(D)+g_D^*(\hat{P}, h(D), D)}{1-g_P^*(\hat{P}, h(D), D)} \tag{2.9}$$

等式(2.9)具有与挤出/挤入假设相关的重要含义。如果 $\hat{P}(D)<0$ 则公共供给 D 引发挤出，如果 $\hat{P}(D)>0$ 则引发挤入，然后我们推导出以下结果。

命题 2.2　假设所有 $P>0$ 的 $g_P^*(P, h(D), D)<1$。如果满足下式，那么公共供给 D 的增加会引发挤出效应：

$$v_{xG}(\hat{x}(D), \hat{G}(D))>v_{xx}(\hat{x}(D), \hat{G}(D))+f_{gh}(\hat{P}(D), h(D))h'(D) \tag{2.10}$$

否则会引起挤入，其中 $\hat{x}(D)=w-D-\hat{P}(D)$ 和 $\hat{G}(D)=\hat{P}(D)+D$ 分别代表私人产品的消费和均衡中公共产品的总供给量。

为了更好地理解这一结果，我们分别检查了情形 I 和情形 II 中的均衡点。首先，考虑情形 I($g_P^*\leqslant 0$)，其中 x 和 G 是外在互补或独立的。在这种情况下，$v_{xG} \geqslant 0 \geqslant v_{xx} + f_{gh}h'$，这意味着 $\hat{P}_D < 0$，即经济永远不会实现挤入。挤出现象可根据其程度分为两种类型。第一类是不完全挤出，公共供给的增加减少了私人总供给，但仍然增加了总供给，即 $\hat{P}_D \in (-1, 0)$。第二类是过度挤出，公共供给的增加减少了私人总供给以及总供给，即 $\hat{P}_D < -1$。使用式(2.9)，直接得出以下结论。

推论 2.1　假设 x 和 G 是外在互补或独立的，即对于所有 x 和 G，$v_{xG} \geqslant 0$。那么公共供给 D 的增加引起挤出。当：

$$f_{gh}(\hat{P}(D), h(D))h'(D) < f_{gg}(\hat{P}(D), h(D)) \qquad (2.11)$$

它会导致过度挤出，否则会导致不完全挤出。

注意，如果 x 和 G 是外在互补或独立的，则始终存在唯一的均衡。挤出的程度取决于动机转移的程度，或者当两种产品是内在互补时的 $f_{gh}h'$ 的绝对值。如果公共供给的增加导致高度激励，则可能导致过度挤出。相反，如果公共供给的增加导致低度的激励，则可能导致不完全挤出。此外，由于外在互补性而不会出现挤出，这意味着与公共供给增加相关的总供给的增加使得自愿捐赠与私人产品消费相比缺乏吸引力。

接下来考虑情形 II($0 < g_P^* < 1$)，其中 x 和 G 是外在替代品。然后推导出以下结果：

推论 2.2　假设所有 $P > 0$ 的 $g_P^*(P, h(D), D) < 1$。假设 x 和 G 都是外在替代品，即所有 x 和 G 的 $v_{xG} < 0$。然后，公共供给 D 的增加可能导致挤出和挤入。特别是，如果满足条件式(2.10)和式(2.11)，则会导致过度挤出，如果满足条件式(2.10)但不满足条件式(2.11)则导致不完全挤出，如果不满足条件式(2.10)则导致挤入。[①]

与情形 I 类似，如果公共供给的增加导致高度激励，使条件式(2.10)和式(2.11)得到满足，则可能导致过度挤出。然而，与情形 I 相反，由于 $v_{xG} < 0$ 可能导致违反条件式(2.10)，因此也可能出现挤入情况。事实上，

---

① 它证明了不存在满足条件式(2.11)但不满足条件式(2.10)的情况，因为假设条件 $g_P^* < 1$ 或 $v_{xG} > f_{gg} + v_{xx}$。

如果公共供给的增加只引起一小部分的激励（$f_{gh}h'$的绝对值很小），并且如果外在可替代性的程度相对较高（v_{xG}的绝对值很大），则违反了条件式（2.10），所以可以发生挤入。注意，在外在替代性方面，公共供给的增加使得自愿捐赠与私人产品消费相比更具吸引力。在挤入的情况下，公共供给增加通过外部替代性产生的积极影响大于通过激励退出产生的消极影响。

我们现在考虑内在收益没有动机转移的情况，即 $f_{gh}=0$ 或 $g_h^*=0$。然后我们得到以下结果：

推论 2.3 假设对于所有 $P>0$，$g_P^*(P, h(D), D)<1$。假设不存在动机转移，即对于所有 g 和 h，$f_{gh}=0$。且公共供给 D 的增加永远不会导致过度挤出。特别是，当满足下式时，它会导致不完全挤出：

$$v_{xG}(\hat{x}(D), \hat{G}(D))>v_{xx}(\hat{x}(D), \hat{G}(D)) \qquad (2.12)$$

否则将引起挤入效应。

这种情况可能对应于标准的不纯利他模型。如果没有与公共供给变化相关的动机转移，就不会出现过度挤出。如果 x 和 G 是外在互补，那么条件式（2.12）必须成立，以便公共供给的增加引起不完全挤出，即 $\hat{P}(D)\in(-1, 0)$。相反，如果 x 和 G 是外在替代品，那么公共供给的增加会导致不完全挤出或挤入，即 $\hat{P}(D)>-1$。在这种情况下，是否发生不完全挤出或挤入取决于外在可替代性程度 v_{xG}。

到目前为止，我们的结果意味着公共产品公共供给变化的影响不仅取决于内在收益的动机转移，还取决于公共产品在外在收益中与私人产品相关的特征。当动机转移足够大时，公共供给的增加会减少私人供给，即不完全挤出或过度挤出。当私人产品和公共产品是外在互补或独立的时，更有可能发生过度挤出。在这种情况下，政府不应该增加公共供给，因为它通过大幅减少私人供给来减少总供给。

与之前的情况相反，如果动机转移足够小，并且如果私人产品和公共产品是外在替代品，则会发生不完全挤出或挤入。在这种情况下，增加公共供给并不会减少总供给。特别是,如果外在可替代性的程度相对较高,则会出现挤入。换句话说,公共供给的增加会鼓励人们因外在的替代性而增加私人供给。因而在这种情况下,政府应该进行干预以增加公共供给。

2.4　结论

本章构建一个大经济体中自愿捐赠的理论模型,该模型描述了每个人都隐含地意识到他们的贡献对总供给的影响可以忽略不计的情况。实证结果表明,在这种情况下,相当一部分人会给出积极的贡献,并且会出现各种挤出/挤入结果。为了解释这种现象,我们假设效用函数包括外在收益和内在收益。

利用均衡概念,当人们推测的总供给与事后总供给一致时,我们将政府干预引起的外在收益和内在收益之间的相互作用结合到模型中。已有文献表明,政府补贴在纯粹的利他主义模型中引发完全挤出,或者在不纯的利他主义模型中不完全挤出。每种类型的预先存在的模型仅产生单个预测。与此相反,我们的模型提出了在单一框架内挤出甚至挤入的各种可能性,并为这些结果提供了条件。

这里的模型可以被解释为不纯的利他主义,因为重点是道德动机作为内在收益的一个组成部分。分析显示,在没有动机转移的情况下不完全挤出,这与在不纯的利他主义模型中建立的结果相同。除此之外,在动机转移以及公共产品特性的存在下,我们还提供了一系列独特的结果。

其中一个主要的结果是,当公共产品的私人供给严重依赖于内在收益时,政府补贴可能会对私人总供给产生意想不到的负面影响,例如老年人的志愿护理。这是因为政府干预可能会破坏推动此类活动的内部收益,甚至可能导致过度挤出。另外,我们还发现,公共产品的特性是决定政府干预效果的另一个关键因素。如果一个公共产品是类似公共广播电台的外部替代品,则公共产品供给可能增加私人供给,即产生挤入。然而，如果一个公共产品是诸如环境产品的外部补充，公共产品的增加会减少私人供给，甚至总供给，从而导致不完全挤出或过度挤出。公共供给的变化改变了私人产品消费在外在收益中的边际收益，也导致了内在收益的动机转移。这些结果可用作公共供给的理论预测，特别是在公共产品供给不足的情况下。

本研究可以从几个方向进行延展。一种可能性是考虑政府补贴或自愿捐赠的精神补贴或税收减免。随着补贴或税收计划的变化，它们可能会同时影响外在动机和内在动机。目前，关于这个问题的实证和理论研究并不多，尽管有些作者声称货币激励会影响内部动机（Frey and Oberholzer-Gee，1997；Gneezy and Rustichini，2000）。本章所提出的模型也可用于此类分析。虽然我们承认很难根据经验验证理论模型的几个关键概念，但希望本章得出的结果可用于测试挤出和挤入假设。此外，理论预测可以暗示这些现象。

参考文献

Andreoni, J., 1988, "Privately Provided Public Goods in a Large Economy: the Limits of Altruism", *Journal of Public Economics*, 35, 57—73.

Andreoni, J., 1989, "Giving with Impure Altruism: Applications to Charity and Ricardian Equivalence", *Journal of Political Economy*, 97(6), 1447—1558.

Andreoni, J., 1990, "Impure Altruism and Donations to Public Goods: A Theory of Warm-Glow Giving", *Economic Journal*, 100, 464—477.

Andreoni, J., 2004, "Philanthropy", In L. A. Gerard-Varet and J. Ythier (Eds.), *Handbook of Giving, Reciprocity and Altruism*, Elsevier: Amsterdam, 1—82.

Attanasio, O., and J. Victor Rios-Rull, 2000, "Consumption Smoothing in Island Economies: Can Public Insurance Reduce Welfare?", *European Economic Review*, 44, 1225—1258.

Benabou, R., and J. Tirole, 2003, "Intrinsic and Extrinsic Motivation", *Review of Economic Studies*, 70, 489—520.

Brekke, K. A., S. Kverndokk, and K. Nyborg, 2003, "An Economic Model of Moral Motivation", *Journal of Public Economics*, 87, 1967—1983.

Brennan, G., and M. Brooks, 2007, "Esteem-based Contributions and Optimality in Public Goods Supply", *Public Choice*, 130, 457—470.

Brunner, E. J., 1998, "Free Riders or Easy Riders? An Examination of the Voluntary

Provision of Public Radio", *Public Choice*, 97, 587—604.

Cowen, T., 2002, "The Esteem Theory of Norms", *Public Choice*, 113, 211—224.

Elster, J., 1989, *The Cement of Society—A Study of Social Order*, Cambridge University Press: Cambridge.

Frey, B. S., and S. Meier, 2004, "Pro-social Behavior in A Natural Setting", *Journal of Economic Behavior and Organization*, 54, 65—88.

Frey, B. S., and F. Oberholzer-Gee, 1997, "The Cost of Price Incentives: An Empirical Analysis of Motivation Crowding-out", *American Economic Review*, 87 (4), 746—755.

Gneezy, U., and, A. Rustichin, 2000, " Pay Enough or Don't Pay at All", *Quarterly Journal of Economics*, 115(3), 791—810.

Author's personal copy, Public Choice, 2011, 147:29—41.

Hollander, H., 1990, "A Social Exchange Approach to Voluntary Cooperation", *American Economic Review*, 80, 1157—1167.

Khanna, J., and T. Sandler, 2000, " Partners in Giving: The Crowding-in Effects of UK Government Grants", *European Economic Review*, 44, 1543—1556.

Le-Grand, J., 2003, *Motivation, Agency and Public Policy: Of Knights and Knaves, Pawns and Queens*, London: Oxford University Press.

Lindbeck, A., 1997, "Incentives and Social Norms in Household Behavior", *American Economic Review*, 87(2), 370—377.

Nyborg, K., and M. Rege, 2003, "Does Public Policy Crowd out Private Contributions to Public Goods?", *Public Choice*, 115, 397—418.

Okten, C., and B. A. Weisbrod, 2000, "Determinants of Donations in Private Nonprofit Markets", *Journal of Public Economics*, 75, 255—272.

Payne, A., 1998, Does the government crowd-out private donations? Journal of Public Economics, 69, 323—345.

Poe, G. L., J. E. Clark, D. Rondeau, and W. D. Schulze, 2002, " Provision Point Mechanism and Field Validity Tests of Contingent Valuation", *Environmental and Resource Economics*, 23(1), 105—131.

Rege, M., 2004, " Social Norms and Private Provision of Public Goods", Journal of Public Economic Theory, 6(1), 65—77.

Ribar, D. C., and M. O. Wilhelm, 2002, "Altruistic and Joy of Giving Motivations in Charitable Behavior", *Journal of Political Economy*, 110, 452—457.

Roberts, R. D., 1984, " A Positive Model of Private Charity and Public Transfers", *Journal of Political Economy*, 92, 136—148.

Rondeau, D., G. L. Poe, and W. D. Schulze, 2005, "VCM or PPM? : A Comparison of the Efficiency Properties of Two Voluntary Public Goods Mechanisms", *Journal of Public Economics*, 89(8), 1581—1592.

Schram, A., 2000, "Sorting out the Seeking: the Economics of Individual Motivations",

Public Choice，103，231—258.

Straub, J. D., 2004, "Fundraising and Crowd-out of Charitable Contributions: New Evidence from Contributions to Public Radio", Working Paper.

Warr, P. G., 1982, "Pareto Optimal Redistribution and Private Charity", *Journal of Public Economics*，19，131—138.

第 3 章　大经济体中公共产品的捐赠[*]

本章研究在大经济体中,当代理人从事对公共产品数量产生不利影响的活动时,私人提供公共产品的特征。相比于单靠捐赠提供资金的模式,在一个大经济体中许多人可以成为捐赠者。然而,该模型面临着一定的实证检验上的挑战。

3.1　引言

本章研究的问题是,当一个社区的个体数量很大时,可能进行公共产品捐赠的比例是多少。此处的捐赠在严格意义上被定义为对公共产品的自愿捐赠,其动机只是出于个人从增加的产品总供给中获得的利益。捐赠行为中没有单独的私人利益。我们提出的主要问题是:如果我们在分析中遵循纳什均衡的概念,那么一个社区中是否会有相当大比例的人自愿为公共产品捐赠? 现有的研究表明并非如此。正如 Andreoni(1988)在拓展 Bergstrom 等(1986)的分析中所表明的,凡公共产品的供给纯粹由个人的捐赠总额决定,只有那些具有独特品位的最富有者(在异质性群体中)人数众多时才会进行捐赠。这一预测的证据以及来自纯捐赠模型

* 作者:西蒙·维卡里(Simon Vicary),赫尔大学经济研究学院。

的其他证据非常薄弱,①从而导致经济学家研究替代模型来分析私人提供的公共产品。Cornes 和 Sandler(1984a,1994,1986)提出了一个有趣的想法,他们假设对公共产品的捐赠也会给个人带来私人利益(也就是说不采取本章严格定义的捐赠概念)。这种私人利益能用多种方式来解释:其中一种是由于"给予"所带来"温情效应"(Andreoni,1990),而 Vicary(1997)表明,如果个人既通过捐赠也通过提供私人产品(如从慈善商店购买商品)来为公共产品作贡献,那么我们可以预期,在一个大经济体中,上述意义上的捐赠将为零。

当然,在已有文献中,有各种各样的方式可以用来模拟公共产品的捐赠。Cornes 和 Sandler 的联合生产理念已被用来模拟联盟内的国防开支(Murdoch and Sandler,1984),Andreoni(1989,1990)将"温情效应"理念应用于慈善捐赠模式。当前已经有多种替代策略被提出,其中简单的关于个人决策的纳什方法已经被放弃。例如,Sugden(1984)通过假设个人受到道德准则的约束来改变个人的动机,该道德准则要求他们至少要与其他人的捐赠相匹配,只要这些捐赠少于其他人在所有情况下会选择的捐赠,则这个人有义务匹配的捐赠。另一方面,Cornes 和 Sandler(1984b)研究了猜想变异对建立捐赠均衡的影响。所有这些想法都说明了个人可能自愿为公共产品作出贡献的原因,但它们都假定超越了简单地希望看到额外供给的动机。此外,非纳什方法必须面对的问题是,个人有意识地避免采取改善其基本福祉的行为。

在本章中,我们假设存在一个公共产品,它的供给由两种方式决定:积极的方法便是上文所述的个人捐赠,消极的方法便是通过私人产品的消费。这也是被许多人所认可的。自然环境领域有一些明显的例子可以为此做出解释。绝大多数人在对控制温室气体的排放有兴趣的同时直接或间接地燃烧化石燃料。例如,驾驶汽车会降低环境质量,而向诸如"绿色和平"(Greenpeace)或"地球之友"(Friends of the Earth)等游说和监督

---

① 以慈善捐赠为例,参见 Jones 和 Posnett(1991,1993)的研究。

组织捐款则会提高环境质量。环保人士开车可能是个很诙谐的事情,但是这在经济理论上是不矛盾的。

本章 3.2 节对个人的决策进行基本阐述,3.3 节给出主要结论,3.4 节得出结论性意见。

3.2　基本模型①

该模型与 Vicary(1997)研究的模型相似,在该模型中,有两种方式可以为公共产品作出贡献:捐赠和购买与公共产品共同供应的私人产品。这反过来又建立在 Cornes 和 Sandler(1984a,1994)的工作基础上。我们假设有一个由 n 个个体组成的经济体,每个个体最大化形如下式的二次可微准凹效用函数:

$$U_i = U_i(x_i,\ y_i,\ G) \tag{3.1}$$

其中,x_i 表示个体 i 消费的“普通”私人产品的数量,y_i 表示对提供的公共产品的数量 G 有不利影响的私人产品的消费量。假设每个人都有固定收入 w_i,它可以用于三种经济活动:对 x 的购买,对 y 的购买,以及对 G 的捐赠(或直接购买)。因此,预算约束显示为:

$$w_i = p_x x_i + p_y y_i + p_G h_i \tag{3.2}$$

式中,p_j 假设固定成本确定,j 表示商品的价格,h_i 表示个体 i 对 G 的直接购买。我们假设每消耗 1 单位的 y 都会使 G 的供给量减少 β,所以个体 i 对公共产品的总贡献将是 $h_i - \beta y_i$。故而捐赠(h_i)和贡献之间的区别是非常重要的。在这个模型中,(非负)贡献者必然是捐赠者,但贡献可以是负的。如果我们令 $G_{-i} = \sum_{j \neq i}(h_j - \beta y_j)$ 代表社区所有其他成员对 G 的贡献,则有:

$$w_i + p_G G_{-i} = p_x x_i + (p_y + \beta p_G)y_i + p_G G \tag{3.3}$$

---

① 如果需要,作者可以提供本节更完整的版本。

从公共产品的提供方式来看，个体也面临两个不等式约束：

$$G \leqslant G_{-i} + \frac{w_i}{p_G} \tag{3.4}$$

$$G \geqslant G_{-i} - \beta \frac{w_i}{p_y} \tag{3.5}$$

其中右侧的第二项分别代表个体可以作出的最大和最小贡献。通过对公式(3.3)—式(3.5)所给约束的效用最大化，我们可以推出 x_i、y_i 和 G 的需求函数以及个体的捐赠函数[$h_i = \max\{G + \beta y_i - G_{-i},\ 0\}$]。这一解与 Vicary 的解相似，并且此处没有必要进行详细说明（可根据要求提供），我们只是指出它的主要特征。

公共产品的需求函数由 $\Gamma_i(w_i, G_{-i})$ 给出。就我们的目的而言，它的关键特征是个体对公共产品的需求与社区其他成员的贡献之间的关系。恒定成本的假设使我们能够忽略价格。函数的域可以被划分为两个子集，分别对应于个体是否向 G 捐赠（即 $h_i > 0$）或不捐赠（即 $h_i = 0$）。考虑第一种可能性，暂时忽略不等式 $h_i \geqslant 0$。个体的效用最大化问题表现为一个常规问题，即（全部）收入等于 $w_i + p_G G_{-i}$。由此推出 $\partial \Gamma_i / \partial G_{-i} = p_G \partial \Gamma_i / \partial w_i$。因此，正态性与边界的强加一起给出了 $0 < \varepsilon \leqslant p_x \partial x_i / \partial w_i$，$p_y \partial y_i / \partial w_i$，$p_G \partial \Gamma_i / \partial w_i \leqslant 1 - 2\varepsilon < 1$，其中 ε 为任意小。我们的关键假设是，对于 w_i 的任何值，都存在一个 G_{-i} 水平，使得 i 的总体贡献将为零。如果我们将 $p_G \partial \Gamma_i / \partial w_i$ 绑定到远离统一的域的相关部分，则会出现这种情况。[①]同样，我们的假设将保证存在一个相当高的 G_{-i}，使得个体的捐赠为零，在这一点我们进入域的第二部分（$h_i = 0$），这里个体面临约束：$G = G_{-i} - \beta y_i$。函数 Γ_i 的推导现在完全遵循了 Cornes 和 Sandler(1994)提出的理念，一般来说，正态性现在不能确定 $\partial \Gamma_i / \partial G_{-i}$ 的符号。其原因是

---

① 如果我们广泛地施加边界，我们确保在式(3.4)的约束下 G_{-i} 足够低，式(3.4)将变得有效（当 G_{-i} 下降时，捐赠上升并且最终耗尽预算），而 $\partial \Gamma_i / \partial G_{-i}$ 的边界就不能起作用了。只要我们在 G_{-i} 低于某个有限水平时，适当地保持个体的总体贡献（正）下限，这一事实对我们的结论没有任何影响。

G_{-i} 的变化对需求 G 的影响涉及收入效应和替代效应之间相当复杂的相互作用。如果 β 充分小,那么 $\partial \Gamma_i / \partial G_{-i}$ 将是正的,如果效用与 G 和 y 网(希克斯式)互补是拟线性的,那么这也是正确的。

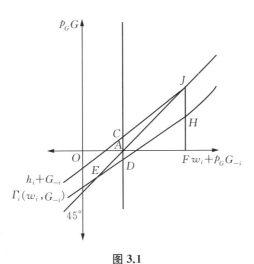

图 3.1

假设在整个需求条件下,x_i 与 y_i 总是正的,那么说明函数 Γ 可能是有用的。在图 3.1 中,我们想象一个收入为 OA 的个体。如果个体在世界上独处,公共产品的供给等于 $AD(<0)$,我们的个人捐赠为 AC,并且通过商品 y 的消费导致 $CD(=\beta y_i)$ 的供给减少。函数 Γ_i 被视为 DE 的延伸线,个体的贡献被视为 DE 和 45 度线之间的垂直差异,在 E 点对公共产品的总体贡献为零。[①]线 CJ 与 45 度线之间的差异显示了个体对任何 G_{-i} 水平的公共产品的捐赠。当 $p_G G_{-i} = AF$ 时,在点 J 处变为零。只要 h_i 为正,DE 就必须向上倾斜,斜率小于 45 度。我们可能期望 Γ_i 在点 H 处显示一个弯曲。对于 $p_G G_{-i}$ 水平高于 AF 的捐赠为零,并且在该区域的这部分函数 Γ_i 可能是向下倾斜的。

――――――――――

① 如果没有前面给出的导数边界,线 DE 就可能在整个长度范围内低于 45 度线。导数的边界使我们会忽略 DE 总是在 45 度线上,但随着 G_{-i} 向无穷增长趋近于 45 度线的可能性。根据 3.2 节的结论,在第一个情形中随着社区规模的增大,G 的供给会趋近于负无穷,而在第二个情形中趋近于正无穷。我们使用的边界获得了更可信的情况,并使模型在本质上更接近文献中现有的论点。

这个模型与之前的模型之间存在一个关键的差异（Andreoni，1988：59；或 Vicary，1997：342），因为没有不等式 $G \geqslant G_{-i}$，个体行为可以降低公共产品的总供给量。G 的零值只是简单地给出了（名义上的）初始供给水平，并且就模型的机制而言，没有特别的意义。Γ_i 可以位于水平轴下方。事实上，将 G 作为一种环保产品，这可能是正常情况。然而，回想一下 $p_G \partial \Gamma_i / \partial w_i \leqslant 1 - 2\varepsilon$ 的假设，必须存在一个非常低的 G_{-i} 值，以便任何个体 i 都能对公共产品作出积极的贡献。此外，从对图 3.1 的检查中可以明显看出，非负贡献意味着积极的捐赠。我们现在继续分析当社区规模增加时 G 的供给情况。

3.3 存在和收敛证明

我们采用传统的纳什方法来确定均衡。有以下定义：

如果经济体中的所有个体 i 满足 $G = \Gamma_i(w_i, G_{-i})$，则达到纳什均衡。

根据 Andreoni(1988)，我们假设个体被他们的收入 $w > 0$ 和品位 θ 特征化，任何社区的确切组成都是通过从有界集合 $\Theta \subset R^2$ 定义的潜在概率密度函数 $f(w, h)$ 中抽取个体来确定的。我们假设 f 对于 Θ 中的所有点都是连续且正的。我们还假设最初 $\Gamma_i(w_i, G_{-i})$ 与所有可能类型的个体的 G_{-i} 成反比。换句话说，我们认为 $\partial \Gamma_i / \partial G_{-i} \geqslant \eta > 0$ 始终存在，其中 η 是一个适当小的数。如前所述，当个人是捐赠者时，此条件会自动满足。虽然有限制性，但它在实践中涵盖了许多情形。

假设现在我们有 n 个个体的样本，根据类型每个人都将有一个函数 Γ_i。如果 G^n 代表这种经济的均衡 G，则对于所有 i，我们必须具有条件 $\Gamma_i(w_i, G_{-i}) = G^n$。如果我们现在取 Γ_i 关于 G_{-i} 的逆，则该条件对于所有 i 变为 $G^n_{-1} = \Gamma_i^{-1}(w_i, G^n)$，对所有 i 求和，我们得到：

$$(n-1)G^n = \sum_{i=1}^{n} \Gamma_i^{-1}(w_i, G^n)$$

或

$$G^n = \left(\frac{1}{n-1}\right) \sum_{i=1}^{n} \Gamma_i^{-1}(w_i, G^n) \tag{3.6}$$

因此，对于任何 n，存在的问题取决于函数 φ_n 的性质：$G \in \mathbb{R}$，$Z \in \mathbb{R}$：$Z = \left(\frac{1}{n-1}\right) \sum_{i=1}^{n} \Gamma_i^{-1}(w_i, G)$（取 w_i 为一个参数）。Z 可以解释为诱导代理人提供一定数量 G 的商品所必需的公共产品的总供给。如果我们找到 G 的值，使得 $G = Z$，那么这一定是一个纳什均衡，因为 Γ_i^{-1} 是从个体效用最大化问题中推导出来的，并且所有其他代理人的隐含贡献都会导致每个代理人都选择 G 以及 G_{-i} 的适当值。考虑到 Γ_i 的连续性以及从紧凑和凸集中选择个体贡献这一事实，即使 Γ_i 没有一个逆集合，证明纳什均衡的存在也是一项直观的任务。如果 $\partial \varphi_n / \partial G$ 是正的并且大于 1，这种均衡将是独特的。如果所有代理人都是捐赠者，则此条件必须成立，否则不必成立。

假设存在一个纳什均衡，我们现在假设群体的规模增加，从概率密度函数 f 中采样。这样，我们可以得到一个纳什均衡序列 $\{G^n\}$。然而，在继续我们的主要结论之前，有必要先确定 $\{G^n\}$ 是有界的。

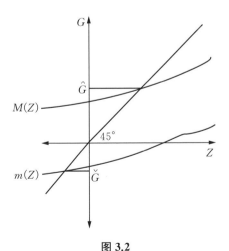

图 3.2

注：当部分或所有代理人都是捐赠者时，$M(Z)$ 和 $m(Z)$ 穿过 45 度线，这使得边界可以放在 G^n 上。

首先,我们定义了两个包络函数:$M(Z) = \max_{(w,\theta) \in \Theta} \Gamma(w, Z; \theta)$ 和 $m(Z) = \min_{(w,\theta) \in \Theta} \Gamma(w, Z; \theta)$。这在图 3.2 中说明。根据之前的分析我们知道,对于 Z(或 G_{-i})足够低时,所有的代理人都将选择成为正贡献者,而对于 Z 足够高时,所有的代理人都将成为负贡献者。因此,$m(Z)$ 必须在某个点上越过 45 度线,并且在这个点附近 $\varepsilon \leqslant \partial m / \partial Z \geqslant 1 - 2\varepsilon$。这说明了一个零贡献的人将是一个积极的捐赠者。类似地,必须存在一个 Z 值,使 $M(Z)$ 越过 45 度线,且 $\varepsilon \leqslant \partial M / \partial Z \leqslant 1 - 2\varepsilon$ 在该点附近。利用这些交点,我们有如下引理。

引理 3.1 G 的供应对于 n 的任何值都是有界的。

证明:令 $M(Z)$ 到达 45 度线的 G 值为 $\hat{G}$,我们可以证明序列 $\{G^n\}$ 有上界,因为如果 G 是正的,$G_n \geqslant \hat{G}$ 意味着所有的个体都是负贡献者,这是不可能的。如果 $\hat{G} < 0$,那么 $\tilde{G} = \max\{M(Z): Z \leqslant 0\}$ 提供了一个上界,在这种情况下,$G^n > \tilde{G}$ 意味着所有 i 的 $G_{-i} > 0$,这是不可能的,因为对于 $G^n > \tilde{G}$,所有的个体都是负贡献者。类似地,我们可以证明 $\{G^n\}$ 有下界。设 $m(Z)$ 通过 45 度线处的 G 值为 $\check{G}$。假如当 $G^n \leqslant \check{G}$ 且 $\check{G}$ 为负时,所有个体均为非负贡献,这是不可能的。对于 $\check{G} > 0$,$m(0)$ 提供了一个简单的下界,对于 $G^n < m(0)$,我们要求所有 i 都是 $G_{-i} < 0$,这与所有的代理人都是正贡献者的事实相矛盾。因此,$\{G^n\}$ 是一个有界序列。∎

现在转向我们的主要结论。定理 3.1 处理唯一性的情形,定理 3.2 表明即使存在多重纳什均衡,我们的主要结论仍然成立。

定理 3.1 在唯一性假设下,G 的均衡供应以概率 1 收敛到最终水平 G^*。个体对 G 的平均捐赠为零,其平均预期捐赠为正。

证明:式(3.6)的解给出了每个 n 的 G 值,这样我们就可以生成一个序列 $\{G^n\}$。使用大数定律,φ_n 以概率为 1 收敛于函数 γ:

$$\gamma(G) = \iint_{(w,\theta) \in \Theta} \Gamma^{-1}(w, G; \theta) f(w, \theta) \mathrm{d}w \mathrm{d}\theta \tag{3.7}$$

在这里,偏好参数(taste parameter)的使用使我们可以省去下标 i,这意味着 $\{G^n\}$ 将以概率为 1 收敛到 $\gamma = G$ 的 G 值,我们用 G^* 表示。为弄清

这一点，我们观察到当个体数量非常大时，对于随机选择的任意个体，$\gamma(G)$ 近似于 G_{-i} 的预期值。如果在一个子序列中，这个预期值与 G^n 的差值要大于某个小的数 $\varepsilon > 0$，那么 G 的位置就会趋向于沿着这个子序列趋近于正无穷或负无穷，这与引理 3.1 相矛盾。因此，对于足够大的 n，$\Pr\{|\gamma(G^n)-G^n| \geqslant \varepsilon\}=0$。假设 ε 可以被选择为任意小，那么 $\Pr\{\lim_{n\to\infty}\gamma(G^n)=G^n\}=1$。只有当 $\{G^n\}$ 以概率 1 收敛至 G^* 时，这才成立。定理的第二部分从 G^* 是有限的这一事实出发。　■

现在我们来讨论一下收敛证明的意义。与 Andreoni 一样，随着社区规模的扩大，公共产品的供给逐渐收敛到一定的有限水平。考虑到我们可能预期最优供给会随着社区规模的增加而增加，假设较大的社区遭受更大程度的供给不足。然而，G 有一个下界。在环境良好的情况下，假定这是由一个无限低水平的 G 造成的，预计总环境退化不会随着社区规模的增加而发生。[①] 还要注意，个体间的平均贡献为零。由于积极的贡献者必然是捐赠者，因此该模型预测，在一个大型社区中，捐赠者的比例本身也会很大，而且随着社区规模的扩大，这一比例不会有下降到零的趋势。由此可见，捐赠者通常比非捐赠者更富有，不会局限于社区中最富有的成员。这些预测与之前的模型发现形成了对比。现在我们考虑放弃唯一性假设的后果。

定理 3.2　即当社区规模扩大到无穷大时，公共产品的供给将被限制在 $[\check{G}, \hat{G}]$（引理 3.1 中定义）的范围内。平均贡献将趋近于零，平均捐赠将趋近于正值。

证明：引理 3.1 中的 $\{G^n\}$ 是一个有界序列，无论其收敛性如何，个体捐赠的期望值都必须趋近于零，从图 3.1 可以看出，这意味着平均捐赠必须为正。如果在所有 n_i 的子序列 $G^{n_i}+\varepsilon<\check{G}$ 中，所有代理都是正贡献者，这意味着 $G^{n_i}\to\infty$，这是一个矛盾。类似地，对于这样的子方程 $G^{n_i}>\hat{G}+\varepsilon$ 所有的行动者都是负贡献者，这意味着 $G^{n_i}\to-\infty$，这是另一个矛

盾。因此,当 n 趋于无穷时,G 最终必然在区间 $[\check{G}, \hat{G}]$ 中。 ■

我们将注意到,除了收敛不一定是给定的有限值 G 之外,定理 3.1 的结论仍然成立。

3.4 结论

这里讨论的模型使捐赠模型更接近我们所拥有的实证证据,特别是在慈善捐赠方面。捐赠者似乎可以构成人口的合理比例,而且不一定仅限于非常富有的人。然而,仍然存在许多问题。对捐赠者来说,对小额转让的不变性以及相关的政府供给的 100% 挤出的情况仍然存在,这一点并不难看出。此外,该模型的实证相关性可能是有限的,因为该模型假定存在一种私人活动,这种活动减少了公共产品所提供的数量。虽然这显然与环境产品的重要类别有关,但在其他情况下很难看出这种活动是什么。毫无疑问,有人可能会说,比如,向第三世界慈善机构捐款的动机是出于对自己的好运感到集体内疚,但目前尚不清楚我们能让这些想法走多远。也许最重要的启示是,捐赠是一件复杂的事情,任何一个简单的模型都不可能充分捕捉到所有可能类型的公共产品所涉及的所有主要因素。

参考文献

Andreoni, J., 1988, "Privately Provided Public Goods in A Large Economy: The Limits of Altruism", *Journal of Public Economics*, 35, 57—73.

Andreoni, J., 1989, "Giving with Impure Altruism: Applications to Charity and Ricardian Equivalence", *Journal of Political Economy*, 97, 1447—1458.

Andreoni, J., 1990, "Impure Altruism and Donations to Public Goods: A Theory of Warm-Glow giving", *Economic Journal*, 100, 464—477.

Bergstrom, T. C., L. Blume, H. Varian, 1986, "On the Private Provision of Public Goods", *Journal of Public Economics*, 29, 25—49.

Cornes, R., T. Sandler, 1984a, "Easy Riders, Joint Production, and Public Goods", *Economic Journal*, 94, 580—598.

Cornes, R., T. Sandler, 1984b, "The Theory of Public Goods: Non-Nash Behaviour",

Journal of Public Economics，23，367—379.

Cornes，R.，T. Sandler，1986，*The Theory of Externalities*，*Public Goods and Club Goods*，Cambridge，UK：Cambridge University Press.

Cornes，R.，T. Sandler，1994，"The Comparative Static Properties of the Impure Public Good Model"，*Journal of Public Economics*，54，403—421.

Jones，A.M.，J. Posnett，1991，"Charitable Donations by UK Households Evidence from the Family Expenditure Survey"，Applied Economics，23，343—351.

Jones，A.M.，J. Posnett，1993，*Current Issues in the Economics of Welfare*，London：Macmillan.

Murdoch，J.C.，T. Sandler，1984，"Complementarity，Free Riding，and the Military Expenditure of NATO Allies"，*Journal of Public Economics*，25，83—101.

Sugden，R.，1984，"Reciprocity：The Supply of Public Goods through Voluntary Contributions"，*Economic Journat*，94，772—787.

Vicary，S.，1997，"Joint Production and the Private Provision of Public Goods"，*Journal of Public Economics*，63，429—445.

第4章　大经济体中的贡献：基于实地实验的价格和非价格效应*

　　我们针对 2 440 名被试展开了一项大规模的实地实验，在实验中，我们外在地改变了为一项无限大的公共产品最接近的现实对等物——缓解气候变化——作出贡献的价格。我们发现该价格效应稳健为负，但其效应值较小，价格弹性为 -0.25。社会经济变量（如教育程度）、情境变量（如实验前后的气象条件），以及与内疚感和道德责任相关的态度变量主导了价格效应。后者也比价格套利更好地解释了被试宣布进行实际市场价格审查（field price censoring，FPC）的决定。本章的结果为研究大经济体中公共产品贡献的价格效应的绝对和相对作用提供了实证基础，并为试图构建更全面的慈善捐赠理论的研究提供了参考。

4.1　引言

　　近年来，对大规模公共产品自愿捐赠的更好理解吸引了大量研究。其中一个关键的兴趣领域是，相较于捐赠者的特征或捐赠者的态度等其

　　*　作者：约翰尼斯·迪德里希（Johannes Diederichy），博士后；蒂莫·格施尔兹（Timo Goeschlz），教授。两位作者均来自海德堡大学阿尔弗雷德·韦伯经济研究所环境经济学系。本章为该研究所的系列工作论文之一，发表于 2011 年 6 月 14 日。

他因素，价格是否以及如何影响公共产品的私人供给行为（如 Eckel and Grossman，2008；Karlan and List，2007；Peloza and Steel，2005；Kingma，2007）。了解价格在公共产品私人供给方面的绝对和相对作用是很重要的，其原因有很多。融资者和政策制定者在制定募捐和税收计划时需要清楚地了解价格的作用，因为其相应的计划可能涉及配套补助金、退税补贴或更多的特殊工具以调动捐赠（Eckel and Grossman，2008；Morgan，2000）。对经济学家来说，了解相关价格效应有助于他们思考并确定一个更全面的自愿捐赠理论应该考虑哪些构成模块（Konow，2010；Andreoni，2006）。

为了加深我们对自愿提供公共产品的理解，我们在一个大型的公共产品博弈中就私人贡献问题进行了大规模的实地实验①。该设计使我们能够在现实环境中阐明价格在解释被试是否选择进行捐赠中的绝对和相对作用。已有的基于实地设计的文献（Karlan and List，2007；Karlan，List and Shafir，2011；Eckel and Grossman，2008；Eckel and Grossman，2003），通过操纵匹配率和折扣率探索了价格的作用。这两个工具都可以将公共产品供给的有效价格以可控的方式降低到实验外的实际市场价格以下。这一策略不仅让我们了解常见的融资方式的效果，研究者们还利用它将实验结果与来自退税计划的计量经济学证据进行三角互证（如 Peloza and Steel，2005；Auten，Sieg and Clotfelter，2002）。该策略的一个缺点是，这种设计迫使研究者只能采用间接的价格变化路径：被试无法观察不同的价格，只能观察价格的贡献乘数。将该方法得出的结果等同为价格变化的结果，其有效性并不确定。第二个缺点是价格方面的方向不对称：基于匹配或返利工具设计而得到的捐赠有效价格的观察结果只可能低于、而不会高于实际市场价格。这种方向上的不对称可能对区分不同理论方法和解决政策相关问题造成不必要的限制。

---

　　①　按照 List(2004)的命名法，本章采用的是介于框架试验和自然实地实验之间的一种实验设计。我们的设计相较完全的实地实验来说缺少一个自然的现场设计，对被试而言，实验环境是熟悉的但不是自然的，而且被试知道他们的选择正在被实验者观察。

在本章中,我们遵循 Andreoni 和 Vesterlund(2001)以及 Andreoni 和 Miller(2002)对价格效应的直接解决路径:这些学者外在地改变了慈善行为的价格,特别是在独裁者博弈中利益分享的价格。这种直接针对价格问题的方式好处明显:与配套的补助金和返利相比,不同的被试确实以一种清晰明确的方式观察到不同的价格,从而增强了实验者对价格处理的控制。这也获得了在更大价格范围内(包括高于实际市场价格的情形)的可观察的行为。然而,将直接价格变动策略从 Andreoni 和 Vesterlund(2001)的实验室设置转变为实地设置带来了许多挑战,其中包括 FPC 的可能性。本章采用的解决方案是将实验者对价格的直接控制与最初在非市场商品估价的背景下发展起来的实际市场价格审查检测方法(Harrison,Lau and Williams,2002)结合起来,以便进一步阐明自愿捐赠的价格效应。

除了理解价格对于个人是否就大型公共产品作出私人贡献的绝对作用外,该设计还可以用来研究价格相对于其他决定因素的作用。关于到底是什么驱动了个人的贡献决策存在着激烈的争论。文献中论及的驱动因素包括社会经济因素,如年龄(如 List,2004)、性别(如 Andreoni and Vesterlund,2001)和教育程度(例如 Karlan,2005)。此外,形象动机(如 Benabou and Tirole,2006)、负罪感(如 Battigalli and Dufwenberg,2007)、补偿动机(Kotchen,2009)等态度和心理因素也受到了关注。我们所进行的实验利用被试个人在这些维度上的可观察特征,将其与被试的贡献选择联系起来,针对个人贡献决策的驱动因素这一争论展开了阐述。

我们进行了一个大规模的实地实验,在这个实验中,被试可以在一个既定的现金奖励和对一个超大型的公共产品进行贡献两个选项之间进行唯一选择。其中,现金奖励为 2 欧元到 100 欧元之间的一个随机抽取值。被试可以作出的公共产品捐赠是通过减少排放 1 吨二氧化碳的形式进行的固定数量的气候变化缓解工作,具体方法是以欧盟碳排放交易体系(EU-ETS)中记录在案的方式进行欧盟排放配额(EUA)收回。减缓气候变化不仅具有高度的政策相关性,而且可以作为与 Andreoni(1988)发起的大型公共产品博弈的理论分析最接近的现实对等物(见 Nordhaus,1993)。实验的单选形式是出于我们对捐赠的广义边际的关注(Bergstrom,Blume and Varian,1986):作为现金奖励的备选方案,被试只需选择是否捐款。"实地"指的是实验设计的几个特点,即调查公司所搜集的作为德国选民代表的被试样本,被试作出决定的熟悉的非实验室环境,以及被试在任务过程中所使用的信息集(Harrison and List,2004)。"大规模"是指参与实验的 2 440 名被试样本。

我们的主要研究结果可以总结如下。从绝对意义上来说,价格效应是存在的,但是其效应值很小。公共产品供给价格的正向变化确实会对贡献倾向产生预期的负面影响(Andreoni and Miller,2002):在个人层面上,贡献价格增加 1 欧元的边际效应将使个人捐赠的概率降低约 0.1%。在总体层面上,广义边际价格弹性为 -0.25。因此,无论是从个人层面还是从总体层面衡量,价格效应都很小。由此来看,Karlan 和 List(2007)以及 Eckel 和 Grossman(2008)对公共产品贡献的低价格弹性的点估计从属于一个更普遍的现象,该现象在更高的决议度和更大的价格范围内成立。

相对而言,我们的发现支持这样一种观点:与价格相比,其他变量在解释一个超大经济体中所观察到的贡献决策方面具有更大的影响力。在社会经济变量中,我们未能证实先前的一些研究结论,即性别或年龄与贡献决策相关,但我们发现教育程度的影响显著。我们的研究结果也证实了最近关于情境或"情绪"因素驱动贡献决策的研究结果(Konow,2010;Kirch-steiger,Rigotti and Rustichini,2006):实验时的气象条件,比如实验时的环境温度,似乎影响了贡献的可能性。将分析扩展到在公共产品贡献的非价格决定因素背景下被提及的态度变量,如"道德满足感"(Kahneman and Knetsch,1992)、温情效应(Andreoni,1990)、补偿(Kotchen,2009)或负罪感逃避(Battigalli and Dufwenberg,2007),我们发现,贡献与对下一代福利和个人福利的看法,以及对过往的公共产品的负面贡献行为的认知,都是正相关的。态度变量,例如羞耻感规避(Andreoni and Petrie, 2004),也比价格变量更能解释通过测试 FPC 而获得的证据。

本章接下来的内容如下:我们将 4.2 节详细说明实验设计的考虑因素、实验方案以及样本的属性。在解释和讨论结果之前,我们将在 4.3 节介绍实验结果及其计量分析。4.4 节给出最终总结。

4.2 实验设计

4.2.1 基本设计与协议

经济学家早就注意到,自愿减排以缓解气候变化,是与无限大的公共产品博弈中的捐赠最接近的现实对等物(例如 Nordhaus, 1993)。我们在实地实验设计中采用了这一特点,让 2 440 名被试在现金奖励和保证减少 1 吨二氧化碳的温室气体(GHG)排放量之间进行选择。这些选择在随机激励制度下实施(Grether and Plott, 1979; Starmer and Sugden, 1991; Lee, 2008)。被试获得的现金奖励是以 2 欧元为间隔,从 2 欧元到 100 欧元之间等概率抽取的一个金额。温室气体减排的形式是在欧盟碳排放交易体系下,以书面形式和切实可行的方式收回排放额度。[①]随机激励系统是在被试间进行的(Baltussen, Post, Van den Assem and Wakker, 2010; Abdellaoui, Baillon, Placido and Wakker, 2011; Tversky and Kahneman, 1981),被试选择现金或减排的概率为 1/50。[②]被试在实

---

① 欧盟的排放交易体系管理着所有欧盟成员国的工业二氧化碳排放量。排放者可以以欧盟碳排放配额为单位进行交易,每个单位对应 1 吨二氧化碳。2008—2012 年交易期的总排放量,即本次实验的相关排放量,上限为 18.56 亿吨。总的上限是有约束力的。排放交易体系账户持有人通常会进行欧盟碳排放配额交易,但也可以购买和删除("取消")欧盟碳排放配额。这降低了总的上限,从而降低了 1 吨的排放量。每一个欧盟碳排放配额都是由它的发行号唯一识别的,因此可以追踪到对应的实验者和被试。然而,欧盟货币不是纸币,因此作为一种有形的私人商品不足为奇。

② 被试间(BS)和被试内(WS)随机激励系统已经被检验是否存在可能的偏差。虽然 BS 引入了噪音,但没有证据表明对简单任务(如本章探讨的二分法决策)存在系统性偏差(Baltussen et al., 2010; Cubitt, Starmer and Sugden, 1998; Bolle, 1990)。

验前、实验中或实验后都不了解其他人的选择。

为了保持对公共产品贡献维度的集中关注,设计尽可能排除了与实验相关的公共产品或私人产品方面的混淆。例如,如果被试收到了纸质的欧盟碳排放配额收回证书,这似乎会增加他们为购买具有强烈好奇心的商品而捐赠的意愿。因此,附加的产品维度以及被试对他人贡献的可见性都被最小化了。

我们的被试是从德国最大的民调公司之一的大约 65 000 名互联网成员中筛选出来的①,他们代表了该国处于投票年龄阶段的互联网用户。②我们分别在 2010 年 5 月和 7 月进行了两次互联网实验。③ 第一阶段从 5 月 25 日持续到 6 月 2 日,从发出的 1 817 个邀请函中回收了 1 640个完整的可观测结果。第二阶段从 7 月 19 日持续到 7 月 27 日,从 888份邀请函中回收了 800 份完整的可观测结果。被试的招募遵循标准程序,即通过电子邮件邀请小组成员利用超文本链接进行投票。在演示中,这项调查与民调公司运行的标准民调没有区别:介绍屏幕解释了民意投票的主题焦点、预期持续时间(10 分钟)和随机激励系统的具体细节。基于以往的投票经验,在决定是否继续进行投票时,这些设计标准在格式和内容上对这些投票成员来说是熟悉的。在邀请页面之后会出现一个转换界面,将注意力集中到德国被试自身的情况上。④随后,被试会随自己的决策不同而在后续实验过程中看到 10—13 个连续的决策画面。⑤

---

① 民意调查公司 YouGov 通过对预期调查时间 20 分钟内约 1 欧元的计件报酬或随机(抽奖)奖励(例如面额为 25 欧元或 50 欧元的购物券)来激励小组成员。所有的现金奖励都汇入被试在投票公司的个人账户。因此,被试对于随机激励方案是熟悉的——平均奖励为 50 欧元,预期奖励 1 欧元——在金钱方面是可比较的。

② 我们测试我们的样本是否来自德国选民的一般人群。双侧 t 检验拒绝了社会人口特征的平均值在 1% 水平上重合的假设。我们的调查对象更多的是男性,相对更年轻,受教育程度高于德国平均的投票年龄。收入是自我报告的,因此样本中较低的平均收入不足为奇。

③ 在实验之前,我们对海德堡大学的 200 名经济学专业学生进行了一组预测试和试点实验,以进行在线实施尝试,改进文本和问题集,并测试解决 FPC 的程序。

④ 其他国籍的被试被重新安排到同时进行的其他调查中。同样,这对于小组成员来说是熟悉的,因为政治民意调查通常只对有资格投票的人进行抽样。

⑤ 必须输入文本或选择至少一个给定选项(包括"我不知道"选项)来回答每个问题,才能进入下一个屏幕。

　　实验设计的核心是两个屏幕，一个是设置好的信息提示屏幕，另一个是收集被试选择的决策屏幕。信息提示屏解释了实验的三个信息：(1)在欧元现金奖励和二氧化碳减排之间进行选择；(2)简洁地解释了欧盟碳排放配额的回收是如何可靠而真实地减少欧盟二氧化碳的排放量；(3)解释了概率为100/5 000的随机激励制度。①除了提醒被试减排对气候变化的影响与减排活动的地点无关外，实验没有包含任何其他材料对被试进行进一步的教育或告知。有关公共产品贡献的实地实验认为，被试通常不太了解公共产品的贡献，并且在评估其贡献对公共产品提供的实际影响方面可能存在很大差异，这种看法也适用于本章中的情况。因此，本章观察到的贡献决定是基于被试在进入实验前自身具备的知识的。②

　　决策提示屏幕首先向被试解释了如果他们被选中成为获胜者将如何获得所选奖品。③随后，该屏幕收集了被试的选择，即确定是选择特定的现金奖励还是欧盟排放配额，相应的选项在屏幕上以随机排序的方式呈现。

　　在信息提示屏和决策提示屏之后，被试继续回答了一组后续相关问题。选择了现金奖励的被试被自动引导到一个屏幕，该屏幕为被试提供了一个无激励的机会来解释他们的选择。被试按照要求：(1)检查这个实验性的现金奖励是否比他们附加在二氧化碳减排上的价值更可取；(2)检查所给予的现金奖励是否高于他们对可供选择的二氧化碳减排方案的估值；(3)输入开放性的文本来解释其对现金奖励的偏好。随后所有被试被要求估计欧盟排放配额的价格以及它们对实验以外被试的可用性。另一

---

　　①　注意，这种概率的表示可能会让被试相信至少有5 000人参与了投票。这并非误导：本章仅报告了总共6 800个单独实验中2 440个的基线比例。

　　②　在实验前或实验过程中，给被试提供可能选择的相关信息会导致不可避免的偏差和潜在的误解(Arrow, Solow, Portney, Leamer, Radner and Schuman 1993；Munro and Hanley 1999)。相反，实验的实地属性允许被试在实验进行过程中收集相关信息，而选择通用度量标准有助于我们间接观察到这一点。

　　③　就像民意调查公司进行的其他民意调查一样，所有的获胜者都将通过个人电子邮件得到通知。现金奖励直接记入会员的账户。欧盟碳排放配额的取消情况可以通过公共部门的网站，根据欧盟碳排放配额的发行号，单独或私人地进行追踪和验证。

组问题针对的是被试对当下减排带来的好处的看法,以及他们对气候变化的个人贡献的看法。调查结束时,除了调查公司已经记录的被试的社会人口统计概况外,我们还收集了一些特定的社会人口统计信息。

4.2.2　价格处理

该实验的核心设计特征是为大型公共产品作出贡献的机会成本的直接变化。Andreoni 和 Vesterlund(2001)以及 Andreoni 和 Miller(2002)为实验室进行的有关直接价格变化的研究提供了经验。这些学者使用被试内随机激励机制来考察被试在 8 个不同的经济环境中是如何表现的,这些经济环境的特征是贡献价格和禀赋的外生变化。相反,我们采用了被试间的随机激励机制,在实地实验设计中将被试随机分配至 50 个不同的实验价格之一。价格范围在 2—100 欧元之间,以 2 欧元为间隔,涵盖了实验同时段欧盟排放配额的实际市场价格 15 欧元的上下各一个数量级。每一个实验价格平均有 49 个被试规模。[①]被试对于价格的随机化属性、价格范围,以及样本的规模均不知情。被试只了解他们对随机抽取价格的个人认识,以及在实验结束后,他们的决定是否从参与者中随机选择来实施。

本实验设计的重要考虑因素是价格效应的方向和强度,以及由于将直接价格变动从实验室带入实地而产生的潜在 FPC 问题。

1. 贡献的价格效应和价格弹性

由于关注大经济体中贡献的广义边际(Bergstrom et al.,1986),实验设计对价格效应的存在和作用方向做出了明确的理论预测。在标准假设下,纯利他主义(Andreoni,1988)、非纯利他主义(Andreoni,1990)和补偿利他主义模型(Kotchen,2009)预测,相较于较低的赠予价格,在高赠予价格下个体贡献的概率更低。类似地,如 Karlan 和 List(2007)所示,如果经验丰富的被试将低于他们所感知的公共产品的实际价格的现

---

① 标准差是 6.4。最小的一组有 31 人,最大的一组有 66 人。

金奖励解释为实验人员匹配的证据,那么有条件的合作行为模型就会以较低价格预测较高的贡献。①Karlan 和 List(2007)证实了这些预测的结论,发现负价格效应对为非营利组织进行贡献的影响很大。另一方面,Eckel 和 Grossman(2008)在一个关于公共电台筹款的实地实验中,研究了补贴率对潜在贡献者响应率的影响,但没有发现价格效应。

虽然价格效应的存在和影响方向大多是明确的,但理论对其强弱的论述较少。有一些论点,例如缺乏替代品和决定公共产品贡献时价格的突出,支持了贡献公共产品的价格弹性应该很低的观点(Green,1992)。同样,在纯粹的和不纯粹的利他主义模型中,分别作为 Andreoni(1988)和 Andreoni(1990)的研究主旨,只要被试相信所有被试都面临着同样的价格变化,那么这些被试在提供公共产品方面的策略相互依存关系将会降低纳什贡献的价格弹性。低价格弹性的预测得到了实验研究的支撑,该实验研究了数额有限的离散价格变化并得到了较低的价格弹性估值:Smith、Kehoe 和 Cremer(1995)研究发现,针对农村医疗机构进行慈善捐赠的决策对价格并不敏感。同样地,Karlan 和 List(2007)研究了不匹配基线和三种匹配率下的捐赠选择,发现捐赠的概率对匹配的存在有反应,而对匹配率的反应是无弹性的。另一方面,Eckel 和 Grossman(2003),以及 Eckel 和 Grossman(2008)在实地及实验室实验中均发现了价格匹配的单位弹性,但使用返利匹配时弹性要低得多。

通过将被试随机分配到 50 个实验价格之一,能够以更高的区分度、在更大的价格区间内验证价格效应的存在,检测价格效应的方向及价格弹性的强度,通常提供低于实际实地价格的至多 4 个价格变化。这不仅可以检验我们当前对价格效应理解的稳健性,还可以检查现有结果是否可以真正理解为持续价格效应的点估计,以及这些洞见是否也适用于高

---

① 同样的作者还讨论了更广泛的模型会导致更模糊的预测:例如,在对公共产品进行假设估值时,对数量影响的研究以一种间接的方式产生了对价格影响的替代预测。这表明,个人陈述的价值对数量不敏感(Baron and Greene,1996;Kahneman and Knetsch,1992),这至少在理论上产生了一种可能性,即他们披露的估值可能也对价格不敏感。

于实际实地价格的变化。

2. 实际市场价格审查

为了确定价格效应,实地实验中由直接变化的价格带来的挑战在于实际市场价格审查(Harrison and List,2004)。实地价格审查产生的原因是,实验中产品的价格很难从现实世界中相同商品或接近替代品的价格中分离出来(Harrison et al.,2002;Harrison,Harstad and Rutstrom,2004;Cherry,Frykblom,Shogren,List and Sullivan,2004)。换句话说,实验外源性地为被试引入了套利机会。因此,实验观察到的贡献决策可能会在被试感知到的实际市场价格加上交易成本的水平上被截断。[1]在本实验中,被试可能认为他们能够以比奖金更低的总成本(包括交易成本)提供同等的二氧化碳减排,例如避免不必要的汽车出行。

为了检测实际市场价格审查,我们采用了一个三个实际市场价格审查问项组成的任务调查问卷(Coller and Williams,1999;Harrison et al.,2002),这些问项被安排在决策屏之后呈现给被试。该问卷作为一种事后选择变更,以检测那些受实际市场价格审查约束的被试是否揭示了他们"真实"的贡献决策。因此,实地价格审查事后选择变更包括没有勾选三个实地价格审查问项中第一个问项("现金奖励对你来说是否比二氧化碳减排更有价值?"),但勾选了第二个问项("你认为现金奖励比你通过其他方法减少二氧化碳排放的成本高吗?")或在回答第三个问项("你选择现金奖励有其他原因吗?")时作了一个定性陈述的所有被试。

将实际市场价格审查事后选择变更问卷中包含的观察结果记录为在给定价格下选择了贡献,这是纠正实际市场价格审查的一种策略,并为未审查的贡献者合集提供了一个候选对象。然而,这个候选人的真实性取

---

① 为了我们的目的,如果对公共产品贡献有保留价 r_i 的被试接受了实验现金奖励 e_i,即使 $r_i > e_i$ 仅仅是因为被试估计的市场中的同等捐赠的实际价格 $\hat{f_i}$(包括交易成本)服从 $e_i > \hat{f_i}$,那么实际市场价格审查就存在。在这种情况下,$r_i > e_i > \hat{f_i}$,在被试选择现金而不是产品的基础上,实验者可能会错误地得出不可观测的保留价格 r_i 小于 e_i 的结论,从而系统地低估了贡献的概率。由于不存在已赎回欧盟碳排放配额的二级市场,我们不必担心这样一种情况 $\hat{f_i} > e_i > r_i$:尽管 $r_i < e_i$,但被试仍选择欧盟碳排放配额以获得套利利润 $\hat{f_i} - e_i$。

决于实际市场价格审查变更选项的可信度。这类汇报方法中的一个常见问题是,尽管很容易实现,但实际市场价格审查变更不能免受策略行为或事后合理化的影响(Corrigan and Rousu, 2008)。选择现金的被试可能会因为自私的原因(例如为了看起来不受个人利益驱使)而宣布进行实际市场价格审查。我们将在 4.3.3 小节中具体讨论这一点。

4.3 结果与分析

4.3.1 实验结果

2 440 名被试完成了实验,平均完成时间为 5 分钟。[1]在实验中,共有 382 名(15.7%)被试选择了贡献公共产品,2 058 名选择了现金奖励。[2]图 4.1 显示了 50 个价格组的观察结果和原始贡献者的拟合份额。从价格区间的最底部来看,我们发现就平均而言,即使以最低的贡献成本,被试也不会自愿为全球公共产品作贡献。另一方面,尽管贡献发生在一个非常大的经济体中,但贡献者所占份额在高达 100 欧元上限的整个价格区间中都是明显为正的。[3]

图 4.1 中贡献决策的扩展边际描绘了一个负倾斜的,几乎垂直的贡献分布。与此同时,实际市场价格审查的迹象——例如削减贡献的价格——并不存在。而且,捐款计划的价格弹性乍一看似乎很低。为了证实这一点,我们在弹性不变的假设下估计了贡献分布的总体价格弹性。估算的价格弹性 -0.25 低于 Auten、Sieg 和 Clotfelter(2002)估算的慈善

---

① 平均完成时间为 1 小时 17 分钟。这是由调查中的一小部分(约 0.3%)被试导致的,这些被试中途离开调查,并在几小时或几天后继续完成了调查。

② 以下结果排除了 83 名被试的观察结果,因为这些被试表示不相信提供的自由文本选项中的支付和欧盟碳排放配额工具。基于理论考虑,我们决定排除这些观察结果,但结果对是否考虑这些观察结果并不敏感。

③ 关于捐赠者的份额,可能需要注意的是,我们使用了各种各样的如"发现""意外之财"(Keeler et al., 1985)或"房款"(Clark, 2002; Harrison, 2007)的词汇。由于被试是在用对公共产品的贡献与他们自己挣的钱进行交易,因此此文献中有人担心,这可能会使结果与被试不得不牺牲自己的钱的情况产生偏差。然而,文献在可能的偏差方向(如果有的话)上存在分歧。

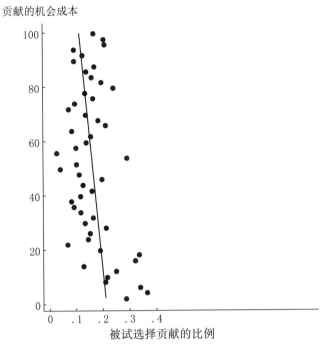

图 4.1　提供给被试的现金奖励与选择在该价格下进行贡献的被试的比例的对比

注:现金奖励在 2—100 欧元之间,以 2 欧元为间隔,并绘制了线性拟合回归线($n=$ 2 357)。

捐赠退税的经验价格弹性,更接近 Karlan 和 List(2007)报告的贡献决策的实际市场实验价格弹性-0.225(配套补助金)以及 Eckel 和 Grossman(2008)的返利补贴-0.11。[①]

4.3.2　计量经济学分析

对被试的离散选择进行计量经济学分析需要一些模型和参数假设。我们采用 probit 模型研究价格和非价格变量对贡献可能性的影响。我们估计了两种基本情况:

$$Y_i = \alpha_0 + \alpha_1 P_i + \varepsilon_i \tag{4.1}$$

$$Y_i = \gamma_0 + \gamma_1 P_i + \gamma_2 N_i + \gamma_3 P_i n_i + \varepsilon_i \tag{4.2}$$

---

① 对于配套补助金,Eckel 和 Grossman(2008)发现其价格弹性为-1.045。

Y_i 表示一个二元变量，$Y_i = 1$ 表示被试选择了贡献，P_i 表示给予被试 i 的现金奖励，而 N_i 和 n_i 表示被试非价格属性的向量，n_i 是 N_i 的一个子集。第一个模型是基于 50 种价格组构建的一个关于价格效应对贡献的扩展边际影响的无条件模型。这个模型能够给出价格效应并带来一个附加好处，即能够将其直接与其他类似的无条件模型进行比较，如 Karlan 和 List(2007)。第二个模型结合了价格和非价格影响，并考虑了能够检测价格和非价格变量之间的特定交互效应的一些变量。

估算模型中考虑的非价格变量包括通过民调公司获得的被试的一系列社会人口属性（年龄、性别、收入、教育程度、居住地）和对公共产品的态度属性（相信利益、熟悉）。基于互联网的实验性质也让我们能够观察被试何时完成实验，以及他们在每个屏幕上花费了多少时间。最后，我们将实验数据集与实验相关的环境控制变量相结合，例如在实验期间来自媒体数据（Lexis Nexis）和来自国家气象局（DWD）的地区温度数据等的公共产品的媒体呈现。表 4.1 报告了样本变量的汇总统计信息。

表 4.1　汇总统计

变　量	描　　述	平均值	标准差	观测数
社会—人口统计学特征				
女性	表示性别的指标变量，如果是女性，则为 1	0.470	0.499	2 357
年龄	被试者年龄（年）	45.42	14.68	2 355
受教育年限	基于被试者的最高学历	12.28	3.217	2 302
收入	被试者报告的月度净收入类别的中点[a]（欧元）	2 557	1 709	1 953
环境控制变量				
环境温度	被试者开始实验[b]前居住区域的平均温度（摄氏度）	15.1	4.189	2 303
媒体关注	在被试者开始实验[b]之前，在德国纸质刊物和在线媒体上与气候变化相关的关键词[c]搜索的点击数	136.9	28.12	2 303
对气候变化的态度和信念				
个人利益	相信个人从碳减排的影响中受益[d]	2.365	0.990	2 098
未来利益	相信从今天开始的减排对后代有好处[d]	2.899	0.969	2 115

续表

变　　量	描　　述	平均值	标准差	观测数
负贡献	相信个人生活方式导致了气候变化[d]	2.758	0.952	2 094
碳足迹估计	每年由生活方式排放二氧化碳量的估算（吨）	3 017[e]	15 330	2 357
碳足迹信心	对所给出的足迹估算的信心,如果是至少"比较肯定"则为 1	0.074	0.262	2 357
欧盟碳排放配额估计价格	欧盟排放限额的现货价格估计	1 652	10 300	2 357
欧盟碳排放配额价格的信心	对给定价格估计的信心,如果是至少"比较肯定"则为 1	0.106	0.308	2 357
欧盟碳排放配额的可用性	相信欧盟碳排放配额将可由个人购买(如果是至少"比较肯定"则为 1)	0.197	0.398	2 357

注:a 在我们的收入近似值中,对于不大于 500 欧元的类别,我们假设 450 欧元。为了与德国人口普查数据兼容,对于高于 5 000 欧元以上的两个类别,我们假设为 8 000 欧元。其余类别的宽度为 500 欧元。

b 实验当天和前一天的日平均值。

c 使用的关键词:"气候变化""气候保护""全球变暖""二氧化碳"和"CO_2"。

d 1="否定",2="比较否定",3="比较确定",4="确定"。

e 中位数为 10。

表 4.2 报告了两种模型的最大似然(ML)probit 的回归结果。第一列对应的是模型 1 的结果。之后各列提供了涵盖模型 2 中不同属性变量后的替代结果,分别聚焦于后续讨论的不同重要结果。包括固定效应估计的完整结果可在附录中找到,这些结果对不同类型估计值的稳健性和显著性水平进行了验证:这一节的其余部分将介绍由不同规范获得的价格和非价格决定因素的结果。

表 4.2　probit 系数估计

	模型 1	模型 2 的变体		
	(1)	(2)	(3)	(4)
现金奖励	−0.003 8***	−0.004 0***	−0.004 8***	−0.005 6***
	(0.001)	(0.001)	(0.001)	(0.002)
人口统计				
女性	—	0.101 8	0.043 5	0.039 0
		(0.074)	(0.084)	(0.085)

	模型 1	模型 2 的变体		
	(1)	(2)	(3)	(4)
年龄	—	0.003 5 (0.002)	0.003 2 (0.003)	0.003 4 (0.003)
教育年限	—	0.059 4*** (0.011)	0.055 1*** (0.012)	0.060 9*** (0.012)
净收入(T€)	—	−0.013 3 (0.021)	−0.018 8 (0.024)	−0.013 5 (0.024)
环境控制变量				
环境温度	—	—	0.020 2** (0.009)	0.021 9** (0.009)
对气候变化的态度和信念				
个人利益	—	—	0.162 5*** (0.056)	0.190 0*** (0.057)
未来利益	—	—	0.224 8*** (0.063)	0.217 9*** (0.065)
负贡献	—	—	0.171 4*** (0.055)	0.193 4*** (0.058)
碳足迹估计(Tt)	—	—	−0.002 8 (0.003)	−0.003 0 (0.003)
碳足迹信心	—	—	−0.651 0*** (0.181)	0.730 8 (0.627)
欧盟碳排放配额估计价格(T€)	—	—	0.005 8* (0.003)	0.005 9* (0.003)
欧盟碳排放配额价格的信心	—	—	0.272 7** (0.134)	0.276 1** (0.136)
欧盟碳排放配额的可用性	—	—	−0.081 8 (0.096)	−0.083 2 (0.096)
调查完成时间	—	—	0.000 5 (0.001)	0.000 7 (0.001)
交互方面				
现金奖励* 教育年限	— —	— —	— —	0.001 4*** (0.000)
现金奖励* 个人利益	— —	— —	— —	0.002 8 (0.002)
现金奖励* 未来利益	— —	— —	— —	−0.001 3 (0.002)

续表

	模型 1	模型 2 的变体		
	(1)	(2)	(3)	(4)
现金奖励 * 负贡献	—	—	—	−0.000 1
				(0.002)
现金奖励 * 碳足迹信心	—	—	—	−0.006 6
				(0.007)
现金奖励 * 欧盟碳排放配额估计价格	—	—	—	−0.000 7
				(0.005)
碳足迹信心 * 负贡献	—	—	—	−0.430 2**
				(0.194)
碳足迹信心 * 碳足迹估计	—	—	—	−0.000 1
				(0.000)
欧盟碳排放配额价格的信心 * 欧盟碳排放配额估计价格	—	—	—	−0.095 0
				(0.303)
常数	−0.796 5***	−1.715 2***	−3.411 4***	−1.541 8***
	(0.061)	(0.195)	(0.314)	(0.227)
N	2 357.000	1 920.000	1 600.000	1 600.000
对数似然	−1 038.039	−821.496	−650.457	−639.513
χ^2	12.635	44.678	179.905	201.792
伪 R^2	0.006	0.026	0.121	0.136

注：若被试选择贡献而非现金奖励，因变量为 1。括号内是标准误差。*** 为在 1% 的水平上显著，** 为在 5% 的水平上显著，* 为在 10% 的水平上显著。

1. 价格效应

模型估计得出的第一个结果是价格很重要：将实验价格（现金奖励）的 probit 系数估计值转换为边际效应（表 4.3），我们发现样本均值每增加 1 欧元，将使选择减少排放配额的倾向降低约 0.1%。因此，该效应在 1% 的水平上显著且符合预期地为负，并且在整个规格范围内都很稳健。同时，价格在本质上并不重要。每增加 1 欧元，平均约有 2.4 名被试从贡献变为不贡献。这意味着尽管有一些被试的决策处于边界处，但这样的被试并不多。跨规格的稳健性意味着，在模型 2 中同时考虑价格和非价格影响时，价格影响的幅度只会发生轻微变化。

表 4.3 边际效应

	模型 1	模型 2 的变体		
	(1)	(2)	(3)	(4)
现金奖励	−0.000 9***	−0.000 9***	−0.001 1***	−0.001 2***
	(0.000)	(0.000)	(0.000)	(0.000)
人口统计				
女性(d)	—	0.024 3	0.009 8	0.008 4
		(0.018)	(0.019)	(0.019)
年龄	—	0.000 8	0.000 7	0.000 7
		(0.001)	(0.001)	(0.001)
教育年限	—	0.014 1***	0.012 4***	0.013 2***
		(0.003)	(0.003)	(0.003)
净收入(T€)	—	−0.003 2	−0.004 2	−0.002 9
		(0.005)	(0.005)	(0.005)
环境控制变量				
环境温度	—	—	0.004 5**	0.004 7**
			(0.002)	(0.002)
对气候变化的态度和信念				
个人利益	—	—	0.036 4***	0.041 1***
			(0.012)	(0.012)
未来利益	—	—	0.050 4***	0.047 1***
			(0.014)	(0.014)
负贡献	—	—	0.038 4***	0.041 8***
			(0.012)	(0.012)
碳足迹估计(Tt)	—	—	−0.000 6	−0.000 6
			(0.001)	(0.001)
碳足迹信心(d)	—	—	−0.106 4***	0.210 0
			(0.020)	(0.220)
欧盟碳排放配额估计价格(T€)	—	—	0.001 3*	0.001 3*
			(0.001)	(0.001)
欧盟碳排放配额价格的信心(d)	—	—	0.068 1*	0.066 8*
			(0.037)	(0.036)
欧盟碳排放配额的可用性(d)	—	—	−0.017 9	−0.017 5
			(0.020)	(0.020)
调查完成时间	—	—	0.000 1	0.000 1
			(0.000)	(0.000)
交互方面				
现金奖励*	—	—	—	0.000 3***
教育年限	—	—	—	(0.000)

续表

	模型 1	模型 2 的变体		
	(1)	(2)	(3)	(4)
现金奖励*	—	—	—	0.000 6
个人利益	—	—	—	(0.000)
现金奖励*	—	—	—	−0.000 3
未来利益	—	—	—	(0.000)
现金奖励*	—	—	—	−0.000 0
负贡献	—	—	—	(0.000)
现金奖励*	—	—	—	−0.001 4
碳足迹信心	—	—	—	(0.001)
现金奖励*	—	—	—	−0.000 1
欧盟碳排放配额估计价格	—	—	—	(0.001)
碳足迹信心*	—	—	—	−0.093 0**
负贡献	—	—	—	(0.042)
碳足迹信心*	—	—	—	−0.000 0
碳足迹估算	—	—	—	(0.000)
对欧盟碳排放配额价格的信心*	—	—	—	−0.020 6
欧盟碳排放配额估计价格	—	—	—	(0.065)
N	1 920.000	2 357.000	1 600.000	1 600.000
对数似然	−1 038.039	−821.496	−650.457	−639.513
χ^2	12.635	44.678	179.905	201.792
伪 R^2	0.006	0.026	0.121	0.136

注:边际效应按样本均值评估。(d)表示指标变量的边际效应。若被试选择贡献而非现金奖励,因变量为1。括号内是标准误差。*** 为在1%的水平上显著,** 为在5%的水平上显著,* 为在10%的水平上显著。

价格效应的存在和统计相关性的结果与私人对公共产品贡献的标准理论的清晰预测相一致(Bergstrom et al.,1986;Andreoni,1990):较高的贡献价格降低了贡献的可能性。在本章中,我们的发现进一步证实了Karlan 和 List(2007)的实地实验结果。他们通过引入匹配(即将供给成本降低到实际市场价格之下)而在扩展边际中发现了显著的价格效应,但是通过匹配的逐步变化却没有效果。在这一点上,我们的研究结果有所不同:当考虑到非线性因素时,我们发现价格对低价,尤其是低于实际市场价格时的贡献决策影响最大也最显著。[1]

总的来说,价格效应很小,这让我们回想起以前关于公共产品需求价格弹性的研究结果(如 Green,1993)。一种观点认为,在关于公共产品,特别是政治或慈善产品的决策中,非价格因素(如道德和伦理考虑)可能主导价格考虑。在后面的非价格效应部分,我们将研究这些考虑因素的一些合理代理。另一个论点是,对价格的不敏感性是当被试对信息知之甚少或不熟悉产品时,实验价格对估值可能产生混淆影响的结果(Green,1992;List and Jason,1999):提供更高的价格就可能导致不知情的被试推断产品更有价值。为了检验价格混淆效应的可能性,我们使用价格和变量之间的交互项重新评估模型,这些交互项可能与对产品更高的熟悉程度有关,例如被试对捐赠背景知识的信心(对自己的碳足迹估算有信心,对欧盟碳排放配额价格估算有信心)以及他们的教育。混淆效应将意味着,与不知情被试相比,知情被试应该对价格更敏感,前者更有可能基于调查中提供的现金奖励来评估他们的贡献。我们发现提供减排努力的倾向与"信息加权"价格之间没有关系或者是正相关(请参阅表 4.2和表 4.3 中的第四列):与混淆价格效应的假设相反,更高的熟悉程度不会改变贡献或降低价格弹性。这与实验结果相呼应,即价格弹性不会因良好属性的不确定性而发生系统性变化(Heffetz and Shaya,2009)。

2. 非价格效应

影响贡献决策的非价格驱动因素变量可以分为两类。第一类变量由实验中真正外生的特征组成,包括被试的社会人口学属性,如教育程度、性别、年龄以及那些关于被试参与实验的时间和可能的地点等的环境控制变量。已有文献使我们能够将本章的研究结果与其他实验室和实地实验的结果进行比较,这些实验中收集了同类特征数据。

另一组变量,例如收益和负贡献,是由被试在作出贡献决定后所引出的陈述组成的,对于那些选择现金奖励的人来说则是在解释了他们的选

---

[1]　估计结果可应要求索取。

择之后得出的。这些变量以实验性的方式推进了最近一些试图理解贡献行为背后的心理驱动因素的研究尝试。被试对于自己对子孙后代的贡献所带来的好处的感知,或对自己过去对公共产品的负贡献的评估的感知,都可以与利他主义的动机或道德责任感联系在一起。但是,基于事后所作陈述的观察本质上是有问题的,因为被试既可以如实回答,也可以有策略地回答。因此,相关结果需要谨慎地解读。

人口统计信息:被试在民意调查公司的档案提供了有关调查样本的大量社会经济数据。作为一个整体,样本能够代表整个人口,并且允许在个人的基础上将贡献决定与被试的年龄、性别、收入和教育程度联系起来。到目前为止,这四个社会经济维度在文献中都得到了一些关注。List(2004)通过他的名言"年轻、自私和男性"简洁地总结了关于在公共产品博弈中未能作出贡献的社会经济驱动因素的实验证据。

在过去,社会偏好方面的性别差异吸引了大量关注。在最近的文献回顾中,Croson 和 Gneezy(2009)指出,性别在冒险或竞争等领域的行为显著性已经被很好地理解了。然而,在公共产品环境中存在性别差异的证据并不明确[见 Croson 和 Gneezy(2009)及其相关文献]。此外,Andreoni 和 Vesterlund(2001)还指出了在研究社会困境中性别对行为的影响时可能存在的微妙之处:在实验室环境中,当付出的代价较低时,他们发现男性被试比女性被试更无私,反之亦然。

表 4.2 的回归分析结果报告了性别对贡献概率的简单转移效应的存在。女性的估计系数为正,但不显著。依据 Andreoni 和 Vesterlund(2001)的发现,我们还测试了一个可能的"价格—性别"交互作用项,以允许男性和女性之间的弹性差异,并再次发现在本章的情境下不存在性别效应。综上所述,这些结果加强了目前关于公共产品情境中性别影响不明确的证据。

性别影响受关注的同时,年龄也开始作为公共产品情境中的行为决策因素而引起关注(List,2004;Harbaugh and Krause 2000)。例如,List(2004)及 Carpenter、Connolly 和 Myers(2008)在公共产品博弈和慈善捐赠的实验室研究中发现,社会偏好随着年龄的增长而增加。然而,我们实地实验的细节提供了预期的正向年龄效应会被减弱、中和甚至逆转的原因。知情被试可能会认为,由于气候系统的惯性,今天的贡献将在未来3—50年创造公共产品。因此,被试和他们的同龄人的行为不太可能使现在的老年人受益。一方面可能受年龄导致的社会偏好加强的影响,另一方面由年龄相关的温室气体排放可能减少带来的个人利益减少,故其净效尚不明确。

为了测试被试如何看待公共产品的跨期性质,我们将年龄与人们从减缓努力中获得的对个人或下一代利益的看法纳入交互项,但未能建立明显的年龄非线性效应。[①]总体而言,如表4.2和表4.3所示,我们的实验结果表明年龄并不会影响贡献的概率。虽然为正,但系数估计即使在10%的水平上也未通过显著性检验。

收入的影响在每个模型设定中都是微不足道的。[②]尽管在退税文献(Auten et al.,2002)的背景下令人惊讶,但 Eckel 和 Grossman(2008)在其慈善捐赠的实地实验中也报告了贡献的收入弹性接近零。然而,作者提出,由于数据的限制,不要过度解释结果。在本章的实验中,个人收入水平数据确实是可以获得的。虽然这增强了结果的可信度,但由于收入是自我报告的,会受到潜在偏差及报告的不完整性的影响,因此也有必要谨慎解读结果。

在众多不确定的社会经济决定因素中,教育程度在所有设定中都非常重要。正如表4.3中关于边际效应的结果所示,被试的受教育年限每增加一年,其贡献倾向就会相应地增加1%。教育效应的存在和强度都很有意思。许多研究慈善行为的论文没有报道被试的教育状况。值得注意的是,List(2004)和Karlan(2005)算得上是一个例外:在List(2004)报告的三个测量社会偏好的实地实验中,教育程度与更高的贡献要么微不

---

① 结果可应要求随时提供。

② 数据排除了以收入和教育程度的多重共线性,来解释一个因素的持续不显著而另一个因素强显著;排除教育程度或任何其他变量不会改变收入所产生的影响(相关系数为0.29)。

足道,要么相关性较弱。另一方面,在秘鲁小额信贷项目的一项实验研究中,Karlan(2005)发现,教育程度是许多典型策略情境(如信任博弈)中观察到的行为的决定因素,但与在公共产品博弈中作出更大贡献的意愿无关。

如果亲社会行为不是通过教育获得的,那么在数据中观察到的强关系应该另有原因。对于教育程度与实验中使用的特定公共产品之间存在的强关系的一种可能解释是:减排的效果因气候变化固有的长期性和复杂性而变得复杂。因此,耐心和认知能力可能很重要。许多实证研究将认知能力及其替代概念——教育程度,与评估未来成本和收益时较低的折现率以及个人整体较强的前瞻性行为联系起来(Parker and Fischho,2005;Bettinger and Slonim,2007;Kirby,Winston and Santiesteban,2005)。其他研究强调,在复杂的环境中,决策能力更强的人的认知成本更低(Peters,Västfjäll,Slovic,Mertz,Mazzocco and Dickert,2006)。在自我报告收入的背景下,另一种解释是,教育程度是衡量收入和财富的一种可能的替代手段。由于两者都倾向于与认知能力正相关(Banks and Oldfield,2007),这提供了一个额外的因果通道,其中教育程度可以成为一个重要的解释变量。

环境控制变量:参与实验的被试样本来自德国各地,其中可能引入了很容易被忽视的对行为有影响的重要空间或结构因素。同时,情境因素可能对被试的贡献选择差异有一定的解释作用。我们采用两种不同的策略来解释这些可能性。一种是利用民调公司对每个小组成员上的记录和实验中完成的每个屏幕上记录的时间戳,估计对位置和时间有固定影响的模型。附录表 4.5 和表 4.6 的第三列至第五列报告了这一策略的结果。这些结果的主要信息是强调在更简单的规范下得出的系数估计的稳健性。

我们采用的另一个策略是检验实验的适用性,即在公共产品设定下的行为可能不仅仅由认知过程决定的。例如,Konow(2010)和 Kirchsteiger 等(2006)在最近的论文中证明了情绪状态或"情绪"在公共产品的情境设定下具有解释力。例如,Kirchsteiger 等(2006)通过让被试观看"悲伤"和"快乐"的电影来"构建"情绪。Konow(2010)在一个独裁者博弈中通过改变接受者群体来改变情绪环境。他们都发现了情绪对于贡献选择存在影响。

我们采用了一种不同的分析策略,结果报告在表 4.2 和表 4.3 的第三列和第四列中:基于国家气象局的区域分类气象数据,我们探索了被试决策环境中的外源性变异。我们特别关注的是在单独实验的时间和地点或附近出现的室外温度:被试对气候变化显著性的感知或与减缓气候变化努力有关的"情绪"似乎和这种环境条件有关。将贡献决策和被试居住区域的温度数据联系起来,其中温度计算为被试进行实验当天和实验前一天温度的平均值,我们发现贡献的概率随着环境温度的增加而增加。①更具体地说,我们发现环境平均温度每升高 1 摄氏度,其贡献的可能性就增加约 0.4%。相对而言,1 摄氏度对贡献概率的边际影响是降价 1 欧元影响的 4 倍,将媒体对气候变化主题的报道以及温度数据考虑在内并不会明显改变这一估计。

虽然情境因素的结果可能证明在我们的实地设置中存在非常不同的一类"温暖的光辉",但环境温度可能代表了不同的驱动因素,或者存在与温度相关的其他传统驱动因素。例如,环境温度可能只是代表纬度或类似的空间效应。考虑纬度和温度变量对系数估计的 p 值影响不大,②但不会改变其他结果。温度的影响也可以通过其他未观察到的选择偏差或社会经济因素来解释,这些因素使环境温度对被试特别突出,例如建筑业的就业,尽管社会经济数据没有为这一假设提供进一步的证据。

利益:从理论和偏好揭示的角度来看,要求被试对所选择或未选择的公共产品贡献的感知利益进行事后评估似乎是多余的。然而,对所述利益的事后评估有助于提供更广泛的行为模型,以确定备选方案之间的

---

① 对于日最高气温和较大的时间窗口(48 小时)也有相同的结果。为了简洁性,这些结果没有在本章中呈现,但相应结果可应需求而从作者处获得。

② 例如,24 小时温度变量的 p 值从 $p=0.031$ 增加到 $p=0.034$。

选择。

我们从实验中的所有被试那里收集感知到的关于个人和下一代福利的陈述。表 4.2 和表 4.3 中报告的结果与预期一致:对总福利(个人和下一代)的更大感知增加了贡献的可能性。然而,令人感兴趣的其实是个人和下一代福利在解释贡献方面的相对作用。表 4.3 报告了这两个变量都增加一单位(反应类别)的边际影响。下一代福利每增加一个单位,贡献概率就提高近 5.0%。另一方面,人们对个人福利的期望值增加一单位,贡献概率就增加 3.6%。因此,利他动机在样本均值上的边际效应是个人利益边际效应的 1.5 倍。

对公共利益的负贡献:在这项实地实验中,被试可以而且通常会对所考虑的公共产品作出负贡献,碳排放与被试将从事的大多数经济活动相关联。如果被试在实验中作出贡献决策时理性地考虑到他们对大规模公共产品的负面贡献,那么他们对贡献概率的预测与他们不考虑贡献的模型有显著差异(Vicary,2000)。根据一条密切相关的推理路线,Kotchen(2009)得出了公共产品贡献的需求,这种需求是由"补偿"同时产生的负贡献的愿望驱动的。这些对私人提供公共产品的传统模型的扩展解释了贡献率超过传统假设(如 Andreoni,1988)下预测的贡献率,并导致了一个预测,即对公共产品负贡献较高的被试只要有机会就应该有较高的贡献概率。

补偿理论并不是公认的负贡献和观察到的正贡献之间正相关关系的唯一可能解释。类似的定性预测也可能出现在将内疚(Battigalli and Dufwenberg,2007)或羞耻感(Andreoni and Petrie,2004)视为驱动因素的理论中。在这两种理论中,对规范或"预期行为"的感知都发挥了作用。如果负贡献的数量超过了一个标准的目标水平,只要机会允许,内疚或羞耻感就可以作为决定在实验中作出贡献的争议性的理由。环境补偿理论、内疚理论和羞耻感理论共同提供三种可能的原因,说明生活方式对公共利益的相关负贡献可能影响贡献决策。

这项实验通过两个途径为被试提供了确认个人对气候变化的负贡献

的机会。其中一项是让被试根据他们认为自己的生活方式对气候变化的影响程度按 1—4 分进行打分。另一个问题是关于他们的年碳足迹（以吨为单位）进行定量估计。表 4.2 和表 4.3 报告了负贡献作为贡献决策驱动因素的检验结果：碳足迹估计显示出高噪声，未呈现显著结果。另一方面，贡献等级与被试的贡献选择正向显著相关：每增加一个等级，就意味着贡献的可能性增加约 4％。这种"确认效应"与个人和下一代福利的感知具有相同的量级，其影响的大小与贡献决策中感知的个人福利大致相同，但始终小于感知的下一代福利的影响。

确认效应的一个例外是，一小部分被试（7.4％）声称对自己的碳足迹估计有信心。如表 4.2 和表 4.3 的第四列所示，这一部分人的行为代表了碳足迹估计信心对第三列中报告的贡献概率的负面影响。通过将碳足迹估计信心与被试的贡献等级进行交互作用，我们发现这一群体更倾向于选择现金奖励。对这一群体的仔细研究揭示了两个重要的区别特征：一方面，这一群体的成员倾向于提供比平均值更可信的碳足迹估计。另一方面，这些人更愿意承认自己对公共产品的负贡献。这两种特征的相互作用对贡献选择的负面影响可能是由许多不同的原因造成的。一种可能性是，这一小部分人是由高度关注气候变化的人组成的，他们认为自己已经在为减排作出重大贡献。这可以解释为什么我们在这个群体中没有发现确认效应。

4.3.3 实地价格审查还是道德经济？——进一步的检验

在 2 440 名参与实验的被试中，2 058 人选择了现金奖励。实地价格审查的实验方案将这些被试引导至两个针对选择现金奖励原因的事后调查问卷①。这些问题将被试分为两组：第一组被试认为在有其他选择的情况下，现金奖励绝对比为公共产品作贡献更可取。在选择现金奖励的人中，这个群体占 72.7％。另一组被试宣称，在给定的实验价格下他们会作

---

① 实际上，一共有三个问题：两个给定的问题以及一个自由文本问题。但是，除 116 个被试（参照第 98 页脚注②）外，所有自由文本答案都提供了给定问题的释义，因此可以重新分配。

出贡献,但选择不这样做是因为他们相信他们可以在其他地方以较低的价格为公益事业作出同样的贡献。这一"实地价格审查"组占被试的 25.8%。

关键问题是如何解读"实地价格审查"组的被试。就事后调查问卷的设计来看,被归入这一组的被试可能确实对实地价格进行了审查(Coller and Williams,1999;Harrison et al.,2002;Corrigan and Rousu,2008)。然而,对数据的仔细审视表明这种解释的真实性有待谨慎考虑:表 4.4 的第一列报告了 probit 估计的结果,该估计试图通过将实地价格审查视为被试可获得的套利机会的合理和可观察的驱动因素的函数来解释有关决策行为。这些驱动因素包括提供的现金奖励、被试对欧盟碳排放配额价格的估计和信心、对交易成本的了解、对个人碳足迹的了解和信心,以及被试(或因仔细考虑,或因积极获取信息)在完成不同屏幕任务时所需的时间。①此外,该模型还包括被试的社会人口学特征。该模型在解释被试的陈述方面表现较弱,原因有很多:第一,在对被试随机分配到不同的实验价格组的情况下,实验价格超过被试感知实地价格的概率在实验价格中严格增加。然而,该模型却估计出了实验价格的一个递减效应。第二,被试对实地替代品的价格估计应负向计入估计。这种价格估计不能直接观察到,但很可能与被试对欧盟碳排放配额价格的看法及其碳足迹有关。虽然这些指标中有一些呈现出与预期一致的符号,但没有一个能在统计学上显著解释为什么被试会被归类为"实地价格审查"组。第三,变量对被试时间戳的影响也不显著。除了教育程度的解释比较模糊(见后文),有关实地价格审查的套利机制解释没有得到实验数据的支持。

---

① 实验期间获取信息的证据,例如通过在互联网上搜索欧盟碳排放配额的现货价格,来自对每个单独实验中每个屏幕界面的时间戳的仔细检查。时间戳记录了被试从一个屏幕界面移动到下一屏幕界面的确切时间。由于进行有针对性的信息收集需要耗费时间,因此在那些相较于其他界面有特定信息搜索需求的界面,其搜索活动应与这些界面的时间延迟相关联。我们对被试收集信息的速度做出了大胆的假设:例如,被试需要在不到 2 分钟的时间内在互联网上找到欧盟碳排放配额价格和关于年人均排放量的信息,而试点实验数据表明,被试平均需要 3—5 分钟才能找到相关信息。我们发现,不超过 1.4% 的被试的界面跳转的时间延迟与信息收集所需时间一致。此外,这些被试对于实验中的实际问题的回答没有表现出高于平均水平的准确性。据此,我们得出结论,信息获取对有关结果没有起到解释作用。重要的是,这一结果也意味着观察到的实地价格审查不是被试在实验过程中获得的内生信息的产物,最多是由信息的外生差异产生的。

表 4.4　套利 vs.道德:宣布实地价格审查的其他解释

	套利 (1)	道德 (2)	整合 (3)
现金奖励	−0.002 3* (0.001)	−0.003 3** (0.001)	−0.003 4** (0.001)
欧盟碳排放配额估计价格(T€)	−0.004 6 (0.004)	—	−0.011 2** (0.005)
欧盟碳排放配额价格的信心	0.143 0 (0.129)	—	0.122 4 (0.136)
欧盟碳排放配额的可用性	−0.058 4 (0.090)	—	−0.088 5 (0.098)
碳足迹估计(Tt)	−0.002 6 (0.002)	—	−0.000 8 (0.002)
碳足迹信心	−0.021 4 (0.144)	—	−0.050 2 (0.153)
调查完成时间	−0.000 1 (0.000)	—	0.001 8 (0.002)
抽奖屏幕完成时间	0.000 1 (0.000)	—	0.000 1 (0.000)
个人利益	—	−0.202 3*** (0.054)	−0.211 7*** (0.055)
未来利益	—	0.139 8*** (0.054)	0.154 4*** (0.054)
负贡献	—	0.219 8*** (0.048)	0.220 5*** (0.049)
女性	−0.064 1 (0.072)	−0.024 9 (0.080)	−0.022 4 (0.080)
年龄	0.006 2** (0.003)	0.006 4** (0.003)	0.006 0** (0.003)
教育年限	0.035 7*** (0.011)	0.032 7*** (0.012)	0.032 1*** (0.012)
净收入(T€)	0.019 9 (0.021)	0.016 5 (0.022)	0.016 8 (0.022)
环境温度		−0.006 7 (0.009)	−0.006 0 (0.009)
常数	−1.260 1*** (0.201)	−1.610 2*** (0.293)	−1.617 1*** (0.299)
N	1 602.000	1 321.000	1 311.000
对数似然	−893.933	−737.793	−725.181
χ^2	36.562	62.051	70.985
伪 R^2	0.020	0.040	0.047

注:probit 系数估计。括号内是标准误差。因变量:如果被试者声称认为更便宜的感知到的外部机会阻碍了对贡献的选择(现场价格审查),则为 1。 *** 为在 1% 的水平上显著,** 为在 5% 的水平上显著,* 为在 10% 的水平上显著。

对"实地价格审查"被试组的另一种解释是,可能存在一种道德经济的作用,它为被试提供了一种动机,让他们即使事实上并非受实地价格审查驱动也宣称自己是由实地价格审查驱动的。这一可能性已经被该领域中的其他学者提出(Karlan and List,2007;Kahneman and Knetsch,1992)。公共产品的非贡献者可能会因为他们的行为偏离了某些"预期行为"或行为规范的概念而感到不适。例如,关于自我形象或内疚的经济学理论(Battigalli and Dufwenberg,2007),考虑了强加给自己的规范;关于自我形象的经济学理论(Benabou and Tirole,2006)和羞耻感的经济学理论(Andreoni and Petire,2004),考虑了同龄人或其他个体所遵循的规范,这些人通常具有较高的社会地位,他们对被试的尊重很重要。可能有一些人的行为准则是,个人应该为公共产品作出贡献,除非这样做成本过高。如果这类被试替代地选择了现金奖励,那么实地价格审查过滤问项就为外部观察者提供一个机会,以解释这些被试的决定是否出于客观的成本效益考虑而非个人利益的考虑。

表 4.4 的第二列报告了一个可能的"道德经济"模型的结果,该模型包括动机变量。一旦羞耻回避的概念(à la Andreoni and Petrie,2004)被视为驱动因素,[①]实验价格的统计上显著的负系数将与这样一种观点相一致,即这些在实验中被给予最低实验价格的被试会因宣布实地价格审查而从道德方面获益最多。如果羞耻感越高,公共产品所需要的个人牺牲越小,就会出现这种情况。动机变量的结果强调了宣称不以个人利益为动机的重要性:更加强调相信公共产品贡献对下一代的好处,以及更加承认生活方式对公共产品的负面影响,增加了被试宣称自己进行了实地价格审查的可能性。如果被试认为"预期行为"是更愿意为提供更大利益的公共产品作出贡献,并且愿意因自身行为造成的损害而补偿公众,这一结果便是合理

---

① 在内疚、形象和羞耻感中,羞耻感在目前的环境中最具有理论意义。如果被试者因为选择了现金而感到内疚,那么在后续问题中声称他们没有被审查过现场价格,只会使之前偏离预期的行为与随后的不诚实变更加严重。对同龄人群体的形象关注在这里也有限的牵引力,因为对其他被试而言,贡献决定是不可见的。羞耻感具有最大的吸引力,因为它将正确行为的客观标准与权威梯度相结合,使实验者成为唯一的观察者,同时也是对被试者行为的隐含判断。

的。反之亦然:将个人利益与公共产品挂钩的被试会更少地看到道德层面,较少感到羞耻,因此不太可能宣称实地价格审查,这与估计结果一致。

作为稳健性检查,表 4.4 的最后一列合并了这两个模型。实验价格仍然呈现显著的负效应。对于与感知到的实地价格相关的变量,整合模型识别出了欧盟碳排放配额价格估计的显著负面影响,为实地价格审查构成的真实性提供了更有力的证据。虽然与羞耻回避[①]的简单解释不一致,但其影响作用在量级上并不强。[②]此外,被试在通过实地价格审查修改后提供其现场价格估计的警告也适用。教育程度和年龄效应与这两种模型是一致的:教育程度和年龄可能与提供公共产品的替代方式的更好信息有关,从而产生真正的实地价格审查。换言之,受过高等教育和年龄较大的被试可能更敏锐地意识到预期行为的概念,或者更富有,这两者都会增加声称不受个人利益驱使的道德收益。我们测试了其他的模型设定,以检查 Anderoni 和 Vesterlund(2001)预测的性别和价格之间的交互作用,以及预测男性被试更有可能宣称隐藏的利他主义状态的转移效应(Brown and Taylor,2000)。这些测试均没有得到统计上显著的结果。[①]

4.4　结论

价格和非价格效应在解释大经济体中对公共产品的自愿捐赠方面的作用,仍然是经济学家们争论的一个重要领域。为了建立一个更全面的自愿捐赠理论模型,需要更多的经验和实验证据。本着这种精神,我们对2 440 名被试进行了一项大规模的实地实验,在实验中,我们对一个无限大的公共产品博弈——缓解气候变化——的最接近的实证对应物的贡献价格进行了外源性的改变,同时观察到大量可能的非价格决定因素。

我们发现,价格效应是稳健为负的,但其影响的数值量级较小,且价

[①]　在其他条件不变的情况下,更高的长期价格应该与没有提供公共产品而带来的更多羞耻感联系在一起,因为在这样做相对便宜的时候,没有提供公共产品。

[②]　请注意,欧盟碳排放配额实地价格以千欧元为单位。

格弹性为一0.25。绝对价格效应的弱影响使得解释所获得证据的重点落在了非价格变量上。这些变量以预期和非预期的方式显现。在社会经济变量中,教育程度是一个关键的决定因素。考虑到自我报告的收入数据可能存在的局限性以及文献中缺乏一个既定的教育—社会偏好渠道,教育程度的作用可能是由于认知和收入与财富的影响。另一方面,对于性别和年龄,已有文献提供了预期显著作用的理由,但性别和年龄效应在实验中没有体现。相反,实验前后的环境温度等情境变量与贡献决策在统计学上相关。或许最重要的是,那些与内疚感和道德责任有着合理联系的变量主导了价格效应。

非价格因素(如通过贡献获得的道德收益)的重要性被最初设计用于检验实地价格审查的一系列问题而产生的证据所强调:实地价格审查改变的另一种解释是,它为非贡献者提供了一个无成本的机会,声称实验设计通过设定过高的贡献代价阻止了他们表达自己"真实"的利他本性。与实地价格审查假设对负价格效应的预测相反,我们发现实验价格越低,被试声称自己是"隐性利他主义者"的概率越高。我们对这一发现的倾向性解释建立在"道德经济"的概念上,即被试会比较预期行为和实际行为。当贡献所需付出的价格便宜时,预期的行为是贡献。在贡献价格便宜的时候不贡献,会暴露出一个人以牺牲公共利益为代价,过分追求个人利益。因此,从道德角度来说,当贡献价格便宜时选择现金奖励而不是贡献的被试,通过声称是受到实地价格审查的影响能够获得最多的利益。这种行为进一步支持了道德因素的方向和尺度,为今后的工作提供了有益的推进基础。

附录 4.A

4.A.1 实验界面

1. 欢迎界面

亲爱的参与者,我们想邀请您参加两个抽奖活动,并回答一些关于二氧化碳排放和气候变化的问题。

您的参与大约需要 10 分钟。在抽奖中,您有机会赢得价值高达三位数的欧元积分。

和往常一样,您的所有信息都会被妥善处理。

2. 公民身份界面

您拥有哪个国家的国籍? 如果您持有一个以上,请勾选所有适用的方框!

(……)

3. 信息界面

在抽奖中,您可以在以下两个奖品中进行选择:

积分现金奖励或将碳(二氧化碳)排放减少 1 吨

如何减少二氧化碳的排放? 我们将利用欧盟排放交易系统提供的可靠机会:我们将为您购买并删除欧盟排放额度。欧盟内的发电厂和其他大型设施需要排放配额,才能排放二氧化碳。由于现有的配额总量是固定的,被删除的配额将不再用于促进排放。在德国和其他欧盟国家,只要减少一项排放限额,排放量就会减少一吨。

由于二氧化碳在空气中混合的方式,这对减少二氧化碳排放的气候影响无关紧要。真正有意义的只是全球的总排放量。

在抽签过程中,将从约 5 000 名参与者中随机抽取 100 名中奖者。以下两种抽奖在奖品和付款程序上都可以做到。

4. 选择界面

在这次抽奖中,您可以在以下列出的两个奖品中选择:

● 如果您选择现金金额并获胜,那么相应的积分金额将在未来几天内汇入您的积分账户。所有获奖者将收到一封简短的通知邮件。

● 在这次抽奖中,删除排放配额将以集体顺序为所有赢家进行。每选择减少排放的获胜者将被删除一个额外的配额。获奖者将收到一封简短的电子邮件,其中包含海德堡大学网页的超链接,在那里他们可以可靠地验证删除内容。

请现在选择,如果您是中奖者,您更喜欢哪一个奖品:

( )通过删除一个欧盟排放配额,将二氧化碳排放量减少一吨。

( )46 欧元①积分

5. 实地价格审查过滤问项

请详细说明您为何选择欧元金额。为了做到这一点,请勾选所有适用的方框。同时请回答:

( )考虑到这两个奖项,我不想放弃赢得 46 欧元的机会。

( )我认为还有另一种可能,我可以用不到 46 欧元的价格减少一吨二氧化碳的排放。

( )我选择欧元金额还有其他原因,即:_____

6. 介绍后续问题

谢谢您! 在接下来的几页中,我们想问您一些结论性的问题。

7. 后续问题

您估计目前欧盟排放交易体系中一吨二氧化碳的市场价格是多少?

_____欧元

您对您的估计有多确定?

( )我知道价格

( )非常确定

( )比较确定

( )比较不确定

( )非常不确定

( )我不知道

8. 后续问题

在这次抽奖中,组织者购买欧盟的排放配额,然后删除。您认为您个人是否有可能购买并删除欧盟的排放配额?

选项:"可能""比较可能""比较不可能""不可能""我不知道"

_____

① 示例金额。这两个奖项的出现顺序是随机的。

您认为您个人会从减少二氧化碳排放的积极影响中受益吗(例如减缓气候变化)?

选项:"会""可能会""可能不会""不会""我不知道"

您认为德国的子孙后代(例如您的子女和孙子女)会从今天实施的减缓气候变化的二氧化碳减排中受益吗?

选项:"会""可能会""可能不会""不会""我不知道"

您认为您的个人行为或生活方式对气候变化有影响吗?

选项:"有""可能有""可能没有""没有""我不知道"

9. 后续问题

您估计每年由您的生活方式造成的二氧化碳排放量是多少?

_____吨

您对您的估计有多确定?

(　　)我计算了排放量

(　　)非常确定

(　　)比较确定

(　　)比较不确定

(　　)非常不确定

(　　)我不知道

10. 后续问题

您是否有意识地采取保护气候的行动? 如果是,请列出一些您有意识地或正在为减少二氧化碳或其他温室气体作出贡献的行为、决定和措施(请用关键词)。

11. 社会人口学资料调查(如没有记录)

请说明您的性别:

(　　)男性

(　　)女性

您是哪一年出生的? _____

您的家庭有几个 18 岁以下的孩子? _____

12. 社会人口学资料调查(如没有记录)

您的最高学历是什么?

(　)仍然在学校

(　)特殊学校

(　)初级中等学校("普通学校",九年级)

(　)德国理工学校(十年级)

(　)高中("职业中学",十年级)

(　)高级技术大学入学资格

(　)A-levels(十二年级或十三年级)

(　)高级技术学院[文凭(高级技术学院),学士,硕士]

(　)大学学位[理工经济学科硕士,人文艺术学科硕士,学士,硕士]

(　)博士

(　)辍学

(　)没有具体说明

您所在的家庭的总收入是多少?

(　)500 欧元以下

(　)从 500 欧元到 1 000 欧元

(　)从 1 000 欧元到 1 500 欧元

(　)从 1 500 欧元到 2 000 欧元

(　)从 2 000 欧元到 2 500 欧元

(　)从 2 500 欧元到 3 000 欧元

(　)从 3 000 欧元到 3 500 欧元

(　)从 3 500 欧元到 4 000 欧元

(　)从 4 000 欧元到 4 500 欧元

(　)从 4 500 欧元到 5 000 欧元

(　)从 5 000 欧元到 10 000 欧元

(　)10 000 欧元或更多

(　)没有具体说明

13. 结束界面

亲爱的参与者,非常感谢您参与本次调查。如果您是中奖者之一,我们将很快通过电子邮件与你联系。

附录 4.B 附加估计结果

表 4.5 模型 2 的其他变体(probit 系数估计)

	(1)	(2)	(3)	(4)	(5)	(6)
现金奖励	−0.003 9***	−0.004 8***	−0.004 7***	−0.004 6***	−0.005 2***	−0.004 2***
	(0.001)	(0.001)	(0.001)	(0.001)	(0.001)	(0.001)
人口统计						
女性	—	0.039 7	0.042 1	0.032 3	0.030 9	
		(0.084)	(0.084)	(0.085)	(0.087)	
年龄	—	0.002 8	0.002 9	0.002 6	0.001 7	
		(0.003)	(0.003)	(0.003)	(0.003)	
教育年限	—	0.055 5***	0.054 6***	0.058 5***	0.061 8***	0.048 3***
		(0.012)	(0.012)	(0.012)	(0.012)	(0.010)
净收入(T€)	—	−0.019 8	−0.018 9	−0.029 2	−0.033 0	
		(0.024)	(0.024)	(0.025)	(0.025)	
环境控制变量						
环境温度	—	0.016 9*	−0.002 9	0.003 0	−0.017 4	0.016 2*
		(0.010)	(0.014)	(0.017)	(0.027)	(0.009)
媒体关注	—	−0.001 4	—	—	—	—
		(0.002)				
对气候变化的态度和信念						
个人利益	0.146 4***	0.161 9***	0.160 8***	0.152 2***	0.166 0***	0.140 6***
	(0.048)	(0.056)	(0.056)	(0.056)	(0.058)	(0.049)
未来利益	0.210 9***	0.226 8***	0.224 2***	0.228 0***	0.228 3***	0.247 0***
	(0.055)	(0.063)	(0.063)	(0.064)	(0.065)	(0.058)
负贡献	0.163 3***	0.171 8***	0.174 3***	0.185 2***	0.174 4***	0.162 7***
	(0.048)	(0.055)	(0.055)	(0.056)	(0.057)	(0.050)
碳足迹估计(Tt)	−0.002 7	−0.002 8	−0.002 7	−0.003 0	−0.003 0	
	(0.003)	(0.003)	(0.003)	(0.003)	(0.003)	
碳足迹信心	−0.508 8***	−0.656 3***	−0.655 2***	−0.626 5***	−0.685 4***	−0.602 6***
	(0.152)	(0.181)	(0.182)	(0.184)	(0.189)	(0.161)
欧盟碳排放配额估计价格(T€)	0.006 2**	0.005 7*	0.006 1*	0.005 7*	0.006 5**	0.006 4**
	(0.003)	(0.003)	(0.003)	(0.003)	(0.003)	(0.003)
欧盟碳排放配额价格的信心	0.250 5**	0.267 8**	0.277 6**	0.247 5*	0.267 4*	0.236 0**
	(0.116)	(0.134)	(0.134)	(0.137)	(0.140)	(0.120)

	(1)	(2)	(3)	(4)	(5)	(6)
欧盟碳排放配额的可用性	−0.007 0	−0.083 6	−0.077 6	−0.090 5	−0.074 7	—
	(0.083)	(0.096)	(0.096)	(0.097)	(0.098)	
调查完成时间	—	0.000 6	0.000 5	0.000 6	0.000 5	
		(0.001)	(0.001)	(0.001)	(0.001)	
交互方面						
现金奖励*教育年限	—	—	—	—	—	—
现金奖励*个人利益	—	—	—	—	—	—
现金奖励*未来利益	—	—	—	—	—	—
现金奖励*负贡献	—	—	—	—	—	—
现金奖励*碳足迹信心	—	—	—	—	—	—
现金奖励*欧盟碳排放配额估计价格	—	—	—	—	—	—
碳足迹信心*负贡献	—	—	—	—	—	—
碳足迹信心*碳足迹估计	—	—	—	—	—	—
欧盟碳排放配额价格的信心*欧盟碳排放配额估计价格						
常数	−2.229 7***	−3.159 5***	−3.143 7***	−3.271 8***	−2.833 0***	−3.177 3***
	(0.158)	(0.413)	(0.337)	(0.424)	(0.541)	(0.248)
期间影响	No	No	Yes	No	No	No
日期影响	No	No	No	Yes	Yes	No
时段影响	No	No	No	No	Yes	No
区域影响	No	No	No	No	Yes	No
N	1 983.000	1 600.000	1 600.000	1 600.000	1 600.000	1 902.000
对数似然	−844.467	−650.018	−648.033	−639.577	−625.393	−789.883
χ^2	162.478	180.783	184.754	201.666	230.033	200.124
伪 R^2	0.088	0.122	0.125	0.136	0.155	0.112
AIC	1 708.933	1 334.036	1 330.066	1 339.153	1 346.786	1 599.767
BIC	1 764.857	1 425.458	1 421.487	1 500.486	1 604.919	1 655.273

注：若被试者选择贡献而非现金奖励，因变量为 1。"期间影响"是一个指标变量，如果被试者在 7 月进行实验，则为 1。"时段影响"是被试者开始实验的四个时间间隔 6:00—12:00、12:00—18:00、18:00—24:00 和 0:00—6:00 的指示变量。"区域影响"是被试居住的州的虚拟变量。括号内是标准误差。 *** 为在 1% 的水平上显著，** 为在 5% 的水平上显著，* 为在 10% 的水平上显著。

表 4.6　模型 2 的其他变体(边际效应)

	(1)	(2)	(3)	(4)	(5)	(6)
现金奖励	−0.000 9 ***	−0.001 1 ***	−0.001 1 ***	−0.001 0 ***	−0.001 1 ***	−0.001 0 ***
	(0.001)	(0.001)	(0.001)	(0.001)	(0.000)	(0.001)
人口统计						
女性(d)	—	0.008 9	0.009 4	0.007 1	0.006 6	—
		(0.638)	(0.618)	(0.705)	(0.723)	
年龄	—	0.000 6	0.000 6	0.000 6	0.000 4	—
		(0.333)	(0.318)	(0.386)	(0.573)	
教育年限	—	0.012 4 ***	0.012 2 ***	0.012 9 ***	0.013 3 ***	0.011 1 ***
		(0.000)	(0.000)	(0.000)	(0.000)	(0.000)
净收入(T€)	—	−0.004 4	−0.004 2	−0.006 4	−0.007 1	—
		(0.406)	(0.427)	(0.234)	(0.194)	
环境控制变量						
环境温度	—	0.003 8 *	−0.000 6	0.000 7	−0.003 7	0.003 7 *
		(0.091)	(0.837)	(0.862)	(0.519)	(0.056)
媒体关注	—	−0.000 3	—	—	—	—
		(0.347)				
对气候变化的态度和信念						
个人利益	0.034 6 ***	0.036 3 ***	0.035 9 ***	0.033 6 ***	0.035 6 ***	0.032 3 ***
	(0.003)	(0.004)	(0.004)	(0.007)	(0.004)	(0.004)
未来利益	0.049 8 ***	0.050 8 ***	0.050 0 ***	0.050 3 ***	0.049 0 ***	0.056 8 ***
	(0.000)	(0.000)	(0.000)	(0.000)	(0.000)	(0.000)
负贡献	0.038 6 ***	0.038 5 ***	0.038 9 ***	0.040 8 ***	0.037 4 ***	0.037 4 ***
	(0.001)	(0.002)	(0.001)	(0.001)	(0.002)	(0.001)
碳足迹估计(Tt)	−0.000 6	−0.000 6	−0.000 6	−0.000 7	−0.000 7	—
	(0.306)	(0.336)	(0.350)	(0.307)	(0.308)	
碳足迹信心(d)	−0.095 1 ***	−0.106 8 ***	−0.106 2 ***	−0.101 5 ***	−0.104 3 ***	−0.104 1 ***
	(0.000)	(0.000)	(0.000)	(0.000)	(0.000)	(0.000)
欧盟碳排放配额估计价格(T€)	0.001 5 **	0.001 3 *	0.001 4 *	0.001 2 *	0.001 4 **	0.001 5 **
	(0.036)	(0.075)	(0.059)	(0.080)	(0.046)	(0.032)
欧盟碳排放配额价格的信心(d)	0.065 0 **	0.066 6 *	0.069 1 *	0.060 2 *	0.064 0 *	0.059 4 *
	(0.047)	(0.069)	(0.060)	(0.098)	(0.083)	(0.069)
欧盟碳排放配额的可用性(d)	−0.001 6	−0.018 3	−0.016 9	−0.019 4	−0.015 7	—
	(0.933)	(0.370)	(0.406)	(0.337)	(0.437)	
调查完成时间	—	0.000 1	0.000 1	0.000 1	0.000 1	—
		(0.629)	(0.647)	(0.647)	(0.700)	
交互方面						
现金奖励 *	—	—	—	—	—	—

续表

	(1)	(2)	(3)	(4)	(5)	(6)
教育年限						
现金奖励 * 个人利益	—	—	—	—	—	—
现金奖励 * 未来利益	—	—	—	—	—	—
现金奖励 * 负贡献	—	—	—	—	—	—
现金奖励 * 碳足迹信心	—	—	—	—	—	—
现金奖励 * 欧盟碳排放配额 估计价格	—	—	—	—	—	—
碳足迹信心 * 负贡献	—	—	—	—	—	—
碳足迹信心 * 碳足迹估计	—	—	—	—	—	—
欧盟碳排放配额价 格的信心 * 欧盟碳排放配额 估计价格	—	—	—	—	—	—
常数	−2.229 7 *** (0.158)	−3.159 5 *** (0.413)	−3.143 7 *** (0.337)	−3.271 8 *** (0.424)	−2.833 0 *** (0.541)	−3.177 3 *** (0.248)
期间影响	No	No	Yes	No	No	No
日期影响	No	No	No	Yes	Yes	No
时段影响	No	No	No	No	Yes	No
区域影响	No	No	No	No	Yes	No
N	1 983.000	1 600.000	1 600.000	1 600.000	1 600.000	1 902.000
对数似然	−844.467	−650.018	−648.033	−639.577	−625.393	−789.883
χ^2	162.478	180.783	184.754	201.666	230.033	200.124
伪 R^2	0.088	0.122	0.125	0.136	0.155	0.112
AIC	1 708.933	1 334.036	1 330.066	1 339.153	1 346.786	1 599.767
BIC	1 764.857	1 425.458	1 421.487	1 500.486	1 604.919	1 655.273

注:边际效应按样本均值评估。(d)表示指标变量的边际效应。若被试选择贡献而非现金奖励,因变量为 1。"期间影响"是一个指标变量,如果被试者在 7 月进行实验,则为 1。"时段影响"是被试开始实验的四个时间间隔 6:00—12:00、12:00—18:00、18:00—24:00 和 0:00—6:00 的指示变量。"区域影响"是被试居住的州的虚拟变量。括号内是标准误差。*** 为在 1%的水平上显著,** 为 5%的水平上显著,* 为在 10%的水平上显著。

参考文献

Abdellaoui, M., A. Baillon, L. Placido, and P. P.Wakker, 2011, "The Rich Domain of Uncertainty: Source Functions and Their Experimental Implementation", *The American Economic Review*, 101, 695—723.

Andreoni, J., 1988, "Privately Provided Public Goods in A Large Economy: The Limits of Altruism", *Journal of Public Economics*, 35(1), 57—73.

Andreoni, J., 1990, "Impure Altruism and Donations to Public Goods: A Theory of Warm-glow Giving", *Economic Journal*, 100(401), 464—477.

Andreoni, J., 2006, "Philanthropy", in K. Serge-Christophe and Y. Jean Mercier (eds), *Handbook on the Economics of Giving, Reciprocity and Altruism*, Vol.2, Elsevier, pp. 1201—1269.

Andreoni, J. and J. Miller, 2002, "Giving According to GARP: An Experimental Test of the Consistency of Preferences for Altruism", *Econometrica*, 70(2), 737—753.

Andreoni, J. and R. Petrie, 2004, "Public Goods Experiments Without Confidentiality: A Glimpse into Fund-Raising", *Journal of Public Economics*, 88(7—8).

Andreoni, J. and L.Vesterlund, 2001, "Which is the Fair Sex? Gender Differences in Altruism", *The Quarterly Journal of Economics*, 116(1), 293—312.

Arrow, K. J., R. Solow, P. R.Portney, E. E. Leamer, R. Radner, and H. Schuman, 1993, "Report of the NOAA Panel on Contingent Valuation", Technical Report. Washington D. C.

Auten, G. E., H. Sieg, and C. T. Clotfelter, 2002, "Charitable Giving, Income, and Taxes: An Analysis of Panel Data", *The American Economic Review*, 92 (1), 371—382.

Baltussen, G., T. Post, M. J. Van den Assem, and P. P. Wakker, 2010, " Random Incentive Systems in a Dynamic Choice Experiment", Working Paper.

Banks, J. and Z. Oldfield, 2007, "Understanding Pensions: Cognitive Function, Numerical Ability and Retirement Saving", *Fiscal Studies*, 28(2), 143—170.

Baron, J. and J.Greene, 1996, " Determinants of Insensitivity to Quantity in Valuation of Public Goods: Contribution, Warm Glow, Budget Constraints, Availability, and Prominence", *Journal of Experimental Psychology*, 2(2), 107—125.

Battigalli, P. and M. Dufwenberg, 2007, " Guilt in Games", *American Economic Review*, 97(2), 170—176.

Benabou, R. and J. Tirole, 2006, " Incentives and Prosocial Behavior", *American Economic Review*, 96(5), 1652—1678.

Bergstrom, T., L. Blume, and H. Varian, 1986, "On the Private Provision of Public Goods", *Journal of Public Economics*, 29(1), 25—49.

Bettinger, E. and R. Slonim, 2007, " Patience Among Children", *Journal of Public Economics*, 91(1—2), 343—363.

Bolle, F., 1990, "High Reward Experiments without High Expenditure for the Experimenter?", *Journal of Economic Psychology*, 11(2), 157—167.

Brown, K. M. and L. O. Taylor, 2000, " Do as You Say, Say as You Do: Evidence on Gender Differences in Actual and Stated Contributions to Public Goods", *Journal of Economic Behavior & Organization*, 43(1), 127—139.

Carpenter, J., C. Connolly, and C. Myers, 2008, " Altruistic Behavior in A Representative Dictator Experiment", *Experimental Economics*, 11(3), 282—298.

Cherry, T., P. Frykblom, J. Shogren, J. List, and M. Sullivan, 2004, " Laboratory Testbeds and Non-market Valuation: The Case of Bidding Behavior in A Second-Price Auction with An Outside Option", *Environmental and Resource Economics*, 29(3), 285—294.

Coller, M. and M. B. Williams, 1999, " Eliciting Individual Discount Rates", *Experimental Economics*, 2(2), 107—127.

Corrigan, J. R. and M. C. Rousu, 2008, "Testing Whether Field Auction Experiments are Demand Revealing in Practice", *Journal of Agricultural and Resource Economics*, 33(2), 290—301.

Croson, R. and U. Gneezy, 2009, " Gender Differences in Preferences", *Journal of Economic Literature*, 47(2), 448—474.

Cubitt, R., C. Starmer, and R. Sugden, 1998, "Dynamic Choice and the Common Ratio Effect: An Experimental Investigation", *Economic Journal*, 108(450), 1362—1380.

Eckel, C. C. and P. J. Grossman, 2003, "Rebate Versus Matching: Does How We Subsidize Charitable Contributions Matter?", *Journal of Public Economics*, 87(3—4), 681—701.

Eckel, C. and P. Grossman, 2008, "Subsidizing Charitable Contributions: A Natural Field Experiment Comparing Matching and Rebate Subsidies", *Experimental Economics*, 11(3), 234—252.

Green, D. P., 1992, "The Price Elasticity of Mass Preferences", *The American Political Science Review*, 86(1), 128—148.

Grether, D. M. and C. R. Plott, 1979, "Economic Theory of Choice and the Preference Reversal Phenomenon", *The American Economic Review*, 69(4), 623—638.

Harbaugh, W. T. and K. Krause, 2000, " Children's Altruism in Public Good and Dictator Experiments", *Economic Inquiry*, 38(1), 95—109.

Harrison, G. W., R. M. Harstad, and E. E. Rutström, 2004, "Experimental Methods and Elicitation of Values", *Experimental Economics*, 7(2), 123—140.

Harrison, G. W., M. I. Lau, and M. B. Williams, 2002, "Estimating Individual Discount Rates in Denmark: A Field Experiment", *American Economic Review*, 92(5), 1606—1617.

Harrison, G. W. and J. A. List, 2004, "Field Experiments", *Journal of Economic Literature*, 42(4), 1009—1055.

HeÖetz, O. and M. Shaya, 2009, "How Large are Non-Budget-Constraint Effects of Prices on Demand?", *American Economic Journal: Applied Economics*, 1, 170—199.

Kahneman, D. and J. L. Knetsch, 1992, "Valuing Public Goods: The Purchase of Moral Satisfaction", *Journal of Environmental Economics and Management*, 22(1), 57—70.

Karlan, D. and J. A. List, 2007, "Does Price Matter in Charitable Giving? Evidence from A Large-Scale Natural Field Experiment", *American Economic Review*, 97(5), 1774—1793.

Karlan, D., J. A. List, and E. Shafir, 2011, "Small Matches and Charitable Giving: Evidence from A Natural Field Experiment", *Journal of Public Economics*, 95(5—6), 344—350.

Karlan, D. S., 2005, "Using Experimental Economics to Measure Social Capital and Predict Financial Decisions", *The American Economic Review*, 95(5), 1688—1699.

Kingma, B. R., 1989, "An Accurate Measurement of the Crowd-out Effect, Income Effect, and Price Effect for Charitable Contributions", *The Journal of Political Economy*, 97(5), 1197—1207.

Kirby, K. N., G. C. Winston, and M. Santiesteban, 2005, "Impatience and Grades: Delay-Discount Rates Correlate Negatively with College GPA", *Learning and Individual Differences*, 15(3), 213—222.

Kirchsteiger, G., L. Rigotti, and A. Rustichini, 2006, "Your Morals Might be Your Moods", *Journal of Economic Behavior & Organization*, 59(2), 155—172.

Konow, J., 2010, "Mixed feelings: Theories of and Evidence on Giving", *Journal of Public Economics*, 94(3—4), 279—297.

Kotchen, M. J., 2009, "Voluntary Provision of Public Goods for Bads: A Theory of Environmental Offsets", *Economic Journal*, 119(537), 883—899.

Lee, J., 2008, "The Effect of the Background Risk in A Simple Chance Improving Decision Model", *Journal of Risk and Uncertainty*, 36(1), 19—41.

List, J. A., 2004, "Young, Selfish and Male: Field Evidence of Social Preferences", *Economic Journal*, 114(492), 121—149.

List, J. A. and F. S. Jason, 1999, "Price Information and Bidding Behavior in Repeated Second-Price Auctions", American Journal of Agricultural Economics, 81(4), 942—949.

Morgan, J., 2000, "Financing Public Goods by Means of Lotteries", *Review of Economic Studies*, 67(4), 761—784.

Munro, A. and N. Hanley, 1999, "Information, Uncertainty, and Contingent Valuation", in I. Bateman, K. G. Willis and K. J. Arrow (eds), *Valuing Environmental Preferences: Theory and Practice of the Contingent Valuation Method in the US, EU, and Developing Countries*, Oxford University Press, Oxford, pp.258—279.

Nordhaus, W. D., 1993, "Reflections on the Economics of Climate Change", *The Journal of Economic Perspectives*, 7(4), 11—25.

Parker, A. M. and B. Fischhoff, 2005, "Decision-Making Competence: External Validation through An Individual-Differences Approach", *Journal of Behavioral Decision Making*, 18(1), 1—27.

Peloza, J. and P. Steel, 2005, "The Price Elasticities of Charitable Contributions: A Meta-Analysis", *Journal of Public Policy & Marketing*, 24(2), 260—272.

Peters, E., D. Västfjäll, P. Slovic, C. Mertz, K. Mazzocco, and S. Dickert, 2006, "Numeracy and Decision Making", *Psychological Science*, 17(5), 407— 413.

Smith, V. H., M. R. Kehoe, and M. E. Cremer, 1995, "The Private Provision of Public Goods: Altruism and Voluntary Giving", *Journal of Public Economics*, 58(1), 107—126.

Starmer, C. and R.Sugden, 1991, "Does the Random-lottery Incentive System Elicit True Preferences? An Experimental Investigation", *American Economic Review*, 81(4), 971—978.

Tversky, A. and D. Kahneman, 1981, "The Framing of Decisions and the Psychology of Choice", *Science*, 211(4481), 453—458.

Vicary, S., 2000, "Donations to A Public Good in A Large Economy", *European Economic Review*, 44(3), 60.

第 5 章　大经济体中私人提供的公共产品:利他主义的有限性[*]

私人慈善经常被塑造成纯粹的公共产品。然而,本章得到的结果表明,这种利他主义模型甚至不能证实有关慈善的最广泛的经验观察。特别是,随着经济规模的增长,利他主义对公共产品的贡献比例降至零。这一结果和其他结果表明,这种方法导致模型非常有限,几乎没有预测能力。所以,必须将私人提供的公共产品的描述模型推广到包括其他非利他的捐赠动机。

5.1　引言

在有关私人慈善的文献中,人们习惯于把慈善作为萨缪尔森意义上的纯粹公共产品来塑造。[①]个人效用被认为是私人产品消费和公共产品总供给的函数。并且,个人被认为没有从他们的捐赠本身获得任何效用。换句话说,偏好被假定为纯粹的利他主义。

---

　　* 作者:詹姆斯·安德里尼(James Androni),美国威斯康星大学麦迪逊分校经济系,论文选自《公共经济学期刊》,1988 年第 35 卷。
　　① 参见 Olson(1965)、Hochman 和 Rodgers(1969)、Schwartz(1970)、Becker(1974)、Warr(1982)、Young(1982)和 Roberts(1984,1987)。非纳什变体的萨缪尔森模型已经被 Cornes 和 Sandler(1984)以及 Sugden(1985)研究过。

　　然而，人们普遍认为，除了利他主义，给予还有许多其他动机。内疚、同情、责任伦理、对公平的追求或对被认可的渴望都可能影响个人对慈善事业的贡献。问题是，传统的利他捐赠模型是否具有足够的概括性，足以反映私人提供的公共产品的重要且令人关注的方面。本章的结果表明，传统模型甚至不能证实关于慈善的最广泛的经验观察。因此，纯粹的公共产品利他主义受到了严重限制。

　　美国经济中的慈善部门有三个特点：第一，广泛参与。根据两次全国性调查，超过 85％的家庭向慈善机构捐款。超过 50％的退税包括慈善捐赠的扣除额。联合之路（United Way）基金拥有数百万的捐款者。第二，总体捐赠和个人捐赠都很大。总的来说，美国经济的慈善部门约占国民生产总值的 2％。1971 年，每个家庭的平均捐款超过 200 美元，从位于最低四分位段的最低收入者的 70 美元到位于最高四分位段的最高收入者的 350 美元不等。此外，宗教组织在 1981 年筹集了大约 100 亿美元，卫生组织和医院筹集了 70 多亿美元，民间管弦乐团收到了 1.5 亿美元的捐款。[1]这些基金会和其他基金会全部或部分依赖于大量的自愿捐赠。第三，当政府与私人部门一起提供公共产品时，政府的捐赠并不完全挤出私人部门的捐赠。计量经济学研究表明，政府对"慈善活动"的捐款每增加 1 美元，私人捐款就会减少 5—28 美分。[2]

　　本章表明，在一般情况下，传统的捐赠模型既不能解释捐赠的广泛性，也不能解释捐赠的密集性，更不能预测到在可观察到水平上的不完全挤出。事实上，传统模型的预测恰恰相反。在大型经济体中，搭便车不仅是自然现象，而且占主导地位。在这个限度内，只有极少数的经济作出了贡献，而且，平均捐赠趋于零。最后，与政府的联合供给实际上不会对公共产品的总供给产生任何影响。挤出效应将完全（或几乎完全）是等额抵消的。

---

　　[1]　这些数据引自调查研究中心的 1975 年全美慈善调查、美国施惠基金会的美国筹款理事会协会 1981 年年度报告以及由 Reece 和 Zieschang(1985)报道的 1970—1971 年消费者支出调查。

　　[2]　参见 Abrams 和 Schmitz(1978，1984)以及 Clotfelter(1985，pp.78—79)。

这些结果表明,利他主义的假设导致了一个非常有限的模型,几乎没有预测能力,所以必须将私人提供的公共产品的真正描述模型推广到包括其他非利他的捐赠动机。

5.2　大经济体中的私人提供的公共产品

本节研究传统模型中的均衡是如何随着经济体中的个体数量(n)向无穷大增长而变化的。该分析利用了这样一个事实,即当人们的财富禀赋不同时,人口可以被分为为公共产品作出贡献的人和没有作出贡献的人。因此,我们要研究的是,随着经济规模的扩大,这两个群体的相对规模是如何变化的。在 5.2.1 小节和 5.2.2 小节中,个人的偏好趋向相同,而在 5.2.3 小节中,结果将被扩展到一个不同偏好的范围。

5.2.1　相同的偏好

为了简单起见,假设只有一种私人产品和一种公共产品。x_i 是个体 i 消费的私人产品,g_i 是 i 给公共产品的付出。w_i 是个体被赋予的外来财富。假设公共产品的总量可以用美元来衡量,那么 $G=\sum_{i=1}^{n}g_i$ 就是公共产品的总供给量。效用用连续且严格的准凹函数 $U_i=U(x_i, G)$ 表示。这是一种传统的、纯粹利他的、私人提供的公共产品的模型。

个人捐赠函数可以通过求解最大化问题来探寻:

$$\max_{x_i, g_i} U(x_i, G)$$
$$\text{s.t. } x_i+g_i=w_i$$
$$g_i \geqslant 0$$

设 $G_{-i}=\sum_{j \neq i}g_j$ 为除了 i 以外的所有人的捐赠。另一方面,$G_{-i}=G-g_i$。假设个体表现为纳什效用最大化者,因此将 G_{-i} 视为常数,则推论出这个最大化问题等价于:

$$\max_{x_i,\,G} U(x_i\,,\,G)$$

$$\text{s.t. } x_i + G = w_i + G_{-i}$$

$$G \geqslant G_{-i} \tag{5.1}$$

求解后,就会得到一个公共产品的连续需求函数:

$$G = \max\{\gamma(w_i + G_{-i})\,,\,G_{-i}\}\quad i = 1,\,2,\,\cdots,\,n \tag{5.2}$$

如果式(5.1)中的不等式约束不具有约束力,则 i 对捐赠的选择为 $G = \gamma(w_i + G_{-i})$,或等价地,$g_i = \gamma(w_i + G_{-i}) - G_{-i}$。捐赠函数 $\gamma()$ 是恩格尔曲线。

假设 γ 是可微的,且导数是正的,并且界限处于 1:$0 < \gamma' \leqslant a < 1$。这个假设是毫无影响的。它只是保证公共产品和私人产品都是正常的。在这种情况下,可以证明存在唯一的纳什均衡。[①]

在式(5.2)中对 γ 取倒数,并在两边加上 g_i:

$$g_i = w_i - \gamma^{-1}(G) + G$$

$$= w_i - \phi(G)$$

其中,$\phi(G) = \gamma^{-1}(G) - G$。如按正态性计算,$0 < \phi'(G) < \infty$。这个等式给出了当一个代理人足够富有并能为公众产品作出贡献时,拥有财富为 w_i 的代理人 i 的均衡捐赠。设 w^* 为财富水平,使得财富高于 w^* 的个体捐款,而财富低于 w^* 的个体不需要捐款。从上面我们可以看出,财富的"临界水平"简单地说是 $w^* = \phi(G)$。注意,w^* 对于所有 i 都是相同的,因此,捐赠函数式(5.2)可以写为:[②]

$$g_i = \begin{cases} w_i - w^*,\text{当 } w_i > w^* \\ 0,\text{当 } w_i \leqslant w^* \end{cases}$$

通过这个结果,我们可以写出:

---

① 证明请参见 Bergstrom、Blume 和 Varian(1986)或 Andreoni(1985)。

② 同样的结果已经被 Arrow(1981,定理 5),Bergstrom、Blume 和 Varian(1986)证明,并被 Jeremias 和 Zardkoohi(1976)以图形形式显示。

$$G = \sum_{i=1}^{n} g_i = \sum_{w_i > w^*} (w_i - w^*)$$

因为 $\qquad\qquad G = \phi^{-1}(w^*)$，有：

$$\phi^{-1}(w^*) = \sum_{w > w^*} (w_i - w^*) \qquad\qquad (5.3)$$

给定 n 个个体之间的财富分配，我们现在可以解决式(5.3)的临界财富水平 w^*。然后，向公共产品捐赠的人口比例由 $w_i > w^*$ 的个体数量决定。我们关心的是当我们让 n 变大时，这个部分会发生什么。也就是说，$\lim_{n \to \infty} w^*$ 是什么？

考虑这个函数：

$$H_n(s) = \frac{\phi^{-1}(s)}{n} = \frac{1}{n} \sum_{w > s} (w_i - s)$$

对于给定的向量 $(w_1, w_2, \cdots, w_n)$，它有一个解，$s = w_n^*$。现在假设我们通过从一个连续的概率密度函数 $f(w)$ $(0 \leqslant w \leqslant \overline{w})$ 进行独立随机抽取来添加 w 的向量。$f(w)$ 描述了经济体中潜在的收入分配。因此，根据大数定律我们知道，当 $n \to \infty$ 时，表达式 $H_n(s)$ 将以概率 1 收敛于 $H(s)$，在这里：

$$H(s) = \int_s^{\overline{w}} (w - s) f(w) \mathrm{d}w$$

这个积分方程可以为 s 解出答案 w^{**}，则 $\lim_{n \to \infty} w_n^* = w^{**}$。

要得到 w^{**}，需要先确定 H_n 的极限值。假设私人产品是严格正态的，ϕ^{-1} 是有限的。[①]既然 w_n^* 是有界的，那么：$\lim_{n \to \infty} H_n = \lim_{n \to \infty} \phi^{-1}(w_n^*)/n = 0$。这使得：

$$H(w^{**}) = \int_{w^{**}}^{\overline{w}} (w - w^{**}) f(w) \mathrm{d}w = 0$$

---

① 正态假设确保 $\mathrm{d}\phi^{-1}/\mathrm{d}w$ 远离无穷，因此 $0 < \partial\phi^{-1}/\partial w \leqslant a/(1-a)$。

由此不难证明,w^{**} 一定等于 $\overline{w}$,假设不是,那么一定存在一个数 λ 使得 $w^{**} < \lambda < \overline{w}$。因此,在极限情况下,我们将无限频繁地观察到 $w > \lambda$。这意味着:

$$0 < \int_{\lambda}^{\overline{w}} (w - \lambda) f(w) dw \leqslant \int_{w^{**}}^{\overline{w}} (w - w^{**}) f(w) dw = 0$$

这是一个悖论。所以我们可以得出结论 $w_n^* \to \overline{w}$。

w_n^* 收敛于 $\overline{w}$ 有几个重要的含义。第一,随着经济的增长,对公共产品作出积极贡献的比例 $1 - F(w_n^*)$ 趋于零,只有最富有的人才会作出贡献。第二,随着 n 的增长,总供给将收敛到严格大于零的有限数 $\phi^{-1}(\overline{w})$。总供给随着 n 的增加而增加,但平均捐赠减少到零。[①]这就证明了以下关于利他主义偏好的基本心理极限定理:

定理 5.1　当给定具有相同利他偏好 $U(x_i, G)$ 的 n 个个体的经济,其收入按连续的概率密度函数 $f(w)$ 分布,$0 < w < w_n^*$,那么当 n 增加到无穷大时:

(1) 对公共产品作出贡献的人口比例降至零;

(2) 只有经济体中最富有的成员才会捐款;

(3) 对公共产品的总捐赠增加到有限价值 $\phi^{-1}(\overline{w})$;

(4) 平均捐赠减少到零。

定理 5.1 概括了 Chamberlin(1974)和 McGuire(1974)对 Olson(1965)的论断提出质疑的观点。他们表明,尽管搭便车在大经济体可能更为普遍,但这并不直接意味着大集体不会提供公共产品。Chamberlin(1974)和 McGuire(1974)通过假设一个由拥有相同财富禀赋的相同个体组成的经济体,证明总捐赠收敛于一个有限的正数,最终这些个体因此作出了相同的正捐赠。定理 5.1 更具一般性,因为财富并不被假设是相同

---

① 捐赠者的比例趋近于零,总捐赠怎么会是正的呢? 为了调和这一点,我们需要认识到,根据正态假设,经济体中最富有的个体总会为公共产品作出一些捐赠,即使没有其他人这样做。因此,总捐赠总是正的。

的,所以对于每一个 n,经济体的很大一部分实际上没有产生捐赠。然而,根据定理 5.1,随着 n 变大,贡献者的集合增长得越来越同质。因此,Chamberlin-McGuire 的例子只是极限情况。

5.2.2 模拟

这些结果可以通过取 U_i 和 $f(w)$ 中的实际参数值来说明。设效用为柯布—道格拉斯函数:$U_i = x_i^{1-\alpha} G^{\alpha}$。$\alpha$ 是捐赠函数的斜率。$f(w)$ 采用 McDonald(1984)根据 1980 年人口普查数据拟合的密度函数。财富以 1980 年的数千美元计算,范围从 0 美元到 65 美元不等。①给定这些参数,我们可以求解式(5.3)在 α 和 n 的各种假设下 w_n^* 的期望值。模拟结果如表 5.1 所示。

表 5.1　模拟捐赠对公共产品的影响

	$n=2$				$n=20$				$n=200$			
α	w^*	$1-F(w)$	G	G/n	w^*	$1-F(w)$	G	G/n	w^*	$1-F(w^*)$	G	G/n
0.1	36	0.18	4.0	2.0	53	0.033	5.9	0.3	63	0.003	7.0	0.0
0.2	29	0.301	7.2	3.6	48	0.060	12.0	0.6	61	0.007	15.3	0.1
0.3	25	0.389	10.7	5.4	44	0.090	18.9	0.9	58	0.015	24.9	0.1
0.4	21	0.491	14.0	7.0	40	0.129	26.7	1.3	56	0.021	37.3	0.2
0.5	17	0.602	17.0	8.5	37	0.116	37.0	1.9	54	0.029	54.0	0.3
0.6	14	0.69	21.0	10.5	34	0.210	51.0	2.6	52	0.037	78.0	0.4
0.7	11	0.772	5.7	12.8	30	0.281	70.0	3.5	48	0.060	112.0	0.6
0.8	8	0.86	32.0	160.0	25	0.389	100.0	5.0	44	0.090	176.0	0.9
0.9	4	0.951	36.0	18.0	'18	0.574	162.0	8.1	38	0.153	342.0	1.7

这个定理的证据是清晰而有力的。预期搭便车 $1-F(w^*)$ 对于所有程度的包容性都是很高的,即使对于规模为 2 的经济体——也就是有可能提供公共产品的最小经济体——也一样。此外,将 $n=20$ 和 $n=200$

---

① 报告的所有模拟使用平均收入为 23.065 的威布尔分布。对积分进行了数值计算。财富上限被选择为对应于 $f(\overline{w}) \geqslant 0.999$。如果使用大于 65 的上界,结果仍类似。模拟中使用的计算机程序可向作者索取。

的结果与 $n=2$ 的结果进行比较,我们发现搭便车很快就成了一种常态。例如,对于 $\alpha=0.5$(边际捐赠倾向为 0.50),捐赠者的预期比例从 $n=2$ 时的 60%下降到 $n=20$ 时的 11%, $n=200$ 时仅为 3%。即使对于极端慷慨的人,他们的边际捐赠倾向也为 0.9,预计的捐款者比例只有 57%(20 人中有 11 人)和 15.3%(200 人中有 31 人)。

表 5.1 中的数据表明,对于大经济体,捐赠函数的斜率作用非常小——即使对相对较小的经济体,例如 $n=20$,搭便车也是如此地强大,以至于私人捐赠很可能由少数人提供,而且很可能是非常少的一部分人。即便如此,如果我们心中有一种现实价值 α,那么我们所处的理论世界是什么样的呢? Reece 和 Zieschang(1985)估计了个人横截面的线性捐款函数,并估计收入效应是 0.034 2。[①]

表 5.2 列出了在 n 的各种假设下,$\alpha=0.034 2$ 时式(5.3)的期望值的解。我们看到,一个纯粹的利他主义模型预测,在一个只有 25 个个体的经济体中,只有约 1% 的人可以预期作出贡献。此外,捐款总额将只有 2 300 美元。

表 5.2　模拟捐赠公共产品

n	$\alpha=0.034\,2$			
	w^*	$1-F(w^*)$	G	G/n
2	45	0.081	1.59	0.797
5	52	0.037	1.84	0.368
10	56	0.021	1.98	0.198
25	60	0.01	2.13	0.085
0	62	0.005	2.20	0.044
100	63	0.003	2.23	0.022
200	64	0.002	2.26	0.011
500	65	0.000	2.30	0.005
1 000	65	0.000	2.30	0.002

---

① 如果使用其他研究中估计的收入效应,也会得到类似的结果。

这一节所建立的是,不管对收入分配和公共产品偏好强度的假设如何,边界解是理论上利他主义经济体的标准。经济体规模越大,捐赠人的比例就越小,平均个人捐赠金额也就越小。此外,模拟表明,供几十人或几千人使用的公共产品应该由少数人的贡献来提供。很明显,这些发现与捐赠的事实不相符。

5.2.3　异质偏好

到目前为止的分析都是基于相同偏好的假设。然而,当将模型推广到包含不同类型的个体时,上述所有结果都是正确的。此外,还有一个结论。当人口增长到无穷大,所有的捐赠转移到单一类型的个体上时,如下所示。

考虑以下形式的效用函数:

$$U_i = U(x_i, G; \theta)$$

其中,U 随 x_i 和 G 为连续的、递增的、严格拟凹的,随 θ 连续。变量 θ 是一个外生参数,它的目的是使效用函数不同,并索引各种"类型"的代理人。[①]针对消费者最优化问题的内解将像之前一样,产生如下捐赠函数:

$$G = \gamma(w_i + G_{-i}; \theta)$$

和前面一样,对 γ 取倒数,加 g_i;两边同时求解得到:

$$g_i = w_i - w^*(\theta)$$

现在,对于每个 θ,$w^*(\theta)$ 都存在一个"临界水平"的财富,这样,财富高于 $w^*(\theta)$ 的 θ 型个体就会捐赠,而那些财富低于 $w^*(\theta)$ 的人就不会捐赠。这意味着我们可以写出:

$$G = \sum_{\theta} \sum_{w > w^*(\theta)} (w_i - w^*(\theta))$$

---

① 为了便于表示,参数 θ 被认为是标量。当 θ 被定义为向量,以下结果均适用。见后一页脚注。

再次定义一个函数:

$$H_n(s(\theta)) = \frac{1}{n} \sum_{\theta} \sum_{w > s(\theta)} (w_i - s(\theta))$$

设 $w_n^*(\theta)$ 为这个方程的解。通过类似于单类型情况的参数,得到:

$$\lim_{n \to \infty} H_n(s) = H(s) = \int_0^{\bar{\theta}} \int_{s(\theta)}^{\bar{w}} (w_i - s(\theta)) f(w, \theta) \mathrm{d}w \mathrm{d}\theta$$

其中,$f(w, \theta)$,是 w 和 θ 上的联合概率密度函数,$0 \leqslant w \leqslant \bar{w}$,$0 \leqslant \theta \leqslant \bar{\theta}$。同样,这个方程的解是 $w^{**}(\theta)$。那么:

$$H(w^{**}(\theta)) = \int_0^{\bar{\theta}} \int_{w^{**}(\theta)}^{\bar{w}} (w_i - w^{**}(\theta)) f(w, \theta) \mathrm{d}w \mathrm{d}\theta$$

设 $f(w|\theta)$ 为 w 在 θ 条件下的密度,设 $f(\theta)$ 为 θ 的边际密度函数。根据定义,$f(w, \theta) = f(w|\theta) f(\theta)$。把这个代入上式:

$$H(w^{**}(\theta)) = \int_0^{\bar{\theta}} \left\{ \int_{w^{**}(\theta)}^{\bar{w}} (w_i - w^{**}(\theta)) f(w|\theta) \mathrm{d}w \right\} f(\theta) \mathrm{d}\theta \quad (5.4)$$

和上一个例子一样,式(5.4)的左侧必须收敛到零。为了使右侧收敛到零,必须满足对于每个 θ 有:

$$\int_{w^{**}(\theta)}^{\bar{w}} (w - w^{**}(\theta)) f(w|\theta) \mathrm{d}w = 0$$

但是,我们前面已经看到,这意味着 $w^{**}(\theta) = \bar{w}$。我们马上就能看出定理 5.1 的所有结果也适用于这种情况。[①]

G 会怎么样呢? 由于 $\phi(G; \theta)$ 是连续的,并且随 G 连续且递增,因此存在一个函数 $G^*(\theta)$,使得 $\phi(G^*(\theta); \theta) = \bar{w}$。求每一个 θ 的极限,可以发生两种情况之一。首先,某些 θ 类型的代理人可能是公共产品的贡献

① 我们还可以看到,参数 θ 可能已经被定义为向量。如果 θ 是 m 维的,则式(5.4)将简单地包含每个额外维度的额外积分。然而,式(5.4)之后所有的步骤将不变。

者。在这种情况下,G 必须收敛到 $G^*(\theta)$,否则将没有 θ 类型的代理人将成为贡献者。在这种情况下,G 必须收敛到一个大于 $G^*(\theta)$ 的值,但是,G 不能同时收敛到两个或两个以上不同的值。如果 $G^*(\theta_1) > G^*(\theta_2)$,则类型为 θ_2 的代理人在极限下肯定不会成为贡献者。类型 θ_1 的代理人会把他们完全挤出。将这个值外推到 θ 的每一个值,得到的结论是:当 $n \to \infty$ 时,总捐赠将收敛到 $\hat{G}$,其中:

$$\hat{G} = \max_{\theta}\{G^*(\theta)\}$$

$$\text{s.t. } 0 \leqslant \theta \leqslant \bar{\theta}$$

假设唯一的最大值是 θ。那么在极限中,最"慷慨"的那类人会把其他所有人都挤出去。这证明了定理 5.1 的一个更一般的形式:

定理 5.1.1 当将 5.2.1 小节的模型推广到包含不同类型的代理人时,则定理 5.1 成立,而且当 $n \to \infty$ 时,公共产品的贡献者集合将收敛到包含单一类型个体的集合。

5.3 总捐赠的不变性

在过去的几年中,人们还发现了纯粹利他主义模型的其他一些令人困惑的含义。每一个都单独地增加了我们对该方法的保留意见。在 5.3.1 小节和 5.3.2 小节中,作者希望以更直接、更直观的方式对结果进行编目、重新表述和重新推导。5.3.3 小节将 5.3.1 小节和 5.3.2 小节中提出的观点进行了合并。它们被一起证明具有广泛的含义:公共产品的总供给相对于政府贡献的变化是不变的(或近似不变的)。这与程式化的事实相矛盾,即挤出效应是不完全的。此外,本节还表明,总供给量也不随收入分配和政府补贴的变化而变化。

5.3.1 挤出假说

Peter Warr(1982)和 Russell Roberts(1984)得出了一个现在广为人

知的结果,即由一次性税收提供资金的政府贡献将等额挤出私人提供公共产品的私人贡献。[①]当政府从一个捐赠者那里拿走 1 美元,并把它用于公共产品,人们可以通过只减少自己那 1 美元的私人捐赠来恢复自己的最佳消费量。在一个相关的发现中,Warr(1983)发现公共产品的总供给也独立于捐赠者之间的收入分配。虽然 Warr(1983)直接证明了再分配的结果,它也只是简单地遵循了挤出的结果。这是因为任何再分配都可以被重构为一系列中性增税和减税。因此,挤出效应和收入分配的中性可以同时考虑。

虽然这种挤出效应的预测是清晰和直观的,但是也应该小心不要夸大它的重要性。这一结果仅局限于捐赠者,此外,如果来自一个捐赠者的税收和再分配超过了个人捐赠的规模,这一结果将是不成立的。正如 Bergstrom、Blume 和 Varian(1986)所讨论的那样,这些角解限制代理人完全"消除"税收的影响。因此,挤出效应的应用在一定程度上被限制。

然而,最近人们认识到,完全挤出并不一定局限于内部均衡和一次性征税的情况。事实上,正如 Andreoni(1985)和 Bernheim(1986)所言,当模型被扩展到包括对捐赠的"扭曲性"补贴时,那么这些可能不会产生真正的影响,即使在存在角解的情况下也一样。

假设个体按照统一税率 τ_i 纳税,并且获得了对私人捐赠的补贴 s_i,其中 $0 \leqslant s_i < 1$。他们每向公共产品捐出 1 美元,个人的税收就减少 s_i 美元。设 t_i 为 i 的净税收,则 $t_i = \tau_i - s_i g_i$。那么,政府的净税收总额为 $T = \sum_{i=1}^{n} t_i$。下面的情况在很多情况下都是成立的,[②]假设个体把他们的税收和补贴率看作是外生的,而他们的行为就好像政府把全部净税收都捐赠给了公共产品。公共产品的总供给是私人和公共贡献的总和,即 $G + T$。个体求解以下问题:

---

① 参见 Bergstrom、Blume 和 Varian(1986)关于挤出效应证据的综述。

② 参见 Andreoni(1987b)。

$$\max_{x_i,\,g_i} U(x_i,\, G+T)$$

$$\text{s.t. } x_i + g_i = w_i - \tau_i + s_i g_i$$

$$T = \sum_{i=1}^{n} \tau_i - s_i g_i \tag{5.5}$$

$$g \geqslant 0$$

这里的均衡是纳什均衡,因此个体把他人的捐赠视为外生的。设 $y_i = g_i + t_i$。那么 y_i 代表 i 对公共产品的捐赠总额,包括 i 的自愿捐赠和通过税收系统做出的捐赠。设公共产品的总供给为 $Y = G + T$,则 $Y = \sum_{i=1}^{n} y_i$。同样,设 $Y_{-i} = \sum_{j \neq i} y_j$ 为除 i 之外所有人全部的捐赠。那么通过纳什假设,求解式(5.5)等价于求解下式:

$$\max_{x_i,\,Y} U(x_i,\, Y)$$

$$\text{s.t. } x_i + Y = w_i + Y_{-i} \tag{5.6}$$

$$Y \geqslant Y_{-i} + \tau_i$$

从式(5.6)可以立刻看出,无论是税收还是补贴都没办法对均衡状态产生任何影响——即改变 τ_i 或者 s_i 将不再影响这个优化问题。一次性税收和补贴等额地挤出了私人捐赠。

和之前一样,这个结果有一定的局限性。[①]如果一次性税收或者再分配使不等式具有约束力,那么这种行为将不会是中性的。但是注意,没有选择 s_i 这样的条件。如果 s_i 被改变时 i 在内解上,代理人总是能改变 g_i 来保持 y_i。此外,如果 i 在一个角区域,则不管 s_i 如何 i 将永远会从区域里移动。换句话说,式(5.6)中的任何约束条件都不会因为在[0,1]范围

---

① 本节的结果似乎取决于这样一种假设,即个体的行为就像是将净税收捐赠给了公共产品。然而,关键的假设是,他们认识到政府预算约束是有约束力的。在类似模型中应用的一组不同的假设是,人们将政府贡献视为固定的,并将税率和补贴率视为外生的,因此,与上述模型相反,他们表现得好像政府贡献与税收无关。但这种方法给了人们一种错觉,即能够选择产生无融资政府赤字的替代方案。由于这是一种"不可信的贿赂",Andreoni(1987b)认为,在后一种假设下达到的均衡是不可信的。

内的任何 s_i 的选择而改变。

5.3.2 公共产品的悖论

本节的标题来源于 Margolis(1982)关于慈善模型的一个缺点的口头论点,他认为这是一个悖论。Sugden(1982)也提出了类似的观点。虽然这种论证是有区别的,但它触及了 Margolis(1982)和 Sugden(1982)发现的相同普遍现象。与 5.2 节相反,这里的方法是假定有大量的贡献者,然后推导出这个假设对均衡的含义。

要证明的观察结果如下。对公共产品的外生捐赠增加,在其结果的均衡中,对公共产品的总供给几乎产生了难以觉察的影响。这并不仅仅意味着变化在相对意义上是不可觉察的,更是意味着变化在绝对意义上是微小的。矛盾之处在于,捐赠的外生变化不会对捐赠总额产生任何(显著)影响。

考虑没有税收的简单纯粹的利他主义模型。偏好不需要相同。假设捐赠有一个外生增加 Δ。对每个人来说,别人的付出现在比 Δ 更高。当捐赠者对这一增长做出反应时,捐赠总额会发生什么变化?

完全区分 i 的捐赠函数:

$$\mathrm{d}g_i = \gamma'_i(\mathrm{d}G_{-i} + \Delta) - \mathrm{d}G_{-i} - \Delta$$

取 $\mathrm{d}G_{-i} = \mathrm{d}G - \mathrm{d}g_i$,代入得:

$$\mathrm{d}g_i = -\frac{1 - \gamma'_i}{\gamma'_i}(\mathrm{d}G + \Delta)$$

对所有 i 求和并求解 G:

$$\mathrm{d}G = \sum_{i=1}^{n} -\frac{1 - \gamma'_i}{\gamma'_i}(\mathrm{d}G + \Delta)$$

$$= -\frac{\sum (1 - \gamma'_i)/\gamma'_i}{1 + \sum (1 - \gamma'_i)/\gamma'_i}\Delta$$

因此,总捐赠的变化为:

$$dG + \Delta = \frac{1}{1 + \sum (1 - \gamma_i')/\gamma_i'} \Delta \geqslant 0$$

我们如何计算呢? 假设 γ_i' 严格地远离 1,这意味着存在数字 β 使得:

$$0 < \beta \leqslant \frac{1 - \gamma_i'}{\gamma_i'}$$

由此可得:

$$n\beta \leqslant \sum_{i=1}^{n} \frac{1 - \gamma_i'}{\gamma_i'}$$

这反过来意味着:

$$dG + \Delta \leqslant \frac{1}{1 + n\beta} \Delta$$

当 n 足够大时,不等式右侧无限接近零。随着捐赠者的数量接近于无穷,捐赠的外生增加将不会对公共产品的均衡供给产生影响。即使是对少数捐赠者来说,外生捐赠的影响也几乎难以觉察。尤其是当 γ_i' 很小的时候。例如,再次假设对于所有的 i, γ_i' 是等于 0.10 的常数。取 $n =$ 10。可以看出,$\Delta = 100$ 美元会使均衡捐赠水平仅增加 1.10 美元。对于 $n = 100$,同样的 Δ 将使均衡增加不到 0.01 美元。就像 5.3.1 小节一样,这似乎是一个对模型的荒谬的暗示。

5.3.3 不变命题

5.3.1 小节指出,公共产品的总供给是独立于收入分配的,政府的供给挤出了私人部门的供给。然而,当处于角落的个人参与税收或者转移支付时,中性就会崩溃——Bergstrom、Blume 和 Varion(1986)对这个问题进行了广泛的研究。本小节考察了 Bergatrim 等(1986)工作中自然产生的问题:如果税收或转移计划是非中性的,均衡会发生多大程度的变化？

答案就在 5.3.2 小节的分析中。假设政府要向一个非捐赠者征税，或者等价地，向一个贡献者征税的数额大于他的捐赠。当政府将该税收的收益投入公共产品时，它与 5.3.2 小节中引入的外生捐赠 Δ 相同。如 Bergstrom、Blume 和 Verian(1986) 所证明的那样，均衡将会上升，但幅度很小，难以察觉。这导致了以下惊人的结论：政府能够对公共产品的供给产生任何显著影响的唯一方式，就是完全挤出私人供给。联合供给是一个面纱。[1]特别是，这意味着挤出应该是精确地或近似地等额挤出。显然，这与关于联合供给的观察结果直接不符。

对于再分配也有类似的含义。由于收入的再分配可以被重构为一系列的税收变化，上述论证可以直接应用于这一现象。因此，如果对公共产品作出贡献的贡献者数量显著，任何非中性的再分配都将近似中性。[2]

5.3 节中得到的结果现在可以与定理 5.1 结合起来形成以下结论：

公共产品的不变命题：在纯粹利他主义的经济中，考虑到政府的联合供给、收入的再分配、给予的补贴和人口的变化，公共产品的私人供给是不变的，或近似不变的。

5.4　利他主义的局限性

纯粹的公共产品达到的利他主义是非常局限的。这一点已在几个方面得到证明。首先，搭便车被证明主导了利他主义经济。求极限时，对公共产品作出积极捐赠的经济比例将降至零。公共产品将完全由最富有的个体提供。这一发现与以下事实背道而驰：参与提供集体消费产品的程

---

[1]　这与 Roberts(1985) 的观点形成了鲜明对比，Roberts(1985) 认为公共供给和私人供给不能共存，因为"间接需求者"（如慈善事业的接受者）的政治影响力导致政府完全挤出"直接需求者"（如富有的利他主义者）。

[2]　特例是贡献者的数量减少到一个。在这种情况下，对唯一的贡献者的再分配可能会产生重大影响。例如，在一个所有商品都是正常商品的无限财富经济中，将所有资源转移给一个人将导致公共产品的无限供给。除此之外，再分配的影响很小。

度,以及个体和总体捐赠的高水平。其次,纯粹的利他主义模型产生了几个强有力的中性结果。在一定范围内,纳什均衡被证明与收入分配、政府直接供给以及"对捐赠的扭曲性补贴"无关。再次,捐赠的外生增加不会对总均衡捐赠产生明显的影响——即使天降甘露也不能指望增加教会的预算。最后,结合两个结果表明,对公共产品的总供给关于再分配、联合供给和人口变化方面(几乎)不变。这一结果与经验发现相悖,即政府的供给只是不完全地挤出了私人供给。

这些结果表明有必要采取新的方法。虽然本章的结果本身并没有指出这种方法应该是什么,但却提供了几个明显的替代方法。一种可能的调整是扩大经济的范围。从博弈论文献可知,当静态博弈成为动态博弈时,均衡的特征会发生显著变化。但是,在一个大型经济体中,合作均衡是否能够维持的问题,与一个行业能否在企业数量增长到无穷大时保持共谋均衡的问题非常相似。共谋均衡的脆弱性使人们对这种方法持悲观态度。

第二种可能性是改变均衡的概念。但是 Bersgstrom、Blume 和 Varian(1986)及 Sugden(1985)都表明,假设非纳什猜想并不能纠正病理的影响。如果有的话,病理可能会变得更严重。

这让我们对模型的基本原理提出质疑。我们必须重新审视关于偏好和慈善机构的假设,并考虑捐赠的非利他动机。通过这种方式,本章支持了 Sugden(1984),Margolis(1984),Bernheim,Schleifer 和 Summers(1985),以及 Andreoni(1987)的有关研究结论。诸如内疚、忏悔、嫉妒、同情、效仿、对公平的偏好或对责任的启发等现象,可能会在一个由自私自利者组成的社会中自然地发展出来,并且可能会出现为捐赠行为而提供"选择性激励"的制度(Olson,1965;Posnett and Sandler,1986)。综合考虑这些可能性的经济模型可以帮助我们理解私人捐赠的成败。

参考文献

Abrams, Burton A. and Mark A. Schmitz, 1978, "The Crowding out Effect of Government Transfers on Private Charitable Contributions", *Public Choice*, 33, 29—39.

Abrams, Burton A. and Mark A. Schmitz, 1984, "The Crowding out Effect of Government Transfers on Private Charitable Contributions: Cross Sectional Evidence", *National Tax Journal*, 37, 563—568.

Andreoni, James, "Impure Altruism and Donations to Public Goods: A Theory of Warm Glow Giving", University of Michigan Working Paper, 1985.

Andreoni, James, "Private Charity, Public Goods and the Crowding out Hypothesis", University of Wisconsin: SSRI Working Paper, no. 8706, 1987a.

Andreoni, James, "Pareto Efficient Redistribution Private Charity and Perfect Equilibrium", University of Wisconsin: SSRI Working Paper, no. 8708, 1987b.

Arrow, Kenneth J., 1981, *Economic Welfare and the Economics of Soviet Socialism: Essays in Honor of Abram Bergson*, Cambridge: Cambridge University Press.

Becker, Gary S., 1974, "A Theory of Social Interactions", *Journal of Political Economy*, 82, 1063—1093.

Bergstrom, Theodore C., Lawrence Blume and Hal Varian, 1986, "On the Private Provision of Public Goods", *Journal of Public Economics*, 29, 25—49.

Bernheim, B. Douglas, 1986, "On the Voluntary and Involuntary Provision of Public Goods", *American Economic Review*, 76, 789—793.

Bernheim, B. Douglas, A. Schleifer and L. Summers, 1985, "The Strategic Bequest Motive", *Journal of Political Economy*, 93, 1045—1076.

Chamberlin, John, 1974, "Provision of Collective Goods as A Function of Group Size", *American Political Economy*, 68, 707—716.

Clotfelter, Charles T, 1985, *Federal Tax Policy and Charitable Giving*, Chicago, IL: University of Chicago Press.

Cornes, Richard and Todd Sandler, 1984, "The Theory of Public Goods: Non-Nash Behaviour", *Journal of Public Economics*, 23, 367—379.

Hochman, H. M. and J. D. Rodgers, 1969, *"Pareto Optimal Redistribution"*, *American Economic Review*, 59, 452—457.

Jeremias, Ronald and Asghar Zardkoohi, 1976, "Distributional Implications of Independent Adjustments in An Economy with Public Goods", *Economic Inquiry*, 14, 305—308.

Margolis, Howard, 1982, *Selfishness, Altruism and Rationality*, Chicago, IL: University of Chicago Press.

McDonald, James B., 1984, "Some Generalized Functions for the Size Distribution of Income", *Econometrica*, 52, 647—663.

McGuire, Martin, 1974, "Group Size, Group Homogeneity, and the Aggregate Provision of Pure Public Goods under Cournot Behavior", *Public Choice*, 18, 107—126.

Olson, Mancur, 1965, *The Logic of Collective Action*, Cambridge, MA: Harvard University Press.

Posnett, John and Todd Sandler, 1986, "Joint Supply and the Finance of Charitable Activity", *Public Finance Quarterly*, 42, 209—222.

Reece, William, S. and Kimberly Zieschang, 1985, "Consistent Estimation of the Impact of Tax Deductibility on the Level of Charitable Contributions", *Econometrica*, 53, 271—294.

Roberts, Russell D., 1984, "A Positive Model of Private Charity and Public Transfers", *Journal of Political Economy*, 92, 136—148.

Roberts, Russell D., 1985, "A Taxonomy of Public Provision", *Public Choice*, 47, 267—303.

Roberts, Russell D., 1987, "Financing Public Goods", *Journal of Political Economy*, 95, 420—437.

Schwartz, R. A, 1970, "Personal Philanthropic Contributions", *Journal of Political Economy*, 78, 1264—1291.

Sugden, Robert, 1982, "On the Economics of Philanthropy", *Economic Journal*, 92, 341—350.

Sugden, Robert, 1984, "Reciprocity: The Supply of Public Goods through Voluntary Contributions", *Economic Journal*, 94, 772—787.

Sugden, Robert, 1985, "Consistent Conjectures and Voluntary Contributions to Public Goods: Why the Conventional Theory Does not Work", *Journal of Public Economics*, 27, 117—124.

Warr, Peter G., 1982, "Pareto Optimal Redistribution and Private Charity", *Journal of Public Economics*, 19, 131—138.

Warr, Peter G., 1983, "The Private Provision of A Public Good is Independent of the Distribution of Income", *Economics Letters*, 13, 207—211.

Young, D., 1982, "Voluntary Purchase of Public Goods", *Public Choice*, 38, 73—86.

第6章 大经济体中公共产品的供给和个体理性的比例[*]

本章研究了公共产品供给问题,其中只有当从公共产品供给机制获得非负临时预期效用的代理人比例弱高于预定比率 α 时,才能提供非排他性公共产品,并且可以从代理人处收取款项。我们称之为"α 成比例的个体理性"。我们确定了一个关键阈值,使得如果 α 小于该阈值,则效率渐近地获得。如果 α 大于阈值,则低效率渐近地获得。此外,我们得到了供给概率向其有效/低效水平的收敛速度。作为本章的方法论贡献,我们提出了一个衡量代理人在机制中的影响力的标准差,即代理人的临时预期供给。我们发现,当经济体规模变大时,代理人在任何匿名机制序列中的影响都会收敛到零,因此任何一系列匿名可行机制都必须收敛到一个恒定的机制,我们获得这些收敛率的一致界。

6.1 引言

本章研究了(非排他性)公共产品的供给。众所周知,由于搭便车问题,自愿提供公共产品可能无法达到最佳效率水平。因此,如何设计预算

---

[*] 作者:荣康(Kang Rong),上海财经大学经济学院,论文选自《数理经济学期刊》,2014 年 3 月第 51 卷。本章的写作基于作者在伊利诺伊大学厄巴纳—香槟分校的博士论文中的一章。

平衡机制①，并且使之能够达到最佳效率水平是公共经济学研究中的一个基本主题。在文献中，如果任何代理人都不需要临时个体理性约束，那么可以实现最佳效率（d'Aspremont and Gérard Varet，1979）。如果所有代理人都需要临时的个体理性约束，则不能达到最佳效率（Mailath 和 Postlewaite，1990）。本章考虑了一个可以将这两种情况联系起来的模型。具体而言，我们考虑的模型中提供公共产品，并且只有当从机制获得非负临时预期效用的代理人的比例弱高于预先规定的一致率 $\alpha \in$ [0，1]时，才从代理人收取款项。我们称这种约束为 α 成比例的个体理性。

当博弈者在 α 多数原则下对该机制的采用进行投票时，由于成为关键人物的机会可以忽略、因此博弈者会真诚地投票，α 成比例的个体理性约束是合适的。因此，本章考虑了大型有限经济体中公共产品的供给问题。我们不仅对大经济体是否能达到最佳效率感兴趣，而且对经济体的扩大所伴随的供给效率改变的速度感兴趣。因此，本章的两个基本研究问题如下：第一，对于任何给定的 α，能否在大经济体中实现最佳供给水平？第二，随着经济体规模的扩大，供给概率接近其有效或低效水平的速度有多快？

我们假设代理人的估值是独立同分布（i.i.d）的，在 n 个代理人的经济体中公共产品的总供给成本是 nc，其中 c 是人均供给的恒定成本。我们假设 c 小于代理人估值的预期值。这种假设确保了在大经济体中应该以概率 1 提供公共产品。我们的结果是：

（1）如果 α 小于阈值 α^*，则存在一系列满足事后激励相容性、事后预算平衡和 α 成比例的个体理性的机制。当 n 趋于无穷大时，该机制序列中的供给概率以指数速率接近 1。

（2）如果 α 大于 α^*，那么对于任何满足临时激励相容性、事前预算

---

① 在不需要预算平衡约束的情况下，Govers（1973）和 Clarke（1971）表明，占优策略可以实现最佳效率。

平衡和 α 成比例的个体理性的匿名机制序列,当 n 趋于无穷大时,供给的概率接近于零。另外,收敛速度不低于 $1/n^{\frac{1}{3}}$。

以上结果总结如图 6.1 所示。

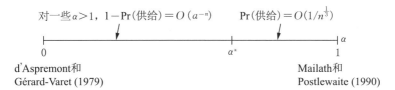

对一些 $\alpha>1$, $1-\Pr(供给)=O(a^{-n})$　　　　$\Pr(供给)=O(1/n^{\frac{1}{3}})$

图 6.1　随着经济体规模的扩大,α 为不同值时的供给效率

资料来源:Rong,K.,2014,*Journal of Mathematical Economics*,51:187—196。

阈值 α^* 等于代理人的估值高于人均供给成本的概率,即 $1-F(c)$,其中 F 是代理人估值的分配函数。推断如下。随着经济体规模增大,代理人在任何匿名机制中起关键作用的概率就会变小。因此,如果他要诚实地报告,代理人的预期支付必须几乎不变,与他的估值无关。那么,事前预算平衡需要这一固定支付额等于人均供给成本。因此,在大经济体中,从该机制获得非负临时预期效用的代理人的比例必须约为 $1-F(c)$。能否提供公共产品取决于所规定的一致率 α 是否小于 $1-F(c)$。

如果我们将本章的结果与 Mailath 和 Postlewaite(1990)的结果进行比较,可以更好地理解本章的结果。他们表明,如果我们要求一致,那么在大经济体中就不会提供公共产品。这意味着如果委托人希望在大经济体中有效地提供公共产品,则必须采取一些强制措施。然而,从文献中不清楚究竟需要多少强制措施,我们的结果提供了这个问题的答案。也就是说,如果我们希望在一个大经济体中有效地提供公共产品,那么在该机制中允许受到伤害的代理人的比例应至少为 $F(c)$。

此外,如果我们确定所需的一致率 α,并且让 v^* 为 $1-F(v^*)=\alpha$ 的估值,则当且仅当 v^* 大于人均成本 c 时才获得效率。这个结果与 Mailath 和 Postlewaite(1990)的结果相同,他们表明当且仅当最低类型 $\underline{v}$

大于 c 时才获得效率。换句话说，我们的结果可以用以下方式理解。对于任何给定的 α，我们可以简单地按比例 $1-\alpha$ 砍掉代理人估值分布的下限，并获得 v^* 作为新的最低类型，是否有效率取决于这个新的最低点 v^* 是否大于 c。

对于 α 小于阈值 α^* 的情况，我们构造的机制实际上非常简单。每个代理人都需要同时向委托人报告其估值。当且仅当报告的估值超过人均成本的代理人的比例大于 α 时，提供公共产品，并且无论何时提供公共产品，供给成本均在所有代理人之间平均分配。通过这种机制可以获得渐近效率，因为随着经济体规模的增大，代理人的比例也随之增加，估值超过供给的人均成本的代理人比例趋于 $1-F(c)$，大于所规定的一致率 α 的假设。

对于 α 大于阈值 α^* 的情况，为了获得供给概率的收敛速度趋向零，我们需要描述匿名可行机制的极限行为，当且仅当机制满足所有约束条件（即临时激励相容性、事前预算平衡和 α 成比例的个体理性）时，机制是可行的。我们用于描述匿名可行机制的极限行为的方法是非常普遍的，可以被视为本章在方法论上的贡献。特别是，我们提出了代理人的临时预期供给[1]的标准差作为代理人在机制中的影响力的衡量标准。我们发现，随着经济体规模的增大，任何匿名机制序列中代理人的影响都以不低于 $1/\sqrt{n}$ 的速度减小到零。基于这一结果，我们发现对任何匿名可行机制序列，代理人的临时预期供给函数必须以不低于 $1/\sqrt{n}$ 的速度收敛到常数函数，代理人的临时预期支付函数必须以不低于 $1/n^{\frac{1}{3}}$ 的速度收敛到常数函数。粗略地说，我们得到了匿名可行机制的任意序列向"常数机制"收敛速度的界限。[2]

我们关于代理人影响收敛速度的结果与 Al-Najjar 和 Smorodinsky (2000)的结果相似，他们表明在任何一个机制序列中，随着经济体规模的

---

[1] 代理人的临时预期供给是指以代理人自己的报告或估值为条件而提供公共产品的预期价值。它是代理人自身估值的函数。

[2] 我们所说的"常数机制"是指任何代理人的临时预期供给和支付函数都恒定不变的机制。

增大,代理人的平均影响收敛到零的速度不低于 $1/\sqrt{n}$ 。这两个结果的主要区别在于影响的度量方法不同。[1]特别是,AI-Najjar 和 Smorodinsky (2000)使用代理人的临时预期准备金的最大值和最小值之间的差值来度量代理人的影响,而我们使用的是标准差。

在 $\alpha=1$ 的特殊情况下,Mailath 和 Postlewaite(1990)证明了满足临时激励相容、事前预算平衡和临时个体理性的任何机制序列的供给概率以不低于 $1/n^{\frac{1}{4}}$ 的速度收敛到零。我们的收敛速度的结果将这个界限改进到 $1/n^{\frac{1}{3}}$ 。值得注意的是,AI-Najjar 和 Smorodinsky（2000）也将 Mailath 和 Postlewaite(1990)得到的界改进为 $1/n^{\frac{1}{3}}$ 。[2]然而,我们的结果更具普遍性,因为他们依赖于这样一个假设,即代理人的估值分布中有一个原子位于代理人可能的最低值上,而我们的结果不需要这个假设。此外,AI-Najjar 和 Smorodinsky(2000)关注的情况下 $\alpha=1$,而我们的结果适用于任何 $\alpha>1-F(c)$ 。

我们的论文还涉及 Norman(2004),因为这两篇论文对公共产品供给都有一个渐近阈值表征结果。这两篇论文的不同之处在于 Norman (2004)中考虑的公共产品是排他性的,但在本章中是非排他性的。此外,我们的论文允许一些代理人妥协,而在 Norman(2004)中,没有代理人可以被强迫参与。Norman(2004)也表明如果代理人的估值是独立同分布的,那么固定费用机制在大经济体中几乎是约束最优的。这个结果与我们的结果有相同的特点,因为我们证明了随着经济体规模的增大,任何匿

---

　①　这两个结果的另一个不同之处在于,我们的结果是基于代理人的估值是相同分布的假设且机制是匿名的,而 AI-Najjar 和 Smorodinsky(2000)没有这样假设。然而,这一差异不重要,因为我们的结果(特别是引理 6.2)可以很容易地推广到代理人的估值不同分布且机制是非匿名的情况。

　②　Al-Najjar 和 Smorodinsky(2000)表明,当在 $(\underline{v},\bar{v}]$ 上的分布是连续并且在 $\underline{v}$ 上是离散的,其中对于 $\epsilon>0$, $P(\underline{v})>\epsilon$ 。在任何机制中供给的可能性都比 $C_1\dfrac{1}{\sqrt{n}}\dfrac{1}{\sqrt{n}}+C_2\eta$ 小,其中 $0<\eta<\epsilon$, C_1 和 C_2 是常数。可以验证,该结果意味着供给概率的界限为 $O(1/n^{\frac{1}{3}})$,而不是 Al-Najjar 和 Smorodinsky(2000)所说的 $O(1/\sqrt{n})$ (详见附录 6.B)。

名可行机制序列都必须收敛于一个常数机制,这意味着一个常数机制必须是渐近约束最优的。然而,Norman(2004)并没有描述这种收敛的速度。

本章结构如下,6.2 节介绍模型,6.3 节讨论渐近效率和渐近效率低下的结果。6.4 节讨论了随着经济体规模的扩大,人均成本趋近于零的情况。6.5 节提供结论。

6.2　模型

假设一种非排他性公共产品可以以 0 单位或 1 单位的数量提供。提供 1 单位公共产品的成本为 nc,其中 n 为经济体中代理人的数量或经济体规模,c 为常数。①我们用 v_i 表示代理人 i 对公共产品的估值。代理人 i 的估值 v_i 只有代理人 i 知道。我们假设 $v_1, \cdots, v_n$ 是独立同分布的。②v_i 的分布函数用 F 表示,这是所有代理人和委托人之间的明确共识。F 用 $[\underline{v}, \bar{v}] \subseteq R_+$ 表示。F 的密度函数用 f 表示。我们假设 f 在 $[\underline{v}, \bar{v}]$ 上是连续且严格为正的。最后,我们假设 $\underline{v} < c < v^e < \bar{v}$,其中 $v^e = E v_i$。为了确保在一个大经济体中,公共产品的平均社会效益大于公共产品的平均社会成本,假设代理人的预期估值 v^e 超过人均成本 c。因此,在一个大经济体中,最佳效率要求公共产品的供给概率为 1。③

我们在本章中考虑直接匿名机制。直接机制是一个函数对 $\{q^n, \{t_i^n\}_{i=1}^n\}$。其中 $q^n : [\underline{v}, \bar{v}]^n \to \{0, 1\}$:表示是否提供公共产品,且 $t_i^n : [\underline{v}, \bar{v}]^n \to R$ 是从代理人 i 处收取的支付。注意,q^n 和 t_i^n 是所有代

---

① 在这里,成本函数是这样的,即供给成本与代理人数量成比例增长。这一假设符合 Mailath 和 Postlewaite(1990)的看法,即供给的人均成本不为零。

② 公共产品供给问题中的独立同分布设置也出现在 Rob(1989)以及 Ledyard 和 Palfrey(2002)中。

③ 反之,如果 v^e 小于 c,那么最佳效率要求在大经济体中供给公共产品的概率为零。因此,对于任意给定的 α,最佳效率总是可以在一个大经济体中通过琐碎的机制实现,在这种机制中,不供给公共产品,也没有从代理人处收取任何报告估值的付款。

理人 i 报告的估值的函数 $(\hat{v}_1, \cdots, \hat{v}_n)$。该机制的匿名性要求 q^n 和 t_i^n 是完全依赖于报告的估值而不是代理人的身份的函数。[①]鉴于代理人报告的估值 $(\hat{v}_1, \cdots, \hat{v}_n)$,代理人 i 的事后效用在 $\{q^n, \{t_i^n\}_{i=1}\}$ 机制下由 $v_i q^n(\hat{v}_1, \cdots, \hat{v}_n) - t_i^n(\hat{v}_1, \cdots, \hat{v}_n)$ 给出。定义 $\hat{U}_i^n(v_i, \hat{v}_i) = E_{v_{-i}}[v_i q^n(\hat{v}_i, v_{-i}) - t_i^n(\hat{v}_i, v_{-i})]$ 和 $U_i^n(v_i) = \hat{U}_i^n(v_i, v_i)$。然后 $\hat{U}_i^n(v_i, \hat{v}_i)$ 表示代理人 i 在报告 $\hat{v}_i$ 时的临时预期效用,而 $U_i^n(v_i)$ 表示代理人在如实报告时的临时预期效用,这两者均以所有其他代理人如实报告为条件。由于 v_i 的先验分布对于所有的 i 是相同的,并且假设 $\{q^n, \{t_i^n\}_{i=1}^n\}$ 是匿名机制,函数 $U_i^n(v_i)$(类似地,$\hat{U}_i^n(v_i, \hat{v}_i)$)必须对于所有代理人 i 相同,并且每当没有混淆时,将由 $U^n(v_i)$(相应地,$\hat{U}_i^n(v_i, \hat{v}_i)$)表示。

我们对机制施加了三个约束。第一个约束是临时激励相容性约束(INTIC)。对于 INTIC,如实报告的策略是机制的贝叶斯纳什均衡:

$$(\text{INTIC}): \text{对于所有 } v_i, \hat{v}_i \in [\underline{v}, \bar{v}], U^n(v_i) \geqslant \hat{U}^n(v_i, \hat{v}_i) \quad (6.1)$$

临时激励相容性约束的更强版本是事后激励相容性约束(EXPIC):

$$(\text{EXPIC}): \text{对于任何 } v_i, \hat{v}_i \in [\underline{v}, \bar{v}] \text{ 和 } v_{-i} \in [\underline{v}, \bar{v}]^{n-1},$$
$$v_i q^n(v) - t_i^n(v) \geqslant v_i q^n(\hat{v}_i, v_{-i}) - t_i^n(\hat{v}_i, v_{-i}) \quad (6.2)$$

对于直接机制,当且仅当机制满足 EXPIC 时,真实策略才是该机制的弱占优策略。显然,如果一个机制满足 EXPIC,那么它必须满足 INTIC。

第二个约束是事前预算平衡约束(EXABB):

$$(\text{EXABB}): E\left\{\frac{\sum t_i^n(v)}{n} - c q^n(v)\right\} \geqslant 0 \quad (6.3)$$

---

① 形式上,该机制的匿名性要求:(1)对于 $(\hat{v}_1, \cdots, \hat{v}_n)$ 的任意排列 $\sigma(\hat{v}_1, \cdots, \hat{v}_n)$, $q(\hat{v}_1, \cdots, \hat{v}_n) = q(\sigma(\hat{v}_1, \cdots, \hat{v}_n))$ 成立;(2)$t_i^n(\hat{v}_i, \hat{v}_{-i}) = t_i^n(\hat{v}_i, \sigma(\hat{v}_{-i}))$ 对于 $\hat{v}_{-i}$ 的任意排列 $\sigma(\hat{v}_{-i})$ 成立;(3)$t_i^n(\hat{v}_i, \hat{v}_{-i}) = t_j^n(\hat{v}_j, \hat{v}_{-j})$,其中 $\hat{v}_i = \hat{v}_j$ 且 $\hat{v}_{-j}$ 是 $\hat{v}_{-i}$ 的一个排列。

事前预算平衡约束的更强版本,是事后预算平衡约束(EXPBB),它要求该机制是任何实现估值的预算平衡:[1]

$$(\text{EXPBB}): \frac{\sum t_i^n(v)}{n} - cq^n(v) \geqslant 0 \text{ 对所有 } v \in [\underline{v}, \bar{v}]^n \text{ 成立} \quad (6.4)$$

最后一个约束是 α 成比例的个体理性约束。这一约束反映了这样的要求,即只有当从机制中获得非负临时预期效用的代理人比例至少为 α 时,才能提供公共产品并从代理人那里收取付款。换一种说法,α-PIR 约束反映了要求一定比例 α 的代理人需要批准该机制才能强制执行该机制。[2]

使用 α-PIR 约束,只要机制是经批准的,无论他们的 IR 约束如何,所有代理人都被迫参与。但是,应该指出的是,即使该机制获得批准,也不意味着公共产品被提供。即,代理人正在投票表决公共产品供给机制,而不是对是否提供公共产品进行投票。

在正式定义 α 成比例的个体理性约束之前,我们将引入一些符号。将协议集 $\tilde{V}^n$ 定义为代理人的临时预期效用为非负值的估值集,即:$\tilde{V}^n = \{v_i \in [\underline{v}, \bar{v}] | U^n(v_i) \geqslant 0\}$。定义 $r^n(v) = \dfrac{\sum_{i=1}^n \mathbf{1}_{\{v_i \in \tilde{V}^n\}}}{n}$,其中 $\mathbf{1}_{\{\cdot\}}$ 表示指示函数。那么,$r^n(v)$ 是从该机制获得非负临时预期效用的代理人比例。现在。α 成比例的个体理性约束是:

(α-PIR):对于所有 i 来说,如果 $r^n(v) < \alpha$,则 $q^n(v) = 0$ 且 $t_i^n(v) = 0$

在本章中,α 是外生固定的,可以是 0 到 1 之间的任意数。如果 $\alpha =$

---

[1] 尽管 EXPBB 似乎比 EXABB 需求更强,但在文献中众所周知,EXABB 和 EXPBB 实际上是等价的,对于任何满足 EXABB 的机制,存在一种机制满足 EXPBB 且对于任何代理人产生相同的临时预期效用(比如参见 Börgers and Norman,2009)。

[2] 我们可以想象,在公共产品供给机制运行之前存在一个投票程序。也就是说,一个公共产品供给机制由一个委托人提出,然后一组代理人使用 α 多数原则对该机制进行投票。我们假设代理人真诚投票,因此当且仅当代理人从机制中获得的期望效用非负时,代理人会给机制投票。真诚投票的假设适用于我们的模型,因为我们考虑的是一个大经济体,其中任何一个代理人发挥关键作用的概率都很小。

0,则任何机制都会自动满足 α 成比例的个体理性约束。如果 $\alpha=1$,当且仅当所有代理人的临时预期效用为非负时,也就是说,当且仅当所有代理人都满足临时个体理性约束时,才满足 α 成比例的个体理性约束。[①]

α-PIR 约束实际上描述了如果批准该机制的代理人的比例低于所需的协议率 α 时会发生什么情况。有人可能认为,α-PIR 约束应该以这样一种方式定义,即如果至少一部分 α 的代理人比外部选项更好(即比例为 α 的代理人获得非负临时预期效用)。这个定义是有问题的,原因如下。委托人在事前阶段设计了一种机制。对于给定的机制,是否存在比外部选项更好的代理人的比例 α 取决于所有代理人的已实现估值的分布。换句话说,在事前阶段,当委托人设计机制时,委托人不能要求这种机制至少有 α 比例的代理人比外部选项更好,因为委托人不知道代理人的已实现估值。

下面的引理将被用于简化 α-PIR 约束。定义 $q_i^n(v_i)=E_{v_{-i}}q^n(v)$ 作为代理人 i 的临时预期供给并将 $t_i^n(v_i)=E_{v_{-i}}t_i^n(v)$ 作为代理人 i 的临时预期支付。我们有:

引理 6.1　如果机制 $\{q^n,\{t_i^n\}_{i=1}^n\}$ 满足 NTIC,那么:

(1) $q_i^n(v_i)$、$t_i^n(v_i)$ 和 $U^n(v_i)$ 在 $[\underline{v},\bar{v}]$ 上是非递减的;

(2) $U^n(v_i)$ 在 $[\underline{v},\bar{v}]$ 上是连续的。

引理 6.1 在机制设计文献中是众所周知的(例如,Myerson,1981)。引理 6.1(1)本质上表明,为了使代理人真实地披露其信息,代理人的临时预期供给函数、临时预期支付函数和临时预期效用函数在代理人的估值中必须是非递减的。引理 6.1(2)意味着 $U^n(v_i)$:(1)在 $[\underline{v},\bar{v}]$ 中的某一点等于零;(2)对于所有 $v_i\in[\underline{v},\bar{v}]$ 都大于零;(3)对于所有 $v_i\in[\underline{v},\bar{v}]$ 小于零,我们定义 $\hat{v}^n$ 如下:

---

① "当"的部分很明显,为了证实"仅当",如果存在一个 $v_i^*\in[\underline{v},\bar{v}]$ 使得 $U_i(v_i^*)<0$,那么我们必须确保对所有 v_{-i} 有 $r^n(v_i^*,v_{-i})<1$ 成立,这意味着 $q^n(v_i^*,v_{-i})=0$ 和 $t_i^n(v_i^*,v_{-i})=0$ 对于所有受 α 成比例的个体理性约束的 v_{-i} 成立。因此 $U_i(v_i^*)$ 必须等于零,这与 $U_i(v_i^*)<0$ 矛盾。

$$\hat{v}^n = \begin{cases} \min\{v_i \mid v_i \in [\underline{v}, \bar{v}] \text{ 且 } U^n(v_i) = 0\}, \text{当 } U^n(v_i) = 0 \\ \qquad \text{对一些 } v_i \in [\underline{v}, \bar{v}] \text{ 成立} \\ \underline{v}, \text{当 } U^n(v_i) > 0 \text{ 对所有 } v_i \in [\underline{v}, \bar{v}] \text{ 成立} \\ \infty, \text{当 } U^n(v_i) < 0 \text{ 对所有 } v_i \in [\underline{v}, \bar{v}] \text{ 成立} \end{cases}$$

用 $\hat{v}^n$ 的定义和 $U^n(v_i)$ 在 v_i 中不减的事实，我们有：

$$\tilde{V}^n = \{v_i \in [\underline{v}, \bar{v}] \mid U^n(v_i) \geqslant 0\} = \{v_i \in [\underline{v}, \bar{v}] \mid v_i \geqslant \hat{v}^n\}$$

因此：

$$r^n(v) = \frac{\sum_{i=1}^n \mathbf{1}_{\{v_i \in \tilde{V}^n\}}}{n} = \frac{\sum_{i=1}^n \mathbf{1}_{\{v_i \geqslant \hat{v}^n\}}}{n}$$

α-PIR 约束可以重写为：

$$(\alpha\text{-PIR})\colon q^n(v) = 0 \text{ 且 } t_i^n(v) = 0$$

$$\text{当 } \frac{\sum_{i=1}^n \mathbf{1}_{\{v_i \geqslant \hat{v}^n\}}}{n} < \alpha, \text{对所有 } i \text{ 成立} \tag{6.5}$$

我们现在定义一个最佳机制。最佳机制 $\{q^{FB(n)}, \{t_i^{FB(n)}\}_{i=1}^n\}$ 是满足 Lindahl—Samuelson 供给规则的任何事前预算平衡机制：

$$q^{FB(n)} = \begin{cases} 1, \text{当} \dfrac{\sum v_i}{n} \geqslant c \\ 0, \text{否则} \end{cases}$$

根据弱大数定律，当 $n \to \infty$ 时，在最佳机制下提供公共产品的人均收益 $\dfrac{\sum v_i}{n}$ 接近 v^e，这大于假定的人均成本 c。因此，由于 n 是无穷大的，在最佳机制中提供公共产品的概率必须接近 1。即当 $n \to \infty$ 时，$P(q^{FB(n)}(v) = 1) \to 1$。

最后，我们定义该机制的人均福利 $\{q^n, \{t_i^n\}_{i=1}^n\}$ 为该机制的人均净效益预期值，即 $W(q^n) = \dfrac{1}{n} E\{(\sum v_i - nc) q^n(v)\} = E\Big\{\Big(\dfrac{\sum v_i}{n} - c\Big) q^n(v)\Big\}$。显然，最佳机制的人均福利水平 $W(q^{FB(n)})$ 在 $n \to \infty$ 时接近 $v^e - c$。

6.3 分析

6.3.1 渐近效率结果

在这一小节中，我们将探讨最佳效率是否可以通过受 INTIC、EXABB 和 α-PIR 约束的机制来实现。

在本小节中，我们将展示这一点。如果 $\alpha < 1 - F(c)$，那么最佳效率可以通过机制序列 $\{M_\alpha^n\}_{n=1}^\infty$ 渐近地实现，其中 $M_\alpha^n = \{\widetilde{q}^{n,\alpha}, \{\widetilde{t}_i^{n,\alpha}\}_{i=1}^n\}$ 的构造使得对于任何 i，如果 $\dfrac{\sum_{i=1}^n \mathbf{1}_{\{v_i \geq c\}}}{n} \geq \alpha$，则 $\widetilde{q}^{n,\alpha}(v) = 1$ 且 $\widetilde{t}_i^{n,\alpha}(v) = c$；对于任何 i，如果 $\dfrac{\sum_{i=1}^n \mathbf{1}_{\{v_i \geq c\}}}{n} < \alpha$，则 $\widetilde{q}^{n,\alpha}(v) = 0$ 且 $\widetilde{t}_i^{n,\alpha}(v) = 0$。简单地说，$M_\alpha^n$ 要求，如果至少有 α 比例的代理人报告的公共产品估值超过 c，那么将提供公共产品，成本将在所有代理人之间平均分配。否则，将不提供公共产品，也不会向任何代理人收取任何款项。这种机制相当于一种投票机制，在这种投票机制中，代理人可以就公共产品的供给进行投票，并且当且仅当投票支持公共产品供给的代理人的比例大于 α 时，才会提供公共产品（在代理人之间平均分配税收）。因此，我们称 M_α^n 为有 n 个代理人的经济体的公投。[①]对于 α-公投，我们得出了以下渐近效率

---

① 本章定义的 α-公投与 Ledyard 和 Palfrey(2002)定义的 j^*-公投是等价的，后者中 $\alpha = \dfrac{j^*}{n}$。Ledyard 和 Palfrey(2002)关注的是临时效率是否可以通过参考渐近实现，而我们关注的是，临时效率或事后效率是否可以通过参考渐近地实现。此外，模型中不存在 Ledyard 和 Palfrey(2002)的个体理性约束，我们需要 α 比例的个体理性。

结果：

定理 6.1 （1）M_α^n 满足 EXPIC、EXPBB 和 α-PIR；

（2）如果 $\alpha < 1 - F(c)$，那么 M_α^n 中的供给概率以不低于 $2\exp\{-2n(\beta-\alpha)^2\}$ 的速度收敛到 1，其中 $\beta = 1 - F(c) > a$。

证明： 见附录 6.A。　　□

定理 6.1(1) 是显而易见的。M_α^n 可解释为事后预算平衡。它满足了 EXPIC 约束，因为任何估值在 c 以上的代理人都有动机如实报告以提高供给概率，而估值在 c 以下的代理人都有动机如实报告以降低供给概率；真实策略实际上是每个代理人的占优策略。最后，注意到在 $v_i = c$ 时，低于 M_α^n 的临时预期效用等于零，这可以通过 M_α^n 满足 α-PIR 约束来证明。

定理 6.1(2) 的直接证明如下。在 α-公投 M_α^n 中，当且仅当估值超过 c 的代理人的比例大于 α 时，才会提供公共产品。根据弱大数定律，当 $n \to \infty$ 时，估值超过 c 的代理人的比例接近 $P(v_i \geqslant c) = 1 - F(c)$，假设它大于 α。因此，随着 n 趋于无穷大，在 M_α^n 下提供公共产品的概率接近 1。利用有界随机变量和的 Hoeffding 不等式，我们可以证明 $P(\tilde{q}^{n,\,\alpha}(v) = 1)$ 向 1 的收敛速度是指数速率。

关于 α-公投的人均福利，我们有以下结果。

推论 6.1 假设 $\alpha < 1 - F(c)$，那么最佳机制的人均福利与 α-公投的人均福利之差（即 $W(q^{FB(n)}) - W(\tilde{q}^{n,\,\alpha})$）在 $n \to \infty$ 时接近零。

评论： 假设 $\alpha < 1 - F(c)$ 并固定任意 $\alpha' \in [\alpha,\, 1 - F(c)]$，则可以证明 α'-公投的人均福利也接近最佳机制的人均福利（此外，α'-公投满足 EXPIC、EXPBB 和 α-PIR）。然而，当 $\alpha' = \alpha$ 时，α'-公投的人均福利与最佳机制的人均福利之间的差距通常最小。

推论 6.1 意味着，使用 α-公投而不是最佳机制造成的人均福利损失随着 n 的增大而消失。下例说明了 α-公投的性能。

例 6.1 假设 v_i 均匀分布在 $[0, 1]$ 上，并且 $c = 0.4$，$\alpha = 0.5$。

表 6.1 列出了当 n 从 5 增加到 320 时，公共产品将以 0.5 次公投提供

的概率。它还列出了 0.5 次公投的人均福利、最佳机制的人均福利和人均福利使用 0.5 次公投而不是最佳机制的损失 $\left(\text{即},1-\dfrac{W(\widetilde{q}^{n,\,0.5})}{W(q^{FB(n)})}\right)$。

表 6.1　供给概率和 0.5 次公投的相对效率

n	$1-P(\widetilde{q}^{n,\,0.5}=1)$	$W(\widetilde{q}^{n,\,0.5})$	$W(q^{FB(n)})$	$1-\dfrac{W(\widetilde{q}^{n,\,0.5})}{W(q^{FB(n)})}$
5	0.316 9	0.109 7	0.116 5	0.058 1
10	0.166 2	0.103 4	0.106 2	0.026 6
20	0.127 3	0.099 0	0.101 6	0.026 4
40	0.074 7	0.098 1	0.100 2	0.020 9
80	0.026 7	0.099 0	0.100 1	0.009 5
160	0.004 1	0.099 7	0.100 0	0.002 1
320	0.000 1	0.099 9	0.099 9	0.000 1

在我们的示例中,阈值为 $1-F(c)=0.6$。因为 $\alpha=0.5$ 小于阈值,最佳效率可以渐近地实现。特别是,表 6.1 显示,随着 n 的增大,$1-P(\widetilde{q}^{n,\,0.5})$ 迅速接近零。它还表明,随着 n 的增大,0.5 次公投的人均福利损失迅速消失。实际上,当经济体规模大于 80 时,人均福利损失小于 1%。

6.3.2　渐近无效率结果

本小节考虑了所需协议率较大的情况。我们将证明,如果 $\alpha>1-F(c)$,那么公共产品在满足 INTIC、EXABB 和 α-PIR 的匿名机制序列中提供的概率随 $n\to\infty$ 而趋近于零,且收敛速度不低于 $1/n^{\frac{1}{3}}$。

下一个引理指出,在一个有 n 个代理人的匿名经济中,当 $n\to\infty$ 时,任何代理人的临时预期供给的方差必须以不低于 $1/n$ 的速度收敛到零。令 $(q_i^n(v_i))=\displaystyle\int_{[\underline{v},\,\overline{v}]}\big[q_i^n(v_i)-Eq_i^n(v_i)\big]^2\mathrm{d}F(v_i)$,我们有:

引理 6.2　对于匿名机制的任何序列 $\{q^n,\{t_i^n\}_{i=1}^n\}_{n=1}^\infty$,我们有 $\mathrm{Var}(q_i^n(v_i))=O(1/n)$。

证明:参见附录 6.A。　　　□

如果我们的目的只是为了获得渐近无效率结果,那么引理 6.2 不是必要的,但是我们必须确定供给概率向零的收敛速度。

引理 6.2 的直觉如下。假设 v_1,$\cdots$,v_n 是独立的,可以证明 $\sum_i \mathrm{Var}(q_i^n(v_i)) \leqslant \mathrm{Var}(q^n(v))$。由于 $\mathrm{Var}(q^n(v)) \leqslant 1$ 和 v_1,$\cdots$,v_n 同分布,因此我们得到 $\mathrm{Var}(q_i^n(v_i)) = O(1/n)$。

我们通过 $\sqrt{\mathrm{Var}(q_i^n(v_i))}$ 定义了代理人 i 相对于机制 $\{q^n, \{t_i^n\}_{i=1}^n\}$ 的影响,$\sqrt{\mathrm{Var}(q_i^n(v_i))}$ 衡量了代理人 i 报告的估值变化对临时预期供给的影响。较小的 $\sqrt{\mathrm{Var}(q_i^n(v_i))}$ 表示影响较小。如果 $\sqrt{\mathrm{Var}(q_i^n(v_i))}$ 为零,那么 $q_i^n(v_i)$ 几乎等于一个常数函数。这意味着代理人 i 本质上对机制 $\{q^n, \{t_i^n\}_{i=1}^n\}$ 没有影响。引理 6.2 表明,当 n 变为无穷大时,代理人在任何匿名机制序列中的影响以不低于 $1/\sqrt{n}$ 的速度减少到零。

下一个引理是引理 6.2 的直接结果。它指出,对于任何 $\tilde{v} \in [\underline{v}, \bar{v}]$,在任何临时激励相容匿名机制序列下,$q_i^n(\tilde{v})$ 和 $Eq_i^n(v_i)$ 之间的差异随着 $n \to \infty$ 消失且为 $O(1/\sqrt{n})$。这意味着对于任何一系列临时激励相容的匿名机制,随着经济体规模的扩大,代理人的临时预期供给函数必须收敛到一个常数函数,并且收敛速度不小于 $1/\sqrt{n}$。

对于任何给定的 $\tilde{v} \in [\underline{v}, \bar{v}]$,定义 $m(\tilde{v}) = \min(P(v_i \geqslant \tilde{v}), (v_i \leqslant \tilde{v}))$(注意,$m(\tilde{v}) > 0$,因为概率密度函数在 $[\underline{v}, \bar{v}]$ 上为正)。我们有:

引理 6.3 令 $\{q^n, \{t_i^n\}_{i=1}^n\}_{n=1}^\infty$ 是匿名机制的任意序列。对于每个 n,$\{q^n, \{t_i^n\}_{i=1}^n\}$ 满足 INTIC,那么,对于任何给定的 $\tilde{v} \in (\underline{v}, \bar{v})$,我们都有:

$$|q_i^n(\tilde{v}) - Eq_i^n(v_i)| \leqslant \frac{1}{2\sqrt{m(\tilde{v})n}}$$

证明:参见附录 6.A。 □

引理 6.3 的直接证明如下。引理 6.2 确保当 n 变为无穷大时 $q_i^n(v_i)$ 的方差接近零。因此,当 n 变大时,$q_i^n(v_i)$ 变得"平坦"。这意味着,几乎对于每个点 $v_i \in [\underline{v}, \bar{v}]$,$q_i^n(v_i)$ 收敛到 $Eq_i^n(v_i)$。也就是说,$(\underline{v}, \bar{v})$ 中收

敛不成立的点的测量值为零。由于 $q_i^n(v_i)$ 在 $[\underline{v}, \bar{v}]$ 中是非递减的(对于满足 INTIC 的任何机制都是如此),我们可以证明实际上对于 $(\underline{v}, \bar{v})$ 中的所有点,我们有 $q_i^n(v_i)$ 收敛到 $Eq_i^n(v_i)$。[①]使用引理 6.2 和 Chebyshev 不等式的结果,我们可以证明 $q_i^n(v_i)$ 向 $E(q_i^n(v_i))$ 的收敛速度不低于 $1/\sqrt{n}$。

引理 6.3 与 Al-Najjar 和 Smorodinsky(2000)关于影响的结果之间存在自然联系。要了解这一点,假设 v_i 遵循 V 的离散分布,其中 V 是一个有限集,并且 V 中的每个元素的概率至少为 ϵ。引理 6.3 则意味着

$$|q_i^n(v_i) - q_i^n(v_i')| \leqslant \frac{1}{\sqrt{\epsilon n}}$$

对于任何的 v_i, $v_i' \in V$ 成立。[②]这意味着

$$\max_{v_i, v_i' \in V}(q_i^n(v_i) - q_i^n(v_i')) \leqslant \frac{1}{\sqrt{\epsilon n}}$$

。另一方面,Al-Najjar 和 Smorodinsky(2000)提出 $\max_{v_i, v_i' \in V}(q_i^n(v_i) - q_i^n(v_i'))$ 作为衡量代理人影响的指标,并证明了当 n 较大时,一个代理人的影响大致受 $\frac{1}{\sqrt{\pi}\sqrt{\epsilon n}}$ 约束。所以,粗略地说,对于代理人的估值离散的情况,我们的影响度量可以转换为 Al-Najjar 和 Smorodinsky(2000)中的影响度量,我们的论文得出的边界和 Al-Najjar 和 Smorodinsky(2000)得出的边界只有一个常数不同。

在代理人估值分布连续的情况下,我们的影响度量与 Al-Najjar 和 Smorodinsky(2000)的影响度量之间的比较就不那么简单了。原因在于,在 Al-Najjar 和 Smorodinsky(2000)中,直接使用 $\max_{v_i, v_i' \in V}(q_i^n(v_i) - q_i^n(v_i'))$ 作为连续情况下的影响度量是有问题的,因为这样做时,一个代理人的影响也可能非常大,即使 $q_i^n(v_i)$ 是一个度量为 1 的常数。Al-Najjar 和 Smorodinsky(2000)因此建议使用 $\inf_{\{A \subset [\underline{v}, \bar{v}]: P(A) < \epsilon\}} \sup_{\{v_i \in A\}} q_i^n(v_i) - \sup_{\{A \subset [\underline{v}, \bar{v}]: P(A) < \epsilon\}} \inf_{\{v_i \in A\}} q_i^n(v_i)$ 作为衡量影响的标准。然而,这种影响

---

①　这里的原因是,如果存在一个不收敛的"离群"点,那么假设 $q_i^n(v_i)$ 不递减,那么一定存在一组测度为正的点,其收敛不成立。

②　尽管我们假设 v_i 遵循连续分布,但引理 6.2 和引理 6.3 中的结果也适用于 v_i 离散的情况。

的度量依赖于外生参数 ϵ,而我们的影响度量 $\sqrt{\mathrm{Var}(q_i^n(v_i))}$ 不依赖于任何外生参数。因此,在连续的情况下,我们不能直接比较这两个度量。

衡量一个机制中代理人的影响的一个好方法应该只依赖于该机制,而不依赖于任何外生参数。从这个意义上讲,我们的影响度量似乎比 AI-Najjar 和 Smorodinsky(2000)更适合代理人估值连续的情况。

现在,我们定义:

$$\mathcal{M}^n = \{q^n, \{t_i^n\}_{i=1}^n | q^n, \{t_i^n\}_{i=1}^n\} \text{ 满足 INTIC、EXABB}$$

和 n 个代理人的经济体中的 α-PIR

我们称 $\mathcal{M}^n$ 中的任何机制为 n 个代理人的经济体的可行机制。下一个引理描述了任何匿名可行机制序列中的临时预期支付函数向一个常数函数的收敛速度。回想一下,对于任何 $\tilde{v} \in [\underline{v}, \bar{v}]$,有 $m(\tilde{v}) = \min(P(v_i \geqslant \tilde{v}), P(v_i \leqslant \tilde{v})) > 0$ 成立。我们有:

引理 6.4 设 $\{q^n, \{t_i^n\}_{i=1}^n\}_{n=1}^\infty$ 是匿名机制的任意序列,其中对于每个 n 有 $\{q^n, \{t_i^n\}_{i=1}^n\} \in \mathcal{M}^n$。那么,对于任何 $\tilde{v} \in (\underline{v}, \bar{v})$ 和 $0 < \eta < m(\tilde{v})$,我们有: $|t_i^n(\tilde{v}) - Et_i^n(v_i)| \leqslant \bar{v} \dfrac{1}{\sqrt{\eta n}} + 2\bar{v}\eta$。

证明:见附录 6.A。 ∎

注意 $m(\tilde{v})$ 不依赖于 n。当 $\eta = 4^{-\frac{2}{3}} n^{-\frac{1}{3}}$ 时,在引理 6.4 中得到的界是最紧的。这意味着在引理 6.4 中得到的界大约是 $1/n^{\frac{1}{3}}$(而不是 $1/\sqrt{n}$)。因此,随着 $n \to \infty$,代理人的临时预期支付函数以不低于 $1/n^{\frac{1}{3}}$ 的速度收敛到一个常数函数。

引理 6.4 证明的直观性如下。对机制 $\{q^n, \{t_i^n\}_{i=1}^n\}$ 的 INTIC 约束意味着对于任何 $v_i, v_i' \in [\underline{v}, \bar{v}]$, $v_i'(q_i^n(v_i) - q_i^n(v_i')) \leqslant t_i^n(v_i) - t_i^n(v_i') \leqslant v_i(q_i^n(v_i) - q_i^n(v_i'))$。也就是说,$t_i^n(v_i)$ 的变化是以 $q_i^n(v_i)$ 的变化为界的。根据引理 6.3,当 n 变为无穷大时,临时预期供给函数 q_i^n 接近一个常数函数。因此,随着经济体规模的扩大,临时预期支付函数 t_i^n 也必须收敛到一个常数函数。引理 6.4 中的界 $\bar{v} \dfrac{1}{\sqrt{\eta n}} + 2\bar{v}\eta$ 可以解释如下:固定

$\tilde{v} \in [\underline{v}, \bar{v}]$，并且考虑任何给定的 $v_i \in [\underline{v}, \bar{v}]$，$t_i^n(\tilde{v})$ 和 $t_i^n(v_i)$ 之间的差异，根据引理 6.3，$|q_i^n(\tilde{v}) - q_i^n(v_i)|$ 以 $\dfrac{1}{\sqrt{\eta n}}$ 为界，其中 $\eta = \min\{m(\tilde{v}),$

$m(v_i)\}$。因此，使用 INITC，$|t_i^n(\tilde{v}) - t_i^n(v_i)|$ 是以 $\bar{v}\dfrac{1}{\sqrt{\eta n}}$ 为界的。注意，如果 v_i 接近 $\underline{v}$ 或 $\bar{v}$，阈值 $\{m(\tilde{v}), m(v_i)\}$ 将变为零。但是，在 v_i 接近 $\underline{v}$ 或 $\bar{v}$ 的情况下，我们可以使用 $|t_i^n(v_i)|$ 被 $\underline{v}$ 约束的事实，得到一个关于 $|t_i^n(\tilde{v}_i) - t_i^n(v_i)|$ 的界。结合以上两个界限，并考虑到 $t_i^n(\tilde{v}) - t_i^n(v_i)$ 对 v_i 的期望值，我们就得到了 $|t_i^n(\tilde{v}) - Et_i^n(v_i)|$ 的界限 $\bar{v}\dfrac{1}{\sqrt{\eta n}} +$

$2\bar{v}\eta$。

下面的定理证明了在任何匿名可行机制序列中提供公共产品的概率以不低于 $1/n^{\frac{1}{3}}$ 的速度接近零。假设 $P(v_i \geqslant v_a) = \alpha$。注意，$\alpha > 1 - F(c)$ 意味着 $v_a < c$。我们有：

定理 6.2　假设 $\alpha > 1 - F(c)$。设 $\{q^n, \{t_i^n\}_{i=1}^n\}_{n=1}^{\infty}$ 为匿名机制的任意序列，其中对每个 n 有 $\{q^n, \{t_i^n\}_{i=1}^n\} \in \mathcal{M}^n$，那么我们有 $P(q^n(v) = 1) = O(1/n^{\frac{1}{3}})$。

证明： 设 $\{q^n, \{t_i^n\}_{i=1}^n\}_{n=1}^{\infty}$ 为匿名机制的给定序列，其中对每个 n 有 $\{q^n, \{t_i^n\}_{i=1}^n\} \in \mathcal{M}^n$。固定 $\epsilon \in (0, c - v_a)$。[①] 对于任何给定的 n，我们有以下两种情况。

(1) $\hat{v}^n < v_a + \epsilon$。

在这种情况下，因为 $\hat{v}^n < v_a + \epsilon < \infty$，根据 $\hat{v}^n$ 的定义，我们必须有 $U^n(\hat{v}^n) \geqslant 0$。激励相容约束意味着 $U^n(v_i)$ 在 v_i 中是非递减的，因此 $U^n(v_a + \epsilon) \geqslant U^n(\hat{v}^n) \geqslant 0$。也就是说：

$$(v_a + \epsilon)q_i^n(v_a + \epsilon) \geqslant t_i^n(v_a + \epsilon) \tag{6.6}$$

由于 $\{q_i^n(v_i), t_i^n(v_i)\}$ 满足 INTIC 和 $\underline{v} < v_a + \epsilon < c < \bar{v}$，那么通过引

---

① ϵ 的精确选择将不会影响我们后面得到的收敛速度。

理 6.3,我们有:

$$q_i^n(v_a+\epsilon)\leqslant Eq_i^n(v_i)+\frac{1}{2\sqrt{m(v_a+\epsilon)n}} \tag{6.7}$$

通过引理 6.4,对于任何 $0<\eta<m(v_a+\epsilon)$,[回想一下 $(v_a+\epsilon)=$ $\{P(v_i\leqslant v_a+\epsilon),\ P(v_i\geqslant v_a+\epsilon)\}$],我们有:

$$t_i^n(v_a+\epsilon)\geqslant Et_i^n(v_i)-\bar{v}\frac{1}{\sqrt{\eta n}}-2\bar{v}\eta \tag{6.8}$$

式(6.6)—式(6.8)隐含着 $Et_i^n(v_i)$ 的上界,即:

$$Et_i^n(v_i)\leqslant(v_a+\epsilon)Eq_i^n(v_i)+\frac{v_a+\epsilon}{2\sqrt{m(v_a+\epsilon)n}}\bar{v}\frac{1}{\sqrt{\eta n}}+2\bar{v}\eta \tag{6.9}$$

现在,通过预算平衡约束,我们可以得到对 $Et_i^n(v_i)$ 更低的上界:

$$Et_i^n(v_i)\geqslant cEq_i^n(v_i) \tag{6.10}$$

不等式(6.9)和不等式(6.10)则意味着:

$$Eq_i^n(v_i)\leqslant\frac{1}{c-(v_a+\epsilon)}\times\left[\frac{v_a+\epsilon}{2\sqrt{m(v_a+\epsilon)n}}\frac{1}{\sqrt{n}}+\bar{v}\frac{1}{\sqrt{\eta n}}+2\bar{v}\eta\right] \tag{6.11}$$

由于 $Eq_i^n(v_i)=Eq^n(v)=P(q^n(v)=1)$,因此对于任何 $0<\eta<$ $m(v_a+\epsilon)$,我们具有以下不等式:

$$P(q^n(v)=1)\leqslant\frac{1}{c-(v_a+\epsilon)}\times\left[\frac{v_a+\epsilon}{2\sqrt{m(v_a+\epsilon)n}}\frac{1}{\sqrt{n}}+\bar{v}\frac{1}{\sqrt{\eta n}}+2\bar{v}\eta\right]$$

$$\tag{6.12}$$

注意,不等式(6.12)对于任意足够小的 η 成立。可以证明,当 $\eta=$ $4^{-\frac{2}{3}}n^{-\frac{1}{3}}$ 时,式(6.12)中获得的界是最严格的。这意味着式(6.12)中得到的界限大约为 $1/n^{\frac{1}{3}}$。

(2) $\hat{v}^n\geqslant v_a+\epsilon$。

定义 $\gamma^n(v)=\dfrac{\sum_{i=1}^n\mathbf{1}_{\{v_i\geqslant v_a+\epsilon\}}}{n}$。注意,$r^n(v)=\dfrac{\sum_{i=1}^n\mathbf{1}_{\{v_i\geqslant\hat{v}^n\}}}{n}$,那么我

们必须有 $\gamma^n \geq r^n$。根据 α-PIR，如果 $r^n < \alpha$，则 $q^n(v) = 0$。因此我们有 $P(q^n(v) = 1) \leq P(r^n \geq \alpha) \leq P(\gamma^n \geq \alpha)$。令 $P(v_i \geq v_a + \epsilon) = \beta_0$。因为 $\{\mathbf{1}_{\{v_i \geq v_a + \epsilon\}}\}_{i=1}^n$ 是自变量且 $E(\gamma^n) = E\left(\dfrac{\sum_{i=1}^n \mathbf{1}_{\{v_i \geq v_a + \epsilon\}}}{n}\right) = \beta_0$。 我们有：

$P(\gamma^n \geq \alpha) = P(\gamma^n - \beta \geq \alpha - \beta_0) \leq P(|\gamma^n - \beta_0| \geq |\alpha - \beta_0|) \leq 2\exp\{-2n(\alpha - \beta_0)^2\}$，其中最后的不等式来自 Hoeffding 对有界随机变量和的不等式。因此：

$$P(q^n(v) = 1) \leq 2\exp\{-2n(\alpha - \beta_0)^2\} \tag{6.13}$$

对于任何给定的 n，供给概率 $P(q^n(v) = 1)$ 要么受限于不等式 (6.12)，要么受限于不等式 (6.13)。这意味着，对于任何机制序列 $\{\{q^n, \{t_i^n\}_{i=1}^n\}\}_{n=1}^{\infty}$ 都存在 $P(q^n(v) = 1) = O(1/n^{\frac{1}{3}})$，其中对每个 n 和 $\alpha > 1 - F(c)$ 来说，$\{q^n, \{t_i^n\}_{i=1}^n\} \in \mathcal{M}_\alpha^n$。∎

我们现在解释定理 6.2 的证明，确定 n 和 $\epsilon \in (0, c - v_a)$，我们有以下两种情况：$(1) \hat{v}^n > v_a + \epsilon$ 和 $(2) \hat{v}^n > v_a + \epsilon$。

在前一种情况下，收支平衡估值 $\hat{v}^n$ 相对较高，这意味着获得非负临时预期效用的代理人的比例相对较低。假设 $\hat{v}^n > v_a + \epsilon$，则可以证明，当 n 较大时，上述比例以概率 1 小于所需的一致率 α。因此，通过 α-PR，公共产品将不会在大型经济体中被提供。

在后一种情况下，使用定理 6.3、定理 6.4 和 $U^n(v_a + \epsilon) \geq U^n(\hat{v}^n) \geq 0$，我们可以得到以下预期人均支付的上界[也可见定理 6.2 的证明中的不等式 (6.9)]：

$$Et_i^n(v_i) \leq (v_a + \epsilon)P(q^n(v) = 1) + C(n) \tag{6.14}$$

其中，当 n 趋于无穷时，$C(n)$ 趋近于零。上述不等式反映了委托人可以从每个代理人那里收取的预期支付不大于代理人的基本支付[通常被 $(v_a + \epsilon)P(q^n(v) = 1)$ 约束]，加上代理人的预期虚拟收益[受限于 $C(n)$]。基本支付是机制设计者可以对所有代理人征收的税，而预期的虚拟收益反映了机制设计者在信息约束下可以从高估值代理人那里提取多少额外税款。① 由于 $C(n)$ 随着 n 趋于无穷大而趋于零,因此在大经济体中,委托人可以从每个代理人那里收取的预期支付最多为 $(v_a + \epsilon)P(q^n(v) = 1)$。但是假设所需的协议率 α 大于 $1 - F(c)$,意味着 $(v_a + \epsilon) < c$。因此,除非 $(q^n(v) = 1)$,否则不能满足预算平衡约束。

$P(q^n(v) = 1)$ 向零收敛的速度取决于两个因素。一个是在上述第一种情况下,获得非负临时预期效用的代理人的比例达到小于 α 的值的速度。另一个是上面提到的第二种情况下 $C(n)$ 变为零的速度。结果表明,根据 Hoeffding 不等式,第一个速度约为指数速率,而由于引理 6.4,第二个速度约为 $1/n^{\frac{1}{3}}$。因此,$P(q^n(v) = 1)$ 必须以不低于 $1/n^{\frac{1}{3}}$ 的速度收敛到零。

6.4 生产技术的作用

在前面的小节中,我们假设供给成本与经济体中的代理人数量成正比。② 在本节中,我们将考虑人均供给成本随着代理人数量而减少的情况。② 特别是,我们假设在 n 个代理人的经济体中的供给成本为 $C(n) = n^\gamma c$,其中 $\gamma \in [0, 1)$ 和 $c > 0$ 是常数,人均供给成本是 $c/n^{1-\gamma}$。除此之外,我们假设 $\underline{v} = 0$。③

本节的目的是探讨生产技术对公共产品供给的影响。随着经济体规模的扩大,对公共产品的供给存在两种相反的影响。一是因为生产中的规模效率(以 $1 - \gamma$ 计),人均供给成本下降。另一个是由于代理人数量的增加,搭便车问题日益严重。我们将证明,对于 α 小于 1 的情况,无论 $1 - \gamma$ 多小,人均成本下降的积极影响最终将超过搭便车问题严重性增

---

① 当 n 趋于无穷大时 $C(n)$ 趋于零的事实意味着,随着经济体规模的扩大,代理人的预期虚拟收益趋于零[也可以参见 Hellwig(2003)、Norman(2004)等关于这一特性的说明]。

② 我们不会考虑提供人均供给成本随代理人的数量增加的情况,因为在这种情况下,随着代理人数量的增加,总成本将最终超过公共产品的最大可能总福利,因此在最佳机制中供给的可能性接近于零。结果,总是可以达到最佳效率。

③ 如果 $\underline{v} > 0$,那么由于人均成本接近 $0 < \underline{v}$,最佳效率总可以通过一种公共产品供给概率为 1 且每个代理人收费为 $\underline{v}$ 的机制实现。

加的负面影响,并将实现最佳效率。对于 α 等于 1 的情况,假设 v_i 在零处是离散的,我们发现 $1-\gamma$ 小于 1/3 时将获得低效率。

对于 α 小于 1 的情况,分析很简单。观察到随着 n 趋于无穷大,$\dfrac{C(n)}{n}$ 接近于零,阈值 $1-F(C(n)/n)$ 接近 1。这意味着所需的一致率 α 必须小于足够大的 n 的阈值。因此对于任何的 $\gamma \in [0, 1)$,通过诸如 α-公投等机制,可以在大经济体中实现最佳效率。

我们现在分析 $\alpha=1$ 的情况。为简单起见,我们假设 v_i 的分布在 $(0, \bar{v}]$ 上是连续的,但在 $P(v_i=0)>0$ 时是离散的。[1]对于任何的 n,由于所需的一致率等于 1,所以 $\hat{v}^n$ 须等于零。此外,$v_a=0$。因此,对于任何的 $\epsilon \in (0, c-v_a)$,我们有 $\hat{v}^n < v_a+\epsilon=\epsilon$。设 $\epsilon \to 0$,不等式(6.9)则表示对于任何 $0<\eta<m(v_a+\epsilon)=m(\epsilon)=\min\{P(v_i \leqslant \epsilon), P(v_i \geqslant \epsilon)\}$,我们有:

$$Et_i^n(v_i) \leqslant \bar{v}\frac{1}{\sqrt{\eta n}}+2\bar{v}\eta \tag{6.15}$$

注意,η 与 n 无关。不等式(6.15)意味着预期人均支付以不低于 $1/n^{\frac{1}{3}}$ 的速度下降到零(这是因为当 $\eta=4^{-\frac{2}{3}}n^{\frac{1}{3}}$ 时,不等式(6.15)的右侧最小)。因此,如果人均成本以低于 $1/n^{\frac{1}{3}}$ 的速度减少到零[即 $\gamma \in (2/3, 1)$],那么人均成本最终将超过预期人均支付,并且供给概率必须收敛到零。特别是对于 $\gamma \in (2/3, 1)$,使用事前预算平衡约束 $C(n)Eq_i^n(v_i) \leqslant nEt_i^n(v_i)$ 和不等式(6.15),我们得到 $Eq_i^n \leqslant O\left(1/n^{\gamma-\frac{2}{3}}\right)$,即 $P(q^n(v)=1) \leqslant O\left(1/n^{\gamma-\frac{2}{3}}\right)$。由于 $1/n^{\gamma-\frac{2}{3}}=\dfrac{1/n^{\frac{1}{3}}}{1/n^{1-\gamma}}$,因此供给概率的收敛速度(即 $1/n^{\gamma-\frac{2}{3}}$)由预期人均支付的收敛速度(即 $1/n^{\frac{1}{3}}$)和人均成本的收敛速度(即,$1/n^{1-\gamma}$)决定。

---

[1] 假设 v_i 的分布在 O 处有一个极小量将有助于得到以下的低效率结果[定理 6.3(2)]。特别地,这个假设确保了 $\dfrac{v_a+\epsilon}{\sqrt{m(v_a+\epsilon)}}=\dfrac{\epsilon}{\sqrt{m(\epsilon)}}$ 随着 ϵ 趋于零而趋于零,因此我们在定理 6.2 中证明得到的 $Et_i^n(v_i)$ 的上界[特别是不等式(6.9)]可以简化为不等式(6.15)。

最后,如果 $\alpha = 1$ 且 $\gamma \in [0, 1/2)$,那么在大经济体中总能实现最佳效率(参见 Hellwig, 2003)。[1]

总之,我们有:

定理 6.3 假设 n 个代理人的经济体中的供给成本是 $n^{\gamma}c$,那么:

(1) 如果 $\alpha \in [0, 1)$ 和 $\gamma \in [0, 1)$ 或 $\alpha = 1$ 和 $\gamma \in [0, 1/2)$,则可以通过满足 INTIC、EXABB 和 α-PIR 的一系列机制渐近地实现最佳供给水平。

(2) 如果 $\alpha = 1$ 且 $\gamma \in (2/3, 1)$,假设 v_i 在 $(0, \bar{v}]$ 上是连续的并且在零处是离散的(即 v_i 在零处有一个原子),则满足 INTIC、EXABB 和 α-PIR 的任何匿名机制序列中的供给概率在 $n \to \infty$ 时以不低于 $1/n^{\gamma - \frac{2}{3}}$ 的速度接近零。

定理 6.3 中没有涵盖 $\alpha = 1$ 和 $\gamma \in [1/2, 2/3]$ 的情况。在这种情况下,我们不能证明效率和低效率是否得到证实。我们的猜想是,效率是否获得取决于代理人的估值分布。

6.5 结论

本章考虑了公共产品供给问题,其中只有当从该机制中获得非负临时预期效用的代理人的比例弱高于所需的一致率 α 时,才能提供公共产品并从代理人那里收取费用。我们证明,如果 α 小于 $1 - F(c)$,则存在一个满足 INTIC、EXABB 和 α-PIR 的 α-公投序列,使得随着经济体规模 n 变大,在 α-公投中以不低于指数速率的速度提供公共产品的概率接近 1;如果 α 超过 $1 - F(c)$,则在满足 INTIC、EXABB 和 α-PIR 的任何机制序列中提供公共产品的概率以不低于 $1/n^{\frac{1}{3}}$ 的速度接近零。因此,本章不仅

---

[1] 实际上,Hellwig(2003)假设供给的总成本与代理人的数量无关(在最佳供给水平有限制的情况下)。他构建了一个机制序列,并表明通过这个机制序列可以实现最佳效率(Hellwig, 2003,命题 3)。可以很容易地验证,Hellwig(2003)构造的机制序列在人均成本以大于 $1/\sqrt{n}$ 的速度收敛到零时,也能获得最佳效率。

得到了渐近效率/低效率导致各种所需的一致率设置,而且描述了供给概率到达其有效/低效水平的速度。此外,作为一种方法论贡献,我们提出了代理人临时预期供给的标准差,作为代理人在机制中的影响力的衡量标准。我们描述了代理人在任何匿名机制序列中向零的收敛速度(引理6.2)和任何匿名可行机制序列向常数机制(引理 6.3 和引理 6.4)的收敛速度。

我们的结果表明,如果我们想要渐近地获得效率,$F(c)$ 是需要强制参与的最小部分。一个有趣的问题是,我们是否可以设计一种机制来引出支付,并确定哪些代理人需要被强制以实现效率。在有限经济体中,我们对这个问题没有明确的答案,但在经济体规模很大时,我们确实有答案。我们的引理 6.3 和引理 6.4 表明任何满足 INTIC、EXABB 和 α-PIR 的机制必须收敛到临时预期支付和供给函数不变的机制。通过预算平衡,这意味着如果要提供公共产品,那么任何机制中的代理人的预期支付必须大概等于人均成本 c,而与代理人的估值无关。这意味着如果我们想要获得效率,那么(粗略地说),无论我们将使用什么机制,任何估值低于 c 的代理人都应该被强制参与。

附录 6.A

6.A.1　引理 6.1 的证明

(1) 可以很容易地证明机制 $M_\alpha^n = \{\tilde{q}^{n,\alpha}, \tilde{t}_i^{n,\alpha}\}$ 满足 INTIC、EXABB 和 α-PIR(使用 $\tilde{U}_i^{n,\alpha}(c) = 0$ 的事实)

(2) 设 $\beta = 1 - F(c)$。

注意,$\{\mathbf{1}_{\{v_i \geqslant c\}}\}_{i=1}^n$ 是自变量和 $E\left(\dfrac{\sum_{i=1}^n \mathbf{1}_{\{v_i \geqslant c\}}}{n}\right) = \beta$,那么我们有:

$$P(\tilde{q}^{n,\alpha} = 1) = P\left(\dfrac{\sum_{i=1}^n \mathbf{1}_{\{v_i \geqslant c\}}}{n} \geqslant \alpha\right)$$

$$\geqslant P\left(\left|\beta-\frac{\sum_{i=1}^{n}\mathbf{1}_{\{v_i\geqslant c\}}}{n}\right|\leqslant\beta-\alpha\right)$$

$$\geqslant 1-P\left(\left|\beta-\frac{\sum_{i=1}^{n}\mathbf{1}_{\{v_i\geqslant c\}}}{n}\right|\geqslant\beta-\alpha\right)$$

$$\geqslant 1-2\exp\{-2n(\beta-\alpha)^2\} \tag{6.16}$$

最后的不等式来自 Hoeffding 不等式,其中 $P(|\bar{X}-E(\bar{X})|\geqslant t)\leqslant 2\exp(-2nt^2)$,其中 $t>0$ 是常数,$\bar{X}=\dfrac{\sum_{i=1}^{n}X_i}{n}$ 是独立同分布随机变量 $\{X_i\}_{i=1}^{n}$ 的序列的平均,$\Pr(X_i\in[0,1])=1$(参见 Hoeffding,1963)。

因此,我们得到 $1-P(\tilde{q}^{n,a}=1)\leqslant 2\exp\{-2n(\beta-\alpha)^2\}$。

6.A.2 引理 2 的证明[①]

设对于任何 i,$V=[\underline{v},\bar{v}]^n$ 和 $V_i=[\underline{v},\bar{v}]$,我们有:

$$\int_{v}\left[q^n(v)-Eq^n(v)-\sum_i(q_i^n(v_i)-Eq_i^n(v_i))\right]^2\mathrm{d}F(v_1)\cdots F(v_n)$$

$$=\int_{v}\left[q^n(v)-Eq^n(v)\right]^2\mathrm{d}F(v_1)\cdots F(v_n)$$

$$-2\sum_i\int_{v}(q^n(v))-Eq^n(v)(q_i^n(v_i))$$

$$-Eq_i^n(v_i)\mathrm{d}F(v_1)\cdots F(v_n)$$

$$+\sum_i\int_{v}\left[q_i^n(v_i)-Eq_i^n(v_i)\right]^2\mathrm{d}F(v_i)\cdots F(v_n)$$

$$=\int_{v}\left[q^n(v)-Eq^n(v)\right]^2\mathrm{d}F(v_1)\cdots F(v_n)$$

$$-2\sum_i\int_{v_i}\left[q_i^n(v_i)-Eq_i^n(v_i)\right]^2\mathrm{d}F(v_i)$$

---

① 证明中使用的技术也出现在 Becker(2012)中。特别是不等式(6.18)可以看作 Becker (2012)命题 2.1 的一个特例。

$$+ \sum_i \int_{v_i} [q_i^n(v_i) - Eq_i^n(v_i)]^2 \mathrm{d}F(v_i)$$

$$= \mathrm{Var}(q^n(v)) - \sum_i \mathrm{Var}(q_i^n(v_i))$$

$$= \mathrm{Var}(q^n(v)) - n\mathrm{Var}(q_i^n(v_i)) \tag{6.17}$$

其中,第一个不等式源于 $q_1^n(v_1)$,$\cdots$,$q_n^n(v_n)$ 是自变量的事实,第二个不等式源于对于任何 i 有 $Eq^n(v) = Eq_i^n(v_i)$ 的事实。

运用不等式(6.17)以及 $\int_V [q^n(v) - Eq^n(v) - \sum_i (q_i^n(v_i) - Eq_i^n(v_i))]^2 \mathrm{d}F(v_1) \cdots F(v_n) \geqslant 0$,我们有:

$$\mathrm{Var}(q_i^n(v_i)) \leqslant \frac{1}{n} \mathrm{Var}(q^n(v)) \tag{6.18}$$

注意,对于任何 n 和 $v \in V$,$0 \leqslant q^n(v) \leqslant 1$。因此 $\mathrm{Var}(q^n(v)) \leqslant 1$。结果为,$\mathrm{Var}(q_i^n(v_i)) = O(1/n)$。

6.A.3　引理 6.3 的证明

首先,通过引理 6.1,如果 $\{q^n, \{t_i^n\}_{i=1}^n\}$ 满足 INTIC,然后 $q_i^n(v_i)$ 在 $[\underline{v}, \bar{v}]$ 上非递减。

对于给定的 $\varepsilon > 0$,使用 Chebyshev 不等式、引理 6.2 和 $\mathrm{Var}(q^n(v)) \leqslant \frac{1}{4}$ [注意 $q^n(v)$]遵循伯努利分布,可以采用两个值:0 和 1,我们有:

$$P(|q_i^n(v_i) - Eq_i^n(v_i)| \geqslant \varepsilon) \leqslant \frac{\mathrm{Var}(q_i^n(v_i))}{\varepsilon^2} \leqslant \frac{1}{4n\varepsilon^2}$$

固定 $\tilde{v} \in (\underline{v}, \bar{v})$。如果 $n \geqslant \frac{1}{4m(\tilde{v})\varepsilon^2}$ 那么:

$$P(|q_i^n(v_i) - Eq_i^n(v_i)| > \varepsilon + \varepsilon_0)$$

$$\leqslant \frac{1}{4n(\varepsilon + \varepsilon_0)^2} < m(\tilde{v}), \text{对于任何 } \varepsilon_0 > 0 \text{ 成立} \tag{6.19}$$

现在如果 $|q_i^n(\tilde{v}) - Eq_i^n(v_i)| > \varepsilon + \varepsilon_0$,那么我们有 $q_i^n(\tilde{v}) - Eq_i^n(v_i) > \varepsilon + \varepsilon_0$

或 $q_i^n(\tilde{v}) - Eq_i^n(v_i) < -(\varepsilon + \varepsilon_0)$。因为 $q_i^n(v_i)$ 是非递减函数,我们对于任何的 $v_i \geqslant \tilde{v}$ 要么有 $q_i^n(v_i) - Eq_i^n(v_i) > (\varepsilon + \varepsilon_0)$,要么有 $q_i^n(v_i) - Eq_i^n(v_i) < -(\varepsilon + \varepsilon_0)$。因此 $P(|q_i^n(v_i) - Eq_i^n(v_i)| > \varepsilon + \varepsilon_0) \geqslant \min(P(v_i \geqslant \tilde{v}))$,$P(v_i \leqslant \tilde{v}) = m(\tilde{v})$ 与式 (6.19) 矛盾。对于所有的 $n \geqslant \frac{1}{4m(\tilde{v})\varepsilon^2}$,我们必须有 $|q_i^n(\tilde{v}) - Eq_i^n(v_i)| \leqslant \varepsilon + \varepsilon_0$。因为 $\varepsilon_0 > 0$ 是任意的,则对于所有 $n \geqslant \frac{1}{4m(\tilde{v})\varepsilon^2}$ 有 $|q_i^n(\tilde{v}) - Eq_i^n(v_i)|$。对于任何给定的 N,我们有 $|q_i^n(\tilde{v}) - Eq_i^n(v_i)| \leqslant \frac{1}{2\sqrt{m(\tilde{v})}N}$ 对于任何的 $n \geqslant N$ 成立。这意味着对于任何给定的 n 可以推断出 $|q_i^n(\tilde{v}) - Eq_i^n(v_i)| \leqslant \frac{1}{2\sqrt{m(\tilde{v})N}}$。

6.A.4 引理 6.4 的证明

我们首先证明有一些 $v_i \in [\underline{v}, \bar{v}]$ 使 $U^n(v_i) \geqslant 0$。假设这不是真的,那么我们必须对于任何的 $v_i \in [\underline{v}, \bar{v}]$ 有 $U^n(v_i) < 0$。这意味着在 $v_i \in [\underline{v}, \bar{v}]$ 的情况下,$r^n(v) = 0$。因为 $r^n(v) = 0 < \alpha$,根据 α-PIR 我们必须有 $q^n(v) = 0$ 和 $t_i^n(v) = 0$ 对于任何的 i 和所有的 $v \in [\underline{v}, \bar{v}]^n$。这意味着对于所有的 $v_i \in [\underline{v}, \bar{v}]$,$U^n(v_i) = 0$ 矛盾。

因此,我们已经证明存在一些 $v_i \in [\underline{v}, \bar{v}]^n$ 使 $U^n(v_i) \geqslant 0$。现在,根据 $\hat{v}^n$ 的定义,我们必须有 $v \in [\underline{v}, \bar{v}]^n$ 和 $U^n(v_i) \geqslant 0$。

我们接下来证明 $t_i^n(v_i)$ 是有界的。一方面,我们有 $t_i^n(v_i) = v_i q_i^n(v_i) - \int_{\hat{v}^n}^{v_i} q_i^n(s)ds - U^n(\hat{v}^n) \leqslant \bar{v}$,其中等式来自 $\{q^n, \{t_i^n\}_{i=1}^n\}$ 满足 INTIC 的事实,不等式来自 $U^n(v_i) \geqslant 0$ 且 $q_i^n(v_i) \geqslant 0$。另一方面,根据 EXABB,我们有 $Et_i^n(v_i) \geqslant cEq_i^n(v_i)$。这意味着 $E[v_i q_i^n(v_i)] - E[\int_{\hat{v}^n}^{v_i} q_i^n(s)ds] - U^n(\hat{v}^n) \geqslant cEq_i^n(v_i)$,即 $U^n(\hat{v}^n) \leqslant E[v_i q_i^n(v_i)] - E\int_{\hat{v}^n}^{v_i} q_i^n(s)ds - U^n(\hat{v}^n) \leqslant \bar{v}$。后一个不等式和 $\int_{\hat{v}^n}^{v_i} q_i^n(s)ds \leqslant \int_{\hat{v}^n}^{v_i} q_i^n(v_i)ds$

（因为 q_i^n 是 INTIC 的非递减函数）意味着 $t_i^n(v_i) = v_i q_i^n(v_i) - \int_{\hat{v}^n}^{v_i} q_i^n(s)\mathrm{d}s$

$- U^n(\hat{v}^n) \geqslant v_i q_i^n(v_i) - \int_{\hat{v}^n}^{v_i} q_i^n(v_i)\mathrm{d}s - U^n(\hat{v}^n) = v_i q_i^n(v_i) - (v_i -$

$\hat{v}^n)q_i^n(v_i) - U^n(\hat{v}^n) = \hat{v}^n q_i^n(v_i) - U^n(\hat{v}^n) \geqslant -\bar{v}$（最后一个不等式是由

于在 $\hat{v}^n \in [\underline{v}, \bar{v}] \subset R_+$）。我们因此证明对与任何的 $v_i \in [\underline{v}, \bar{v}]$ 均有

$|t_i^n(v_i)| \leqslant \bar{v}$。

接下来，我们证明这个引理。对于 $\bar{\epsilon} > 0$，即得到 $P(v_i \leqslant \underline{v} + \bar{\epsilon}) =$

$P(v_i \geqslant \underline{v} + \bar{\epsilon})$。对于任何的 $\epsilon \in (0, \bar{\epsilon})$，将 $\mu(\epsilon)$ 定义为唯一值，使得

$P(v_i \geqslant \bar{v} - \mu(\epsilon)) = P(v_i \leqslant \underline{v} + \epsilon)$。注意，随着 $\epsilon \to 0$，我们有 $\mu(\epsilon) \to 0$ 和

$h(\epsilon) \to 0$，固定 $\tilde{v} \in (\underline{v} + \epsilon, \bar{v} - \mu(\epsilon))$，我们有 $v_i \in (\underline{v} + \epsilon, \bar{v} - \mu(\epsilon))$，其

中第一个不等式来自激励相容性约束，且第二个不等式遵循引理 6.3。

因 此 $t_i^n(v_i) \leqslant v_i(q_i^n(v_i) - q_i^n(\tilde{v})) + \int_{(\underline{v}, \underline{v}+\epsilon)} t_i^n(v_i)\mathrm{d}F_i(v_i) +$

$\int_{[\bar{v}-\mu(\epsilon), \bar{v}]} t_i^n(v_i)\mathrm{d}F_i(v_i) \leqslant \bar{v}\dfrac{1}{\sqrt{h(\epsilon)n}} + t_i^n(\tilde{v}) + 2\bar{v}h(\epsilon)$。 也就是说，

$t_i^n(\tilde{v}) - E t_i^n(v_i) \geqslant -\bar{v}\dfrac{1}{\sqrt{h(\epsilon)n}} - 2\bar{v}h(\epsilon)$。同样，可以证明 $t_i^n(\tilde{v}) -$

$E t_i^n(v_i) \leqslant \bar{v}\dfrac{1}{\sqrt{h(\epsilon)n}} + 2\bar{v}h(\epsilon)$。因此，对于任何的 $\tilde{v} \in (\underline{v}+\epsilon, \bar{v}-\mu(\epsilon))$

都有 $|t_i^n(\tilde{v}) - E t_i^n(v_i)| \leqslant \bar{v}\dfrac{1}{\sqrt{h(\epsilon)n}} + 2\bar{v}h(\epsilon)$。这意味着任何的 $\tilde{v} \in (\underline{v},$

$\bar{v})$ 且 $0 < \eta < m(\tilde{v}) = \min\{P(v_i \leqslant \tilde{v}), P(v_i \geqslant \tilde{v})\}$，$|t_i^n(\tilde{v}) - E t_i^n(v_i)| \leqslant$

$\bar{v}\dfrac{1}{\sqrt{\eta n}} + 2\bar{v}\eta$，我们有 $|t_i^n(\tilde{v}) - E t_i^n(v_i)| \leqslant \bar{v}\dfrac{1}{\sqrt{\eta n}} + 2\bar{v}\eta$。

附录 6.B

Al-Najjar 和 Smorodinsky（2000）认为预期供给水平和人均预期支付

的收敛率趋近于零。

Al-Najjar 和 Smorodinsky(2000)得出,公共产品供应机制由(δ, c)表示,其中$c=(c_1, \cdots, c_N)$和N是代理人的数量。注意,$\delta: \Omega \to \{0.1\}$是供给函数,$c_i: \Omega \to R$是代理人$i$的支付函数。$\Omega$是所有代理人的基础类型空间。

Al-Najjar 和 Smorodinsky(2000)假设任何代理人的估值分布是连续的$(0, \bar{t}]$,并且在零处离散,对于所有代理人,某些$\epsilon > 0$的概率为零大于ϵ。[①] Al-Najjar 和 Smorodinsky(2000)文献中第 331 页中表示 $\sup_{\delta, c} E\delta \leqslant \frac{t^+}{\beta}[R_{\eta, N} + \eta]$,对于任何$0 < \eta \leqslant \epsilon$,其中$R_{\eta, N} = \frac{1}{\sqrt{\eta\pi}} \frac{1}{\sqrt{N}}$和$\beta$是常数。为简单起见,我们放弃了约束$\eta \leqslant \epsilon$。应该指出的是施加约束$\eta \leqslant \epsilon$不会改变下面的结果。现在,定义:

$$\eta^*(N) = \arg\min_{\eta > 0} \frac{t^+}{\beta}[R_{\eta, N} + \eta]$$

并且,最佳界限$\sup_{\delta, c} E\delta$的最佳界限是$\frac{t^+}{\beta}[R_{\eta^*(N), N} + \eta^*(N)]$,上述最小化问题的一阶条件可写为$-\frac{1}{2}\eta^{-\frac{3}{2}}\frac{1}{\sqrt{\pi}\sqrt{N}} + 1 = 0$(可以证实满足问题的二阶条件)。即,$\eta^*(N) = \frac{1}{(4\pi N)^{\frac{1}{3}}}$。因此,我们得到 $\sup_{\delta, c} E\delta \leqslant \frac{t^+}{\beta}[R_{\eta^*(N), N} + \eta^*(N)] = \frac{t^+}{\beta}\left(4^{\frac{1}{6}} + 4^{-\frac{1}{2}}\right)\pi^{-\frac{1}{3}}\frac{1}{N^{\frac{1}{3}}} = O\left(N^{-\frac{1}{3}}\right)$。

因此,正如 Al-Najjar 和 Smorodinsky(2000)的第 331 页所述 $\sup_{\delta}, cE\delta$ 的收敛速度按照$N^{-\frac{1}{3}}$的速度而不是$N^{-\frac{1}{2}}$的速度向 0 收敛。也就是说,公共产品的概率的提供的收敛速度为$N^{-\frac{1}{3}}$。

现在对于预期支付的约束,参见 Al-Najjar 和 Smorodinsky(2000)第 340 页,我们得到$E(c_n) \leqslant t^+[V_n(\delta, \eta) + \eta]$,对于任何的$0 < \eta \leqslant \epsilon$成

---

① Al-Najjar 和 Smorodinsky(2000)也考虑了代理人估值分布完全离散的情况,在这种情况下,预期准备金向零的收敛率确实是$N^{-\frac{1}{2}}$(参见 Al-Najjar and Smoorodinsky,2000 的推论)。

立。因此，$\dfrac{\sum Ec_n}{N} \leqslant t^+ [R_{\eta, N} + \eta] \leqslant t^+ \left[\dfrac{1}{\sqrt{\eta\pi}} \dfrac{1}{\sqrt{N}} + \eta \right]$ 且 $\sum Ec_n \leqslant$

$t^+ \left[\dfrac{1}{\sqrt{\eta\pi}} \sqrt{N} + \eta N \right]$ 对于任何的 $0 < \eta \leqslant \epsilon$ 成立。同理可得，我们可以得

到 $\dfrac{\sum Ec_n}{N} \leqslant O\left(N^{-\frac{1}{3}}\right)$。也就是说，人均预期支付收敛到零。我们得到

结论，预期的汇总支付数值是 $O\left(N^{\frac{2}{3}}\right)$。

参考文献

Al-Najjar, N.I., R. Smorodinsky, 2000, "Pivotal Players and the Characterization of Influence", *J. Econom. Theory*, 92, 318—342.

Becker, J.G., 2012, "A Note on the Number of α-pivotal Players", *Math. Oper. Res.*, 37, 196—200.

Börgers, T., P. Norman, 2009, "A Note on Budget Balance under Interim Participation Constraints: the Case of Independent Types", *Econom. Theory*, 39, 477—489.

Clarke, E.H., 1971, "Multipart Pricing of Public Goods", Public Choice II, 19—33.

d'Aspremont, C., Gérard-Varet, L.A., 1979, "Incentives and Incomplete Information", *J. Public Econ*, 11, 25—45.

Groves, T., 1973, "Incentives in Teams", *Econometrica*, 14, 617—631.

Hellwig, M. F., 2003, "*Public-Good Provision with Many Participants*", *Rev. Econom. Stud.*, 70, 589—614.

Hoeffding, W., 1963, "Inequalities for Sums of Bounded Random Variables". *J. Amer. Statist. Assoc.*, 58, 13—30.

Ledyard, J.O., Palfrey, T.R., 2002, "The Approximation of Efficient Public Good Mechanisms by Simple Voting Schemes", J. Public Econ., 83, 153—171.

Mailath, G., Postlewaite, A., 1990, "Asymmetric Information Bargaining Problems *with* Many Agents", *Rev. Econom. Stud.*, 57, 531—567.

Myerson, R.B., 1981, "Optimal Auction Design", *Math. Oper. Res.*, 6, 58—73.

Norman, P., 2004, "Efficient Mechanisms for Public Goods with use Exclusions", *Rev. Econom. Stud.*, 71, 1163—1188.

Rob, R., 1989, "Pollution Claim Settlements under Private Information", *J. Econom. Theory*, 47, 307—333.

第7章 大型有限经济体中公共产品的供给和自愿参与[*]

本章假定了一个自愿参与的公共产品供给博弈,参与博弈的代理人提供公共产品并按照一种机制(分配规则)支付费用,而非参与者可以搭便车。我们研究了均衡公共产品供给水平是如何受经济体人口增长的影响的,并引入复制的渐进一致连续性(AUCR)作为分配规则的一个条件,由多种机制满足的该条件要求人口的微小变化只能导致公共产品供给的微小变化,并使之合理化。通过多种机制,我们证明了在 AUCR下,随着经济在米勒隆(Milleron)意义上的复制,公共产品的均衡水平收敛于零。

7.1 引言

众所周知,公共产品的供给受制于搭便车的激励。虽然 Samuelson(1954)对这个问题的看法是悲观的,但 Groves 和 Ledyard(1977)表明,通过适当地构建一个公共产品机制,可以在纳什均衡中实现公共产品的有

———————

　* 作者:小西秀男,美国波士顿学院经济系;筱原龙介,日本法政大学经济学院。论文选自《公共经济理论期刊》,2014 年第 2 期第 16 卷。

效供给。①然而,由于提供纯粹的公共产品本质上涉及利益的非排他性,如果我们允许代理人决定是否这样做,那么假设所有代理人都参与该机制可能是不合理的。在本章中,我们将检验代理人是否真的愿意自愿参与公共产品机制。②我们尤其感兴趣的是,人口增长如何影响公共产品的均衡供给。

复制公共产品经济是一件困难的事情。③与私人产品经济相比,如果我们简单地复制代理人的数量,那么在每次复制时都会修改帕累托有效分配集。为了避免这个问题,Milleron(1972)设计了一种复制公共产品经济的方法,该方法在不影响帕累托有效分配集的情况下,在复制过程中修改代理人的偏好。在准线性效用偏好域,通过正态化起始的禀赋,Milleron(1972)的复制如下:如果一个代理人的效用在原经济中是 $z+u(g)$,那么在 r 次复制经济中,其效用是 $z+\frac{1}{r}u(g)$,其中 z 和 g 分别表示私人和公共产品消费。可以很容易地看到,萨缪尔森法则表明,无论复制的数量 r 是多少,公共产品供给的效率都是相同的。

最近,Healy(2010)、Furusawa 和 Konishi(2011)表明,根据 Milleron(1972)对复制经济的定义,随着人口的增加,非参与性(搭便车)问题会变得更加严重。虽然他们证明,随着经济的无限复制,公共产品的每一个纳什均衡水平都会趋于零,但趋同的模式却大相径庭。Healy(2010)使用了一个具有均衡参与(EP)的固定贡献规则,并表明随着复制的进行,所有

---

①　尽管 Grove-Ledyard 机制不满足个体理性,但 Hurwicz(1979)和 Walker(1981)证明了 Lindahl 规则是可执行的:Lindahl 规则在个体理性的同时也是有效的。随后,许多进一步的机制被提出,以满足其他的期望性质。然而,他们都假设,代理人必须参与机制,也就是说,他们都假设代理人没有离开机制的自由。

②　Saijo 和 Yamato(1999)考虑了可分割公共产品案例中的自愿参与博弈。他们显示了公共产品供给效率的负面结果,然后描述了在对称的柯布—道格拉斯效用情况下实现 Lindahl 分配规则机制的均衡参与。Saijo 和 Yamato(2010)考虑了公共产品经济中的自愿参与博弈,并表明对于所有代理人来说,执行 Lindahl 规则的机制的参与激励会随着经济中代理人数量的增加而变弱。

③　Muench(1972)、Milleron(1972)和 Conley(1994)讨论了复制公共产品经济的困难,并提出了各种可能的方法。Milleron 关于复制的概念是将禀赋与复制分割,并调整偏好,使代理人对私人产品的关注与他们的禀赋大小相关。

代理人继续参与机制,但对公共产品的贡献较少。[①]相比之下,Furusawa 和 Konishi(2011)将核心视为公共产品供给机制,并表明参与者提供了有效的公共产品水平(对于贡献者而言),但随着复制的进行,贡献者的影响力越来越小。在本章中,我们考虑了准线性效用域的一般机制,研究了复制过程中所有纳什均衡公共产品供给水平趋于零的机制条件。我们将证明,我们的结果涵盖了 Healy(2010)及 Furusawa 和 Konishi(2011)在准线性偏好域的结果,尽管这两个结果的收敛模式不同。

作为公共产品供给规则的条件,我们提出了 AUCR。关于一个经济体的 Milleron 复制,AUCR 要求,如果参与者的构成接近(在特定意义上),那么所有复制经济体的公共产品供给水平都是一致接近的。我们对公共产品供给的成本分摊不加限制,并且允许预算盈余。尽管 Milleron 的复制不会影响汇总分配的可行性,但 AUCR 并不强调公共产品供应水平不受复制的影响。结果证明,如果公共产品供给规则满足 AUCR,那么当一个经济体被复制时,所有的均衡公共产品供给水平都收敛到零(定理 7.1)。机制设计理论中,满足 AUCR 的规则类包含许多流行的分配规则。有效的分配规则如 Lindahl 和核心分配规则满足 AUCR,Clarke(1971)规则也是如此。所有有或无 EP 的固定贡献规则也满足准线性偏好域上的 AUCR。因此,利用我们的结果可以证明,在机制设计理论中的流行机制下,公共产品的均衡水平随着经济的复制而降低到零,至少在准线性偏好域是如此。

我们的结果还表明,如果在极限的纳什均衡条件下提供了一些积极的公共产品,那么分配规则在公共产品纳什均衡水平附近存在不连续性。不连续分配规则的结构类似于提供离散公共产品的模型,如 Palfrey 和 Rosenthal(1984),以及 Shinohara(2009)。

本章的结构如下。7.2 节介绍公共产品的参与博弈,7.3 节介绍 AUCR

---

① 固定贡献规则给每个独立于其他代理人的参与的代理人分配相同的费用。EP 规则就是这样的,在该规则下,所有代理人自愿参与公共产品的供给。Healy(2010)使用单调和连续偏好域。

并给出主要结果,7.4 节提供满足 AUCR 的公共产品机制示例,7.5 节对本章进行总结。所有证据都收集在附录中。

7.2　模型

经济体中包含一种私人产品和一种公共产品。我们考虑的偏好域是私人物品准线性的,也就是说,每个代理人的偏好由一个效用函数表示为 $U: \mathbb{R} \times \mathbb{R}_{+} \rightarrow \mathbb{R}$,使得 $U(z, g)=z+u(g)$,z 和 g 分别是私人产品与公共产品消费的水平。$u: \mathbb{R}_{+} \rightarrow \mathbb{R}_{+}$ 是一个基于公共产品消费的次效用函数,其中 $u(0)=0$。我们将每个代理人的私人产品禀赋正态化为零。即 $-z$ 表示一个代理人对公共产品供给的贡献。我们假设代理人有雄厚的财力,他们可以随心所欲地捐出他们的钱,而不受私人捐赠的预算限制。这种假设是准线性偏好(可转移效用)域的标准,是为了避免不必要的符号复杂性而强加的。[①]设 $C: \mathbb{R}_{+} \rightarrow \mathbb{R}_{+}$ 为公共产品供给的成本函数,其中 $C(0)=0$。

设 $\mathcal{U}$ 和 $\mathcal{C}$ 为效用函数[$u: \mathbb{R}_{+} \rightarrow \mathbb{R}_{+}$]和成本函数[$C: \mathbb{R}_{+} \rightarrow \mathbb{R}_{+}$]的容许域。考虑 Milleron 经济的复制,假设 $u \in \mathcal{U}$,则对于所有 $r \in \mathbb{Z}_{++}$,$\frac{1}{r} u \in \mathcal{U}$,其中 $\mathbb{Z}_{++}=\{1, 2, \cdots\}$ 为正整数集。稍后,我们将对每个结果考虑 $\mathcal{U}$ 和 $\mathcal{C}$ 的各种主要约束。为了得出我们的主要结果(以及所有其他结果),我们施加了以下条件:(1)每一个效用函数的斜率"一致有上界"(存在 $0<M<\infty$ 使得 $\frac{u(g_1)-u(g_2)}{g_1-g_2} \leqslant M$ 对于任意所有 $u \in \mathcal{U}$ 和 $g_1 > g_2 \geqslant 0$ 成立)。(2)成本函数是"非递减的"[$C(g_1) \geqslant C(g_2)$ 对于 $C \in \mathcal{C}$ 和 $g_1 > g_2 \geqslant 0$ 成立]并且满足"没有免费的午餐"[$C(0)=0$ 和 $C(g)>0$ 对于所有 $C \in \mathcal{C}$ 和 $g>0$ 成立]。将我们的结果应用于各种机制,我们还要考虑效用和/或成本函数的更多限制性域,例如可微性、凹面、凸面。

设 $\nu: \mathcal{U} \rightarrow \mathbb{Z}_{+}$ 为描述偏好类型的人口分布的"群体分配",其中 $\mathbb{Z}_{+}=$

---

① 　这一假设使问题变得严峻,因此本章的所有结果都是满足预算约束的。

$\{0, 1, 2, \cdots\}$ 是非负整数集。设 $Supp(\nu) \equiv \{u \in \mathcal{U} | \nu(u) > 0\}$ 为群体分配 ν 下的已有效用函数集合,设 $|Supp(\nu)|$ 为总人口 $Supp(\nu)$ 的基数。[①] 设 $\mathcal{N}$ 为满足 $|Supp(\nu)| < \infty$ 的所有有限群体分配的集合。对于所有的 $\nu \in \mathcal{N}$,当且仅当 $\nu' \leqslant \nu$ 时,则 $\nu' \in \mathcal{N}$ 是 ν 的一个"子群分配":也就是说,对于所有的 $u \in \mathcal{U}$,$\nu'(u) \leqslant \nu(u)$。我们通常通过参与者 ν 中的一个子群 ν' 来描述一个机制的参与者。对于所有的 $\nu \in \mathcal{N}$,$|\nu| \equiv \sum_{u \in Supp(\nu)} \nu(u)$ 成立。对于所有 $\nu, \nu', \nu'' \in \mathcal{N}$,使得 ν' 和 ν'' 是 ν 的子群分配,$|\nu' - \nu''| \equiv \sum_{u \in Supp(\nu)} |\nu'(u) - \nu''(u)|$ 成立。

一个"经济体"实质上是一对 (ν, C),其中 $\nu \in \mathcal{N}$,$C \in \mathcal{C}$,设 $\mathcal{E}$ 为所有经济体的集合。下面,我们定义了将一个经济体 (ν, C) 及其子群体 $\nu' \leqslant \nu$(机制参与者)映射到公共产品供给水平 g 以及参与者之间的成本分担 τ 的分配规则。一个(对称的)"转移函数" $\tau: \mathcal{U} \to \mathbb{R}$ 为每种类型的代理人分配一个支付金额,$\mathcal{T}$ 表示所有转移函数的集合。"分配规则"为函数 φ: $\mathcal{N} \times \mathcal{N} \times \mathcal{C} \to \mathcal{T} \times \mathbb{R}_+$,使得:

$$\varphi[\nu'; \nu, C] = \varphi_\mathcal{T}[\nu'; \nu, C] \times \varphi_G[\nu'; \nu, C]$$

其中,ν' 是 $\nu(\nu' \leqslant \nu)$ 的子群分配;$\varphi_\mathcal{T}[\nu'; \nu, C]: \mathcal{U} \to \mathbb{R}$ 是一个转移函数,它将转移支付分配给经济体 (ν, C) 中每个现有代理人类型,$\nu'(u) > 0$,$u \in \mathcal{U}$;$\varphi_G[\nu'; \nu, C] \in \mathbb{R}_+$ 分配公共产品的数量。请注意,我们假设两个代理人有相同的效用函数,那么他们的转移支付是相同的(对每种类型都是平等的)。[②]因此,$\varphi_\mathcal{T}[\nu'; \nu, C]: \mathcal{U} \to \mathbb{R}$ 满足 $(1) \varphi_\mathcal{T}[\nu'; \nu, C](u) = 0$,

---

① 用群体分配 ν 来描述一个经济体很便于达到我们的目的。在私人产品经济中,具有一系列(各种类型)消费者 $N = \{1, \cdots, t, \cdots, T\}$ 的 r-复制经济体由 $N_r = \{(1, 1), \cdots, (t, q), \cdots, (T, r)\}$ 表示,其中 $q \in \{1, \cdots, r\}$,(t, q) 是 t 类型的第 q 种消费者以标准符号的表示(参见 Wooders, 1989)。在这里,我们用其效用函数 u 来描述消费者的类型 t。在 Milleron 的 r-复制的公共产品经济中,每种类型的效用函数 u 被转换为 $\frac{1}{r}u$(见 7.3 节)。因此,分配规则 $\mathcal{U}$ 的域需要包含所有这些函数,用群体分配来表示一个经济体是处理 Milleron 复制的一个简单方法。因此,群体分配方法适合我们的分析。

② 在不改变我们的结果的情况下放弃这个假设是可能的,尽管对每种类型施加"平等对待"是很自然的。如果这个假设被抛弃,那么一个被要求比其他同类型的代理人支付更多钱的代理人就有更强的搭便车动机。因此,平等对待是使代理人参与机制最大化的最有效途径。

其中任意 $u \notin Supp(\nu')$（成本仅由参与者提供资金），(2)：

$$\sum_{u \in Supp(\nu')} \nu'(u) \times \varphi_T[\nu'; \nu, C](u) \geqslant C(\varphi_G[\nu'; \nu, C])$$

（公共产品供给水平在 ν' 中是可行的）。根据(2)，如果某一水平的公共产品在某一子群 $\nu' \leqslant \nu$ 中是可行的，那么它在 ν 中也是可行的。

在经济体 (ν, C) 中，代理人的类型由 $i \in \{1, 2, \cdots |Supp(\nu)|\}$ 表示，并且存在效应函数为 u_i 的代理人 $\nu(u_i)$。将一般的 u_i 类型代理人表示为 i_q，其中 $q \in \{1, \cdots, \nu(u_i)\}$。经济体中的代理人集合为 $N^\nu \equiv \{i_q : u_i \in Supp(\nu)$，且 $q \in \{1, \cdots, \nu(u_i)\}\}$。一个在 $(\nu, C) \in \mathcal{E}$ 中的"参与博弈"，其中有 φ，$\Gamma(\nu, C, \varphi)$，是一个列表 $(N^\nu, (\{0, 1\}, h_{i_q})_{i_q \in N^\nu})$。其中 $\{0, 1\}$ 是常用的策略集，h_{i_q} 是代理人 i_q 的支付函数。每个代理人 i_q 同时选择 1（参与）或 0（非参与）。设 $s: N^\nu \mapsto \{0, 1\}$ 为决策的概况。然后，确定参与者的集合。设 $\mu[s]: \mathcal{U} \mapsto \mathbb{Z}_+$，使得 $\mu[s](u_i) \equiv |\{q|s_{i_q} = 1\}|$ 对于所有的 $u_i \in Supp(\nu)$ 成立，且当所有 $u_j \notin Supp(\nu)$ 时，$\mu[s](u_j) = 0$。也就是说，$\mu[s]$ 是 s 并且 $\mu[s] \in \mathcal{N}$ 时的参与者的群体分布。i_q 关于 s 的支付函数是：

$$h_{i_q}(s_{i_q}, s_{-i_q}) = \begin{cases} u_i(\varphi_G[\mu[s]; \nu, C]) - \varphi_T[\mu[s]; \nu, C](u_i)，当 s_{i_q} = 1 \\ u_i(\varphi_G[\mu[s]; \nu, C])，当 s_{i_q} = 0 \end{cases}$$

参与博弈 $\Gamma(\nu, C, \varphi)$ 的一个（纯策略）"纳什均衡"对于所有 $i_q \in N^\nu$，$h_{i_q}(s_{i_q}, s_{-i_q}) \geqslant h_{i_q}(s'_{i_q}, s_{-i_q})$ 成立，其中 $s'_{i_q} \neq s_{i_q}$。我们用 $NE(\Gamma(\nu, C, \varphi))$ 表示纳什均衡集。若 s 和 u_i 对于 $q \in \{1, \cdots |\nu(u_i)|\}$，使 $s_{i_q} = 1$ 成立，则当 $\mu_{(i, +1)}[s]: \mathcal{U} \mapsto \mathbb{Z}_+$ 时，对于所有 $u \neq u_i$，$\mu_{(i, -1)}[s](u_i) = \mu[s](u_i) - 1$ 以及 $\mu_{(i, -1)}[s](u) = \mu[s](u)$ 成立。若 s 和 u_i 对于所有 $q \in \{1, \cdots |\nu(u_i)|\}$，使 $s_{i_q} = 0$ 成立，设 $\mu_{(i, +1)}[s]: \mathcal{U} \mapsto \mathbb{Z}_+$，则对于所有的 $u \neq u_i$，可以使得 $\mu_{(i, +1)}[s](u_i) = \mu[s](u_i) + 1$ 和 $\mu_{(i, +1)}[s](u) = u[s](u)$ 成立。我们可以重新对纳什均衡进行定义：当且仅当下列条件成立时，决策概况 s 是一种纳什均衡：

(1) 对于所有的 $i_q \in N^\nu$，使得 $s_{i_q} = 1$ 以及 $u_i \in Supp(\nu)$，

$$u_i(\varphi_G[\mu[s]; \nu, C]) - \varphi_T[\mu[s]; \nu, C](u_i) \geqslant u_i(\varphi_G[\mu_{(i, -1)}[s]; \nu, C])$$

(2) 对于所有的 $i_q \in N^\nu$，使得 $s_{i_q} = 0$ 以及 $u_i \in Supp(\nu)$，

$$u_i(\varphi_G[\mu[s]; \nu, C]) \geqslant u_i(\varphi_G[\mu_{(i, +1)}[s]; \nu, C]) - \varphi_T[\mu_{(i, +1)}[s]; \nu, C](u_i)$$

因此，通过使用条件(1)，我们得出下面的引理，这对于下一节中得到我们主要的结果是有用的。

引理 7.1 当 $|\mu[s]| \neq 0$，决策概况 s 为纳什均衡的一个必要条件是：

$$\sum_{u_i \in Supp(\nu)} \mu[s](u_i)[u_i(\varphi_G[\mu[s]; \nu, C]) - u_i(\varphi_G[\mu_{(i, -1)}[s]; \nu, C])]$$

$$\geqslant C(\varphi_G[\mu[s]; \nu, C])$$

7.3 复制的渐进一致连续性

这一部分介绍了我们的主要条件 AUCR，并证明了本章的主要结果。首先，我们定义了我们的经济体的复制。当 $u \in \mathcal{U}$、$r \in \mathbb{Z}_{++}$，设 $u^r \in \mathcal{U}$，对于所有的 $g \in \mathbb{R}_+$ 使得 $u^r(g) = \frac{1}{r} u(g)$ 成立。当 $(\nu, C) \in \mathcal{E}$，设 $(\nu^r, C) \in \mathcal{E}$ 是 (ν, C) 的 r"复制"，使得 $\nu^r(u^r) = r\nu(u)$ 对于所有 $u \in \mathcal{U}$ 成立。复制公共产品经济的方法是首先由 Milleron(1972)定义的。[①]随着复制的进行，它基本上将每个代理人划分为更小的部分。Milleron 复制概念的优点之一是，公共产品供给的有效水平是不随着复制而改变的。但是，请注意对于所有 $r > 1$，$Supp(\nu) \neq Supp(\nu')$，因为复制后偏好发生了变化。我们仅对公共产品供给水平（而不是转移函数）施加以下条件。

复制的渐进一致连续性（AUCR）：对于所有的 $(\nu, C) \in \mathcal{E}$，$\epsilon > 0$，存在 $\delta > 0$ 以及 $\bar{r} \in \mathbb{Z}_{++}$，使得对于所有的 $r \geqslant \bar{r}$ 和 $\tilde{\nu}, \bar{\nu} \in \mathcal{N}$，满足 $\tilde{\nu} \leqslant \bar{\nu} \leqslant$

---

① 这个简单的定义是对 Milleron(1972)的修正，但适用于准线性经济。

ν^r 及 $\dfrac{|\tilde{\nu}-\bar{\nu}|}{|\nu^r|}\leqslant\delta$,

$$|\varphi_G[\tilde{\nu};\nu^r,C]-\varphi_G[\bar{\nu};\nu^r,C]|<\epsilon$$

以下是 AUCR 的解释。它要求公共产品在一个统一的群体中的供给拥有连续性,以便有足够多的复制。设 $e\in\mathcal{E}$,对于所有的 $\tilde{\nu}$, $\bar{\nu}\in\mathcal{N}$,使得 $\tilde{\nu}$, $\bar{\nu}\leqslant\nu$, $\dfrac{|\tilde{\nu}-\bar{\nu}|}{|\nu|}$ 代表以整体经济为基础的群体 $\tilde{\nu}$ 与 $\bar{\nu}$ 之间的差异比率。对于任何两个子群体,如果比例足够小,那么子群体的公共产品水平就很接近。简单地说,AUCR 规定的条件是,如果群体构成接近,那么公共产品的水平也是相近的。

第一,请注意,这一条件并不要求所有复制的公共产品供应水平保持不变。也就是说,对于 $r=2,3,\cdots$,我们不要求 $\varphi_G[\nu';\nu,C]=\varphi_G[r\nu';\nu^r,C]$,其中 $r\nu'$ 是 ν 的 r 复制。第二,要求"一致的"连续性是很重要的:如果定义中"存在 $\delta>0$,使得对于所有的 $r\in\mathbb{Z}_{++}$ 和……"被"对于所有的 $r\geqslant\bar{r}\in\mathbb{Z}_{++}$ 和……,存在 $\delta>0$ 使得对于所有"替换,那么对 AUCR 的声明将不会施加任何约束。这是因为对于所有的 $\epsilon>0$,我们可以选择使 $\delta>0$ 足够小到让 $\dfrac{|\tilde{\nu}-\bar{\nu}|}{|\nu^r|}\leqslant\delta$,必然使 $\tilde{\nu}=\bar{\nu}$,这会自动保证 $\varphi_G[\tilde{\nu};\nu^r,C]=\varphi_G[\bar{\nu};\nu^r,C]$。第三,$\varphi_G$ 不需要在偏好的相似性上连续(例如在 Hausdorff 距离上)。我们的连续性仅限于群体组成,因此,当代理人的偏好稍有变化时,我们可以允许指定非常不同的公共产品供给水平的分配规则。第四,这一条件完全没有涉及公共产品的成本分担。这种看似无关紧要的技术条件在随后的分析中起着中心作用。[①]

复制经济中的代理人集合 (ν^r,C) 如下,其中 $r\in\mathbb{Z}_{++}$,$(\nu,C)\in\mathcal{E}$。

---

　　① 小群体有效性(Wooders,1983,2008)是合作博弈的一个条件,它要求如果一个相对较小的群体偏离并改变联盟结构,那么联盟的价值就会发生轻微的变化。属性的连续性(Allouch and Wooders,2008)是一种情况,在这种情况下,消费者属性的微小变化会略微改变消费者的效用和私人产品的初始禀赋。乍一看,这些条件似乎与 AUCR 类似,即一个维度的小变化会引起另一个维度的小变化。然而,AUCR 是公共产品供给水平上的连续性条件,而不是在效用水平上。

有 $r\nu(u_i)$ 个代理人，其效用函数是 u_i^r。将一般 u_i^r 类型代理人表示为 i_q^r，其中 $q \in \{1, \cdots, r\nu(u_i)\}$。对于策略概况 $s_r: N^\nu \to \{0, 1\}$，贡献者的群体分布是 $\mu[s_r] \in \mathcal{N}$，使得当 $u_i^r \in Supp(\nu^r)$，$u_i^r \in \mathcal{U}$，$\mu[s_r](u_i^r) \equiv |\{q \,|\, s_{i_q} = 1\}|$ 成立；当 $u \notin Supp(\nu^r)$，$\mu[s](u) \equiv 0$ 成立。如前所述，对于所有的 $u_i^r \in \mathcal{U}$、$s_r: N^\nu \to \{0, 1\}$，令 $\mu_{(i^r, -1)}[s_r]: \mathcal{U} \to \mathbb{Z}_+$，使得对于所有的 $u \neq u_i^r$，$\mu_{(i^r, -1)}[s_r](u_i^r) = \mu[s_r](u_i^r) - 1$ 和 $\mu_{(i^r, -1)}[s_r](u) = \mu[s_r](u)$ 成立。$\Gamma(\nu^r, C, \varphi)$ 中的纳什均衡集由 $NE(\Gamma(\nu^r, C, \varphi))$ 表示。

下面是引导我们得到主要定理的关键结果。

引理 7.2 效用函数的斜率是一致有上界的，并且成本函数是非递减的且满足没有免费的午餐。假设 φ_G 满足 AUCR。那么，对于任意正的公共产品 $g > 0$，存在一个 $\bar{r} \in \mathbb{R}_{++}$，使得对于任意的 $r \geq \bar{r}$，不存在提供 g 或更多单位的公共产品的 $\Gamma(\nu^r, C, \varphi)$ 的纳什均衡。

定理 7.1 效用函数的斜率是一致有上界的，并且成本函数是非递减的且满足没有免费的午餐。假设 φ_G 满足 AUCR。那么，当经济 (ν, C) 被复制时，所有纳什均衡的公共产品供给水平收敛于零[对于所有纳什均衡序列 $\{s_r\}_{r=1}^\infty$，$\lim_{r \to \infty} \varphi_G[\mu[s_r]; n^r, C] = 0$，使得对于所有 $r = 1, 2, \cdots, s_r \in NE(\Gamma(\nu^r, C, \varphi))$]。

需要注意的是，如果 AUCR 是围绕公共产品的均衡供给来保证的，则可以建立收敛结果。例如，考虑一个规则，该规则在均衡水平附近是连续的，但在非常高的供给水平上是不连续的，在这种情况下，任何人都不满足个体理性条件；显然，这种供给水平不能作为纳什均衡来实现。虽然这条规则具有不连续性，但在这条规则下，所有序列都收敛到零。因此，AUCR 不是收敛的必要条件。

相反，纳什均衡的不连续性可能允许在均衡中提供正水平的公共产品，即使经济是复制的。在结论部分，我们将提供一个简单的例子。

请注意，效用函数不需要是凹的、连续的（允许向下突变）或可微的。只要所有的效用函数 u 的斜率都在有限个数上一致有界，我们的结果就成立。下面的例子表明,如果效用函数的斜率不是一致有上界的,那么可能存在一个不收敛于零的纳什均衡序列,即使 φ_G 满足 AUCR 也一样。

例 7.1　考虑一个个人经济 $\{u_i\}=Supp(\nu)$ 和 $|\nu|=1$,使得如果 $g\geqslant 1$,$u_i(g)=0$ 否则 $u_i(g)=2$,其中 $C(g)=g$。对于所有 $(\nu,C)\in\mathcal{E}$、$r\in \mathbb{Z}_{++}$ 和 $\tilde{\nu}\leqslant\nu^r$,令 $\varphi_G[\tilde{\nu};\nu^r,C]=C^{-1}\left(\dfrac{|\tilde{\nu}|}{r|\nu|}\right)$。这个 φ_G 满足了 AUCR。[①] 注意,$u_i(g)$ 在 $g=1$ 时突变,并且违反了 u 的斜率一致有界的条件。[②] 假定 φ_T 满足预算平衡。那么,对于所有 $r\in\mathbb{Z}_{++}$,存在一个纳什均衡,其中所有的代理人都参与其中,并且提供了一个单位的公共产品。因此,存在一个公共产品水平不收敛于零的纳什均衡序列。

还请注意,除了这是一个 $C(0)=0$、$g>0$ 时 $C(g)>0$ 的非递减函数外,我们不对 C 施加任何条件。

7.4　AUCR 分配规则示例

我们提出满足 AUCR 的分配规则。一个具有完全可分割的公共产品的自愿参与博弈已经被几位学者研究过,如 Saijo 和 Yamato(1999,2010)、Shinohara(2010)、Furusawa 和 Konishi(2011)、Healy(2010)。正如我们将看到的,这些论文中研究的许多分配规则满足 AUCR。因此,随着复制数量的增加,公共产品的每一个纳什均衡水平都趋于零。让我们从公共产品的有效供给规则开始。

具有预算可行性的公共产品有效供给规则:一个具有预算可行性的

---

①　我们证明 φ_G 满足了 AUCR。设 $\epsilon>0$,$k\in\mathbb{Z}_{++}$。对于所有 $r\in\mathbb{Z}_{++}$,设 $K^r\equiv\{(\tilde{\nu},\bar{\nu})\mid\bar{\nu} \leqslant\tilde{\nu}\leqslant\nu^r$ 且 $|\tilde{\nu}-\bar{\nu}|\leqslant k\}$。对于所有 $(\tilde{\nu},\bar{\nu})\in K^r$,$|\varphi_G[\tilde{\nu};\nu^r,C]-\varphi_G[\bar{\nu};\nu^r,C]|=\dfrac{\tilde{\nu}-\bar{\nu}}{r|\nu|}\leqslant\dfrac{k}{r|\nu|}$。显然,$\bar{r}\in\mathbb{Z}_{++}$,使得对于所有 $r\geqslant\bar{r}$,$\dfrac{k}{r|\nu|}<\epsilon$。令 $\delta\equiv\dfrac{k}{\bar{r}|\nu|}$。那么,对于所有 $r\geqslant\bar{r}$,所有 $\tilde{\nu}$、$\bar{\nu}$,使得 $\bar{\nu}\leqslant\tilde{\nu}\leqslant\nu^r$ 且 $\dfrac{|\tilde{\nu}-\bar{\nu}|}{|\nu^r|}\leqslant\delta$,$|\varphi_G[\tilde{\nu};\nu^r,C]-\varphi_G[\bar{\nu};\nu^r,C]|<\epsilon$。

②　我们可以用一个足够接近 $u(g)$ 使得 $\lim_{g\uparrow1}\tilde{u}'(g)=\infty$ 连续的函数 $\tilde{u}(g)$ 来得到同样的结果。

公共产品有效供给规则,表示为 $\varphi^E = (\varphi_G^E, \varphi_T^E)$,定义如下:对于所有 (ν, C) 和 $\tilde{\nu} \leqslant \nu$:

$$\varphi_G^E[\tilde{\nu}; \nu, C] \in \arg \max_{g \geqslant 0} \sum_{u \in Supp(\tilde{\nu})} \tilde{\nu}(u)u(g) - C(g)$$

规则 φ_G^E 在最大程度上分配公共产品,使参与者的剩余最大化,参与者支付的款项总额涵盖了其生产成本。如果 φ^E 满足公平预算可行性的条件,则称为有效分配规则。Lindahl(比率)和核心分配规则就是这样的例子。

某种策略证明机制也在这一类中。由 Clarke(1971)提出的 Clarke 机制是一个例子。Clarke 机制的占优策略均衡得到的结果可由 $\varphi^{\text{Clarke}} = (\varphi_G^{\text{Clarke}}, \varphi_T^{\text{Clarke}})$ 用以下方式表示:对于所有 (ν, C) 和所有 $\tilde{\nu} \leqslant \nu$,$\varphi_G^{\text{Clarke}}[\tilde{\nu}; \nu, C] = \varphi_G^E[\tilde{\nu}; \nu, C]$ 成立,且对于所有 $u_i \in Supp(\tilde{\nu})$,满足:

$$\varphi_T^{\text{Clarke}}[\tilde{\nu}; \nu, C](u_i)$$

$$= \frac{C(\varphi_G^{\text{Clarke}}[\tilde{\nu}; \nu, C])}{|\tilde{\nu}|} + \max_{g \geqslant 0} \Big(\sum_{u \in Supp(\nu)} \tilde{\nu}_{(i, -1)}(u)u(g) - \frac{(|\tilde{\nu} - 1|)C(g)}{|\tilde{\nu}|} \Big)$$

$$- \Big(\sum_{u \in Supp(\nu)} \tilde{\nu}_{(i, -1)}(u)u(\varphi_G^E[\tilde{\nu}; \nu, C]) - \frac{(|\tilde{\nu}| - 1)C(\varphi_G^E[\tilde{\nu}; \nu, C])}{|\tilde{\nu}|} \Big)$$

其中,当所有 $u \in Supp(\nu) \backslash \{u_i\}$,$\tilde{\nu}_{(i, -1)}(u_i) = \tilde{\nu}(u_i) - 1$ 和 $\tilde{\nu}_{(i, -1)}(u) = \tilde{\nu}(u)$ 成立。Clarke 规则满足预算可行性。Groves 机制类包含 Clarke 机制。并非所有的 Groves 机制都是预算可行的。如果 Groves 机制满足预算可行性,那么它就是一个具有预算可行性的有效供给规则。

接下来,我们证明 φ_G^E 在公共产品经济的标准域内满足 AUCR。为了简单起见,我们假设 u 和 C 都是连续可微的,并且我们施加 $\lim_{g \to \infty} C'(g) = \infty$ 或 $\lim_{g \to \infty} u'(g) = 0$ 的条件来确保每一个经济体的高效配置的存在。

命题 7.1 假设经济域是这样的:(1)u 的斜率是一致有上界的,(2)u 是非递减且凹的,(3)C 是非递减且弱凸的,(4)u 和 C 是关于 $\lim_{g \to \infty} C'(g) = \infty$ 或 $\lim_{g \to \infty} u'(g) = 0$ 连续可微的。另外,规则 φ_G^E 满足 AUCR。

以下推论直接来自定理 7.1。

推论 7.1　假设经济域是这样的:(1)u 的斜率在 $M<\infty$ 是一致有上界的,(2)u 是递增且凹的,(3)C 是递增且弱凸的,(4)u 和 C 关于 $\lim_{g\to\infty}C'(g)=\infty$ 或 $\lim_{g\to\infty}u'(g)=0$ 连续可微。然后,在 φ^E 下参与博弈时,纳什均衡下的每一个公共产品水平序列都会随着经济的复制而收敛于零。

请注意,我们的域限制是标准且温和的。上述结果的关键在于,随着复制的继续,每个代理人的边际效用变得非常小,其参与决策对公共产品水平的影响非常小。下面的例子说明了凹效用函数的域限制的重要性。没有域的限制,一个经济体就可以有多个有效的公共产品供给水平。

例 7.2　考虑如下个人经济 $\{u_i\}=Supp(\nu)$ 和 $|\nu|=1$,使得:

$$u_i(g)=\begin{cases} -g^3+2g^2, & g\leqslant\dfrac{4}{3} \\[2mm] \dfrac{32}{27}, & g>\dfrac{4}{3} \end{cases}$$

且:

$$C(g)=g$$

如果 $\tilde{\nu}=\nu^r$,那么 $\varphi_G^E[\tilde{\nu};\nu^r,C]=1$,否则 $\varphi_G^E[\tilde{\nu};\nu^r,C]=0$。这是一条有效的规则(对于所有 $g\geqslant0$ 都有 $u_i(g)-C(g)\leqslant0$ 且仅在 $g=0$,1 时取等号)。在这个例子中,u 的凹度被破坏了。其他条件均得到满足。显然,这里违反了 AUCR。事实上,对于所有 r 都有 $\varphi^E(\nu^r;\nu^r,C)=1$,并且 $g=1$ 对所有 r 都是纳什均衡结果。

有预算平衡的固定贡献规则:有预算平衡的固定贡献规则 $\varphi^F=(\varphi_G^F,\varphi_T^F)$ 使得:(1)对于所有的 (ν,C) 和 $\tilde{\nu}$,$\bar{\nu}\leqslant\nu$,以及对于所有的 u[满足 $\tilde{\nu}(u),\bar{\nu}(u)>0$],$\varphi_T^F[\tilde{\nu};\nu,C](u)=\varphi_T^F[\bar{\nu};\nu,C](u)$;(2)对于所有的 (ν,C) 和 $\nu'\leqslant\nu$ 都有 $C(\varphi_G^F[\nu';\nu,C])=\sum_{u\in Supp(\nu')}\nu'(u)\varphi_T^F[\nu';\nu,C](u)$。

有预算平衡的固定贡献规则的条件:(1)是指每个代理人的费用是固

定的;(2)是指以预算平衡的方式提供公共产品。在这个规则下,每个代理人总是为作出一次贡献而支付相同数量的私人产品。公共产品是通过使用作出贡献的代理人的贡献总额来提供的。未交费的代理人可以为了公共产品搭其他人的便车。Healy(2010)研究了这一规则下的自愿参与博弈,并分析了所有代理人自愿参与机制(均衡参与)的情况。

在命题 7.2 中,我们证明在固定贡献规则下,AUCR 得到满足。请注意,这个命题可以应用于具有非凸成本函数的经济体。我们只使用 C 的一致有界性,而不使用凸性。

命题 7.2 假设经济域是这样的:(1)u 的斜率一致有上界;(2)u 是非递减的;(3)$C(0)=0$ 且对于所有 $g_1 > g_2 \geq 0$,当 $\underline{c} > 0$ 时,C 的斜率一致有下界$\left(\text{对于所有 } g_1 > g_2 \geq 0, \dfrac{C(g_1)-C(g_2)}{g_1-g_2} \geq \underline{c} \text{ 成立}\right)$。此外,假设对于所有的 $\nu \in \mathcal{N}$ 和 $u_i \in Supp(\nu)$,都有 $\bar{G}(\nu)$ 对所有 r 满足 $\varphi_G^F[\nu^r; \nu^r, C] < \bar{G}(\nu)$。因此,$\varphi^F$ 满足 AUCR。

对于上述命题,提高公共产品供给水平的上限是很重要的:对于所有 $\nu \in \mathcal{N}$ 和 $u_i \in Supp(\nu)$,都有 $\bar{G}(\nu)$ 对所有 r 满足 $\varphi_G^F[\nu^r; \nu^r, C] < \bar{G}(\nu)$。如果我们要求 φ^F 实现对所有经济体的个体理性分配(代理人永远不会参与这种机制,除非满足了个体理性),这种条件是合理的。[1]在下面的例子中,个体理性的公共产品供给水平不受上述限制约束。

例 7.3 思考如下个人经济 $Supp(\nu)=\{u_i\}$ 和 $\nu(u_i)=1$,满足:

$$u_i(g)=g+\left(1-\frac{1}{g+1}\right)$$

且:

$$C(g)=g$$

---

[1] 例如,如果每个代理人的贡献受预算约束(对于所有 $r \in \mathbb{Z}_{++}$ 和 $\nu' \leq \nu^r$,$\frac{\omega_i}{r} \geq \varphi_T[\nu'; \nu^r, C](u_i^r)$ 成立),那么总是有 $\bar{G}(\nu)$。因此,下面的病例只是在不现实的假设下推导出来的,尽管它是准线性偏好设置中的标准假设。

在这个例子中，$u_i(g)$ 是严格凹的，$C(g)$ 是弱凸的。现在，对于所有的 r，考虑 $\varphi_G^F[\nu^r; \nu^r, C] = r$。那么，对于所有 r，$\varphi_G^F[\nu_{(i^r, -1)}^r; \nu^r, C] = r - 1$ 成立，其中 $\nu_{(i^r, -1)}^r$ 表示有 $|\nu_{(i^r, -1)}^r| = r - 1$；因此，违反了 AUCR。

请注意，上述公共产品经济中没有有效的分配，这就是为什么个体理性分配没有上限（事实上，在这个特定的例子中，没有有效的公共产品供给水平——它是无限的）。如果我们忽视这样一个病例，我们会得到以下结果。

推论 7.2　假设经济域是这样的：(1)u 的斜率一致有上界；(2)u 是非递减的；(3)$C(0) = 0$ 且 C 的斜率一致有下界 $\underline{c} > 0$（对于所有 $g_1 > g_2 \geqslant 0$，$\dfrac{C(g_1) - C(g_2)}{g_1 - g_2} \geqslant \underline{c}$ 成立）。假设对于所有的 $\nu \in \mathcal{N}$ 和 $u_i \in Supp(\nu)$，都有 $\overline{G}(\nu)$ 使得对所有 r 满足 $\varphi_G^F[\nu^r; \nu^r, C] < \overline{G}(\nu)$。在 φ^F 下自愿参与博弈时，随着经济的复制，纳什均衡的每一个公共产品水平序列都会减少到零。

Healy(2010)研究了一个连续单调偏好的域；因此，他的域不一定是准线性的。他关注的是一类满足均衡参与（EP）的分配规则，这类规则保证了经济中的所有代理人都自愿选择缴纳费用。代理人的偏好是准线性的时，如果对于所有(ν, C)和所有 $u_i \in Supp(\nu)$ 满足 $u_i(\varphi_G[\nu; \nu, C]) - \varphi_\tau[\nu; \nu, C](u_i) \geqslant u_i(\varphi_G[\nu_{(i, -1)}; \nu, C])$，那么分配规则 $\varphi = (\varphi_G, \varphi_\tau)$ 满足 EP，并且对于所有 $u \in Supp(\nu) \setminus \{u_i\}$ 满足 $\nu_{(i, -1)}(u_i) = \nu(u_i) - 1$ 和 $\nu_{(i, -1)}(u) = \nu(u)$。他表示，如果有预算平衡的固定贡献规则满足 EP，那么随着经济按照 Milleron(1972)的定义复制，公共产品的每一个纳什均衡水平序列都变为零。然而，EP 是相当强的：例如，具有效率的固定贡献规则并不满足 EP。[①]有效的话，一个代理人的费用是相对较高的，而且考虑到许多代理人的参与，其他代理人不会通过加入供给而获得收益。

---

① 　具有效率的固定贡献规则中，确定了固定的费用，使经济中的所有代理人都参与公共产品的供给，从而提供了公共产品的效率水平。

虽然推论 7.2 是准线性偏好域的结果，但没有假设 EP。我们的收敛结果在具有预算平衡的所有固定贡献规则得到了证明。

自愿贡献规则：自愿贡献规则为所有（子）经济体分配自愿贡献博弈的纳什均衡结果，该博弈由 Bergstrom、Blume 和 Varian(1986)提出。让 $(\nu, C) \in \mathcal{E}$ 成为一个经济体。自愿贡献博弈定义如下：经济体中的每个代理人同时决定他/她为公共产品贡献的私人产品数量。公共产品的供给由以 C 表示的技术提供支持，这样公共产品的成本等于贡献的总和。形式上，$X_i = \mathbb{R}_+$ 是 $i \in N^\nu$ 的策略集。对于每一个 $\mathbf{x} \in \prod_{j \in N^\nu} X_j$，提供了 g 单位的公共产品，其中 $C(g) = \sum_{j \in N^\nu} x_j$。$\mathbf{x} \in \prod_{j \in N} X_j$ 被选择时 $i \in N^\nu$ 的结果是 $u_i(g) - x_i$，其中 $C(g) = \sum_{j \in N^\nu} x_j$。①

引理 7.3 假设经济域是这样的：(1) u 的斜率一致有上界；(2) u 是连续可微、递增和弱凹的；(3) $\lim_{g \to \infty} u'(g) = 0$；(4) $C(0) = 0$ 和 C 是连续可微、递增和凸的。自愿贡献博弈中的纳什均衡集是：

$$\left\{ \text{对于所有 } j \notin N_{\max}^\nu \text{ 和 } g_\nu^{\max} = C^{-1} \left[\sum_{j \in N_{\max}^\nu} x_j \right], \mathbf{x} \in \prod_{j \in N^\nu} X_j \,\middle|\, x_j = 0 \right\}$$

$$(7.1)$$

其中，对于所有的 $i \in N^\nu$，$g_i^* \in \arg \max_{g \geqslant 0} u_i(g) - C(g)$，$g_\nu^{\max} \equiv \max_{i \in N^\nu} g_i^*$，$N_{\max}^\nu \equiv \{i \in N^\nu \mid g_i^* = g_\nu^{\max}\}$。

我们可以很容易地确认，纳什均衡在自愿贡献博弈中并不一定是唯一的。我们主要研究对称纳什均衡，其中具有相同 u 的代理人支付相同的贡献，利用对称均衡，我们构造了具有对称性的自愿贡献规则。

对于 $(\nu, C) \in \mathcal{E}$ 和所有 $\tilde{\nu} \leqslant \nu$，具有对称性 $\varphi^{VC} = (\varphi_G^{VC}, \varphi_T^{VC})$ 的自愿贡献规则按以下分配方式分配：

$$\varphi_G^{VC}[\tilde{\nu}; \nu, C] = g_{\tilde{\nu}}^{\max}$$

---

① 类似的博弈和记法可以近似地对所有的子群 $\tilde{\nu} \leqslant \nu$ 进行定义。

$$\varphi_{\mathcal{T}}^{VC}\,[\,\tilde{\nu}\,;\,\nu\,,\,C\,](u_i)=\begin{cases} \dfrac{C(g_{\tilde{\nu}}^{\max})}{\tilde{\nu}(u_i)}\,,\text{当 } g_i^*=g_{\nu}^{\max} \\ \\ 0\,,\text{否则} \end{cases}$$

在 φ^{VC} 下,公共产品的水平由 $g_{\tilde{\nu}}^{\max}$ 所决定,这是代理人在 $(\tilde{\nu}, C)$ 中个人所能提供的公共产品的最大数量(回忆我们假设的准线性效用)。在 $u\in\arg\max_{u\in Supp(\tilde{\nu})}g_u^*$ 下,公共产品的成本由参与者共同分担。我们证明 φ_G^{VC} 满足 AUCR。

命题 7.3 假设经济域是这样的:(1)u 的斜率一致有上界;(2)u 是连续可微、递增和弱凹的;(3)$\lim_{g\to\infty}u'(g)=0$;(4)$C(0)=0$ 且 C 是连续可微、递增和凸的。那么,φ_G^{VC} 满足 AUCR。

下面的推论是定理 7.1 的直接含义。

推论 7.3 假设经济域是这样的:(1)u 的斜率一致有上界;(2)u 是连续可微、递增和弱凹的;(3)$\lim_{g\to\infty}u'(g)=0$;(4)$C(0)=0$ 且 C 是连续可微、递增和凸的。在 φ^{VC} 的参与博弈中,随着经济的复制,纳什均衡中的公共产品水平的每一个序列都会降至零。

7.5 结论

本章探讨了自愿参与博弈中搭便车问题的性质和意义。我们研究了当经济体中的个体大量复制时,公共产品的纳什均衡水平收敛于零的分配规则。我们在公共产品供给规则中引入了连续性概念 AUCR。如果公共产品供给规则满足 AUCR,那么通过 Milleron(1972)的复制,公共产品均衡水平的每个序列都收敛于零。机制设计理论中研究的几种分配规则都满足 AUCR,包括有效的公共产品供给规则,如 Lindahl 机制和 Clarke 机制。我们的结果表明:如果经济体由多个代理人组成,每个代理人都可以选择是否参与有效的公共产品机制,那么公共产品的均衡水平就是低效的、非常小的。

结合上述内容,我们还讨论了什么是有效的公共产品机制。一个有效的公共产品机制意味着必须为所有的子群体分配提供有效的公共产品。这就是为什么当人口增长时,个体有更多的动力搭便车。如果降低子群体分配的效率要求,那么我们可以提供一个更积极的结果。考虑以下规则。

一致的规则:使 $\varphi^U=(\varphi_G^U, \varphi_T^U)$ 为一致规则。对于所有 $e=(V, C)\in\mathcal{E}$ 和所有 $\tilde{\nu}\leqslant\nu$,

$$\varphi_G^U[\tilde{\nu}; \nu, C]=\begin{cases}\tilde{g},\text{当 }\tilde{\nu}=\nu \\ 0,\text{否则}\end{cases}$$

且:

对所有 $u_i\in Supp(\nu')$, $u_i(\varphi_G^U[\nu'; \nu, C])-\varphi_T^U[\nu'; \nu, C](u_i)\geqslant 0$

根据这一规则,当且仅当所有代理人都参与公共产品供给时,才产生一批数量可观的公共产品。最后一个条件是个体理性条件。显然,即使经济体是复制的,所有的代理人也都参与到纳什均衡中。因此,在均衡状态下,公共产品水平的序列不会减少到零:即使是有效的公共产品供应,也可以通过设置 $\tilde{g}=\varphi_G^E[\nu; \nu, C]$ 在均衡序列中实现。此外,本规则通过设置 $\varphi_G^U[\nu^r; \nu^r, C]=\tilde{g}$ 和 $r=1, 2, \cdots$(复制不变性)为所有复制分配相同的公共产品供给水平。然而,由于 φ^U 具有不连续性,它不满足 AUCR。这个一致规则表明,即使一个规则满足许多属性,如果违反了 AUCR,那么公共产品供给水平可能不会收敛于零。

最后,我们对混合策略纳什均衡作了一些评述。本章主要研究纯策略纳什均衡。有人可能想知道,我们能否将同样的论点应用于混合策略纳什均衡。[①]事实证明,很难检验我们的方法能否做到这一结果。考虑一个具有同质代理人的经济体 (v, C)(存在 $u_i\in\mathcal{U}$,使 $Supp(\nu)=\{u_i\}$)。令 $|\nu(u_i)|=n$。让我们关注参与概率 p 的对称混合策略均衡。然后,有 $n+1$ 种可能的结果状态。均衡条件是:

---

① Palfrey 和 Rosenthal (1984)、Dixit 和 Olson (2000)以及 Koriyama(2010)验证了自愿参与博弈的混合策略纳什均衡。然而,他们并没有研究 Milleron 复制对混合策略纳什均衡的影响。

$$\sum_{m=0}^{n-1} C(n-1, m) p^m (1-p)^{n-m-1} [u_i(\varphi_G[m+1; \nu, C])$$

$$-\varphi_T[m+1; \nu, C](u_i)]$$

$$=\sum_{m=0}^{n-1} C(n-1, m) p^m (1-p)^{n-m-1} u_i(\varphi_G[m; \nu, C])$$

或等价地：

$$\sum_{m=0}^{n-1} C(n-1, m) p^m (1-p)^{n-m-1} [u_i(\varphi_G[m+1; \nu, C])$$

$$-u_i(\varphi_G[m; \nu, C]) - \varphi_T[m+1; \nu, C](u_i)] = 0$$

其中，$\varphi_G[k; \nu, C]$ 和 $\varphi_T[k; \nu, C](u_i)$ 表示公共产品的水平以及 k 个代理人参与时的付款情况。然而，这个等式并不意味着对于所有的结果，$u_i(\varphi_G[m+1; \nu, C]) - u_i(\varphi_G[m; \nu, C]) = (\geqslant)\varphi_T[m; \nu, C](u_i)$ 都成立。即使在同质代理人的情况下，我们也甚至不能得到引理 7.1 中的条件。因此，将我们的分析扩展到使用混合策略的情况并不简单。

附录

引理 7.1 的证明：利用纳什均衡的充要条件(1)，我们得到了：

$$\sum_{u_i \in Supp(\nu)} \mu[s](u_i) u_i(\varphi_G[\mu[s]; \nu, C])$$

$$-\sum_{u_i \in Supp(\nu)} \mu[s](u_i) \varphi_T[\mu[s]; \nu, C](u_i)$$

$$\geqslant \sum_{u_i \in Supp(\nu)} \mu[s](u_i) u_i(\varphi_G[\mu_{(i, -1)}[s]; \nu, C])$$

或

$$\sum_{u_i \in Supp(\nu)} \mu[s](u_i) u_i(\varphi_G[\mu[s]; \nu, C])$$

$$-\sum_{u_i \in Supp(\nu)} \mu[s](u_i) u_i(\varphi_G[\mu_{(i, -1)}[s]; \nu, C])$$

$$\geqslant \sum_{u_i \in Supp(\nu)} \mu[s](u_i) \varphi_T[\mu[s]; \nu, C](u_i) \geqslant C(\varphi_G[\mu[s]; \nu, C])$$

其中最后一个不等式在可行性约束下成立。 ■

引理 7.2 的证明：我们首先给出了主张 7.1 和主张 7.2，然后用这些主张得出了引理 7.2。

主张 7.1 设 $r \in \mathbb{Z}_{++}$ 且 $s_r \in NE(\Gamma(\nu^r, C, \varphi))$ 满足 $|\mu[s_r]| \neq 0$。由于效用函数的斜率上界被一些 $M > 0$ 所限制，我们有：

$$M \sum_{u_i^r \in Supp(\nu)} (\varphi_G[\mu[s_r]; \nu^r, C] - \varphi_G[\mu_{(i^r, -1)}[s_r]; \nu^r, C])$$

$$\geqslant \frac{C(\varphi_G[\mu[s_r]; \nu^r, C])}{|\nu|} \tag{7.A1}$$

主张 7.1 的证明：因为 s_r 对所有 r 是纳什均衡，由引理 7.1 我们有，如果 $|\mu[s_r]| \neq 0$：

$$\sum_{u_i^r \in Supp(\nu^r)} \mu[s_r](u_i^r)[u_i^r(\varphi_G[\mu[s_r]; \nu^r, C])$$

$$-u_i^r(\varphi_G[\mu_{(i^r, -1)}[s_r]; \nu^r, C])]$$

$$\geqslant C(\varphi_G[\mu[s_r]; \nu^r, C])$$

因为 $\dfrac{u_i^r(g_1) - u_i^r(g_2)}{g_1 - g_2} \leqslant \dfrac{u_i(g_1) - u_i(g_2)}{r(g_1 - g_2)} \leqslant \dfrac{M}{r}$ 对所有 u_i 和 $g_1, g_2 \geqslant 0$ 成立，

$$\sum_{u_i^r \in Supp(\nu^r)} \mu[s_r](u_i^r)[u_i^r(\varphi_G[\mu[s_r]; \nu^r, C])$$

$$-u_i^r(\varphi_G[\mu_{(i^r, -1)}[s_r]; \nu^r, C])]$$

$$\leqslant M \sum_{u_i^r \in Supp(\nu^r)} \frac{\mu[s_r](u_i^r)}{r}(\varphi_G[\mu[s_r]; \nu^r, C] - \varphi_G[\mu_{(i^r, -1)}[s_r]; \nu^r, C])$$

因此：

$$M \sum_{u_i^r \in Supp(\nu^r)} \frac{\mu[s_r](u_i^r)}{r}(\varphi_G[\mu[s_r]; \nu^r, C] - \varphi_G[\mu_{(i^r, -1)}[s_r]; \nu^r, C])$$

$$\geqslant C(\varphi_G[\mu[s_r]; \nu^r, C]) \tag{7.A2}$$

式 (7.A2) 的两边除以 $|v| > 0$，得到：

$$M \sum_{u_i^r \in Supp(\nu^r)} \frac{\mu[s_r](u_i^r)}{r \mid \nu \mid} (\varphi_G[\mu[s_r]; \nu^r, C] - \varphi_G[\mu_{(i^r, -1)}[s_r]; \nu^r, C])$$

$$\geqslant \frac{C(\varphi_G[\mu[s_r]; \nu^r, C])}{\mid \nu \mid}$$

因为对于所有的 $u_i^r \in Supp(\nu^r)$ 存在着 $r \mid \nu \mid \geqslant \mu[s_r](u_i^r)$：

$$M \sum_{u_i^r \in Supp(\nu^r)} \frac{\mu[s_r](u_i^r)}{r \mid \nu \mid} (\varphi_G[\mu[s_r]; \nu^r, C] - \varphi_G[\mu_{(i^r, -1)}[s_r]; \nu^r, C])$$

$$\leqslant M \sum_{u_i^r \in Supp(\nu)} (\varphi_G[\mu[s_r]; \nu^r, C] - \varphi_G[\mu_{(i^r, -1)}[s_r]; \nu^r, C])$$

因此，我们有式(7.A1)。 ■

主张 7.2　假设 $\{s_r\}$ 是纳什均衡的无穷数列。那么，对于任何 $\epsilon > 0$，有 $r_\epsilon \in \mathbb{R}_{++}$ 使得若 φ 满足 AUCR，$\varphi_G[\mu[s_r]; \nu^r, C] - \varphi_G[\mu_{(i^r, -1)}[s_r]]$ 对于序列上任意 $r \geqslant r_\epsilon$ 和所有的 $u_i^r \in Supp(\nu^r)$ 成立。

主张 7.2 的证明：对于序列上的所有 s_r 和所有 $u_i^r \in Supp(\nu^r)$，我们都有 $\dfrac{|\mu[s_r] - \mu_{(i^r, -1)}[s_r]|}{|\nu^r|} = \dfrac{1}{r|\nu|}$。因此，存在 $r_\epsilon > 0$，使得对于所有 $r \geqslant r_\epsilon$ 有 $\dfrac{1}{r|\nu|} \leqslant \delta$，这意味着对任何 $\epsilon > 0$ 来说，存在着 $r_\epsilon > 0$ 使得根据 AUCR，对于任意 $r \geqslant r_\epsilon$ 和所有 $u_i^r \in Supp(\nu^r)$ 有 $|\varphi_G[\mu[s_r]; \nu^r, C] - \varphi_G[\mu_{(i^r, -1)}[s_r]; \nu^r, C]| < \epsilon$。由于 $\mu[s_r]$ 是纳什印，1.1 内容为正。■

引理 7.2 的证明：反过来，假设存在某种正的公共产品供给水平 $g > 0$，从而对于所有 $\bar{r} > 0$ 来说，存在 $r \geqslant r_\epsilon$ 和纳什均衡 s_r，提供 g 或更多单位的公共产品。当 $|\mu[s_r]| = 0$，$\varphi_G[\mu[s_r]; \nu^r, C] = 0$ 成立，上面的假设不成立。所以，对于所有的 $r \geqslant r_\epsilon$，都存在着 $|\mu[s_r]| \neq 0$。由此，我们可以构造纳什均衡 $\{s_r\}$ 的无限（子）序列，使得这一序列中的每个 s_r 有 $\varphi_G[\mu[s_r]; \nu^r, C] \geqslant g$。

根据主张 7.2，$|Supp(\nu^r)| = |Supp(\nu)| < \infty$，且 M 有限，当 r 趋于无穷时，式(7.A1)的左侧减为零。然而，由于 C 非递减，并且对于所有的

$g>0$ 来说存在着 $C(g)>0$，我们有：

$$\frac{C(\varphi_G[\mu[s_r]\,;\,\nu^r,\,C])}{|\nu|} \geqslant \frac{C(g)}{|\nu|} > 0$$

这表明对于足够大的 r 来说，s_r 不可能是 $\Gamma(\nu^r,\,C,\,\varphi)$ 的纳什均衡，除非根据式(7.A1)，$g=0$，因为 $|\nu|$ 是原始经济的总体并且是固定的，这是一个悖论。■

定理 7.1 的证明：假设不是：对于某些 $(\nu,\,C)$，存在着 $\bar{g}>0$ 和一个纳什均衡的(子)序列，$\{s_r\}_{r=1}^{\infty}$，使得对于所有的 $r=1,\,2,\,\cdots$ 存在着 $s_r\in NE(\Gamma(\nu^r,\,C,\,\varphi))$ 和 $\varphi_G[\mu[s_r]\,;\,\nu^r,\,C]\geqslant\bar{g}$。然而，从引理 7.2 可以清楚地看出，纳什均衡序列不能以 s_r 支持为 $r=1,\,2,\,\cdots$ 时提供不少于 g 单位的公共产品的方式构建。这是一个悖论。■

命题 7.1 的证明：首先注意，在域限制下，φ_G^E 是非空值。[①]令 $(\nu,\,C)\in\mathcal{E}$。对于所有的 $\delta>0$ 和 $r\in\mathbb{Z}_{++}$，令 $k(r\,;\,\delta,\,\nu)\equiv\delta r|\nu|$，并且令 $k(r\,;\,\delta,\,\nu)$ 在 $k\leqslant k(r\,;\,\delta,\,\nu)$ 的条件下是最大整数 k。由萨缪尔森规则，对于所有的 $e=(\nu,\,C)\in\mathcal{E}$ 和所有的 $\hat{\nu}\leqslant\nu$，φ_G^E 满足 $\sum_{u\in Supp(\hat{\nu})}\hat{\nu}(u)u'(\varphi_G^E[\hat{\nu}\,;\,\nu,\,C])\leqslant C'(\varphi_G^E[\hat{\nu}\,;\,\nu,\,C])$。如果具有相等性的 $(\nu\,;\,\nu,\,C)$ 条件不满足，$\varphi_G^E[\nu\,;\,\nu,\,C]=0$ 和 $\varphi_G^E[\nu^r,\,\nu^r,\,C]=0$ 保持不变，我们集中考虑 $\varphi_G^E[\nu\,;\,\nu,\,C]>0$ 的情况。令 $\bar{u}'[\nu]$：$\mathbb{R}_{++}\to\mathbb{R}_+$ 对于所有的 $g\in\mathbb{R}_+$ 来说有 $\bar{u}'[\nu](g)\equiv\max_{u\in Supp(\nu)}u'(g)$。这个函数 $\bar{u}'[\nu]$ 是非递增的，对于所有的 $u\in Supp(\nu)$ 满足 $\bar{u}'[\nu](g)\geqslant u'(g)$。当 k 个代理人离开 $\hat{\nu}$ 时，令 $\varphi_G[\hat{\nu},\,k\,;\,\nu,\,C]$ 对公共产品供给水平来说是最低界线：也就是说，$\varphi_G[\hat{\nu},\,k\,;\,\nu,\,C]$ 使得若下式存在解，则：

$$\sum_{u\in Supp(\hat{\nu})}\hat{\nu}(u)u'(\varphi_G[\hat{\nu},\,k\,;\,\nu,\,C])-k\bar{u}'[\nu](\varphi_G[\hat{\nu},\,k\,;\,\nu,\,C])$$
$$=C'(\varphi_G[\hat{\nu},\,k\,;\,\nu,\,C]) \tag{7.A3}$$

---

① 条件 $\lim\sup_{g\to\infty}\dfrac{u(g)}{g}=0$ 起着 Inada 条件的作用。

否则 $\varphi_G[\hat{\nu}, k; \nu, C]=0$。通过构造，对于所有 $g>0$ 和所有 $\bar{\nu}<\hat{\nu}\leqslant\nu$，在 $|\bar{\nu}|=|\hat{\nu}|-k$ 中，我们有：

$$\sum_{u\in Supp(\hat{\nu})}\hat{\nu}(u)u'(g)-k\,\bar{u}'[\nu](g)\leqslant\sum_{u\in Supp(\hat{\nu})}\bar{\nu}(u)u'(g)$$

回想一下，u 和 C 是连续可微的，u' 非递增，并且不随 g 递减。因此，如果式(7.A3)有一个解，它必须是唯一的，并且满足对于所有的 $\bar{\nu}<\hat{\nu}\leqslant\nu$ 来说 $\varphi_G[\hat{\nu}, k; \nu, C]\leqslant\varphi_G^E[\bar{\nu}; \nu, C]$，使得 $|\bar{\nu}|=|\hat{\nu}|-k$。如果式(7.A3) 无解，$\varphi_G[\hat{\nu}, k; \nu, C]=0$ 和 $\varphi_G[\hat{\nu}, k; \nu, C]\leqslant\varphi_G^E[\bar{\nu}; \nu, C]$ 再次被满足。

设 $\overline{\Delta G(k; \nu, C)}\equiv\max_{\hat{\nu}\leqslant\nu}|\varphi_G^E[\hat{\nu}; \nu, C]-\varphi_G[\hat{\nu}, k; \nu, C]|$：也就是说，$k$ 人离开 $\hat{\nu}$ 组时对 (ν, C) 所有可能的公共产品供给组 $\hat{\nu}$ 的公共产品供给水平最大程度的缩减。更进一步，让我们扩展这个概念到可能连续的 $\hat{\nu}$ 的情况（通过对于所有的实数 k 自然地扩展 $\varphi_G[\hat{\nu}, k; \nu, C]$）。我们现在考虑对于任何（非负）实值函数 $\hat{\nu}: \mathcal{U}\to\mathbb{R}_+$，使得对于所有 $u\in\mathcal{U}$ 有 $\hat{\nu}(u)\leqslant\nu(u)$。因为 $\varphi_G^E[\hat{\nu}; \nu, C]$ 和 $\varphi_G[\hat{\nu}, k; \nu, C]$ 随 $\hat{\nu}$ 连续，并且满足 $0\leqslant\hat{\nu}\leqslant\nu$，$\varphi_G[\hat{\nu}, k; \nu, C]$ 和 $\overline{\Delta G(k; \nu, C)}$ 仍被很好地定义。

现在，我们将上述概念应用于 (ν, C) 的复制经济中。对于所有的 $\tilde{\nu}^r, \bar{\nu}^r\in\mathcal{N}$，使得在 $|\bar{\nu}^r-\tilde{\nu}^r|\leqslant\underline{k(r; \delta, \nu)}$ 情况下 $\tilde{\nu}^r\leqslant\bar{\nu}^r\leqslant\nu^r$，我们有：

$$|\varphi_G^E[\bar{\nu}; \nu^r, C]-\varphi_G^E[\tilde{\nu}; \nu^r, C]|\leqslant\overline{\Delta G(\underline{k(r; \delta, \nu)}; \nu^r, C)}$$
$$\leqslant\overline{\Delta G(k(r; \delta, \nu); \nu^r, C)}$$
$$=\overline{\Delta G(\delta r|\nu|; \nu^r, C)}$$
$$=\overline{\Delta G(\delta|\nu|; \nu, C)}$$

分别根据 $k(r; \delta, \nu)$ 的定义和 Milleron 复制，等式成立。显然，如果 $\delta=0$，$\overline{\Delta G(\delta|\nu|; \nu, C)}=0$；如果 $\delta\geqslant1$，由于 φ_G^E 的效力，则 $\overline{\Delta G(\delta|\nu|; \nu, C)}=\varphi_G^E[\nu; \nu, C]$。如果 $0\leqslant\delta\leqslant1$，则 $\overline{\Delta G(\delta|\nu|; \nu, C)}$ 随 δ 连续且单调递增。这里，$\overline{\Delta G(\delta|\nu|; \nu, C)}$ 的连续性由 u' 的非递增和 C' 的非递减来保证，因为这是式(7.A3)的解。

设$\epsilon > 0$,如果$\epsilon \geqslant \varphi_G^E[\nu; \nu, C]$,则它是不重要的。否则,令$\delta_\epsilon$由$\epsilon = \overline{\Delta G(\delta_\epsilon|\nu|; \nu, C)}$进行定义。取$\bar{\delta}_\epsilon$使得$0 < \bar{\delta}_\epsilon < \delta_\epsilon$,并且取任意$\bar{r} \in \mathbb{Z}_{++}$。然后,对于任意的$\bar{\nu}$、$\tilde{\nu}$和所有的$r \in \mathbb{Z}_{++}$,使得$r \geqslant \bar{r}$,$\frac{|\tilde{\nu} - \bar{\nu}|}{|\nu^r|} \leqslant \bar{\delta}_\epsilon$,$|\varphi_G^E[\bar{\nu}^r; \nu^r, C] - \varphi_G^E[\tilde{\nu}^r; \nu^r, C]| < \epsilon$。

因此,φ_G^E满足AUCR。 ■

命题7.2的证明:设$(\nu, C) \in \mathcal{E}$,$r \in \mathbb{Z}_{++}$,因为φ_G^F是具有预算平衡的固定贡献规则,则有:

$$\sum_{u_i^r \in Supp(\nu^r)} \nu^r(u_i^r)\varphi_\mathcal{T}^F[\nu^r; \nu^r, C](u_i^r) = C(\varphi_G^F[\nu^r; \nu^r, C]) \leqslant C(\bar{G}(\nu))$$

因此,对于所有的$u_i^r \in Supp(\nu^r)$,

$$\varphi_\mathcal{T}^F[\nu^r; \nu^r, C](u_i^r) \leqslant \frac{1}{\nu^r(u_i^r)}C(\bar{G}(\nu)) \leqslant \frac{1}{r\underline{\nu}}C(\bar{G}(\nu))$$

其中,$\underline{\nu} = \min_{u_i \in Supp(\nu)} \nu(u_i)$。对于所有的$\delta > 0$、所有的$r \in \mathbb{Z}_{++}$和所有的$\tilde{\nu}$,$\bar{\nu} \in \mathcal{N}$,使得$\bar{\nu} \leqslant \tilde{\nu} \leqslant \nu^r$和$\frac{|\tilde{\nu} - \bar{\nu}|}{|\nu^r|} \leqslant \delta$,

$$\sum_{u^r \in Supp(\nu^r)} \tilde{\nu}(u^r)\varphi_\mathcal{T}^F[\tilde{\nu}; \nu^r, C](u^r) - \sum_{u^r \in Supp(\nu^r)} \bar{\nu}(u^r)\varphi_\mathcal{T}^F[\bar{\nu}; \nu^r, C](u^r)$$

$$\leqslant |\tilde{\nu} - \bar{\nu}| \times \frac{1}{r\underline{\nu}}C(\bar{G}(\nu))$$

$$= \frac{|\tilde{\nu} - \bar{\nu}|}{\nu^r} \times \frac{|\nu|}{\underline{\nu}} \times C(\bar{G}(\nu))$$

$$\leqslant \delta \times \frac{|\nu|}{\underline{\nu}} \times C(\bar{G}(\nu)) \tag{7.A4}$$

注意,$\delta \times \frac{|\nu|}{\underline{\nu}} \times C(\bar{G}(\nu))$与$r$无关。

取任意一对$\tilde{\nu}$,$\bar{\nu}$,使得$\bar{\nu} \leqslant \tilde{\nu} \leqslant \nu^r$并且$\frac{|\tilde{\nu} - \bar{\nu}|}{|\nu^r|} \leqslant \delta$。假设$\sum_{u^r \in Supp(\tilde{\nu}^r)} \tilde{\nu}(u^r)\varphi_\mathcal{T}^F[\tilde{\nu}^r; \nu^r, C](u^r) = 0$,然后,根据固定贡献规则的定

义，$\sum_{u^r \in Supp(\tilde{\nu})} \tilde{\nu}(u^r) \varphi_{\mathcal{T}}^F [\tilde{\nu}^r; \nu^r, C](u^r) = 0$。所以，这种情况下是不满足 AUCR 的。如果对于一些 $u^r \in Supp(\tilde{\nu})$ 来说 $\varphi_{\mathcal{T}}^F [\tilde{\nu}; \nu^r, C](u^r) > 0$，我们有 $\sum_{u^r \in Supp(\nu^r)} \tilde{\nu}(u^r) \varphi_{\mathcal{T}}^F [\tilde{\nu}; \nu^r, C](u^r) \geqslant \sum_{u^r \in Supp(\nu^r)} \bar{\nu}(u^r) \varphi_{\mathcal{T}}^F [\bar{\nu}; \nu^r, C](u^r)$。注意，对于所有的 $g \geqslant 0$ 来说 $C^{-1\prime}(g) < \frac{1}{\underline{c}}$，因为对于所有的 $g \geqslant 0$ 存在着 $C'(g) > \underline{c} > 0$。因此，我们有：

$$\varphi_G^F [\tilde{\nu}; \nu^r, C] - \varphi_G^F [\bar{\nu}; \nu^r, C]$$

$$= C^{-1} \Big(\sum_{u^r \in Supp(\nu^r)} \tilde{\nu}(u^r) \varphi_{\mathcal{T}}^F [\tilde{\nu}; \nu^r, C](u^r) \Big)$$

$$- C^{-1} \Big(\sum_{u^r \in Supp(\nu^r)} \bar{\nu}(u^r) \varphi_{\mathcal{T}}^F [\bar{\nu}; \nu^r, C](u^r) \Big)$$

$$= \int_{\sum_{u^r \in Supp(\nu^r)} \bar{\nu}(u^r) \varphi_{\mathcal{T}}^F [\bar{\nu}; \nu^r, C](u^r)}^{\sum_{u^r \in Supp(\nu^r)} \tilde{\nu}(u^r) \varphi_{\mathcal{T}}^F [\tilde{\nu}; \nu^r, C](u^r)} C^{-1\prime}(w) \mathrm{d}w < \int_{\sum_{u^r \in Supp(\nu^r)} \bar{\nu}(u^r) \varphi_{\mathcal{T}}^F [\bar{\nu}; \nu^r, C](u^r)}^{\sum_{u^r \in Supp(\nu^r)} \tilde{\nu}(u^r) \varphi_{\mathcal{T}}^F [\tilde{\nu}; \nu^r, C](u^r)} \frac{1}{\underline{c}} \mathrm{d}w$$

$$= \frac{1}{\underline{c}} \Big(\sum_{u^r \in Supp(\nu^r)} \tilde{\nu}(u^r) \varphi_{\mathcal{T}}^F [\tilde{\nu}; \nu^r, C](u^r)$$

$$- \sum_{u^r \in Supp(\nu^r)} \bar{\nu}(u^r) \varphi_{\mathcal{T}}^F [\bar{\nu}; \nu^r, C](u^r) \Big)$$

$$\leqslant \frac{1}{\underline{c}} \times \delta \times \frac{|\nu|}{\underline{\nu}} \times C(\bar{G}(\nu)) \text{（通过式(7.A4) 得出）}$$

因此，对于所有的 $\delta > 0$、所有的 $r \in \mathbb{Z}_{++}$ 和所有的 $\tilde{\nu}, \bar{\nu} \in \mathcal{N}$，都有 $\bar{\nu} \leqslant \tilde{\nu} \leqslant \nu^r$ 和 $\frac{|\tilde{\nu} - \bar{\nu}|}{|\nu^r|} \leqslant \delta$，

$$\varphi_G^F [\tilde{\nu}; \nu^r, C] - \varphi_G^F [\bar{\nu}; \nu^r, C] \leqslant \frac{\delta |\nu|}{\underline{c}\underline{\nu}} \times C(\bar{G}(\nu)) \qquad (7.\text{A}5)$$

如果 $\delta \in \mathbb{R}_{++}$，式(7.A5)的右侧为正且有限。当 δ 趋于零时收敛于零。由式(7.A5)，因此，对于任何 $\epsilon > 0$，我们可以找到 $\delta_\epsilon = \frac{\underline{c}\underline{\nu}}{C(G(\nu))|\nu|}(0.9\,\epsilon) > 0$ 和 $\bar{r} \in \mathbb{Z}_{++}$，使得对于所有 $r \geqslant \bar{r}$ 对所有 $\tilde{\nu}^r, \bar{\nu}^r \in \mathcal{N}$，$\bar{\nu}^r \leqslant \tilde{\nu}^r \leqslant \nu$ 和

$$\frac{|\tilde{\nu}^r - \bar{\nu}^r|}{|\nu^r|} \leqslant \delta_\epsilon, \quad \varphi_G^F[\tilde{\nu}^r; \nu^r, C] - \varphi_G^F[\bar{\nu}^r; \nu^r, C] < \epsilon \text{成立。} \quad \blacksquare$$

引理 7.3 的证明：在 C 的假设下，存在 C 的反函数 C^{-1}。然后，$i \in N^\nu$ 的支付被重写为 $u_i(C^{-1}(\sum_{j \in N^{\tilde{\nu}}} x_j)) - x_i$。

我们首先证明对于所有 $u \in Supp(\nu)$，$\arg\max_{x \geqslant 0} u(C^{-1}(x)) - x$ 不是空的。在 u 和 C 的假设下，$u(C^{-1}(x))$ 随 x 递增且严格凹，因此 $u'(C^{-1}(x)) \cdot C^{-1\prime}(x)$ 随 x 递减。对于所有 $u \in Supp(\nu)$ 使得 $u'(0) \cdot C^{-1\prime}(0) \leqslant 1$，则 $\arg\max_{x \geqslant 0} u(C^{-1}(x)) - x = \{0\}$。考虑 $u \in Supp(\nu)$ 使得 $u'(0) \cdot C^{-1\prime}(0) > 1$。因为 u 的斜率是一致有界的，$M < \infty$ 对所有 $u \in Supp(\nu)$ 成立，$u'(g) \leqslant M$ 对所有 $u \in Supp(\nu)$ 和 $g \in \mathbb{R}_+$ 成立。根据 Inada 条件（3），存在 $x \in \mathbb{R}_+$ 使得 $u_i'(C^{-1}(x)) \cdot C^{-1\prime}(x) = 1$，因为 $\dfrac{du(C^{-1}(x))}{dx} = u'(C^{-1}(x))$ 在 x 中是连续递减的，这意味着 $\arg\max_{x \geqslant 0} u(C^{-1}(x)) - x$ 不是空的。

我们现在描述了所有代理人的最佳响应函数。由于 $u_i'(C^{-1}(x)) \cdot C^{-1\prime}$ 随 x 递减，那么对于所有 $i \in N^\nu$ 和 $u \in Supp(\nu)$，所有 $x \in \prod_{j \in N^\nu} X_j$，所有 g，使得当且仅当 $u_i'(g) \cdot C^{-1\prime}(\sum_{j \in N^\nu} x_j) > 1$ 时 $g = C^{-1}(\sum_{j \in N^\nu} x_j)$，$g < g_i^*$。因此，$i \in N^\nu$ [满足 $u \in Supp(\nu)$]的最佳响应函数 $b_i: \prod_{j \neq i} X_j \to X_i$，即：

$$b_i(x_{-j}) = \begin{cases} 0, & \text{当 } g_i^* \leqslant C^{-1}\left(\sum_{j \neq i} x_j\right) \\ x_i \text{ 满足 } g_i^* = C^{-1}(\sum_{j \neq i} x_j + x_i), & \text{否则} \end{cases}$$

根据最佳响应函数，纳什均衡集的特征明显为(1)。 $\quad \blacksquare$

命题 7.3 的证明：我们证明对于所有 $(\nu, C) \in \mathcal{N}$ 和所有 $\epsilon > 0$，存在 $r_\epsilon \in \mathbb{Z}_{++}$，使得 $r \geqslant r_\epsilon$ 和 $\tilde{\nu}$ 都存在 $|\varphi_G^{VC}[\tilde{\nu}; \nu^r, C] - \varphi_G^{VC}[\bar{\nu}; \nu^r, C]| < \epsilon$，$\bar{\nu}$ 使得 $\tilde{\nu} \leqslant \bar{\nu} \leqslant \nu^r$ 和 $\dfrac{|\tilde{\nu} - \bar{\nu}|}{|\nu^r|} \leqslant \dfrac{1}{r_\epsilon |\nu|}$ 都存在。如果是这样，我们通过令 $\delta =$

$\dfrac{1}{r_\epsilon |\nu|}$ 完成证明。如果不是这样，则存在一个序列 $\{(\tilde{\nu}_{t(r)},\ \bar{\nu}_{t(r)})\}^{\infty}_{r=1}$ ，使得

$t(r) \geqslant r$、$\dfrac{|\tilde{\nu}_{t(r)} - \bar{\nu}_{t(r)}|}{|\nu^{t(r)}|} \leqslant \dfrac{1}{r|\nu|}$ 和 $|\varphi^{VC}_G[\tilde{\nu}_{t(r)};\ \nu^{t(r)},\ C] - \varphi^{VC}_G[\bar{\nu}_{t(r)};\ \nu^{t(r)},$

$C]| \geqslant \epsilon$ 对所有 $r \in \mathbb{Z}_{++}$ 都得到满足。然而，当 r 趋于无穷时 $g^{\max}_{\tilde{\nu}}$ 收敛于

零，对于所有的 $\tilde{\nu} \leqslant \nu^r$ 成立，[①] 这意味着 $|\varphi^{VC}_G[\tilde{\nu}_{t(r)};\ \nu^{t(r)},\ C] -$

$\varphi^{VC}_G[\bar{\nu}_{t(r)};\ \nu^{t(r)},\ C]| \geqslant \epsilon$ 对于足够大的 r 是不可能的，存在矛盾。　∎

参考文献

ALLOUCH，N.，and M. WOODERS，2008，"Price Taking Equilibrium in Economies with Multiple Memberships in Clubs and Unbounded Club Sizes"，*Journal of Economic Theory*，140，246—278.

BERGSTROM，T.，L. BLUME，and H. VARIAN，1986，"On the Private Provision of Public Goods"，*Journal of Public Economics*，29，25—49.

CLARKE，E.，1971，"Multi-Part Pricing of Public Goods"，*Public Choice*，11，17—33.

CONLEY，J. P.，1994，"Convergence Theorems on the Core of A Public Goods Economy：Sufficient Conditions"，*Journal of Economic Theory*，62，161—185.

DIXIT，A.，and M. OLSON，2000，"Does Voluntary Participation Undermine the Coase Theorem?"，*Journal of Public Economics*，76，309—335.

FURUSAWA，T.，and H. KONISHI，2011，"Contributing or Free-riding? Voluntary Participation in A Public Good Economy"，*Theoretical Economics*，6，219—256.

GROVES，T.，and J. LEDYARD，1977，"Optimal Allocation of Public Goods：A Solution to the 'Free Rider' Problem"，*Econometrica*，45，783—811.

HEALY，P. J.，2010，"Equilibrium Participation in Public Goods Allocations"，*Review of Economic Design*，14，27—50.

HURWICZ，L.，1979，"Outcome Functions Yielding Walrasian and Lindahl Allocations at Nash Equilibrium Points"，*Review of Economic Studies*，46，217—225.

KORIYAMA，Y.，"Freedom to not Join：A Voluntary Participation Game of Discrete Public Good Provision"，Ecole Polytechnique，2010.

MILLERON，J. C.，1972，"Theory of Value with Public Goods：A Survey Article"，*Journal of Economic Theory*，5，419—477.

MUENCH，T. J.，1972，"The Core and the Lindahl Equilibrium of An Economy with A

---

① 我们可以通过一阶条件 $\dfrac{1}{r}u'^{-1}{}'(x)=1$ 来检验，其中 $g=C^{-1}(x)$。在 u 和 C 的条件下，当 r 足够大时可能存在这个方程不成立的情况。那么，公共产品的水平为零。在另一种情况下，随着 r 的增加，如果方程成立，那么 x 会下降并趋于零，这意味着公共产品的水平趋于零。

Public Good: An Example", *Journal of Economic Theory*, 4, 241—255.

PALFREY, R. T., and H. ROSENTHAL, 1984, "Participation and the Provision of Discrete Public Goods: A Strategic Analysis", *Journal of Public Economics*, 24, 171—193.

SAIJO, T., and T. YAMATO, 1999, "A Voluntary Participation Game with A Nonexcludable Public Good", *Journal of Economic Theory*, 84, 227—242.

SAIJO, T., and T. YAMATO, 2010, "Fundamental Impossibility Theorems on Voluntary Participation in the Provision of Non-excludable Public Goods", *Review of Economic Design*, 14, 51—73.

SAMUELSON, P. A., 1954, "The Pure Theory of Public Expenditure", *Review of Economics and Statistics*, 36, 387—389.

SHINOHARA, R., 2009, "The Possibility of Efficient Provision of A Public Good in Voluntary Participation Games", *Social Choice and Welfare*, 32, 367—387.

SHINOHARA, R., 2010, "Coalition-Proof Equilibria in A Voluntary Participation Game", *International Journal of Game Theory*, 39, 603—615.

WALKER, M., 1981, "A Simple Incentive Compatible Scheme for Attaining Lindahl Allocations", *Econometrica*, 49, 65—71.

WOODERS, M., 1983, "The Epsilon Core of A Large Replica Game", *Journal of Mathematical Economics*, 11, 277—300.

WOODERS, M., 1989, "A Tiebout Theorem", *Mathematical Social Sciences*, 18, 33—55.

WOODERS, M., 2008, "Small Group Effectiveness, Per Capita Boundedness, and Non-emptiness of Approximate Cores", *Journal of Mathematical Economics*, 44, 888—906.

第 8 章　对外开放、国家规模与政府治理[*]

本章表明，规模较小的经济体中公共消费在 GDP 中所占比例较大时，该经济体更倾向于开放贸易。这些实证观察结果与最近解释国家形成和分裂的理论模型是一致的，并且可以解释观察到的贸易开放度与政府规模之间的正经验关系。

8.1　引言

当前有大量涉及政府规模的经济决定因素、贸易开放度的决定因素以及二者之间关系的文献。最新的关于国家形成的经济学的研究，如 Alesina 和 Spolaore(1997)以及 Alesina 等(1997)的研究，表明国家规模、政府规模和贸易开放程度是相互关联的。这些论文提出了两个特别的假设：

（1）大国公共产品供给的规模经济与文化和种族异质性的成本之间的权衡，产生了国家规模，其中文化和种族异质性的成本随着国家规模的扩大而增加(Alesina and Spolaore, 1997)。这一结果的关键取决于假设条件，即当可以将部分或全部非竞争性公共产品的成本分摊给更多人口

　　* 作者：阿尔贝托·阿莱西纳和罗曼·瓦克奇亚格，美国哈佛大学经济系，论文选自《公共经济学杂志》，1998 年第 3 期 69 卷。

时,这些产品的人均支出就会更低。

（2）在市场规模影响生产力的程度上,大国可以"负担得起"闭关锁国,而小国则面临更强烈的保持开放的动机;相反,随着贸易自由化,区域和文化少数群体可以"承受"分裂,因为政治边界无法确定市场规模;因此,较小的国家可以享受文化同质化的好处,而不必承担与小市场相关的成本(Alesina et.al., 1997)。这一假设指出了国家规模与贸易开放程度之间的负相关关系。

本章提供了与这两种观点相一致的实证证据:首先证明大国的政府消费占 GDP 的比重较小。接着证实了小国往往对国际贸易更加开放。

综合这两个事实,可以解释"开放国家拥有更大政府"这一观点。在最近一篇被广泛引用的论文中,Rodrik(1996)提出了开放度与政府规模之间存在不同的联系。他认为,开放国家更容易受到外部冲击,因此需要更大的公共部门发挥稳定作用。本章对开放度与政府规模之间的实证关系给出了不同但并非互斥的解释。具体地说,我们认为这种联系是由国家规模所调节的。因此,我们对开放度与政府消费份额之间的直接联系提出了一些质疑。另一方面,我们发现开放度与政府转移规模之间存在直接关系,这一结果符合 Rodrik(1996)关于政府在开放经济中的稳定作用的假设。

本章的结构如下。8.2 节讨论国家规模、开放度和政府规模之间的关系,并给出一些简单的统计数据。8.3 节为政府规模和贸易开放度的确定提供一套较为完整的公式。8.4 节论述开放对政府规模直接影响的证据。8.5 节为结论。

8.2 规模、开放度与公共产品

8.2.1 国家规模与贸易开放程度

在生产规模报酬递增的模型中,市场规模影响经济活动水平。这可以追溯到亚当·斯密,他认为市场的规模限制了劳动分工。因此,封闭贸易的小国必须经历较低的总体生产力水平。最近,Murphy 等(1989)提出产业发展模型,其中市场规模决定了企业从彼此积极溢出中获益的程度。在这种模式下,低收入国家可能需要"大力推动",才能从传统的、固定收益技术所表现出的"坏"均衡,转变为现代、收益递增的行业的"好"均衡。Ades 和 Glaeser(1994)、Wacziar(1997)、Alesina 等(1997)提供了与这些观点一致的实证证据:大国从贸易中获得的动态收益比小国少。

在一个没有国际贸易的世界里,政治界限确定市场,各国面临着做大的经济刺激。相反,一个国家与世界其他国家的贸易越多,就越不能将其政治边界与市场边界区分开来。这一结论有两个含义:随着世界贸易体制越来越开放,各民族和各地区将发现脱离原来的国家是可行的;更普遍的是,各国发现分裂的成本更低。相反,随着世界上小国越来越多,自由贸易体制将得到越来越多的支持者,这正是因为小国需要贸易才能在经济上生存。换言之,小国面临采取开放贸易政策的动机,正是因为除非开放贸易,否则它们无法从进入更大市场中获益。因此,小国有望更加开放贸易。

Alesina 等(1997)记录贸易开放对国家规模的影响,即对分离和合并的影响。他们从一些众所周知的事实出发。第二次世界大战后,贸易自由化迅速发展,国家数量从 1946 年的 74 个增加到 1995 年的 192 个。1995 年,87 个国家的居民不到 500 万人,58 个国家不到 250 万人,35 个国家不到 50 万人。世界上一半以上的国家(人口)比马萨诸塞州小。①许多因素促成了这一发展,特别是非洲的非殖民化和苏联的解体。然而,贸易制度也很重要。例如,苏联解体后出现的几个新的小国可能没有一个会在贸易限制重重的世界里选择独立。②

其他论点也指出,小国应该增加贸易,其因果关系是从国家规模到直接观察到的贸易量,而不是通过贸易政策。解释这种观点的一个简单的

---

①　1990 年,马萨诸塞州的人口为 6 016 425。有 98 个国家的人口少于这个数字。

②　注意,东欧和苏联的几个新国家都相当小。例如,拉脱维亚有 170 万居民,土库曼斯坦有 400 万,摩尔多瓦有 450 万,吉尔吉斯共和国 480 万。

方法是进行一个简单的思维实验:考虑一个生活上自给自足的大国,如果这个国家分裂成更小的自由贸易单位,每一个新的单位都会突然表现出积极的国际贸易。

8.2.2 国家规模与政府规模

如果在公共产品供给方面存在着与部分或完全非竞争相关的固定成本和规模经济,那么小国的政府在 GDP 中所占份额可能更大。例如,在建立一套法律、货币和财政的机构和制度时存在固定成本。至少在某种程度上,当交通拥堵影响变得相关时,某些公共产品(公园、图书馆、道路、电信基础设施)的成本增长低于人口规模的比例。①

在公共产品具有非竞争性的情况下,收益的增加是由于这样一个事实:虽然所需的供给水平与人口规模无关(或者在部分非竞争的情况下增长低于人口规模的比例),但在大国中公共产品的成本可以分摊到更大的纳税人群体中。下面这个简单的例子说明了这一点:假设一个国家由 N 个完全相同的个体组成,其替代效用函数具有恒定弹性。社会规划师最大化代表性个体的效用为:

$$U = (C^{\alpha} + G^{\alpha})^{1/\alpha} \quad (\alpha \leqslant 1) \tag{8.1}$$

其中,C 是私人消费,G 是非竞争性公共产品。如果人口规模是 N,Y 是外部给定的个人收入水平,税收是一次性的,那么个体预算约束将是:

$$C = Y - \frac{G}{N} \tag{8.2}$$

公共产品的非竞争性意味着每个代理人从消费其总供给 G 中获得效用。然而,每个人只支付总成本的 $1/N$ 的一小部分。从等式(8.1)到等式(8.2)的最大化得到的一阶条件导致 G 的以下最优供给:

---

① 对于其中一些公共产品,人口密度也是一个关键因素(我们在实证分析中控制了这个变量)。

$$G = \frac{YN}{N^{\frac{\alpha}{\alpha-1}}+1} \tag{8.3}$$

这意味着,政府支出占 GDP 总额的比率(这是我们感兴趣的变量)如下:

$$\frac{G}{YN} = \frac{1}{N^{\frac{\alpha}{\alpha-1}}+1} \tag{8.4}$$

以及:

$$\frac{\partial(G/YN)}{\partial N} = -\left(\frac{\alpha}{\alpha-1}\right)\frac{N^{\frac{1}{\alpha-1}}}{(N^{\frac{\alpha}{\alpha-1}}+1)^2} \tag{8.5}$$

当 $\alpha < 0$ 时,此表达式为负。可替代的 C 和 $G(\alpha \to -\infty)$ 越少,我们就越接近 Leontief 效用函数的情形,人口对政府支出与 GDP 之比的影响越大。相反,在单位替代弹性($\alpha=0$)的情况下,效用函数接近柯布—道格拉斯函数,国家规模的影响变为零。随着替代弹性的增加($\alpha=1$ 对应于线性效用),种群效应变为正。

此处,国家规模增加有两个效果:它降低了给定供给水平下公共产品的人均成本,允许更多的私人消费,这大致相当于收入效应,它提高了最优供给水平(类似于替代效应)。私人消费和公共产品的可替代性越强,代理人就越愿意通过降低人均成本来提高其对公共产品的消费水平。在这种情况下,替代效应占主导地位,国家规模实际上与政府支出占 GDP 的比例正相关。增加公共产品供给回报率是否会导致政府与 GDP 之比降低的实证检验,实质上是检验等式(8.5)的右侧是否为负。

综上所述,我们将检验一个国家的规模与政府消费和投资份额之间的反比关系,也就是说我们将式(8.5)代入数据。请注意这一论点与政府对商品和服务的消费最为相关,而转移不应被包括在政府支出的定义中,而增加回报应适用于政府支出。

8.2.3　一些基本统计数据

表 8.1 描述了本章中使用的所有变量。我们主要以进出口占 GDP

的比重来衡量开放程度。我们的重点是实际的贸易一体化,它捕捉了进入更广阔市场的机会,也包括引力效应,因为本章对经济中与世界其他地区实际"互动"的那一部分感兴趣。同时,本章也研究了贸易政策与国家规模之间的关系,使用了关税率以及其他可用的外向型指标。

表 8.1 主要变量来源及描述统计说明

变量描述	来源	观测量	均值	标准差
1980 年人口的对数	PWT5.6	132	8.785	1.747
1980 年 GDP 的对数	PWT5.6	131	16.649	2.002
1980 年人均收入的对数	PWT5.6	137	7.871	1.061
贸易开放度[a]	PWT5.6	133	73.851	47.582
政府消费[a]	PWT5.6	133	20.922	8.505
政府经常性支出[a]	Barro-Lcc	103	23.998	11.581
政府在教育上的开支[a]	Barro-Lcc	110	4.431	1.829
政府在国防上的开支[a]	Barro-Lcc	18	4.345	4.751
公共投资	Barro-Lec	114	8.757	4.845
政府扣除国防费/教育费后的开支[a]	Barro-Lcc	109	10.317	7.046
1990 年城市化比率(%)	World Bank	135	48.984	24.832
1985 年人口密度	Barro-Lcc	138	160.04	521.11
民主指数	Gastil	138	0.494	0.353
民族语言分割	Mauro	112	41.821	29.683
1980 年扶养比	Barro-Lcc	126	0.054	0.039
每年转数	Banks	137	0.178	0.272
1960—1985 年的战争(虚拟变量)	Barro-Lcc	137	1.189	1.737
1985—1989 年进口关税/进口总额	IMF-GFS	108	0.121	0.108
1985—1989 年贸易条件冲击	IMF	136	−0.016	0.053
乌拉圭回合前非关税壁垒	World Bank	116	12.926	13.095
土地面积对数	Barro-Lcc	138	4.864	2.385

注:a 占 GDP 的百分比。除非另有说明,均采用的是 1980—1984 年的平均值。PWT 5.6 参考宾夕法尼亚大学世界数据库 5.6 版。宾夕法尼亚大学世界数据库 5.6 版和 Barro Lee 数据集都可以从 NBER 网站免费下载:http://www.nber.org。

为了衡量政府规模,我们采用了多种变量,以评估收益率的增长(如果有的话)在哪些方面起主导作用。研究的主要变量是政府消费在 GDP 中所占的份额,不包括利息支付、转移和公共投资。

表 8.2 的前五列显示了根据人口对数计算的政府规模。政府支出份

额是在 1980—1984 年这 5 年期间计算的,这是所有支出类别数据都可得的最近一个期间。国家规模与政府消费份额、政府经常性支出总额(包括转移支付和利息支付)的份额、不包括教育和国防的消费支出份额以及与教育有关的支出份额呈负相关。国家规模似乎与国防开支和公共投资无关。[1]表 8.2 的最后一列显示了国家规模与贸易开放度之间非常强的相关性。在这个简单的单变量回归中,人口对数显示出一个非常显著的负系数,仅解释了贸易开放度变化的 35%,我们还使用 GDP 的对数作为衡量国家规模的指标,结果没有显著变化。事实上,以 GDP 总量的对数作为衡量国家规模的指标时,政府规模与国家规模负相关的统计意义更为显著。[2]

表 8.2　1980—1984 年政府规模与开放度的单变量回归结果

因变量	政府消费	政府经常性支出	政府非国防教育消费支出	国防开支	教育开支	公共投资	贸易开放度
常数	28.946 (7.12)	33.696 (6.96)	17.548 (5.07)	2.833 (1.38)	6.684 (6.68)	10.572 (4.48)	214.748 (12.72)
1980 年人口的对数	−0.928 (−2.08)	−1.114 (−2.07)	−0.811 (−2.08)	0.17 (0.79)	−0.253 (−2.33)	−0.202 (−0.80)	−16.179 (−9.58)
R^2	0.03	0.01	0.02	0.01	0.04	0.004	0.35
#观测量	131	101	109	118	109	114	131

注:以人口对数衡量国家规模。t 统计基于异方差一致(White 稳健)标准误(呈于括号内)。

8.3　进一步实证检验

为了说明 8.2 节中的单变量回归结果可能是由遗漏变量驱动的,我们现在指定了更完整的方程来确定政府规模和开放度。表 8.3—表 8.6

---

① 有关与经济变量相关的国防开支的更多讨论,参见 Sandler 和 Hartley(1995)。当然,国防开支的一个重要决定因素是国际军事联盟的结构。因此,虽然一个孤立的小国可能不得不在人均国防上花费大量资金才能达到一定的军事安全水平,但它也可能选择与大国结盟"搭便车"。

② 事实上,如果我们使用总 GDP 的对数而不是人口的对数作为规模的衡量标准,那么本章中的所有结果在量上都没有变化。请注意,只要我们还控制人均收入,这种选择就无关紧要了,这是我们大多数估计方程的情况。

包含政府规模和开放度方程的最小二乘估计值,根据国家规模(以人口对数衡量)和一组其他控制变量进行回归。

8.3.1 政府规模的回归分析

我们首先考虑政府消费在 GDP 中所占比例的决定因素。表 8.3 列出了对 1985—1989 年按顺序包括若干控制变量时的人口对数估计值。系数估计值都是负数和显著值,表明公共产品供给的回报率在增加。值得注意的是,即使在控制了密度和一组详尽的区域虚拟变量之后,规模系数估计值仍然是显著的。正如预期的那样,密度是负的,但不能消除规模的影响。

表 8.3 政府消费占 GDP 之比的 OLS 回归(1985—1989 年)

因变量:1985—1989 年 政府消费/GDP(%)	(1)	(2)	(3)	(4)	(5)	(6)
常数	27.656	48.11	48.477	30.998	56.868	55.69
	(7.69)	(7.12)	(7.07)	(8.70)	(5.18)	(5.03)
1985 年人口的对数	−0.795	−0.856	−0.88	−0.787	−1.133	−1.121
	(−1.98)	(−2.45)	(−2.47)	(−2.32)	(−3.44)	(−3.39)
1985 年人均收入的 对数	—	−1.840	−1.896	—	−2.258	−2.185
		(−1.94)	(−1.98)		(−1.76)	(−1.70)
1990 年城市化率	—	−0.109	−0.097	—	−0.083	−0.068
		(−2.34)	(−1.98)		(−1.95)	(−1.48)
1985 年人口密度	—	—	−0.002	—	—	−0.002
			(−2.55)			(−1.67)
拉丁美洲(虚拟变量)	—	—	—	−6.730	−6.78	−7.012
				(−2.80)	(−2.96)	(−3.06)
撒哈拉以南非洲(虚 拟变量)	—	—	—	0.934	−4.207	−3.975
				(0.43)	(−1.54)	(−1.43)
东南亚(虚拟变量)	—	—	—	−5.855	−6.942	−5.87
				(−2.07)	(−3.02)	(−2.41)
OECD(虚拟变量)	—	—	—	−9.629	−5.142	−5.672
				(−4.63)	(−2.24)	(−2.43)
回归平方和	9 917.36	7 125.3	7 029.41	7 460.58	6 401.8	6 305.74
调整后的 R^2	0.02	0.28	0.28	0.24	0.33	0.34
♯观测量	137	134	134	137	134	134

注:t 统计基于异方差一致(White 稳健)标准误(呈于括号内)。

在这种回归中,对人口对数系数的解释如下:如果我们参照表8.3的第(6)列,我们可以说,人口的 100% 增长(人口翻番)将导致公共消费占 GDP 的百分比下降 $1.121 \times \log 2$ 点(0.77 点)。换句话说,仅仅因为日本的规模是法国的两倍,就意味着它可以在政府消费支出上"节省"0.77 个百分点的 GDP。这意味着在商品和服务的公共消费样本平均成本上节省了 4%。

我们同时研究了国家规模系数对不同时期的稳健性。表8.4列出了在几个时间段内使用表8.3第(6)列的规范获得的国家规模系数。结果表明,无论是从数量上还是从统计显著性上来看,国家规模的影响都随时间有所增加。虽然点估计值总是负数,但自 20 世纪 60 年代以来,其绝对值和重要性稳步上升。对这一发现的一种可能解释是,20 世纪 60 年代许多新的非殖民化国家尚未"建立"其公共部门。随着政府规模趋于均衡,政府规模的基本决定因素的作用开始扮演越来越重要的角色。特别是,国家规模的负面影响越来越显著。解释这一发现的另一个假设可能仅仅是,政府规模在早期可能测量得更差,导致方程右侧的系数估计不太精确(再次注意,所有的点估计值在整个时期都是负的;事实上,因变量中非系统的测量误差不应引起偏差,只会导致精度损失)。在任何情况下,在 90% 的置信水平下,全周期平均值(1960—1984 年)的规模系数为负且显著。

表 8.4　政府消费与 GDP 之比的 OLS 回归(不同时期)

因变量: 政府消费/GDP(%)	1960— 1964 年	1965— 1969 年	1970— 1974 年	1975— 1979 年	1980— 1984 年	1960— 1989 年
人口对数值	−0.311 (−0.86)	−0.158 (−0.44)	−0.407 (−1.02)	−0.875 (−1.90)	−1.235 (−3.46)	−0.721 (−1.94)
调整后的 R^2	0.16	0.17	0.22	0.26	0.35	0.32
♯观测量	118	119	124	125	130	118

注:t 统计基于异方差一致(White 稳健)标准误(呈于括号内),其他(未显示)控制变量与表8.3的第(6)列相同。

虽然政府消费份额是衡量政府规模最普遍的指标,但其他类别的支出可能与国家规模有不同的关系。事实上,虽然我们应该预期和道路、公园和总局等非竞争性公共产品相关的支出与国家规模呈负相关,但转移支付、公共债务利息支付和其他形式的支出(如教育和国防)却不可能出现这种情况。一旦这些类型的支出的其他决定因素保持不变,预计这些支出将大致与一个国家的人口成正比。

表 8.5 大体上证实了这些先决条件。它的每一列都对应不同的政府支出衡量标准。许多控制变量出现在每一列中,如区域虚拟变量、人均收入对数以及国家规模衡量指标。其他的控制变量在等式上略有不同,因为不同类别政府支出的决定因素可能会有所不同。例如,政治不稳定、战争和民族语言分化可以被认为是国防开支的重要决定因素。同样,城市化率可以被认为是决定政府消费和投资的因素。①对于每个支出类别,按顺序输入控制变量,并删除每个回归中系数估计值不显著的变量(应用于政府消费率的示例见表 8.3)。

表 8.5　各类公共支出的 OLS 回归(1980—1984 年)

	(1) 公共消费	(2) 公共非国防和教育消费	(3) 可用支出(包括转移支付和利息支付)	(4) 用于国防的公共支出	(5) 用于教育的公共支出	(6) 公共投资
常数	62.355 (6.02)	48.395 (3.60)	19.35 (1.24)	−8.239 (−1.29)	4.628 (1.37)	9.658 (1.62)
1980 年人口的对数	−1.235 (−3.46)	−1.03 (−3.10)	−1.166 (−1.59)	0.385 (1.70)	−0.297 (−2.28)	−0.369 (−1.61)
1980 年人均收入的对数	−3.269 (−2.88)	−4.006 (−2.62)	2.246 (1.41)	1.968 (2.30)	0.252 (0.74)	1.219 (1.95)
1980 年人口密度	−0.003 (−1.72)	—	−0.005 (−1.63)	—	−0.001 (−1.74)	−0.001 (−2.74)
1980—1984 年民主指标	—	3.823 (1.41)	—	−4.83 (−2.30)	0.857 (1.16)	−3.395 (−1.92)
1980 年扶养比	—	—	125.384 (2.29)	—	—	46.715 (−2.86)

---

① 将城市化率排除在公共支出方程外,是因为它缺乏统计意义。

续表

	（1） 公共 消费	（2） 公共非 国防和 教育消费	（3） 可用支出 （包括转移 支付和利 息支付）	（4） 用于 国防的 公共支出	（5） 用于 教育的 公共支出	（6） 公共 投资
城市化率	−0.021 （−0.45）	−0.028 （−0.74）	—	—	—	—
民族语言分化	—	0.048 （1.99）	−0.08 （−1.81）	−0.028 （−1.99）		
1960—1985 年 战 争 （虚拟变量）				0.454 （1.36）		
1980—1984 年改革	—	—	—	3.016 （2.27）		
拉丁美洲（虚拟变量）	−6.731 （−3.05）	−0.004 （0.00）	−12.511 （−2.97）	−4.931 （−2.31）	−0.562 （−0.99）	−4.238 （−3.01）
撒哈拉以南非洲（虚拟 变量）	−3.227 （−1.21）	0.017 （0.00）	−3.635 （−0.99）	−3.172 （−2.02）	0.192 （0.28）	−2.881 （−2.06）
东南亚（虚拟变量）	−4.053 （−1.70）	−2.803 （−0.99）	−5.831 （−1.38）	−5.446 （−3.45）	0.108 （0.17）	−1.227 （−0.81）
OECD（虚拟变量）	−3.967 （−1.75）	0.986 （0.51）	−8.883 （−1.02）	−6.193 （−2.34）	0.558 （0.73）	−3.357 （−1.55）
调整 R^2	0.35	0.41	0.43	0.35	0.15	0.32
♯ 观测量	130	101	91	108	109	111

注：t 统计基于异方差一致（White 稳健）标准误（呈于括号内）。所有因变量均以 GDP 的百分比表示。所有回归的数据都来自 1980—1984 年的数据。

扣除国防和教育支出后的政府消费具有显著的负系数，这对纳入表 8.5 第（2）列中的任何控制变量都不敏感。同样，这一结果对于不同的时间段是稳健的（与前文所研究的政府消费总量的情况相反）。[①]然而，当我们转向最广泛的可用政府支出指标，包括转移支付和利息支付［第（3）列］时，人口对数的影响虽然仍然是负的，但却失去了它的一些统计意义。对于第（1）列至第（3）列，这些影响的程度大致相等。这与理论预测一致。例如，如果增加的类别与国家规模无关（就规模系数而言，这相当于在因

[①] 可根据要求提供不同规格和不同时间段的结果。

变量中添加了噪声,这只会导致估算的精度下降),我们没有将转移支付与其他形式的支出分开,因为仅用于转移支付的政府支出数据(可从世界银行获得)特别贫乏,只涵盖一小部分国家。因此,基于这些数据的估计很可能具有很大的不精确性和测量误差。

第(4)列和第(5)列分别为政府国防支出和教育支出(占 GDP 的比例)的估计。虽然国防支出似乎与国家规模无关,但与教育相关的支出结果却有些令人惊讶。我们确实发现,有证据表明较大的国家倾向于减少教育支出,这表明某种形式的回报增长可能已经进入了这类政府活动。这可能会让人感到意外,因为教育通常不被视为非竞争性产品,因此其成本应该与人口大致成比例地上升(对于固定的理想教育服务水平)。但是,效果的大小远小于第(1)列至第(3)列。同样,这些结果对包含表 8.5第(4)列和第(5)列中出现的任何单个控制变量都不敏感。

最后,第(6)列验证了国家规模与公共投资占 GDP 比率之间的关系。虽然人口对数的系数是负的,但它在统计上是微不足道的,而且比相应的政府支出"大类"估计[第(1)列至第(3)列]小得多。当公共投资方程式中出现的任何控制变量被排除在外时,这也是正确的。然而,应该注意的是,公共投资的跨国数据可能具有显著的计量误差。

总之,确实发现在公共支出的广泛类别中,提供公共产品的回报率有所增加。正如预期的那样,最强烈的影响出现在公共消费方面。

8.3.2 对外开放度与国家规模

为了评估国家规模与贸易开放度之间的关系,根据贸易流量的几个决定因素(包括人口对数),对进出口与 GDP 之比进行了回归。将国家规模和开放度联系起来的论点指出了这些变量相互"导致"的可能性(8.2节)。因此,表 8.6 中的人口对数系数不应被解释为具有任何因果意义。本节想说明开放度与国家规模之间的负相关关系,以及这种关系不是由某些遗漏的开放度决定因素驱动的事实。这确实得到了表 8.6 所示的点估计的证实。国家规模与贸易开放度有着非常显著的关系,即使在回归中包含了广泛的控制变量也一样[关于这一点，另见 Wacziarg(1997)]。此外，这一结果对纳入任何一项控制措施或考虑的时间段都不敏感。[①]人口对数上系数的大小表明，一旦开放的其他决定因素保持不变，人口翻倍、贸易与国内生产总值之比下降 9 个百分点有关。

表 8.6　开放度方程的 OLS 估计(进口加出口/GDP，%)

因变量：贸易 与 GDP 之比(%)	(1) 1970— 1974 年	(2) 1975— 1979 年	(3) 1980— 1984 年	(4) 1985— 1989 年	(5) 1985— 1989 年	(6) 1985— 1989 年
常数	181.175	209.179	190.737	207.091	183.126	152.864
	(5.11)	(4.76)	(4.01)	(11.55)	(8.27)	(2.60)
人口的对数	−13.913	−15.196	−16.634	−15.065	−7.59	−13.059
	(−5.07)	(−5.66)	(−5.58)	(−8.86)	(−1.86)	(−3.48)
土地面积的对数	−3.881	−4.817 9	−4.900	—	−7.687	−5.596
	(−1.58)	(−1.59)	(−1.31)		(−1.93)	(−1.48)
贸易条件冲击	79.328	−149.302	11.466	—	92.24	73.703
	(1.69)	(−2.81)	(0.07)		(1.49)	(1.37)
进口税率	−69.836	−62.849	−25.475	—	−59.28	−12.765
	(−2.39)	(−2.13)	(−0.79)		(−1.67)	(−0.36)
乌拉圭回合前非关税 壁垒	−0.064	−0.264	−0.073			−0.045
	(−0.30)	(−1.08)	(−0.28)			(−0.17)
初始收入的对数	4.292	5.276	8.287	—	—	8.151
	(1.28)	(0.96)	(1.62)			(1.40)
石油出口国(虚拟变 量)	−8.507	17.6	1.82	−6.04	12.848	9.524
	(−0.50)	(2.41)	(0.23)	(−0.98)	(1.34)	(0.92)
撒哈拉以南非洲(虚 拟变量)	1.912	−9.719	−6.067	−14.498	−1.218	5.187
	(0.28)	(−1.25)	(−0.69)	(−2.23)	(−0.15)	(0.61)
东南亚(虚拟变量)	38.643	47.503	64.23	34.06	29.365	66.508
	(1.63)	(1.28)	(1.44)	(1.60)	(1.20)	(1.75)
OECD(虚拟变量)	−2.047	−22.192	−12.66	2.78	−4.945	−8.043
	(−0.27)	(−1.87)	(−1.24)	(0.35)	(−0.60)	(−0.69)
拉丁美洲(虚拟变量)	−11.631	−28.47	−27.298	−17.588	−10.45	−17.139
	(−1.91)	(−3.69)	(−3.66)	(−2.56)	(−1.42)	(−2.32)
调整 R^2	0.66	0.63	0.57	0.44	0.50	0.55
♯ 观测量	85	95	97	137	107	90

注：t 统计基于异方差一致(White 稳健)标准误(呈于括号内)。

---

① 作者可应要求提供结果。

　　我们还对衡量国家规模和人均收入等其他控制措施的贸易政策和外向性的各种指标进行了回归,并系统地发现,较小的国家往往有更开放的贸易政策。关税率与以人口对数衡量的国家规模呈正相关,而 Sachs 和 Warner (1995)制定的外向型指标;Waczarg (1997)与国家规模呈负相关。①

8.4　对外开放度和政府规模

　　正如我们在前文所说的,小国拥有更大的政府,对贸易也更为开放,这一事实可能有助于解释这样一种观点:更开放的国家拥有更大的政府。

　　相反,Rodrik (1996)主张建立一个将开放度与政府规模直接联系起来的渠道。如果更多开放的国家更容易受到来自世界市场的贸易条件变化等外部冲击的影响,如果政府支出能够稳定收入和消费,那么开放程度更高的国家将需要一个更大的政府来发挥稳定作用。

　　表 8.7 的第(1)列再现了 Rodrik 的基本回归结果。他用政府消费占 GDP 的比重作为因变量,对 1980—1984 年的数据进行了横截面回归分析。除开放度的对数外,还包括 8 个控制变量:初始收入的对数、扶养比的对数、城市化率的对数和 4 个区域虚拟变量,在该部分省略了国家规模。我们很容易在第(1)列中复制 Rodrik 的结果,并确认开放度以显著正的系数进入。②在排除开放度的情况下,将人口的对数输入其所在的位置,得到 8.2 节的结果,即人口的对数以负号输入。第(3)列在 Rodrik 的基本规范中添加了人口的对数,并表明尽管开放度仍然很高,但衡量国家规模的标准却不是。然而,前文所述的开放度和国家规模之间的高度共线性,使得我们很难通过(国家规模)与 Rodrik 的直接影响区分开来。事实上,Rodrik 确实提出了一个假设的检验,即开放对政府规模的影响可能是由国家规模驱动的,并拒绝了这一假设。研究中发现这种拒绝对样

---

　　①　作者可应要求提供这些回归的结果。
　　②　Rodrik 的结果不依赖于特定时间段的选择,因为当变量在 1960—1989 年平均时,同样的结果也成立。

本、规范或控制变量定义的微小变化非常敏感。表 8.7 中接下来的两列清楚地说明了这一点。

表 8.7　回归结果：复制 Rodrik 的基本回归(对数—对数敏感性检验)

因变量：1985—1989 年政府开支占 GDP 的比例(%)	所有比率均以对数值输入			所有比率不以对数值输入		
	(1)	(2)	(3)	(4)	(5)	(6)
常数	3.452	4.871	3.718	41.168	56.888	53.288
	(6.41)	(8.27)	(5.36)	(4.64)	(5.44)	(4.95)
1985 年人口的对数	—	−0.056	−0.017	—	−0.996	−0.897
		(−3.35)	(−0.66)		(−3.16)	(−2.10)
1975—1984 年开放度比率	0.19	—	0.152	0.031	—	0.008
	(4.12)		(2.14)	(1.97)		(0.43)
1985 年初始收入的对数	−0.141	−0.159	−0.142	−2.146	−2.859	−2.467
	(−3.13)	(−2.96)	(−3.08)	(−1.84)	(−2.43)	(−2.11)
1985 年扶养比率	−0.139	−0.094	−0.146	−25.675	−21.259	−32.22
	(−1.35)	(−0.95)	(−1.38)	(−0.75)	(−0.65)	(−0.93)
1990 年城市化率	−0.142	−0.101	−0.132	−0.063	−0.04	−0.043
	(−2.21)	(−1.52)	(−2.03)	(−1.54)	(−1.05)	(−1.06)
OECD(虚拟变量)	−0.082	−0.119	−0.081	−2.592	−2.608	−2.449
	(−0.50)	(−0.70)	(−0.48)	(−0.69)	(−0.74)	(−0.65)
拉丁美洲(虚拟变量)	−0.235	−0.305	−0.258	−4.638	−5.891	−5.991
	(−2.26)	(−2.98)	(−2.44)	(−1.93)	(−2.75)	(−2.43)
东南亚(虚拟变量)	−0.544	−0.436	−0.528	−8.874	−7.272	−8.037
	(−3.96)	(−3.39)	(−3.81)	(−3.75)	(−3.47)	(−3.72)
撒哈拉以南非洲(虚拟变量)	−0.239	−0.258	−0.255	−4.129	−5.350	−5.319
	(−2.51)	(−2.47)	(−2.51)	(−1.68)	(−2.06)	(−2.03)
社会主义(虚拟变量)	0.263	0.289	0.273	5.984	6.586	6.545
	(2.26)	(2.37)	(2.29)	(2.04)	(2.21)	(2.20)
调整 R^2	0.5	0.48	0.5	0.39	0.41	0.4
♯ 观测量	122	124	122	122	124	122

　　注：t 统计基于异方差一致(White 稳健)标准误(呈于括号内)。第(1)列对应于 Rodrik 的基数回归。这个数字与 Rodrik 的基本回归略有不同，因为我们使用的是 Barro Lee 而不是世界银行的扶养比。

　　第(4)列报告了 Rodrik(1985)的回归,使用的不是对数而是所有比率变量的实际值,这是一种更标准的方法(例如,在大量的跨国增长文献中更为常见)。开放度的结果现在大大减弱了。第(6)列像第(3)列一样,即在第(4)列的回归中包含人口的对数。开放度的效应消失了,而从统计意义上看,人口的对数现在似乎"赢得了这场竞赛"。我们还尝试保持政府规模的对数规范,同时以简单的比率进入开放状态;在这种情况下,国家规模似乎再次"赢得了竞争"。我们认为,研究结果提供了一些证据,证明开放度对政府规模的影响在很大程度上是由第(3)列中遗漏的国家规模所驱动的,但开放度与国家规模之间的高度共线性使得理论难以区分。

或许调和这两种渠道的一种方法是,主张国家规模效应应更具体地适用于政府消费,而 Rodrik 强调的政府稳定作用应更直接地适用于政府转移支付。表8.8 提供了一些与这一观点相一致的证据。在这个表中,我们向表8.5 中的回归分析增加了开放度。因变量是政府支出的各个组成部分,都作为 GDP 的一部分。第(1)列中的因变量是政府消费;人口仍然很重要,而开放度则完全不重要,如表8.6 所示。在第(2)列中,因变量是政府扣除国防和教育支出后的净消费份额。虽然这里的人口对数仍然是负的,且具有高度的显著性,但开放度是以错误的符号(即负)进入的。这为我们的假设提供了支持证据,因为这正是预计收益增长率最高的政府支出类别。第(3)列考虑了包括转移支付和利息支付在内的政府经常性支出总额。在这种回归中,开放度以显著正相关系数出现,而人口的对数则以显著正相关系数出现。公共投资[第(4)列]和教育[第(5)列]也出现了同样的情况,而国防支出的份额[第(6)列]似乎与开放度和规模都没有关系。

表 8.8　1980—1984 年各类公共支出的 OLS 回归(包括贸易开放度)

	公共消费	公共非国防和教育消费	可用支出(包括转移支付及利息支付)	用于国防的公共支出	用于教育的公共支出	公共投资
	(1)	(2)	(3)	(4)	(5)	(6)
常数	61.387	53.956	−5.105	−10.155	1.858	4.393
	(5.72)	(3.71)	(−0.35)	(−1.60)	(0.53)	(0.76)
1980 年人口的对数	−1.134	−1.465	1.356	0.608	−0.011	0.228
	(−2.45)	(−3.48)	(1.69)	(2.02)	(−0.05)	(0.89)

续表

	公共消费	公共非国防和教育消费	可用支出（包括转移支付及利息支付）	用于国防的公共支出	用于教育的公共支出	公共投资
	(1)	(2)	(3)	(4)	(5)	(6)
1980—1984 年的开放度	0.006	−0.021	0.163	0.012	0.015	0.034
	(0.32)	(−1.82)	(4.61)	(0.93)	(1.39)	(2.26)
1980 年人均收入的对数	−3.311	−4.113	1.183	1.842	0.134	0.868
	(−2.89)	(−2.67)	(0.68)	(2.09)	(0.41)	(1.34)
1980 年人口密度	−0.003	—	−0.021	—	−0.001	−0.002
	(−1.24)		(−4.59)		(−0.96)	(−1.30)
1980 年扶养比	—	—	128.217	—	—	−46.825
			(2.39)		(−2.77)	
1980—1984 年民主指标	—	4.016	—	−4.796	0.918	−3.126
		(1.45)		(−2.29)	(1.25)	(−1.86)
1990 年城市化率	−0.023	−0.013	—	—	—	—
	(−0.48)	(−0.34)				
民族语言分化	—	0.047	−0.092	−0.028	—	—
		(1.95)	(−2.96)	(−2.06)		
1960—1985 年战争（虚拟变量）	—	—	—	0.441	—	—
				(1.32)		
1980—1984 年改革	—	—	—	—	3.202	—
					(2.45)	
拉丁美洲（虚拟变量）	−6.554	−0.816	−8.031	−4.601	−0.156	−3.23
	(−2.79)	(−0.34)	(−1.67)	(−2.04)	(−0.25)	(−2.25)
撒哈拉以南非洲（虚拟变量）	−3.212	−0.175	−2.463	−3.122	0.312	−2.605
	(−1.20)	(−0.04)	(−0.72)	(−2.00)	(0.48)	(−1.91)
东南亚（虚拟变量）	−4.174	−1.609	−9.4	−6.078	−0.343	−2.017
	(−1.76)	(−0.60)	(−2.40)	(−3.72)	(−0.51)	(−1.39)
OECD（虚拟变量）	−3.868	0.608	−7.691	−6.028	0.673	−2.906
	(−1.67)	(0.30)	(−0.86)	(−2.22)	(0.90)	(−1.38)
调整 R^2	0.34	0.42	0.53	0.35	0.21	0.36
♯ 观测量	130	101	91	108	109	111

注：t 统计基于异方差一致（White 稳健）标准误（呈于括号内）。所有因变量均以 GDP 的百分比表示。所有回归的数据都来自 1980—1984 年的数据。

8.5 结 论

本章认为,国家规模与政府规模呈负相关,与贸易开放度呈负相关。这些观察结果与最近国家形成的经济学模式是一致的。这类理论(Alesina and Spolaore,1997;Alesina et al.,1997)认为,国家规模的确定是一种权衡:大国能够负担得起较小的政府(从而降低税收),它们已经从一个庞大的市场中受益,这个市场减少了它们对贸易开放的需要。然而,它们必须承担文化异质性的代价。

参考文献

Ades,A. F.,E. L. Glaeser,1994,"Evidence on Growth, Increasing Returns and the Extent of the Market",NBER Working Papers no.4714,April.

Alesina,A.,E. Spolaore,1997,"On the Number and Size of Nationst",*Quarterly Journal of Economics*,forthcoming.

Alesina,A.,E. Spolaore,R. Wacziarg 1997,"Economic Integration and Political Disintegration",NBER Working Paper,6163,July.

Murphy,K.M.,A. Shleifer,R. W.Vishny,1989,"Industrialization and The Big Push",*Journal of Political Economy*,97(5),1003—1026.

Rodrik,D.,1996,"Why do More Open Countries Have Bigger Governments?",NBER Working Paper,5537,April.

Sachs,J.,A. Warner,1995,"Economic Reform and The Process of Global Integration",Brookings Papers on Economic Activity,1,1—118.

Sandler,T.,K. Hartley,1995,*The Economics of Defense*,Cambridge University Press,Cambridge.

Wacziarg,R.,1997,"Measuring the Dynamic Gains from Trade. Mimeo",Harvard University and World Bank,February.

第9章　政府分权与政府质量[*]

政治分权如何影响政府质量？更大程度的分权可能会让政府更加诚实和高效，让官员"更贴近人民"，迫使他们竞争流动资本。或者，它可能会给改革带来协调问题和障碍，同时加剧了对公共产品供给的掠夺和逃避的动机。实证研究往往把不同类型的分权混为一谈，并得出不确定的结果。本章概述有关分权具体类型的七个论点，并利用多达 166 个国家的新数据寻找证据。研究结果表明，政府层级越多的国家，对腐败的认知越高，提供公共医疗服务和基础设施的效率越低。那些拥有强大的、由地区选择的立法机构上院的人，在医疗和基础设施方面的表现也更差。较小的地方司法管辖区并没有通过加强资本竞争来加强纪律，相反，它们与更高的腐败感知有关。

9.1　引言

无论人们如何定义，政府在质量上的差别是巨大的。[①]有些政府在提

---

　　*　作者：丹尼尔·特瑞斯曼，美国加州大学洛杉矶分校政治学系，系未发表工作论文，https://www.researchgate.net/publication/228707980_Decentralization_and_the_Quality_of_Government，2000 年。
　　①　我对政府质量的工作定义是政府以最低的税收成本和监管负担提供公众所需的公共产品和服务的程度。

供基本公共服务方面极为腐败、浪费和低效。其他的则更诚实、更有效率、更有反应力。最近的实证研究已经开始探究造成这种差异的因素。[①]其中一组重要的影响因素涉及国家是如何构成的。[②]本章主要关注的是其中的政治分权程度这一影响因素。

分权程度越高的国家,其政府的腐败程度会更高还是更低?这些政府提供公共产品和服务的效率会更高还是更低?现有理论对于这些问题的回答存在冲突。一些人认为,分权通过让官员"更贴近人民",鼓励政府之间争夺流动资源,有助于满足不同地方口味,从而提高政府的质量。另一些人则认为,分权阻碍了协调,加剧了官员掠夺的动机,并为改革造成障碍。实证研究也给出了明显矛盾的结论。例如,Treisman (2000)发现联邦州的腐败感知较高。[③]Fisman 和 Gatti (2002)报告指出,财政分权与腐败感知较低相关。

这些研究由于运用了不同的理论以及不同的实证研究方法,从而采用了不同的分权定义以及不同类型的数据,因此这种结论上的分歧就不足为奇了。本章讨论了关于分权效果的七个常见论点,并具体说明了它们适用的分权类型。利用一个新建立的包括多达 166 个国家的八个不同分权指标的数据集,本章检验了支持和反对这些论点的证据。为了估计政府质量,本章使用各种变量来衡量腐败感知、公共卫生服务的有效性、基础设施的提供,以及基本的教育服务。

实证结果表明,不同类型的分权与糟糕的政府(控制经济发展、民主、地区以及各种文化和法律因素)之间存在联系。层级较多的国家往往存在较多的腐败现象,特别是在较不发达的国家,前提是某些公共卫生服务和基础设施的效率较低。在中央政治体系中,巩固地方行为者决策权的

---

① 见 La Porta 等(1999)、Treisman(2000)、Lipset 和 Lenz(1999)、Ades 和 Di Tella(1999)、Sandholtz 和 Koetzle(2000)、Goldsmith(1999)、Kunicova(2001)。

② 关于国家结构与腐败之间关系的开创性工作包括 Rose-Ackerman(1978)和 Shleifer 和 Vishny(1993)。其他被认为是低腐败的重要预测因素包括经济发展、新教、前英国殖民地地位、贸易开放、现民主政府或长期接触民主(见以前的引用)。

③ 参见 Goldsmith(1999)和 Kunicova(2001)的类似研究。

制度在给婴儿接种疫苗和提供铺好的道路、水源和卫生设施方面的记录较差。一些证据对府际竞争约束国家以下各级政府这一概念提出了质疑：事实上，在府际流动更容易的国家，对腐败的认知水平更高。其他类型的分权与混合结果相关。财政分权与政府相关，政府在一个方面（即为每个居民铺设更多的道路）更好，但在两个方面（即提供卫生设施，减少青年文盲）更糟。地方官员的选拔与更广泛地获得基本药物有关，但在地方任命更为集中的地方，青年文盲率较低。

　　9.2 节将回顾关于具体类型的分权如何影响政府质量的七个论点。这些理论都源于一些政治哲学家和经济学家的著作，并在有关分权的讨论中反复出现。其中有两个论点建议分权应当提高政府的质量；三个论点所关注的影响可能会朝两个不同方向发展；另外两个论点建议分权可能如何损害政府的廉正或绩效。这里并不试图改进休谟、卢梭、哈耶克和蒂布特等理论家的公式（甚至也不试图在给定篇幅限制的情况下完整地呈现它们）。大多数人都熟悉这些论点。相反，本章具体说明每种分权适用的具体类型；确定直接的、可检验的影响；然后寻求支持或反对这些影响的跨国证据。其目的是评估这些共同论点（其中许多为当前的政治辩论提供了信息）与政府绩效指标中观察到的跨国差异的对应程度。9.3 节介绍这些分析并讨论了相应的结果。9.4 节给出总结。

9.2　政府分权与政府质量：理论分析

9.2.1　政府分权的好处①

1. 地方知识

　　一个常见的观点是，地方官员比中央官员更了解与政策相关的地方情况。因此，分散决策权，或许还有财政权力，应该产生更适当的政策。

---

　　① 我缺乏数据来检验另外一个论点，即如果口味是异质的，分散决策权可能会改善公共产品的供需匹配（Oates，1972）。我找不到任何跨国家的指标来衡量地方之间的口味差异对公共产品供给的影响程度。

哈耶克写道,只有分权,"我们才能确保及时利用对时间和地点的特殊情况的了解"(Hayek,1984:217)。[①]在其他条件相同的情况下,这将全面提高政府的质量。

2. 加强问责

在民主制度中,地方官员可以是民选的,也可以是由更高级别的民选官员任命的。要求选举地方官员有时被视为一种分权。一些人认为,这会使地方官员更加公开地承担责任。地方选举的问责是以官僚层级的问责为代价的。因此,这一论点可以归结为这样一种说法,即选民的直接控制将比通过中央代表间接控制更为有效。[②]这可能是因为中央政治家对其地方代理人的监督不力。正如卢梭所说,在一个大的国家里,"统治者由于商业负担过重,什么也看不见;书记官统治国家"(Rousseau,1762:49—50)。也可能是因为选民距离太远,没有足够的信息来监督和指导他们的中央代表。[③]

9.2.2 可能的效果

1. 府际竞争

如果政策是由地方政府选择的,并且资本和劳动力是流动的,政府则可以调整其政策以吸引流动因素(Hayek,1939;Tiebout,1956)。盗用或浪费资源的官员会把居民和企业流失到其他地区,降低他们的税基。如果他们为了获取贿赂而过度监管,公司将逃到监管水平较低的环境中。因此,辖区间的竞争可能会约束地方政府,减少腐败,并迫使它们有效地提供公共产品(Brennan and Buchanan,1980;Montinola et al.,1995)。这种竞争还应促使地方政府提供促进经济增长的基础设施建设,而不是

---

① 相反,正如托马斯·杰斐逊(Thomas Jefferson)所说,中央官员将"从远处看,无法管理和忽视公民善政所需的所有细节"(Appleby and Ball,1999:169)。

② 关于这些观点的最近争论,见 Seabright(1995)。

③ 杰斐逊因此批评中央集权。距离,"通过使他们的选民无法发现,将邀请公共代理人腐败、掠夺和浪费。"(Appleby and Ball,1999:169—170)。选举权力下放的一个后果是,消除地方官员对其选区以外选民的问责,这本身可能会增加某种腐败。当地选举产生的治安官可能会因为不准确地引用外地驾车者的超速行为而增加该镇的收入。

向破产企业提供救助等社会效率低下的服务(Qian and Roland,1998)。

然而,竞争的一些影响可能不那么良性。如果资本流动性太大,地方政府可能无法征收足够的税收,以提供公民所需的基本公共产品。地方政府也可能不像通常认为的那样以促进增长的方式,而是以降低效率的方式(例如,帮助企业逃避有效市场交换所需的中央法律法规)来竞争吸引资本(Cai and Treisman,2000)。这种政府层级之间的冲突可能会削弱该中心提供法律秩序框架的能力。不管怎样,资本在区域间流动的差异都会导致政府质量的差异。

2. 制衡

许多作者认为,在国家各级之间的权力划分中,有一种防止任意或腐败政府的保护措施。休谟故意赋予他的"完美联邦"一个复杂的垂直结构,正是出于这个原因。"在一个以高超的技术为模型的大型政府中……各个部分是如此遥远,无论是出于阴谋、偏见还是激情,都很难促使它们采取任何违背公共利益的措施"(Hume,1994)。在杰斐逊看来,要避免政府过度,就必须建立一个从联邦到各州、县和区的"权力等级","每个人都拥有其授权的权力,并真正建立一个政府基本平衡和制衡制度"(Appleby and Ball:205—206)。

这种体制上的分权是一些联邦州和其他存在联合或其他权力分享安排以保护少数民族的州的一个特点。在一些地方,强大的议会上院代表地区单位。地方政府也可以并入其他中央国家机关。例如,在德国,中央银行理事会的大多数成员是由地方政府任命的各名成员。在联邦州,法院系统有时构成一个额外的否决权参与者,在联邦和州法律之间进行裁决。

制衡可以抑制政府的过度活动。但同样的机构可能会阻止政府执行必要的任务。Tsebelis(1995,1999)认为,包括某些类型的分权、使否决权参与者数量成倍增加的体制计划,无论是好是坏,都将倾向于锁定现状。当更多的行为体拥有否决权时,中央政府政策的改变将更加罕见,也不会那么激进。如果好政府已经存在,这将保护好政府;但也可能阻碍改善政府绩效的改革。此外,在"封锁"的政治体系中,甚至普通的公共事务也可能需要非法交易。根据詹姆斯·Q.威尔逊(James Q. Wilson)的说法,美国腐败的一个原因是"需要交换帮助以克服权力分散"(Wilson, 1970:304)。因此,基于分权制衡的论据可以双向削减。

3. 垂直分权

如果政府至少是部分腐败的,那么政府中拥有独立监管权的层级越多,腐败的负担就越大。如果不同级别的政府不相互勾结,他们的受贿总额将高于同样掠夺性的单一政府(Shleifer and Vishny, 1993)。同样,如果几个独立级别的政府分担提供特定公共产品的责任,则供给成本将低于单一政府(或其协调小组)负责的成本。

在这两种情况下,分权都会产生外部性。如果一个政府提高了其贿赂率,这会通过抑制经济活动来缩小其他政府的贿赂基础。由于这一成本没有内部化,总贿赂率将高于(经济产出也将低于)只有一个政府可以要求每家公司贿赂的情况。同样的逻辑也适用于竞争性税收(Keen and Kotsogiannis, 1999; Berkowitz and Li, 2000)。在公共产品供给的情况下,外部性的发生是因为当公共产品增加时,即使只有一个政府作出了贡献,选民也会对两个政府都充满感激。①只要选民的感激给每一个政府带来的边际收益等于供给的边际成本,每一个政府都会供给。然而,只要政府各单位的边际收益等于供给成本,统一的政府就会供给。这些论点表明,在政府层级较多的国家,腐败程度会更高,公共服务的数量或质量会更低,特别是在这些层级拥有自主监管权的情况下。

一些学者的预测正好相反,如果两级政府提供相同的公共产品或服务,选民可以用每一级政府的表现作为衡量另一级政府效率的基准(Salmon, 1987; Breton, 1996:189)。提供商品或服务效率较低的一级

---

① 无论政府多么明确地试图分清责任,公民头脑中的区别都往往会变得模糊,政府本身也会利用选民的错误认识来逃避对自己供给不足的责任,并为其他各级政府的善举争光。例如,在俄罗斯,20世纪90年代,地方政府拖欠公共部门工人的工资屡次引发对国家政府的抗议。在美国总统竞选中,候选人经常花大量时间描述中小学教育计划,尽管联邦政府在这些计划中的作用很小。

政府将受到选民的惩罚。按照这一逻辑，只要各级政府接受选举问责，而且每个政府的具体贡献对选民来说都是明确的，那么当几个政府提供相同的公共产品时，政府的效力和诚实性就应该更大。

9.2.3　政府分权的弊端

1. 重复和浪费

有人认为，多层级政府很可能相互重复，浪费资源。如果建立一个政府单位有固定的成本，那么节约层级是有意义的。Rousseau(1762:48—49)有力地指出了这一点：

[行政]随着指挥链的延长而变得更加繁重。首先，每个城镇都有自己的行政机构，由人民来支付；每个地区都有一个行政机构，由人民来支付；其次是每个省，然后是更大的政府单位，总督，其规模越大，我们就越有必要为此支付更高的费用，而这总是以牺牲不幸的人民为代价；最后是摧毁一切的最高政府。所有这些附加费不断地耗尽这些主体的精力；这些主体非但没有更好地受到所有这些不同机构的管理，反而不如在只有一个主体的情况下得到更好的服务。

和之前一样，这一论点集中在政府层级的数量上。

2. 地方政府多腐败或更无能

一些经济学家认为，地方官员比中央官员更容易腐败(Tanzi, 1995；Prud'homme, 1995)。在较低层级上，私人与官员之间的亲密关系和互动频率更高，提高了腐败勾结的风险。①地方媒体和公民团体可能比国家媒体或公民组织更不专业，更容易被收买。利益集团在地方一级可能更具凝聚力，从而导致更大程度的政府俘获，并通过私人转移取代公共服务(Bardhan and Mookherjee, 2000)。

约翰·斯图尔特·密尔在(John Stuart Mill)《代议制政府》(*On Representative Government*)一书中提出了一个相关的论点。他担心，在

---

① 有人可能会反驳说，虽然中央一级的腐败可能不那么频繁，但可能涉及的金额更大。

一个分权的国家,"地方代表机构及其官员几乎肯定比议会和国家行政部门的情报和知识水平低得多"(Mill, 1991:422)。[①]用现代的语言来说,地方政府可能缺乏良好的行政管理能力。按照这种逻辑,位于国家以下各级的政府人员所占比例越大,政府的情况就越糟。

9.3 评估证据

9.3.1 政府分权的测度

这七个论点之间的明显冲突,在某种程度上可能是一个定义问题。它们适用于不同类型的分权。地方知识论据涉及政策和公共产品供给决策权下放的后果。问责论点的焦点不是决策,而是人事任命程序。府际的竞争的论点涉及分权的各个方面,这些方面影响到地理单位之间的资本流动程度。制衡论点关注的是,是否应该赋予地方行为体对中央决策的制度化权力。关于纵向竞争和重复的争论主要集中在政府层级的数量上。最后,分权会增加无能或腐败官员的数量,这一说法与国家以下政府机构和中央机构的相对规模有关。

因此,要检验这些参数,需要精确地指定它们所应用的分权类型,并分别收集每种类型的数据。由于这些并不完全相关,一些明显相互矛盾的论点有可能同时成立。从政府的多层级结构来看,分权可能会加剧腐败,尽管从地方官员的全民选举制度来看,分权可能会减少腐败。或者赋予地方官员广泛的决策权可能会促成更为知情、更受地方欢迎的政策,尽管给予这些官员对中央立法的否决权可能会导致国家政策陷入僵局。本章构建了一些指标,尽可能与每一种相关的分权类型密切相关。

为了捕捉决策分权,本章构建了一个虚拟变量,以确定国家宪法是否将至少一个政策领域专门分配给了国家以下各级政府,或者是否赋予了国家以下各级政府对未按宪法分配的事项进行立法的专属权利(后者定

---

① 然而,密尔相信地方政府的教育职能:"只有在有限的范围内实行人民政府,人民才能学会如何在更大的范围内实行人民政府。"(Mill, 1977:63)

义为"剩余权力")。本章认为,有这种宪法的国家表现出"次国家层级自治"。这与联邦制的几个著名定义中的一些关键要素相对应。[①]本章基于20世纪90年代中期约130个国家的宪法构建了这个变量。[②]

这个变量必然包含一定的测量误差。首先,它基于对各国宪法的字面解读。在一些国家,例如阿塞拜疆和乌兹别克斯坦,似乎不太可能严格遵守宪法条款。[③]这里有一个不可避免的方法上的困境。按照宪法等任何形式标准行事,都忽略了非正式行为可能偏离官方规则的方式。然而,在任何一个国家,决定实际决策权分权的程度都不可避免地是主观的。对于一个国家的情况,专家们常常有不同意见;在跨国比较上达成共识是极不可能的。本章选择了第一种方法,并控制了可能与不遵守有关的变量,如民主的持续时间和一党专政宪法规则。[④]其次,这一标准没有区分宪法赋予国家以下各级政府的政策领域的数量或相对重要性。我不明白人们如何定义决策领域的"数量",比如经济政策与国防政策的比较,或者量化它们的重要性,因此选择坚持客观的区分,尽管有时有些直截了当。为了衡量公共产品供给的分权,本章使用了1993—1995年平均在国家以下一级政府支出总额中所占的比例。[⑤]当然,一些国家以下一级的支出可能是由中央政府授权的,这正是试图区分决策和支出轨迹的原因。

对于地方选举责任制,本章构建了一个虚拟变量,用以衡量由选举产生(或由选举产生的立法机构选出)的行政人员在国家以下各级政府中所

---

① Riker(1964)将州定义为"联邦",前提是:(1)州有(至少)两级政府,(2)每一级都有"至少一个自治的行动领域"。后一项要求必须得到正式保证,例如在宪法中列明(Riker, 1964:11)。这与Robert Dahl对联邦制的定义很接近,即"某些事务完全属于某些地方单位(州、州、省)的权限范围,在宪法上超出了国家政府的权限;以及宪法规定某些其他事项不属于较小单位职权范围的情况"(Dahl, 1986,引自Stepan, 2001:318)。

② 宪法赋予国家以下各级政府剩余权力的国家是阿根廷、澳大利亚、奥地利、比利时、波斯尼亚和黑塞哥维那、巴西、埃塞俄比亚、德国、马来西亚、墨西哥、巴基斯坦、俄罗斯、西班牙、瑞士、美国、委内瑞拉和南斯拉夫。宪法将具体政策领域界定为次国家层级的国家是阿塞拜疆、加拿大、塞浦路斯、印度、意大利、卢森堡、南非、圣基茨、尼维斯和乌兹别克斯坦。

③ 两者都继承了苏联时期的内部"自治共和国",其权利受到宪法保护。

④ 作为稳健性检查,我还尝试了使用三个替代指标的相同分析(见后文)。使用这些方法的结果没有太大的不同。

⑤ 大多数数据来自国际货币基金组织的《政府财政统计年鉴》,如世界银行汇编的一组数据所示。

占的比例。如果一个级别的政府既有民选的,也有中央任命的行政长官——一位州长、专员等——本章把这个级别编码为 50% 的民选。本章还构建了一个"任命集中度"指数,根据各级地方政府的最高行政官员是如何被选拔的。对每一次任命,都为任命者高于被任命者的每一级分配一分。例如,如果地方长官是由中央总统任命的,就在指数上加一分;如果市长(在一个三级政府的国家)也是由总统任命的,就加两分。当一个地方选出的官员和一个中央任命的县长或专员都存在于某一级别时,我给这些行政官员每人分配半分。最后,我通过除以层级的总数进行了正态化处理。①(如果不进行正态化会倾向于提高政府层级越多的国家的中央集权指数,仅仅因为它们具有更多的层级。)本章所掌握的 154 个国家和地区(包括卢旺达和扎伊尔)的这一指数读数从 0 到 2.00 不等(高值表明任命集中度更高)。

为了检验管辖区间流动的影响,我利用了移动成本可能会随着距离的增加而增加的事实:搬到邻近的城镇比搬到邻近的州更容易(Brennan and Buchanan, 1980:180)。在国家以下政府单位层次较少的国家,流动性应更大,横向竞争应更激烈。斯洛文尼亚各城市(平均占地约 100 平方千米)之间的资本竞争应该远远大于加拿大各省和地区(平均 77 万平方千米)之间的竞争。本章收集了 150 多个国家的国家一级以下政府的数据,关注的是一级单位的规模,②因为这些单位将最有能力建立替代性的监管或税收制度,以争夺资本。本章计算了一级管辖区的"平均"规模,将国家面积除以一级单位的数量。土地面积优先于人口作为衡量规模的尺度,因为流动成本与距离而不是人口有关。③

---

① 举例说明,荷兰有两个次国家层级——省和市。市政当局选举了议会,选出了自己的行政长官;王室还任命了一位市政市长(中心和市之间的两层为 0.5×2=+1)。各省还选举了议会,选出了自己的行政人员;王室还任命了一名省级专员(+0.5)。这将得到总计 1.5 的结果,除以层级总数(3),任命集中度为 0.5。

② 即中央以下的最高一级地方政府。

③ 一个更好的变量是所有实际单位的平均面积,但没有数据。在收集数据时很明显,随着单位的拆分或合并,一级单位的数量往往会随着时间的推移而变化。因此,变量只能作为粗略的指标。然而,它应该捕捉到许多重要的变化。加拿大和斯洛文尼亚之间超过 7 000:1 的平均一级单位规模比率足以承受这种边际不确定性。

　　为了捕捉宪法分权所产生的制衡,本章构建了一个国家是否有一个地区选择的上议院可以阻止下议院的金融立法虚拟模型。[①]如果州不是两院制的,由地方选出的上议院,或者上议院没有对下议院的绝对否决权(即,即使是绝大多数也不能推翻的否决权),则变量编码为零。

　　为了衡量政府的纵向结构,本章使用了该国各级政府的数量。样本国家的这方面的数据是从 200 多个来源汇编而成的。据说国家的一级领土划分构成一个"层级",如果:(1)这一级的划分有一个具有政府权力的行政部门;(2)这一行政部门负责一般行政管理,不仅仅是提供特定的公共服务;(3)政府的上级"层级"(或者,对于一级单位,整个州)在地域上被细分为此类单位(至少在某些地区如此)。例如,美国被编码为有三级国家以下政府的州、县和市。[②]查找一些国家的详细信息被证明是困难的。有些差距仍然存在,数据中必然会包含一些错误,这一点应该铭记在心。由于理论并不一定意味着次国家层级数量从一级跳到二级的影响与从三级跳到四级的影响相同,所以本章还进行了回归分析,包括"超过一级""超过两级"和"超过三级"的单独模型。[③]为了验证关于分权会恶化政府绩效,因为地方政府往往更腐败或更无能的论点,我使用了 Schiavo Campo 等(1997)中由世界银行发表的数据构建的,位于国家以下各级的文职政府行政部门总就业份额的衡量方法。

　　这产生了八个主要变量,衡量分权的不同类型或方面。其中一些方案适用的国家要比其他方案多得多:区域上议院的否决权范围从 166 个扩大到国家以下支出份额仅 67 个。表 9.1 显示了这八个变量之间的

---

　　①　我还为地方选举产生的上议院构建了一个变量,可以阻止非金融立法。这与另一个在 0.85 时相关,使用这两个变量的回归结果大体相似。数据来自 Tsebelis 和 Money(1997),在一些情况下来自各国宪法。

　　②　注意,层级的定义同样适用于有或没有立法会、有或没有民选领导人的政府,因此也包括通常称为行政级别的政府。考虑到关于纵向竞争的争论的本质,这似乎是恰当的。

　　③　一些国家官僚机构可能特别容易受到过度放牧问题的影响。一些国家在中央和州一级有独立的法院系统,许多国家有独立的国家和城市警察部门。我还为地方政府任命的法官和警察局长的存在构造了虚拟变量。然而,结果在完全控制回归中不显著,所以没有报告。

相关性。[①]

表 9.1　分权指标及其相关系数(20 世纪 90 年代中期)

	结构分权	决策分权	制衡	单位规模	制约集中	选举权下放	财政分权	人事分权
	层级数	地方自治	具有地区代表性的上院可以阻止金融法案	次国家层级单位平均面积	任命集中指标	选举产生的行政人员在国家以下各级的比例	国家以下支出份额(1993—1995 年)	国家以下公共就业份额(20 世纪 90 年代初)
层级数	**1.000** — *154*							
地方自治	**0.062** 0.495 *125*	**1.000** — *133*						
具有地区代表性的上院可以阻止金融法案	**0.026** 0.747 *154*	**0.223** 0.010 *132*	**1.000** — *166*					
国家以下一级单位平均面积	**0.105** 0.201 *151*	**0.342*** 0.000 *127*	**−0.038** 0.639 *157*	**1.000** — *157*				
任命集中指标	**0.180** 0.025 *154*	**−0.091** 0.315 *125*	**−0.114** 0.158 *154*	**0.065** 0.430 *151*	**1.000** — *154*			
选举产生的行政人员在国家以下各级的比例	**−0.159*** 0.087 *117*	**0.214** 0.033 *99*	**0.152** 0.102 *117*	**0.034** 0.719 *116*	**−0.787*** 0.000 *117*	**1.000** — *117*		
国家以下支出份额(1993—1995 年)	**0.132** 0.289 *66*	**0.506*** 0.000 *61*	**0.205*** 0.099 *66*	**0.509*** 0.000 *66*	**−0.103** 0.411 *66*	**0.305** 0.021 *57*	**1.000** — *67*	
国家以下公共就业份额(20 世纪 90 年代初)	**0.129** 0.232 *87*	**0.349*** 0.002 *77*	**0.217** 0.039 *91*	**0.238** 0.027 *87*	**−0.176** 0.104 *87*	**0.419*** 0.000 *74*	**0.718*** 0.000 *48*	**1.000** — *91*

注:Pearson 相关用粗体表示;下面是双尾显著性;N 用斜体表示。＊表示相关性在 0.10 水平双尾显著,＊＊表示双尾相关性在 0.05 水平显著;＊＊＊表示双尾相关性在 0.01 水平显著。

---

①　由于有些变量是两分的,相关性并不总是能揭示出来。然而,它们确实表明,不同类型的权力下放在经验上并不总是密切相关的。

9.3.2 度量政府质量

政府有两方面的坏处：它们的官员可能做不该做的事，或者他们可能不做该做的事。本章寻找了这两者的指标。为了抓住官员犯下的罪行，本章用了两个指标来衡量腐败。对于疏漏的罪过，本章采用了各种指标来衡量政府在医疗、教育和基础设施方面提供的服务的质量和数量。①服务质量差的政府在这种环境下，是指那些官员腐败或未能有效提供基本卫生、教育和基础设施产品和服务的环境。②

我使用了先前研究中使用的两个指标作为"腐败感知"的衡量标准。第一个是 2000 年版的透明国际腐败感知指数（TI）。简而言之，TI 指数是通过对咨询公司和商业风险分析师（2000 年来自 8 个组织的 16 个评级）发布的一些独立调查和国家评级的标准化值进行平均来编制的。所有的调查都对腐败程度提出了合理可比的问题。③

第二，本章使用了一个由世界银行专家编制的腐败指标（Kaufmann，Kraay and Zoido-Lobaton，1999a，1999b）。这是根据商业风险组织的 12 项调查和国家腐败评级计算得出的，这其中许多调查和透明国际使用的评级相同。主要差异是聚合的方法。尽管 TI 只是简单地对评级进行标准化和平均化，但 Kaufmann 等（1999）根据每个来源的可靠性对其进行加权，并通过其与其他来源的相关性来表示。（他们假设每个指标都是对同一个基本变量的噪声测量，并在一个未观察到的组成部分框架中对该

---

① 人们似乎应该只关注国家政府的表现。例如，"地方知识"假设假定地方政府更好地执行某些任务。然而，这是错误的。我正在检验的论点是，这种地方权力下放的好处是否足以提高政府的整体质量。以提高地方政府绩效为理由提倡权力下放是荒谬的，例如，如果权力下放以完全抵消的方式使中央政府恶化。因此，寻找反映各级政府总体绩效的指标是有意义的。

② 当然，腐败和公共服务供给是相关的。正如 Tanzi and Davoodi（1997）所表明的那样，腐败本身可以降低公共投资的质量，并可能减少公共资本维护支出。注意，政府失败的原因可能有两个，一个是因为它们不试图提供公共服务，另一个是因为它们确实试图提供公共服务，但效果不佳。我没有数据来准确区分这些，尽管腐败变量关注的是不诚实而不是无效性。

③ 2000 年被问及的问题有："公共领域贿赂或腐败的普遍程度"、"腐败程度"、"以有损外国公司商业环境的方式腐败的程度"、"政府腐败"、"政府俘获"、"不正常"的频率，"对公职人员"的额外付款、"政客和公务员中腐败现象普遍存在"、政府官员在过去一年中是否曾索贿，以及"与进出口许可证、营业执照、外汇管制、纳税评估有关的不正常额外付款、警察保护或贷款申请"的频率。

变量进行建模。)世界银行和 TI 指数高度相关(约为 0.97),但世界银行指数的优势在于包含了更多的国家。因为增加的国家覆盖面是通过降低一个国家的标准来实现的[Kaufmann 等(1999)要求每个国家只需要一个数据来源,而 TI 至少需要三个数据来源],它可能包含更大的测量误差。本章使用了世界银行 2001 年的评级(之前的一个是 1998 年公布的)。正如将要看到的那样,使用这两个指标中任何一个的调查结果大体上是相似的。

TI 和世界银行的腐败指标都附有对评级变化性的估计。TI 提供了一个给定国家在所用来源上的评级标准误差。就世界银行指数而言,所报告的"标准误差"是一种基于构建某一国家估计数的民调估计可靠性的衡量标准,即该民调与其他国家所有观察结果的相关性,而不仅仅是该国的可变性。本章使用这些方法来降低对不太可靠案例的权重;具体来说,本章运行 WLS,而不是 OLS 回归,并按每个国家报告的"标准误差"的倒数计算权重。

在选择衡量政府服务质量的标准时,本章考虑了几个标准。首先,为了避免依赖对政府"应该"做什么的主观判断,本章试图把重点放在那些被普遍或几乎普遍认为既是国家责任又是重要的目标上。我寻求基本医疗、教育、交通基础设施和卫生设施方面的服务指标。其次,只要有可能,我都会寻找政府服务实际供给的指标"产出",而不是它们的最终效果"结果",因为后者取决于许多政府无法控制的因素。例如,我更倾向于对婴儿进行预防常见儿童疾病的免疫接种,而不是更常用的婴儿死亡率。由于不可能总是将产出与 17 项成果分开,本章控制着可能影响政府政策效力的非分权因素。

本章选择的所有指标都是衡量效率,而不是成本效益的。提出政府质量问题的另一种方法是,询问哪些政府以最低的成本取得了最好的结果。由于数据不可用,在这里不考虑这一点。例如,它需要关于不同国家在儿童免疫计划方面的支出水平的数据。但即使有这样的数据,在如何评估投入方面也会出现困难,例如布隆迪一小时劳动力的工资远低于瑞士,因此很难比较成本效益。

　　在实现基本医疗目标方面,我采用了两种衡量标准。首先,本章使用了 12 个月以下婴儿接种白喉、破伤风和百日咳疫苗的百分比(来自世界卫生组织的数据)。这一指标已被用于先前评估医疗质量的各种研究中。[1]似乎有理由相信,无论它们可能有什么其他公共卫生目标,"好的"政府都将致力于确保婴儿获得这些相对较低成本和高效的接种。我的第二个衡量指标是截至 1997 年"公共或私人卫生设施或药品销售点至少有 20 种最基本的药品可以在一小时的步行路程内持续供应并负担得起"的人口所占比例(World Bank,1999)。这有一个明显的缺陷,即它会在私人药品分销商的有效性、跨国制药公司的定价政策以及政府政策本身方面产生差异。这需要牢记在心,我对这个指标的结果不太有信心。

　　为了获得基础教育的成功,我使用了青年文盲率(即,据联合国教科文组织报告,估计的 1997 年 15—24 岁人口中无法读写日常生活的简短说明的人口的百分比)这是衡量结果而不是产出的结果,但是产出的所有可用度量(例如师生比例,每个学生的教育支出)均无法反映所提供服务的质量。鉴于高人员配置可能反映了光顾而不是真正的服务提供,本章寻求更定性的结果指标。[2]青年文盲率优于成人文盲率,因为后者反映了数十年来政府政策和绩效的影响。[作为另一项检查,本章尝试在第三次国际数学和科学研究(1994—1995 年)中使用各国的平均数学和科学成绩进行回归分析,这是对跨国管理的七年级学生的标准化考试。但是,由于成绩仅适用于 37 个国家/地区,因此我不太重视这些结果。]

　　为了获取交通基础设施的供给,我构建了一个衡量该国每个居民铺设道路公里数的指标。[3](注意,所有的回归都控制了该国的表面积和人口;此外,铺设道路的回归也控制了人口密度。)最后,我列入了两项环卫

---

① 例如,见 Thomason 等(1991)和 Gonzalez Block 等(1989)。

② 关于经济增长的文献最近指出,衡量教育质量而不仅仅是数量的重要性;见 Hanushek 和 Kimko(2000)。

③ 为了得到这个结果,我将道路总长度乘以铺设道路的比例,再除以人口;所有数据都来自世界银行的世界发展指标。我更喜欢这个比例,而不是铺路的比例,因为这不考虑不同的道路总长度,也不考虑道路总长度,因为未铺设道路的道路往往是由私人行为者生产的。

服务指标：截至 2000 年，获得改善水源的人口比例和获得改善环卫设施的人口比例。[①]

9.3.3　控制变量

为了评估分权对政府质量的影响，必须纳入适当的控制变量。任何与分权相关的影响政府质量的变量，如果忽略，都会对结果产生偏差。以前的研究建议需要对各种环境因素进行控制。第一，几乎所有政府质量测度都随着经济发展而改善；高度分权主要出现在较发达国家。因此，本章控制了 1995 年的人均购买力平价国民生产总值（来自世界银行）的对数。[②]

第二，稳定的民主与高质量的政府有关（Treisman，2000）；民主也与各种分权有关。因此，利用 Alvarez 等（1996）的定义和分类（见 Treisman，2000 的更新），本章控制了自 1950 年以来不间断的民主。由于民主的定义是程序性的，由此将包括对在实践中将正式选举竞争与一党统治结合起来的情况作为控制变量的一个部分。本章使用 20 世纪 90 年代中期该国议会 80％的席位是否由一个政党占据来衡量这个控制变量。

第三，本章控制了国家规模——国土面积和人口的对数。实践显示，大国往往更分权。同时，从亚里士多德到卢梭的许多著名论据都将小国家规模与公民美德和有效政府联系在一起。在计量回归分析中控制人口密度，以减少人口密度对道路的需求的影响。

第四，一些文化因素与政府质量和分权有关。民族分裂往往是更大政治分权的理由。本章控制了 1990 年国内不讲官方语言的人口比例（Gunnemark，1991），使用了一些来源更新了这篇文章，把原苏东国家也包括进来，[③]同样，将宗教也作为控制变量，先前的研究发现政府质量与

---

①　来自世界银行的世界发展指标。获得水源的定义是"一个人每天从一千米内的水源获得至少 20 升水"。改善的卫生设施"从简单但有保护的坑厕到有下水道连接的抽水马桶"。

②　虽然这可能是政府质量的内生因素，但在这里并不重要，因为我只关心在评估权力下放的影响时控制收入影响（而不是评估发展与政府质量之间的因果关系）。要使用更早的收入数据，就需要排除苏联。然而，1995 年的数据比大多数政府质量变量的日期晚了几年。

③　特别是 Goskomstat Rossii, Rossiisky Statistichesky Yezhegodnik(1996)，1996 年中情局世界概况，以及民族志数据库，网址为 http://www.sil.org/Ethnologue/。

不同宗教人口数量之间存在正相关或负相关(La Porta et al., 1999)。

第五,前面的工作提出了法律制度类型与政府质量之间的关系。La Porta 等(1999)发现与普通法相比,法国民法体系与下级政府有关联。本章控制了法国民法体系和社会主义法律体系的存在。[1]最后,为了捕捉可能导致偏见的任何剩余的地理集中因素,我增加了欧洲大陆的虚拟变量。[2]

9.3.4　研究方法

为了检验各种论点,本章采用政府质量指标作为因变量进行了一系列回归分析(表 9.2—表 9.7,见附录)。在每个回归分析中,纳入政府分权各相关指标。例如,为了检验地方知识论点,加入决策权分权;为了检验制衡论点,加入地区上议院否决的虚拟变量。使用了所有 8 个政府质量指标作为因变量。

所有回归分析都包括了前面讨论的所有对照(除了人口密度,它仅与道路铺设回归相关),并报告 White 异方差校正标准误差。所有回归均为 OLS,但感知腐败评级除外,后者由加权最小二乘法进行计算,通过标准误差的倒数加权,以便更加重视以更大确定性观察到的情况。[3]为了检验在经济发展水平较高或较低时某些影响是否更强,我进行了同样的回归,将这些国家分成 1995 年人均购买力平价 GNP 高于和低于 5 000 美元的国家,还尝试用政府分权乘以 1995 年人均收入对数的交互项衡量其交互效应。最后,我进行了诊断测试,以评估异常值和影响点的影响,并使用几种替代变量来验证结果的稳健性。

---

　①　Treisman(2000)还发现,英国殖民地遗产与较低的腐败感相关,而且比英国法律制度更为有力。但是,这与分权的任何指标都没有关联,因此排除它不会影响结果。如果包括在内,结果不会有太大变化。

　②　例如,撒哈拉以南非洲国家的政府雇员在国家以下的比例往往较低,但政府层级较多。他们也有更高的平均腐败水平、更低的感染率和改善的水源,甚至控制发展和稳定的民主。

　③　正如预期的那样,这将导致略为显著的结果,但即使不加权所有显著的结果,至少在 $p<$ 0.11 时仍然是显著的。

9.3.5 小结

回归提供了什么证据支持或反对 9.2 节中讨论的各种论点？首先考虑那些有明确正面预测的人。"地方知识"的论点意味着，更大的次国家层级决策或支出权力应能提高政府绩效。在回归过程中，几乎找不到这种支持。本章对次国家层级自治的衡量从来都不重要（表 9.2）。支出分散化在三次回归中显著，但三次回归中有两次显示出有害影响。地方政府的较大支出份额与更好的铺设道路供给有关，这还与青年文盲率高和卫生条件差有关（表 9.2，第 13、第 15、第 16 列）。[1]因此，当地知识影响的证据相当薄弱。

可能是国家分权自治的宪法指标没有发现相关的变化。本章尝试使用三种方法。第一，本章尝试了一个更严格的宪法标准，不管宪法是否赋予次国家层级政府"剩余权利"。第二，本章试图区分联邦制和单一制。这并不简单，因为学者们既不同意如何定义"联邦制"，也不同意州是"联邦制的"。[2]本章构建了两个虚拟变量：（1）关于州在宪法中是被描述为"联邦的"还是"联邦制"，[3]（2）关于它是否被一个主要的联邦制归类为联邦主义学者（Elazar，1995）。[4]一般来说，使用这些变量的结果与使用"自主性"的结果相似，有时不太支持积极论点。在宪法中被贴上"联邦的"标签的国家接种疫苗的婴儿较少，获得基本药物的机会也较低。（此变量在其他模型中不显著。）那些被归为"联邦"的州 Elazar（1995）倾向于较多人均铺设道路，但获得卫生设施的机会较差。"剩余效率"变量在任何回归中均不显著。因此，这些指标都不能支持这样一个结论，即次国家层

---

① 我用一个乘积项来研究收入效应。贫穷国家与铺路的积极关系和与卫生设施的消极关系最为强烈。财政分权还与在低收入水平获得改善的水源有关。

② Wheare（1963）的经典研究将这一术语限定在美国、加拿大、澳大利亚和瑞士四个国家。Riker（1964：1）将 18 个现有州描述为"以某种方式或另一种联邦主义"。严格按照 Riker（1964）的定义，现在将产生 27 个。

③ Elazar（1987：42）为使用这样一个法律标准辩护，将其归类为"拥有正式联邦宪法的所有政体"……理由是，联邦主义存在的第一个考验是有关政体希望或意愿成为联邦。通过和维持联邦宪法也许是表达这一意愿的首要手段。"Wheare（1963：20）会不同意："如果我们正在寻找联邦政府的例子，仅仅看宪法是不够的。同样重要的是政府的实践"。

④ 根据这两个标准，有 20 个州是"联邦"的，4 个州的标准不一致。

级的决策权越大,政府质量越高。在次国家层级自治和发达国家中糟糕的政府之间有着更清晰的联系。在人均收入超过 5 000 美元的国家,自治与接种人数减少、青年文盲率提高和获得改善水源的机会减少显著相关,但对于低于 5 000 美元的国家来说,自治并不显著(签署系数小得多或相反)。①因此,宪法规定的更大的次国家层级自治从未与更好的政府联系在一起,②高收入国家在许多方面与更差的政府有显著联系。

选举或任命分权是否提高了问责和政府质量?从积极的方面看,选举分权确实与更广泛的公众获得基本药物有关(表 9.3,第 4 列)。③这可能意味着当选的地方官员在确保提供医疗用品方面比任命的官员做得更多。④选举分权还与人均 GNP 每年超过 5 000 美元的国家之间铺设道路更多有关(尽管这一回归中的数据仅为 38)。消极的一面是,分权的任命与青年文盲率较高有关(表 9.3,第 13 列),⑤这一影响在 59 个人均 GNP 低于 5 000 美元的国家中更为强烈。⑥用一个交互项建模表明,任命分权还倾向于在收入低于约 3 700 美元的国家中增加腐败(使用世界银行指数),同时在较高收入水平上减少腐败。因此,选举或任命分权可能会改善获得基本药物的机会(并可能在较富裕国家之间提供更丰富的铺设道路);但这似乎会恶化基础教育。在低收入阶层,任命分权似乎增加了腐败,但在更高的阶层,它可能减少腐败。同样,结果好坏参半,相当令人沮丧。

相信权力下放好处的人可能会反驳说,重要的不是这些类型中的任何一种单独存在:要想有效,权力下放必须结合多种类型。如果地方官员

---

① 宪法规定的"次国家层级自治"和 1995 年人均 GNP 低于 5 000 美元的国家是阿塞拜疆、埃塞俄比亚、印度、巴基斯坦、俄罗斯和乌兹别克斯坦。如果使用一个互动术语,次国家层级自治也与较富裕国家中较低的婴儿接种记录显著相关;次国家层级自治对年收入超过约 3 160 美元有负面影响。

② 除非有更好的铺设道路供给。

③ 在人均 GNP 每年超过 470 美元的国家,任命权力下放也是如此(基于一个交互效应模型,未显示)。

④ 由于私营部门在毒品供应方面发挥着巨大作用,这一结果也可能与其他结果有所不同。

⑤ 例如,任命集中与青年文盲率较低有关。

⑥ 任命权力下放也与国际七年级数学考试(TIMMS)的平均分数差显著相关。任命集中度得分的每一点与平均测试得分的 29 分(平均得分=483)相关(在控制回归中 $p<0.05$)。没有其他的分权措施是数学或科学分数的显著预测因素,这可能只是反映了低数量的情况。

没有对当地选民负责,赋予他们决策权可能会产生不良影响,甚至根本没有影响;如果他们不得到更多的财政资源和人员,可能是无用的。为了验证这一点,本章构造了两个交互项。首先,将地方自治与选举分权和地方支出份额相乘。其次,通过选举分权和地方行政人员比例成倍增加了地方自治。这些在大多数回归中都不显著。两者均与婴儿接种呈负相关。第一个因素在道路铺设的回归中显著为正——就像在使用财政分权的回归中一样——但与获得卫生设施的机会呈负相关。因此,这些类型的分权结合起来并没有比每一种单独产生更多的有益效果。

虽然支持分权的论点没有得到多少支持,但有相当有力的证据表明存在一定的负面影响。如果辖区间竞争约束了政府,那么拥有较小一级单位的州应该减少腐败。表 9.2 和表 9.3 中的回归表明情况正好相反。使用 TI 或世界银行指数,一级单位的平均面积与腐败程度呈负相关(这种影响在较不发达国家中最为强烈)。可能是,当次国家层级政府拥有真正的自治权时,管辖权之间的竞争只会约束次国家层级政府。本章尝试把一级单位的规模和次国家层级自治权联系起来。研究结果表明,小单位,即使是自治单位,仍然与腐败程度较高有关($p<0.06$)。①

当区域代表对中央立法投否决票时,政府的表现在以下几个方面受到影响:接种疫苗的婴儿更少,获得水和卫生设施的机会更差,人均铺设道路更少(尽管这些影响在所有模式中并不显著)。估计的影响有时很大。例如,一个在财政立法上拥有否决权的地方选出的上院,婴儿接种率从 10% 降到 23%;获得改善的水源的机会大约降低 3—7 个百分点;获得改善的卫生设施的机会大约降低 6—13 个百分点。这些影响大多在较贫穷国家中最为严重。在拥有强大的区域上院的贫穷国家,获得卫生设施的机会明显更差(一个交互项很重要),用一个交互项建模也表明,强大的上院与低收入水平的青年文盲率较高有关。

一些有力的证据表明,政府层级的增加会增加腐败、裁员或浪费(表

---

① 地方政府中较小的一级单位也与较贫穷国家获得基本药物的情况较差有关,但婴儿接种的记录较好。

9.6)。无论使用哪种指数,还是对一系列环境因素进行控制,更多的层级与更高的腐败感知相关。影响相当大。根据世界银行的指标,每增加一级政府,腐败现象就会增加约 0.16 个百分点,而这一范围为 3.65 个百分点。为了进行比较,预计另外一个层级与人均 GNP 下降 27% 的层级一样大。[①] 为了探讨纵向竞争效应是否在某个临界点上发生,偶数模型将次国家层级变量分解为三个虚拟变量。这三个国家都有预期的负面迹象,但当次国家层级的数量上升到一级以上时(使用两个指标),人们对政府诚信的认知下降最为显著。

接种率越高,接种效果越差。在这方面,一个临界值是显著的。[②] 国家的两级以下政府接种的婴儿数量明显减少,可能减少 6 或 7 个百分点。[③] 更多的政府层级也可能与居民的人均铺设道路较少有关,尽管这仅在 $p < 0.11$ 时才显著(表 9.6,第 13 列)。在较贫穷国家中,纵向竞争对公共服务的影响似乎更大。以交互项或样本分割为模型,更多的次国家层级与较低收入水平的药品和水供应以及更高的文盲率显著相关。垂直分权可能改善了富裕国家的卫生条件。

地方政府人员是否比中央政府人员更腐败或更无能,这是否损害了那些行政权力更分散的国家的政府?次国家层级的人员比例在任何回归中都不显著。在较不发达国家中,次国家层级的人员比例与较少的婴儿接种和较高的(世界银行)腐败率有着显著的联系。

简言之,我几乎没有发现任何证据表明,与某些类型的分权有关的更广泛的地方知识和选举问责制提高了政府的质量,也没有证据表明,分权的问责制和决策权具有负面影响。有相当有力的证据表明,其他类型的

---

① 人均 GNP 对数系数等于 1.16。因此有:

$$-1.16(\log Y_1 - \log Y_0) = 0.16(1)$$
$$\Leftrightarrow \log Y_1 - \log Y_0 = -\frac{0.16}{1.16}$$
$$\Leftrightarrow \frac{Y_1}{Y_0} = 10^{-1.379} = 0.73$$

② 层数的估计系数仅当 $p < 0.13$ 时不超过阈值。

③ 在只有对照组和"2 个以上子项"虚拟的回归中,系数为 -7.8,在 $p < 0.03$ 时显著。

分权会降低政府的效力或廉正。一个国家的政府层级越高，人们就越认为它腐败，就越少给婴儿接种常见的儿童疾病疫苗。由地区选择的上院拥有否决权的国家往往会减少婴儿接种，并提供相对较少的改善水源、卫生设施和铺设道路（特别是在较贫穷国家）的建议。一级政府单位越小，腐败现象越严重。

9.3.6 讨论

一个重要的问题是分权的内生性是否会影响回归结果。有两点值得考虑。第一，一些潜在的变量是否会导致分权程度和政府质量的变化（通过其他途径）？第二，政府本身的质量是否会影响分权？

处理第一个问题的策略是在回归控制中纳入一系列可能影响分权和政府质量的因素。其中包括人均 GNP、民主、法律传统、民族划分、宗教、国家规模和大陆。大陆的虚拟变量对于了解可能影响某些政府服务变量的相关地理或气候因素也很重要，例如铺设道路、水源和卫生设施。在关于分权原因的文献中，没有发现任何其他明显的潜在决定因素。

政府质量的大多数变数都无法合理地影响分权的程度。很难看出婴儿疫苗接种率、改善的水源、卫生设施或基本药物的供应情况，或青年文盲率本身会对分权产生什么影响（也许除了通过它们对国民收入的影响，我对此进行了控制）尽管我想不出关于这种影响可能采取何种形式的明确论据。存在真正的内生性问题的两个变量是感知腐败的衡量标准。腐败的中央官员可能会试图集中财政责任和资源，分割次国家层级政府以削弱它们，或者创建新的政府层级，以养活同僚。

本章不能完全解决这个问题。这将需要一个可行的分权工具，或一些时间序列研究设计，其中一个观察到腐败随着时间的推移而发生的变化，并将其与分权的变化联系起来。[1]这两个方面的数据都不可得。能做

---

① Fisman 和 Gatti（2000）以及 De Mello 和 Barenstein（2001）都将国家法律制度的起源作为财政分权的工具。然而，由于法律制度本身显然会影响政府的质量（La Porta et al.，1999），这似乎不是一个好的工具。

的是将分权的变量滞后于腐败变量好几年：大多数分权的变量集中在 20 世纪 90 年代初，腐败指标集中在 20 世纪 90 年代末。我认为，关于分权对腐败的因果影响的解释比相反的解释更合理，但读者应该记住这一点。

第二个问题是，本章使用的分权变量是否反映了相关政策领域的分权程度。我做了一组检查来评估此事。对于有数据的 36 个国家，我计算了政府医疗保健支出和教育支出在次国家层级的比例（数据来自 20 世纪 90 年代初的国际货币基金组织《政府财政统计年鉴》）。然后，我对青年文盲率进行了回归分析，包括教育分权变量，以及接种疫苗和获得药物（包括医疗分散化措施）的回归分析。这些在简单回归中都不显著，这并不奇怪，因为可用病例的数量很少。然而，如果包括教育分权与收入的交互关系，教育分权变量在青年文盲率回归中是显著的。教育分权似乎与青年文盲率较高有关，但其影响随着国民收入的增加而下降。

本章研究结果与之前三篇关于财政分权的研究有所不同。Fisman 和 Gatti（2002）、Huther 和 Shah（1998）以及 De Mello 和 Barenstein（2001）利用国际反腐败委员会（ICRG）、TI 和世界银行各年的腐败指数，都报告了财政分权（次国家层级支出份额）与不存在腐败之间的积极关系。虽然发现了财政分权的一个正系数，但在回归分析中，这个系数并不显著。这种差异似乎反映了我们对包含哪些控制变量的选择。Fisman 和 Gatti（2002）的基本模型包括对人均 GDP 对数、公民自由、人口对数和政府支出占 GDP 的份额的控制。当在财政分权变量（显然是 1980—1995 年的平均值）中回归 TI 或世界银行的腐败指数时，他们会对种族分权、开放程度、政府规模、地区性虚拟变量和殖民地虚拟变量逐一（或作为一组虚拟变量）添加额外四个基本控制变量，他们发现，分权变量非常显著。然而，如果增加了对新教徒在人口中所占份额的控制，这是非常显著的，财政分权也就变得不显著了。Huther 和 Shah（1998）的相关性没有控制变量，所以他们的显著性更高并不奇怪。例如，宗教传统与腐败和财政分权都有关联。De Mello 和 Barenstein（2001）的基本回归控制只针对人均 GDP 对数和人口对数。然后，他们逐个添加各种控制变量，但不能一起添加。再次,本章怀疑结果比财政分权回归更为显著,因为选择的控制变量更为稀疏。[①]为了查看本章的发现是否由一些有影响的情况引起,我进行了回归诊断。排除影响情况有时会导致分权变量的显著性略有下降,但有时会导致分权变量的显著性增加,而不会改变结果的总体格局。[②]

9.4 结论

随着世界各国开始实施政府分权项目,了解这将如何影响政府绩效至关重要。理论表明,分权可能会以多种方式影响政府的质量——其作用有好有坏。这些影响中哪一个平均占主导地位是实证研究的问题。本章研究了关于特定类型的分权的七个论点,然后使用一个新创建的数据集来寻找判断这些论点正误的证据。

当我们从不完善的数据中得出结论时应谨慎。考虑到一些测量误差可能仍然存在,本章忽略了其中的负面结果。由于数据不完整,某些系数可能不重要。在某些情况下,内生性可能是一个问题,没有好的工具来测试和纠正这一点。在可能的情况下,我将自变量滞后于因变量好几年,但这充其量只是部分解。

将这些弊端考虑在内后得出的一些相当有力的证据表明,若干类型的分权倾向于降低政府的质量,这可以通过腐败程度或基本卫生、教育或基础设施服务的有效性来衡量。层级较多的州往往对腐败现象有较高的认识,对常见疾病的婴儿疫苗接种率较低。在较不发达国家中,层级越多,获得基本药物的机会越少,获得改善水源的机会越小,青年文盲率也越高。腐败的结果符合这样一个故事:在一个权力分散的国家,掠夺性政府未能协调,导致极高的贿赂比率。公共服务的结果符合这样一个论点:更大的垂直划分导致更大的浪费、搭便车现象更严重和中央监控越差。

---

① 显然,本文的回归并不意味着财政分权会加剧腐败;但在我看来,这些数据似乎不足以得出财政分权有助于腐败的可靠结论。

② 主要由有影响力的情况引起的两个结果是财政分权与青年文盲和卫生设施之间的关系。

　　在中央政治中巩固地方权利所产生的制衡，通常与较低的政府质量有关。在由地方选出的议会上院可以否决金融立法的国家，政府往往会减少婴儿接种疫苗，提供更少的水源和卫生设施，铺设更少的道路。在较贫穷的国家中，中央的这种制衡也与青年文盲率较高有关。对这些模式的一种解释是，这种上层建筑阻碍了国家公共卫生和基础设施发展项目的融资和实施，或将资金转移到效率较低的项目上。

　　与 Tieboutian 认为小政府单位与资本单位之间的竞争会约束政府的观点相反，本章发现那些拥有更大的一级地方政府单位的国家——因此流动性更低——其政府被认为是最不腐败的。这一发现可能有两种解释。首先，如果地方政府通过提供商业腐败的串通交易来吸引资本，更大的流动性和竞争可能会加剧腐败(Cai and Treisman，2000)。其次，次国家层级的小型政府可能无法协调中央官员的滥用职权行为。[①]在较贫穷国家，行政人员的分权与更多的腐败现象、更少的婴儿疫苗接种有关。这些数据无法对某些其他类型的分权——次国家层级自治、选举分权和财政分权——给出强有力的论定。虽然关于地方知识和问责制的好处的论点没有得到支持，但这可能是由数据的缺陷所导致的。

　　总的调查结果与最近的一些研究结果相呼应，这些研究质疑分权总是会改善公共服务供给的观点。在巴布亚新几内亚的一项医疗保健研究中，Thomason 等(1991)注意到分权引起的各种协调问题。他们的报告指出一些省份的分权免疫计划恶化。Wyss 和 Lorenz（2000：106）发现，即使在超现代的瑞士，医疗改革也因分权给各州而受阻。"100 多年来，只有一项部分(1964 年)和一项全面和重大(1994 年)的疾病基金管理改革是可能的，强调了在联邦一级决策权非常薄弱的卫生系统中，改革是多么困难。"最近对智利教育分权的一项调查发现："分权和私有化都没有提高教育质量"，"为了取悦父母和学生而加剧的竞争导致了夸大成绩，把稀缺资源花在非教育活动上"。同时，分权加剧了教育提供方面的不平等

---

　　①　关于强调次国家层级政府在确保自由中央政府政策方面的作用的模式，见 Weingast (1995)。

(Parry，1997：218)。

从这些发现可以得出一些启示。首先，区分不同类型分权的影响对于学术和政策目的都至关重要。虽然财政和选举分权的影响仍然有些模糊，但更明确的成本似乎与增加层级，将州或地区划分为更小的单位，建立强有力的、由地区选择的议会上院有关。①其次，显然，在处于不同发展水平的国家，具体类型的分权有不同的效果。在较贫穷国家中，垂直分权和强大的区域上院对提供公共服务的负面影响似乎更为明显。行政人员下放也是如此。

还有许多问题有待于今后的研究来解决。政治分权究竟是如何阻碍医疗和基础教育服务项目的管理的？当一个以上级别的政府为公民提供某种公共产品而被追究责任时，每个级别的政府都可以试着利用其他政府的贡献。国家内部更多的纵向分歧可能会使管理政策更加复杂、昂贵和低效。区域否决权的巩固中央立法可能难以达成必要的协议，以改善国家提供公共服务的方案。②小地方之间的竞争可能导致不正当的反应，而不是效率。进一步的工作将有助于澄清这些机制。虽然这类研究表明了世界范围内的程式化事实，但补充项目可以探讨分权与特定国家政府质量之间的关系。同时，关于公共产品供给制度的更详细的跨国数据将允许对各种假设进行更具体的检验。

关于分权和政府质量的令人失望的调查结果并不意味着最好的补救办法永远是重新集权。通常，分权往往履行其他重要职能，如促进族裔间合作。未来的研究可以尝试探索其他不那么激烈的措施，这些措施可能会改善问责制，抵消分权结构内的协调问题。然而，如果这些基本结论得到未来研究的证实，它们将表明将目前的分权风潮推得太远是危险的，特别是在发展中国家。友好政府之间也许不应该庆祝其国家建立了更多的

---

① 当然，提高政府质量从来不是唯一的目标。每一种权力下放有时都是作为减少种族分裂社会冲突的制度的一部分而提倡的。

② 基本医疗保健指标婴儿疫苗接种率衡量的是医疗保健的一个方面，几乎总是在全国范围内实施；分权其他方面可能更有成效。

政府层级(就像波兰和俄罗斯最近所做的那样),巩固了一个强大的、由地区选择的上院(就像 1987 年的海地宪法一样),或者把国家以下的单位分割成更小的部分(就像尼日利亚中央政府自独立以来反复做的那样)。

附录

对表 9.2—表 9.7 相关变量解释如下:

腐败(TI 2000):透明国际腐败感知指数,2000。价值观越高,政府越廉洁。指数范围从 1.2(尼日利亚)至 10(芬兰)。

腐败(WB 2001):世界银行"贪污"指数。价值观越高,政府越廉洁。指数范围为—1.4(布隆迪)至 2.25(芬兰)。

婴儿接种:到第一年年底接种白喉、破伤风和百日咳疫苗的儿童百分比,平均 1996—1998 年,世卫组织,2000 年 5 月。

药品可及性:1997 年世界银行《世界发展指标》(2002 年 1 月):"在公共或私人卫生设施或一小时步行范围内的药品销售点持续可获得至少 20 种最基本药品且负担得起的人口百分比"。

青年文盲:15—24 岁文盲的百分比,来自联合国教科文组织(2002 年 1 月)。如果成人文盲率为 1‰或更低,但青年数据缺失,青年数据编码为 1‰。

获得水源:获得改良水源。2000 年数据来自世界银行,《2001 年世界发展指标》(2002 年 2 月)。

道路铺设:每千居民柏油路公里数的对数,1995—1999 年数据,来自世界银行,《世界发展指标 2001》(2002 年 2 月)。

获得卫生设施:获得改善卫生设施的人口比例,2000 年数据,来自世界银行,《2001 年世界发展指标》(2002 年 2 月)。

腐败评级的回归 WLS,通过构建指数的来源的评级标准误差的倒数加权。所有其他回归 OLS。括号内的白色异方差校正标准误差。 $* p < 0.10$; $*** p < 0.05$; $*** p < 0.01$。

表 9.2　决策和财政分权和政府质量（检验地方知识论点）

	腐败 (TI 2000)	腐败 (WB 2001)	婴儿饮食	获得毒品	青少年文盲	获得水源	铺砌道路	获得卫生设施	腐败 (TI 2000)	腐败(世界银行 2001)	婴儿饮食	获得毒品	青少年文盲	获得水源	铺砌道路	获得卫生设施
	(1)	(2)	(3)	(4)	(5)	(6)	(7)	(8)	(9)	(10)	(11)	(12)	(13)	(14)	(15)	(16)
地方自治	-.25 (.39)	-.10 (.16)	-4.72 (4.04)	-8.23 (6.30)	1.92 (2.32)	-2.05 (4.15)	.13 (.08)	-3.31 (6.40)								
次国家支出份额									.012 (.019)	.004 (.009)	-.05 (.17)	-.29 (.27)	**.17**** (**.08**)	.25 (.25)	**.007*** (**.004**)	**-.39*** (**.22**)
1995 年人均国民生产总值对数	1.95*** (.55)	1.25*** (.22)	9.82 (6.13)	51.00*** (9.35)	-25.18*** (4.85)	31.29*** (5.53)	.94*** (.12)	42.12*** (8.22)	2.36*** (.52)	1.33*** (.30)	7.44 (7.22)	51.42*** (13.36)	-20.05*** (6.48)	18.49*** (6.69)	.70*** (.15)	35.73*** (11.14)
自 1950 年以来不间断的民主	1.22** (.53)	.48** (.22)	-1.85 (4.33)	-2.38 (8.17)	8.18** (3.17)	11.88** (5.06)	.20 (.19)	1.51 (10.44)	.58 (.63)	.25 (.29)	-5.85 (5.38)	9.51 (9.71)	3.35 (3.05)	11.71*** (4.16)	.24 (.25)	-4.69 (8.68)
一党制国家	.38 (.43)	-.05 (.22)	-3.55 (5.14)	6.67 (8.07)	-5.05 (3.70)	-6.20 (5.50)	.08 (.09)	-1.60 (6.97)	.001 (.42)	-.07 (.31)	-1.00 (3.82)	3.87 (12.68)	-5.33** (2.73)	6.84 (7.18)	.09 (.09)	-9.91 (6.07)
民族语言部	-.02** (.01)	-.006** (.002)	-.05 (.05)	.02 (.10)	-.06 (.04)	-.01 (.07)	-.001 (.001)	.13 (.09)	-.01 (.008)	-.008*** (.002)	-.01 (.06)	.05 (.18)	-.09* (.05)	.01 (.07)	-.002* (.001)	.01 (.13)
法国法律传统	-.30 (.42)	-.05 (.15)	-5.60 (4.14)	3.71 (8.52)	2.04 (3.11)	-4.27 (5.04)	-.10 (.06)	-10.36 (7.21)	-.67 (.59)	-.02 (.20)	-1.84 (5.53)	16.37 (12.90)	1.94 (2.08)	6.23 (3.71)	-.05 (.11)	1.11 (4.35)
社会主义法律传统	-.86 (.70)	.01 (.27)	16.33** (6.91)	10.02 (14.69)	-15.26** (7.54)	4.54 (8.45)	.00 (.20)	1.59 (19.84)	-.39 (.99)	-.15 (.47)	10.18 (9.89)	28.01 (25.32)	-10.64* (5.63)	-16.78 (9.93)	-.80*** (.27)	-20.17 (14.51)
pop, 中保护性房地产的份额	.02*** (.01)	.007** (.002)	.03 (.07)	.16 (.13)	.01 (.04)	-.00 (.08)	-.000 (.002)	.05 (.16)	.02*** (.006)	.008** (.003)	.05 (.07)	.03 (.09)	-.00 (.02)	-.01 (.05)	-.003* (.001)	.05 (.08)
穆斯林人口比例	-.00 (.01)	-.001 (.002)	.05 (.06)	.26** (.09)	.17** (.07)	.12 (.08)	.001 (.001)	.17 (.12)	-.013*** (.004)	-.006** (.003)	.09 (.06)		.09 (.07)	-.15 (.32)	-.001 (.002)	-.14 (.32)

续表

	腐败(TI 2000)	腐败(WB 2001)	婴儿饮食	获得毒品	青少年文盲	获得水源	铺砌道路	获得卫生设施	腐败(TI 2000)	腐败(世界银行 2001)	婴儿饮食	获得毒品	青少年文盲	获得水源	铺砌道路	获得卫生设施
	(1)	(2)	(3)	(4)	(5)	(6)	(7)	(8)	(9)	(10)	(11)	(12)	(13)	(14)	(15)	(16)
1994年人口对数	−.46 (.30)	−.14 (.11)	1.23 (3.58)	−.59 (4.16)	2.86 (2.12)	5.98 (4.03)	−.09 (.09)	.52 (6.12)	−.63* (.32)	−.19 (.13)	−3.07 (4.08)	−.71 (5.50)	.66 (1.28)	.04 (3.23)	−.22** (.10)	−5.62 (4.94)
面积的对数	−.09 (.26)	−.08 (.10)	−1.53 (2.89)	.78 (4.13)	−2.67 (1.62)	−3.50 (2.71)	−.02 (.07)	−2.07 (4.43)	−.27 (.28)	−.12 (.12)	1.46 (2.96)	.93 (4.29)	−3.14** (1.26)	−3.44 (2.16)	−.00 (.09)	3.84 (3.15)
人口密度							−.36*** (.08)								−.38*** (.10)	
撒哈拉以南非洲	.49 (.96)	.07 (.24)	−10.45 (8.39)	11.30 (13.27)	7.75 (6.43)	11.58 (9.61)	−.21 (.23)	−1.84 (14.85)	−.40 (.83)	.33 (.25)	−12.52 (8.38)	14.89 (14.71)	7.21* (3.66)	7.93 (6.60)	−.15 (.27)	1.04 (10.46)
亚洲	−.15 (.67)	.34 (.35)	1.15 (5.71)	1.06 (8.98)	3.90 (4.10)	12.42** (5.81)	−.23 (.16)	−8.19 (10.48)	.04 (.63)	.19 (.34)	.77 (6.68)	3.63 (9.50)	3.32 (2.63)	8.65 (5.09)	−.04 (.16)	−2.62 (6.91)
原苏东国家	−.61 (.89)	−.28 (.36)	−7.78 (8.24)	4.10 (14.19)	8.34 (7.82)	18.77 (11.67)	.46** (.21)	17.18 (23.20)	−1.25 (.93)	−.13 (.45)	−5.65 (10.23)	5.80 (23.88)	3.65 (4.57)	35.89** (13.46)	1.11*** (.19)	17.11 (20.48)
中东	−.05 (.52)	−.22 (.31)	7.92 (5.05)	−26.11 (15.18)	−5.37 (6.98)	15.03** (7.20)	−.26 (.17)	9.44 (11.76)	−.49 (.54)	−.32 (.37)	6.21 (7.14)	…	−.01 (2.18)	…	−.62*** (.10)	…
拉美	−.55 (.74)	−.05 (.28)	3.81 (5.81)	3.12 (11.11)	−1.81 (4.47)	16.23** (6.52)	−.33 (.22)	13.14 (12.26)	−.64 (.90)	−.04 (.21)	−1.66 (7.39)	−6.19 (9.94)	−.44 (3.45)	7.74 (6.44)	−.51 (.31)	−7.48 (11.28)
常数项	−1.46 (2.52)	−3.99*** (.99)	52.07* (27.00)	−120.0** (41.0)	102.1** (22.75)	−43.99 (28.01)	−2.89*** (.53)	−78.05** (41.27)	−2.26 (2.49)	−4.19*** (1.39)	61.23** (32.78)	−126.2** (57.45)	85.37*** (28.19)	7.65 (31.59)	−1.86** (.71)	−40.39 (51.03)
R^2	.85	.80	.51	.57	.72	.72	.90	.60	.89	.86	.23	.68	.59	.65	.93	.79
N	72	95	97	62	91	72	85	68	52	61	56	40	59	42	53	38

表 9.3 地方政府问责和政府质量

	腐败 (TI 2000)	腐败 (WB 2001)	婴儿饮食	获得毒品	青少年文盲	获得水源	铺砌道路	获得卫生设施	腐败 (TI 2000)	腐败(世界银行 2001)	婴儿饮食	获得毒品	青少年文盲	获得水源	铺砌道路	获得卫生设施
	(1)	(2)	(3)	(4)	(5)	(6)	(7)	(8)	(9)	(10)	(11)	(12)	(13)	(14)	(15)	(16)
当选级别百分比	.002 (.004)	−.000 (.002)	−.05 (.05)	.19** (.09)	.003 (.029)	.009 (.055)	.000 (.001)	−.00 (.09)								
任命集中化									−.22 (.29)	.04 (.13)	−1.19 (3.96)	−7.76 (6.86)	**−5.75** ** (**2.71**)	1.48 (2.84)	.007 (.055)	.41 (4.76)
次国家层级的数量	−.45*** (.10)	−.22** (.09)	−4.06** (2.02)	−2.48 (4.17)	−1.97 (2.20)	−1.13 (2.47)	−.11** (.04)	5.71 (4.34)								
1995 年人均国民生产总值的对数	1.94*** (.45)	1.21*** (.27)	.51 (4.97)	24.88** (11.55)	−17.23*** (5.07)	19.17*** (7.80)	.89*** (.18)	16.78 (13.14)	1.71*** (.49)	1.28*** (.20)	9.00 (5.71)	41.93*** (10.44)	−26.65*** (4.31)	30.74*** (5.31)	1.02*** (.11)	39.36*** (7.71)
1950 年以来不间断的民主	1.12** (.54)	.48* (.27)	−5.10 (5.53)	−14.25** (7.04)	15.60** (4.50)	15.43** (6.86)	.25 (.23)	−12.93 (16.41)	1.00** (.46)	.49** (.21)	−5.03 (4.65)	−1.83 (8.49)	10.68** (4.35)	10.12** (4.18)	.28 (.22)	−4.82 (10.84)
一党制国家	.17 (.20)	.01 (.20)	6.93 (4.26)	12.60 (10.95)	−3.99 (4.37)	−3.99 (4.70)	.30** (.14)	−.35 (7.93)	.39 (.35)	.01 (.18)	−.13 (5.27)	10.33 (8.10)	−5.14 (3.66)	−5.07 (4.74)	.11 (.08)	−5.08 (6.17)
民族语言富部	−.010*** (.003)	−.006** (.002)	−.06 (.05)	−.08 (.07)	−.11* (.06)	−.13 (.08)	−.001 (.001)	.04 (.10)	−.02** (.005)	−.005*** (.002)	−.05 (.05)	−.02 (.08)	−.08** (.04)	−.00 (.06)	−.000 (.001)	.11 (.07)
法国法律传统	−.74*** (.25)	−.04 (.13)	−7.88** (3.93)	.34 (7.34)	5.83 (3.91)	.59 (3.66)	−.14** (.07)	−9.24 (7.99)	−.31 (.34)	−.06 (.12)	−7.34* (4.20)	5.92 (7.57)	5.35 (3.37)	−3.51 (4.08)	−.16** (.07)	−11.19 (6.97)
社会主义法律传统	.82* (.47)	.29 (.33)	2.96 (8.68)	−19.69 (19.43)	.49 (6.22)	−5.33 (9.10)	−.43 (.32)	−42.38*** (14.04)	−1.01 (.77)	−.02 (.31)	11.40 (7.12)	.85 (18.99)	−17.15** (7.78)	4.05 (7.78)	.09 (.18)	1.28 (20.28)
pop.中保护性房地产的份额	.02** (.006)	.004 (.003)	−.07 (.08)	.08 (.09)	−.001 (.04)	−.02 (.06)	−.003 (.002)	.04 (.15)	.02** (.006)	.006** (.003)	−.06 (.08)	.11 (.10)	−.01 (.04)	−.01 (.07)	−.001 (.002)	.01 (.14)
穆斯林人口比例	.011 (.007)	.001 (.003)	−.01 (.09)	.09 (.13)	.29*** (.07)	.17*** (.06)	.001 (.002)	−.15 (.11)	−.002 (.006)	−.001 (.002)	.00 (.07)	.20 (.13)	.24*** (.06)	.08 (.06)	.001 (.001)	.07 (.10)

续表

	腐败(TI 2000) (1)	腐败(WB 2001) (2)	婴儿饮食 (3)	获得毒品 (4)	青少年文盲 (5)	获得水源 (6)	铺砌道路 (7)	获得卫生设施 (8)	腐败(TI 2000) (9)	腐败(世界银行2001) (10)	婴儿饮食 (11)	获得毒品 (12)	青少年文盲 (13)	获得水源 (14)	铺砌道路 (15)	获得卫生设施 (16)
1994年人口对数	-.75** (.30)	-.18* (.11)	-.14 (3.35)	-1.82 (4.00)	3.99** (1.87)	3.15 (3.62)	-.08 (.14)	-4.48 (6.11)	-.73** (.30)	-.21** (.09)	-2.27 (3.48)	-5.71 (5.67)	1.13 (2.10)	4.83 (3.35)	-.08 (.08)	.31 (5.00)
面积的对数	-.07 (.24)	-.00 (.11)	-.07 (2.54)	-2.22 (4.53)	-3.53** (1.70)	-1.12 (2.11)	.02 (.10)	.72 (4.98)	-.17 (.23)	-.08 (.08)	-1.58 (2.48)	-.004 (4.48)	-2.69* (1.41)	-3.92* (2.31)	.01 (.06)	-2.81 (3.38)
人口密度							-.52 (.34)								-.24*** (.04)	
撒哈拉以南非洲	-.39 (.83)	-.09 (.29)	-25.48** (10.01)	-8.26 (12.98)	29.08*** (8.69)	9.50 (11.48)	-.27 (.31)	-33.08 (19.66)	-.31 (.70)	.10 (.24)	-18.48** (8.68)	4.40 (13.60)	9.28 (7.33)	7.27 (8.39)	-.13 (.26)	-8.90 (14.13)
亚洲	-.67 (.63)	.33 (.45)	-8.64 (5.22)	-1.36 (8.86)	9.40 (6.48)	11.08 (6.81)	-.25 (.19)	-24.72 (17.74)	-.22 (.56)	.34 (.35)	-1.76 (5.73)	6.41 (8.92)	6.67 (4.97)	10.91** (5.19)	-.22 (.20)	-11.20 (10.85)
原苏东国家	-2.75*** (.71)	-.62 (.43)	-6.12 (7.90)	14.64 (17.01)	5.04 (8.38)	25.76*** (9.19)	.82*** (.24)	30.67 (22.16)	-.70 (.96)	-.18 (.39)	-7.27 (8.29)	15.43 (17.63)	12.98 (8.15)	16.77 (10.57)	.45* (.26)	8.81 (22.68)
中东	-.95* (.54)	-.55 (.45)	-.29 (5.71)	-17.36 (17.38)	-7.55 (8.42)	2.88 (7.09)	-.39* (.20)	5.50 (14.33)	-.24 (.54)	-.31 (.32)	7.85 (5.96)	-17.56 (16.48)	-10.04 (7.05)	14.99** (6.79)	-.21 (.22)	10.79 (11.52)
拉美	-1.01 (.88)	-.30 (.31)	6.02 (8.16)	-19.79* (10.98)	6.38 (6.11)	12.07 (9.14)	-.44 (.30)	-12.97 (16.44)	-1.09 (.67)	-.05 (.28)	-.03 (5.96)	-7.18 (11.26)	-2.80 (5.82)	16.34*** (5.63)	-.22 (.26)	9.03 (12.71)
常数项	.28 (2.08)	-3.31** (1.31)	110.2*** (24.27)	1.17 (53.56)	66.80** (25.31)	3.44 (31.47)	-2.45** (.84)	29.92 (56.13)	.29 (2.27)	-4.10*** (.95)	65.24** (25.62)	-76.08 (45.94)	105.7*** (21.21)	-38.31 (24.94)	-3.33*** (.50)	-57.03 (38.10)
R^2	0.89	0.83	0.51	.62	.77	.74	.90	.58	.85	.81	.55	.57	.73	.72	.89	.62
N	67	86	84	54	83	65	78	62	78	112	113	72	107	88	102	85

表 9.4 辖区间竞争和政府质量

	腐败（TI 2000）(1)	腐败（WB 2001）(2)	婴儿饮食 (3)	获得毒品 (4)	青少年文盲 (5)	获得水源 (6)	铺砌道路 (7)	获得卫生设施 (8)
分权								
一线单元的平均面积	.004*** (.001)	.001*** (.000)	.006 (.011)	.01 (.01)	.011 (.007)	.002 (.010)	.000 2 (.000 3)	.010 (.016)
控制变量								
1995 年人均国民生产总值的对数	1.70*** (.45)	1.14*** (.18)	8.88 (5.94)	54.05*** (9.95)	−24.76*** (4.57)	30.55*** (5.22)	1.02*** (.11)	36.88*** (8.15)
1950 年以来不间断的民主	.76* (.44)	.40** (.20)	−4.53 (4.50)	−6.45 (8.56)	10.07** (3.93)	9.39** (4.47)	.18 (.21)	−6.57 (11.44)
一党制国家	.29 (.33)	−.14 (.17)	−1.75 (5.62)	11.41 (8.41)	−5.04 (3.99)	−4.69 (5.17)	.13 (.08)	−7.64 (6.66)
民族语言部	−.02*** (.005)	−.005*** (.002)	−.05 (.04)	−.01 (.09)	−.06 (.04)	−.00 (.06)	−.000 (.001)	.12 (.07)
法国法律传统	−.26 (.31)	−.04 (.12)	−7.80* (4.41)	7.15 (7.78)	5.58 (3.45)	−3.07 (3.77)	−.18*** (.06)	−11.46* (6.86)
社会主义法律传统	−.86 (.57)	.12 (.24)	−14.55** (6.99)	6.72 (19.15)	−13.93 (7.79)	2.89 (8.21)	.03 (.19)	4.37 (20.65)
pop. 中保护性房地产的份额	.03*** (.006)	.007*** (.002)	−.05 (.08)	.16 (.11)	.01 (.04)	−.01 (.08)	−.001 (.002)	.04 (.15)
穆斯林人口比例	−.004 (.005)	−.001 (.002)	.01 (.06)	.21** (.10)	.22*** (.06)	.09 (.06)	.001 (.001)	.06 (.11)

续表

分权	腐败（TI 2000）(1)	腐败（WB 2001）(2)	婴儿饮食 (3)	获得毒品 (4)	青少年文盲 (5)	获得水源 (6)	铺砌道路 (7)	获得卫生设施 (8)
1994 年人口对数	−.40 (.28)	−.15 (.09)	−.69 (3.52)	−4.73 (5.49)	1.88 (2.03)	5.05 (3.71)	−.09 (.08)	1.71 (5.22)
面积的对数	−.55** (.28)	−.17* (.09)	−3.14 (2.97)	−3.76 (6.06)	−3.42** (1.69)	−4.60 (3.19)	−.01 (.07)	−5.19 (4.48)
人口密度							−.23*** (.04)	
撒哈拉以南非洲	−.34 (.66)	−.08 (.24)	−15.65** (7.59)	13.70 (13.38)	10.16 (6.85)	6.64 (8.95)	−.24 (.22)	−9.67 (14.29)
亚洲	−.53 (.57)	.20 (.32)	−2.30 (5.71)	12.68 (9.54)	5.04 (5.02)	11.14* (6.33)	−.30 (.18)	−13.40 (11.94)
原苏东国家	−1.01 (.74)	−.48 (.33)	−10.12 (8.33)	9.49 (18.17)	10.01 (8.31)	17.67 (11.51)	.40 (.25)	3.34 (23.04)
中东	−.01 (.50)	−.42 (.26)	8.88 (5.55)	−20.61 (17.43)	−9.28 (7.27)	14.28** (6.48)	−.29 (.19)	10.64 (11.84)
拉美	−1.05* (.54)	−.04 (.26)	1.90 (5.41)	−1.21 (9.83)	−.95 (4.94)	15.07*** (5.30)	−.33 (.21)	7.69 (12.69)
常数项	.58 (2.12)	−3.37*** (.84)	65.70** (26.54)	−120.9*** (42.31)	100.0*** (21.49)	−35.18 (24.75)	−3.16*** (.45)	−42.47 (39.24)
R^2	0.86	0.81	.52	.57	.72	.72	.89	.60
N	81	114	115	73	108	87	104	84

表 9.5 垂直制衡和政府质量

	腐败（TI 2000）	腐败（WB 2001）	婴儿饮食	获得毒品	青少年文盲	获得水源	铺砌道路	获得卫生设施
分权								
地方选举产生的上院可以阻止金融法案	−.69 (.68)	−.15 (.16)	**−20.49** (10.21)**	−4.66 (8.29)	2.62 (3.56)	**−7.45** (3.06)**	**−.15* (.08)**	**−10.21* (5.52)**
控制变量								
1995 年人均国民生产总值的对数	2.02*** (.45)	1.25*** (.17)	7.08 (4.85)	47.54*** (9.66)	23.35*** (4.22)	29.36*** (4.51)	.99*** (.10)	37.05*** (7.18)
1950 年以来不间断的民主	1.12*** (.41)	.49*** (.18)	−1.43 (3.63)	−3.29 (8.46)	9.54** (3.78)	10.86*** (3.91)	.24 (.19)	−3.90 (11.07)
一党制国家	.40 (.37)	−.01 (.18)	−.56 (4.82)	9.42 (7.80)	−3.99 (3.63)	−4.57 (4.59)	.11 (.08)	−6.06 (5.91)
民族语言部	−.02*** (.005)	−.005*** (.002)	−.06 (.04)	−.02 (.08)	−.07 (.04)	−.00 (.06)	−.000 (.001)	.10 (.07)
法国法律传统	−.26 (.33)	−.05 (.13)	−6.51 (4.54)	6.61 (7.69)	4.34 (3.39)	−2.66 (3.85)	−.15* (.06)	−11.25 (6.96)
社会主义法律传统	−.78 (.68)	−.00 (.27)	13.96** (6.32)	7.20 (18.65)	−16.17** (7.59)	3.72 (7.27)	.09 (.19)	3.19 (20.10)
pop.中保护性房地产的份额	.03*** (.007)	.007** (.003)	−.00 (.07)	.16 (.11)	−.00 (.04)	−.01 (.08)	−.001 (.002)	.06 (.15)
穆斯林人口比例	−.005 (.005)	−.001 (.002)	.00 (.05)	.20* (.10)	.20*** (.06)	.08 (.06)	.001 (.001)	.07 (.10)

续表

	腐败（TI 2000）	腐败（WB 2001）	婴儿饮食	获得毒品	青少年文盲	获得水源	铺砌道路	获得卫生设施
分权								
1994 年人口对数	-.48 (.30)	-.17* (.10)	1.81 (3.16)	-4.80 (5.75)	.79 (2.12)	5.68 (3.49)	-.06 (.09)	2.08 (5.32)
面积的对数	-.22 (.54)	-.10 (.08)	-3.72 (2.34)	-.97 (5.09)	-1.51 (1.54)	-4.63* (2.38)	-.01 (.06)	-4.49 (3.70)
人口密度							-.25*** (.04)	
撒哈拉以南非洲	.09 (.65)	.07 (.22)	-18.86*** (6.70)	8.15 (12.65)	11.14* (6.47)	4.53 (7.78)	-.24 (.22)	-10.77 (13.23)
亚洲	-.22 (.54)	.33 (.30)	-4.61 (4.83)	6.51 (8.64)	6.54 (4.60)	8.71* (5.20)	-.32* (.18)	-14.23 (11.04)
原苏东国家	-.86 (.81)	-.29 (.34)	-11.25 (7.00)	5.52 (17.96)	12.19 (7.84)	15.49 (10.00)	.35 (.24)	3.85 (22.59)
中东	.08 (.51)	-.36 (.25)	6.19 (5.19)	-22.03 (16.37)	-7.80 (6.98)	12.94** (6.31)	-.29 (.19)	9.17 (11.21)
拉美	-.91 (.57)	-.04 (.26)	.68 (4.82)	-4.13 (9.80)	-.04 (4.69)	14.12*** (5.07)	-.32 (.20)	7.66 (12.11)
常数项	-1.31 (2.05)	-3.94*** (.79)	72.59*** (21.55)	-99.74** (41.52)	92.43*** (19.96)	-30.16 (21.38)	-3.11*** (.44)	-44.12 (35.55)
R^2	0.85	0.80	.57	.55	.71	.73	.89	.61
N	82	117	121	75	112	89	106	86

表 9.6　垂直竞争、重复和政府质量

分权	腐败 (TI 2000)		腐败 (WB 2001)		婴儿饮食		获得毒品		青少年文盲		获得水源		铺砌道路		获得卫生设施	
	(1)	(2)	(3)	(4)	(5)	(6)	(7)	(8)	(9)	(10)	(11)	(12)	(13)	(14)	(15)	(16)
国家以下各级	**−.32*** (.11)		**−.16** (.08)		−3.48 (2.23)		1.95 (3.60)		−.66 (1.65)		−1.44 (1.83)		−.063 (.039)		3.39 (3.05)	
超过 1 个子层		**−1.84** (.76)		−.37 (.26)		4.22 (6.46)		4.88 (20.11)		−.73 (3.88)		5.47 (8.30)		−.31 (.19)		4.28 (10.81)
超过 2 个子层		−.41 (.26)		−.08 (.12)		**−8.35** (3.46)		−3.43 (6.93)		.40 (2.59)		−2.08 (3.79)		−.03 (.06)		.10 (5.17)
超过 3 个子层		−.17 (.34)		−.21 (.16)		2.79 (4.77)		9.26 (9.07)		−3.17 (4.48)		−1.64 (4.48)		−.09 (.10)		8.08 (6.80)
控制变量																
1995 年人均国民生产总值的对数	1.74*** (.46)	1.64*** (.51)	1.16*** (.20)	1.18*** (.20)	7.72 (5.32)	7.65 (5.46)	48.35*** (10.34)	46.87*** (10.39)	−24.25*** (4.82)	−23.95*** (4.77)	29.01*** (4.92)	30.05*** (4.91)	.97*** (.11)	.97*** (.11)	41.05*** (7.78)	39.77*** (7.55)
1950 年以来不同断的民主	.98** (.45)	1.03** (.49)	.49** (.21)	.50** (.21)	−5.36 (4.70)	−5.38 (5.42)	−3.19 (7.88)	−1.72 (8.64)	10.61** (4.26)	10.24** (4.23)	9.98** (4.12)	9.16** (4.74)	.27 (.21)	.28 (.21)	−4.49 (9.74)	−2.59 (9.86)
一党制国家	.56* (.33)	.43 (.32)	.01 (.16)	−.01 (.17)	−.11 (5.17)	−.93 (5.26)	9.05 (8.07)	8.67 (8.46)	−5.06 (3.89)	−4.69 (4.01)	−4.88 (4.75)	−4.29 (5.10)	.11 (.08)	.09 (.07)	−5.48 (6.15)	−6.33 (6.46)
民族语言部	−.02*** (.005)	−.02*** (.005)	−.004** (.002)	−.004** (.002)	−.03 (.05)	−.04 (.05)	−.03 (.08)	−.01 (.08)	−.08 (.05)	−.07 (.05)	.00 (.06)	−.00 (.06)	−.000 (.001)	.000 (.001)	.10 (.07)	.10 (.07)
法国法律传统	−.36 (.30)	−.35 (.30)	−.04 (.12)	−.02 (.12)	−6.80 (4.13)	−7.33* (4.21)	5.68 (7.76)	6.40 (8.20)	4.95 (3.47)	4.75 (3.67)	−2.96 (4.03)	−3.62 (4.21)	−.15** (.06)	−.13** (.06)	−11.84** (6.58)	−12.20 (7.02)
社会主义法律传统	−1.01 (.83)	−.90 (.80)	.01 (.30)	.03 (.32)	12.91* (7.23)	14.12* (6.78)	5.18 (19.01)	5.80 (18.02)	14.36** (8.04)	−14.82* (8.69)	3.56 (7.20)	2.69 (7.51)	.09 (.18)	.10 (.19)	.63 (20.07)	2.10 (21.22)
pop 中保护性房地产的份额	.02*** (.006)	.02*** (.006)	.005* (.002)	.006** (.003)	−.08 (.08)	−.11 (.08)	.15 (.12)	.10 (.13)	−.00 (.04)	.01 (.05)	−.02 (.07)	−.02 (.08)	−.001 (.002)	−.001 (.002)	.05 (.15)	.02 (.16)

续表

分权变量	腐败(TI 2000)		腐败(WB 2001)		婴儿饮食		获得毒品		青少年文盲		获得水源		铺砌道路		获得卫生设施	
	(1)	(2)	(3)	(4)	(5)	(6)	(7)	(8)	(9)	(10)	(11)	(12)	(13)	(14)	(15)	(16)
分权	−.002 (.007)	−.002 (.007)	−.000 (.002)	−.000 (.002)	.00 (.07)	.00 (.07)	.16 (.11)	.15 (.12)	.22*** (.06)	.22*** (.06)	.09 (.06)	−.10 (.06)	.001 (.001)	.001 (.001)	.07 (.10)	.06 (.11)
穆斯林人口比例	−.62** (.30)	−.64** (.30)	−.17* (.10)	−.18* (.10)	−1.17 (3.42)	−1.34 (3.29)	−6.23 (5.57)	−7.60 (5.93)	1.56 (1.98)	1.76 (2.07)	5.44 (3.43)	5.35 (3.46)	−.06 (.08)	−.06 (.08)	−.91 (4.91)	−1.57 (5.13)
1994 年人口对数	−.14 (.24)	−.09 (.25)	−.06 (.08)	−.06 (.08)	−1.08 (2.44)	−1.49 (2.53)	−1.02 (4.71)	−.43 (4.90)	−2.41 (1.54)	−2.54 (1.59)	−3.71 (2.38)	−4.08 (2.51)	.02 (.06)	.03 (.06)	−3.47 (3.61)	−3.06 (3.67)
面积的对数																
人口密度													−.24*** (.05)	−.24*** (.06)		
撒哈拉以南非洲	−.37 (.68)	−.53 (.70)	−.02 (.24)	.03 (.24)	−20.73** (8.17)	−21.66** (8.47)	11.96 (14.67)	7.60 (15.59)	12.14 (7.70)	12.38 (7.91)	5.51 (8.24)	6.35 (8.51)	−.19 (.26)	−.18 (.26)	−6.70 (13.47)	−7.37 (13.20)
亚洲	−.47 (.56)	−.55 (.58)	.18 (.35)	.23 (.36)	−4.11 (5.80)	−5.03 (5.86)	10.51 (10.12)	6.94 (10.90)	6.33 (5.25)	6.71 (5.28)	9.59* (5.37)	10.55* (5.62)	−.28 (.20)	−.26 (.20)	−8.42 (11.13)	−9.24 (10.54)
原苏东国家	−.88 (1.05)	−1.03 (1.00)	−.34 (.39)	−.30 (.41)	−10.93 (8.87)	−12.93 (8.24)	12.44 (18.39)	9.77 (18.09)	10.41 (8.80)	10.86 (9.27)	16.28 (10.10)	17.17 (10.36)	.40 (.25)	.41 (.26)	11.53 (22.08)	10.48 (22.54)
中东	−.48 (.53)	−.47 (.56)	−.48 (.33)	−.48 (.34)	5.54 (6.09)	5.70 (6.94)	−15.91 (17.41)	−14.94 (18.21)	−9.05 (7.50)	−9.49 (7.44)	13.06* (6.61)	13.15* (7.25)	−.26 (.22)	−.25 (.22)	13.75 (11.62)	15.66 (11.85)
拉美	−1.24* (.67)	−1.28* (.69)	−.19 (.28)	−.16 (.28)	−2.80 (6.63)	−2.45 (7.27)	−1.71 (11.59)	−3.46 (12.14)	−.48 (6.18)	−.32 (6.40)	14.00** (5.58)	15.38*** (5.73)	−.28 (.25)	−.32 (.25)	12.36 (11.93)	13.02 (12.18)
常数项	.89 (2.17)	2.47 (2.47)	−3.20*** (1.03)	−3.33*** (1.06)	77.94*** (24.43)	72.01*** (24.56)	−108.0** (48.9)	−98.74* (52.87)	98.49*** (24.83)	96.24*** (23.66)	−27.49 (24.27)	−38.12 (24.92)	−3.00*** (.54)	−2.88*** (.55)	−71.35* (40.23)	−62.70 (39.49)
R^2	.86	.86	.82	.82	0.56	.58	.55	.56	.72	.72	.73	.73	.89	.90	.62	.63
N	78	78	112	112	113	113	72	72	107	107	88	88	102	102	85	85

表 9.7 就业分权和政府质量(检验地方政府腐败导致分权有害的论点)

	腐败(TI 2000)	腐败(WB 2001)	婴儿饮食	获得毒品	青少年文盲	获得水源	铺砌道路	获得卫生设施
分权								
次国家就业份额	−.01 (.01)	.002 (.004)	−.13 (.10)	.10 (.26)	.10 (.08)	.002 (.090)	.002 (.002)	−.12 (.15)
控制变量								
1995 年人均国民生产总值的对数	2.55*** (.51)	1.28*** (.28)	7.11 (9.23)	38.21** (17.99)	−15.42*** (5.25)	26.54*** (6.93)	.80*** (.13)	32.13*** (9.58)
1950 年以来不间断的民主	1.30** (.64)	.46 (.28)	−2.67 (5.39)	−16.50* (8.82)	9.72*** (3.53)	10.98* (5.89)	.27 (.17)	−18.45 (13.10)
一党制国家	.16 (.32)	.11 (.20)	4.55 (4.17)	10.43 (11.33)	−1.71 (4.43)	−.63 (5.45)	.10 (.07)	−4.94 (6.72)
民族语言部	−.01 (.009)	−.005 (.003)	.01 (.09)	.09 (.24)	−.02 (.06)	.03 (.09)	−.000 (.001)	−.08 (.17)
法国法律传统	−.89** (.34)	−.08 (.17)	−11.61*** (4.12)	−3.29 (10.56)	3.46 (3.84)	−2.56 (4.03)	−.07 (.07)	−10.42 (7.81)
社会主义法律传统	.97 (.66)	.22 (.36)	18.46* (10.41)	7.35 (24.48)	−5.24 (6.03)	.47 (9.52)	.29 (.18)	−33.34** (15.79)
pop.中保护性房地产的份额	.02*** (.007)	.006* (.003)	−.05 (.10)	.07 (.13)	.00 (.04)	.06 (.06)	−.004*** (.001)	−.10 (.15)
穆斯林人口比例	.009 (.007)	−.000 (.003)	.06 (.06)	−.05 (.22)	.21*** (.08)	.12 (.07)	−.000 (.001)	−.06 (.12)

续表

分权	腐败（TI 2000）	腐败（WB 2001）	婴儿饮食	获得毒品	青少年文盲	获得水源	铺砌道路	获得卫生设施
1994 年人口对数	−.89** (.38)	−.35** (.17)	−5.11 (3.97)	−8.58 (7.75)	.41 (2.76)	2.73 (3.38)	−.30*** (.10)	−.72 (7.08)
面积的对数	−.00 (.26)	−.08 (.12)	2.36 (2.89)	1.64 (4.91)	−2.10 (1.51)	−3.01 (2.25)	.11 (.08)	3.08 (4.87)
人口密度							−.30*** (.08)	
撒哈拉以南非洲	−.22 (1.01)	.12 (.25)	−26.33*** (7.57)	−14.33 (19.84)	15.09** (5.72)	2.12 (9.49)	−.43* (.23)	−7.98 (18.80)
亚洲	−.26 (.65)	.12 (.40)	−4.94 (5.09)	−2.63 (8.12)	5.55 (3.86)	10.44* (5.18)	−.21 (.15)	−18.56 (11.61)
原苏东国家	−2.32** (.87)	−.49 (.42)	−16.78** (8.15)	−19.51 (23.49)	6.05 (6.83)	27.35*** (9.51)	…	34.56* (17.65)
中东	−.16 (.67)	−.39 (.42)	4.09 (8.29)	−6.19 (25.19)	−2.64 (9.75)	13.20* (6.87)	−.34** (.15)	−1.07 (9.67)
拉美	−.62 (.87)	−.10 (.40)	−4.00 (7.78)	−20.66 (13.67)	4.76 (4.82)	18.82** (9.12)	−.62*** (.21)	−16.53 (14.92)
常数项	−3.31 (2.29)	−3.90*** (1.16)	72.24* (38.28)	−52.65 (75.93)	55.35** (23.11)	−24.30 (29.10)	−2.38*** (.53)	−14.70 (42.48)
R^2	0.88	0.83	.56	.56	.70	.81	.92	.66
N	62	75	73	46	73	55	67	51

参考文献

Ades, A., and R. D. Tella, 1999, "Rents, Competition and Corruption," *American Economic Review.*

Alvarez, M., J. A. Cheibub, F. Limongi, and A. Przeworsk, 1996, "Classifying Political Regimes," *Studies in Comparative International Development*, Summer, 31, 2, pp.3—36.

Appleby, J., and T. Ball, eds, 1999, Jefferson: *Political Writings*, New York, Cambridge University Press.

Bardhan, P., and D. Mookherjee, 2000, "Capture and Governance at Local and National Levels," *American Economic Review*, 90, 2, May, pp.135—9.

Barrett, D., ed., 1982, *World Christian Encyclopedia*, New York: Oxford University Press.

Brennan, G. and J. M. Buchanan, 1980, *The Power to Tax: Analytical Foundations of a Fiscal Constitution*, New York: Cambridge University Press.

Breton, A., 1996, *Competitive Governments: An Economic Theory of Politics and Public Finance*, New York: Cambridge University Press.

Cai, H., and D. Treisman, 2000. "State Corroding Federalism: Interjurisdictional Competition and the Weakening of Central Authority", UCLA: manuscript.

Dahl, R., 1986, "Federalism and the Democratic Process," in Dahl, *Democracy, Identity, and Equality*, Oslo: Norwegian University Press, pp.114—26.

Elazar, D. J., 1987, *Exploring Federalism*, Tuscaloosa: University of Alabama Press.

Elazar, D. J., 1995. "From Statism to Federalism: A Paradigm Shift," *Publius*, 25, 2, spring, pp.5—18.

Fisman, R., and R. Gatti, 2002, "Decentralization and Corruption: Evidence Across Countries," *Journal of Public Economics.*

Goldsmith, A. A., 1999, "Slapping the Grasping Hand: Correlates of Political Corruption in Emerging Markets," *American Journal of Economics and Sociology*, forthcoming. 35.

Gonzalez-Block, M., R. Layva, O. Zapata, R. Loewe, and J. Alagon, 1989, "Health Services Decentralization in Mexico: Formulation, Implementation and Results of Policy," *Health Policy and Planning*, 4, pp.301—15.

Gunnemark, E. V., 1991, *Countries, Peoples and Their Languages: the Linguistic Handbook*, Gothenburg, Sweden: Lanstryckeriet.

Hayek, F. von., 1939, "The Economic Conditions of Interstate Federalism," reprinted in Friedrich von Hayek, *Individualism and the Economic Order*, ch. 12. Chicago: University of Chicago Press, 1948.

Hayek, F. von., 1984. "The Use of Knowledge in Society," in Chiaki N., and K. R. Leube, eds., *The Essence of Hayek*, Stanford: Hoover Institution Press.

Hume, D., 1994. "Idea of a Perfect Commonwealth," in Knud H., ed., *Hume:*

Political Essays, New York: Cambridge University Press.

Huther, J., and Anwar S., 1998, "Applying a Simple Measure of Good Governance to the Debate on Fiscal Decentralization," World Bank: Policy Research Working Paper, No.1894.

Kaufmann, D., A., Kraay and P., Zoido-Lobaton. 1999a. "Aggregating Governance Indicators," Policy Research Working Paper 2195, Washington DC: The World Bank.

Kaufmann, D., A., Kraay and P., Zoido-Lobaton. 1999b. "Governance Matters," Policy Research Working Paper 2196, Washington DC: The World Bank.

Kunicova, J., 2001, "Are Presidential Systems More Susceptible to Political Corruption?" Mimeo, Department of Political Science, Yale University.

La Porta, R., F. Lopez-de-Silanes, A. Shleifer and R. W. Vishny, 1999, "The Quality of Government," *Journal of Law, Economics and Organization*, 15, 1, pp.222—79.

Lipset, S. M., and G. S. Lenz, 1999, "Corruption Culture and Markets," George Mason University, manuscript.

Mill, J. S., 1977. "De Tocqueville on Democracy in America, I," in Collected Works, Vol. XVIII, J.M. Robson, ed., Toronto: University of Toronto Press.

Mill, J. S., 1991. *On Liberty and Other Essays*, ed. John Gray, New York: Oxford University Press.

Montesquieu, Charles de Secondat, baron de. 1748. L'esprit des lois, translated and edited by Anne Cohler, Basia Miller and Harold Stone, New York: Cambridge University Press, 1989.

Montinola, G., Y. Qian, and B. R. Weingast. 1996. "Federalism, Chinese Style: The Political Basis for Economic Success," *World Politics*, 48, 1, pp.50—81.

Parry, T. R., 1997, "Achieving Balance in Decentralization: A Case Study of Education Decentralization in Chile," *World Development*, 25, 2, pp.211—25.

Prud'homme, R., 1995. "On the Dangers of Decentralization," *World Bank Research Observer*, 10, 2, pp.201—20.

Qian, Y., and G. Roland., 1998, "Federalism and the Soft Budget Constraint," *American Economic Review*, December, 88, 5, pp.1143—62.

Riker, W., 1964, *Federalism: Origin, Operation, and Significance*. Boston: Little Brown.

Rose-Ackerman, S., 1978, *Corruption: A Study in Political Economy*, New York: Academic Press.

Rousseau, J. J., 1762, *The Social Contract*, in *Political Writings*, translated and edited by Frederick Watkins, Madison, University of Wisconsin Press, 1986.

Rousseau, J. J., 1772, *Considerations on the Government of Poland and on its Proposed Reformation*, in *Political Writings*, translated and edited by Frederick Watkins, Madison, University of Wisconsin Press, 1986.

Salmon, P., 1987, "Decentralization as an Incentive Scheme," *Oxford Review of*

Economic Policy, 3, 2, summer, pp.24—43.

Sandholtz, W., and W. Koetzle. 2000. "Accounting for Corruption: Economic Structure, Democracy, and Trade," *International Studies Quarterly*, 44, pp.31—50.

Schiavo-Campo, Salvatore, Giulio de Tommaso and Amitabha Mukherjee. 1997. An International Statistical Survey of Government Employment and Wages, Washington DC: The World Bank, PRWP 1806.

Seabright, P., 1995, "Accountability and Decentralization in Government: An Incomplete Contracts Model," *European Economic Review*, 40, pp.61—89.

Shleifer, A., and R. Vishny, 1993, "Corruption," *Quarterly Journal of Economics*, vol.108(August), pp.599—617.

Stepan, A., 2001, *Arguing Comparative Politics*, New York: Oxford University Press.

Tanzi, V., 1995, "Fiscal Federalism and Decentralization: A Review of Some Efficiency and Macroeconomic Aspects," in World Bank, Annual World Bank Conference on Development Economics 1995, Washington DC: World Bank.

Tanzi, V., and H. Davoodi, 1997, "Corruption, Public Investment, and Growth," IMF Workding Paper 97/139, Washington, DC: IMF.

Thomason, J, W.C. Newbrander and R.L. Kolehmainen-Aitken, eds. 1991. *Decentralization in a Developing Country: The Experience of Papua New Guinea and its Health Service*, Pacific Research Monograph 25, Canberra: National Center for Development Studies, the Australian University.

Tiebout, C., 1956, "A Pure Theory of Local Expenditures," *Journal of Political Economy*, 64, October, 416—24.

Tocqueville, A., de, 1969 [1835], *Democracy in America*, J.P. Mayer, ed., New York: Harper Perennial.

Treisman, D., 2000, "The Causes of Corruption: A Cross-National Study," *Journal of Public Economics*, June.

Tsebelis, G., 1995. "Decision Making in Political Systems: Veto Players in Presidentialism, Multicameralism and Multipartyism," *British Journal of Political Science*, 25, July, pp.289—325.

Tsebelis, G., 1999, "Veto Players and Law Production in Parliamentary Democracies: An Empirical Analysis," *American Political Science Review*, 93, 3, pp.591—608.

Tsebelis, G., and J, Money, 1997, *Bicameralism*, New York: Cambridge University Press.

Weingast, B. R., 1995, "The Economic Role of Political Institutions: Market-Preserving Federalism and Economic Development," *Journal of Law, Economics, and Organization*, 11, 1 April, pp.1—31.

Wilson, J. Q., 1970, "Corruption: The Shame of the States," in Arnold J. Heidenheimer, ed., *Political Corruption: Readings in Comparative Analysis*, New York: Holt, Rinehart and Winston.

World Health Organization，2000，World Health Report 2000，Washington：WHO.

World Bank，1999，2001，World Development Indicators. Washington，DC：World Bank.

Wyss，K.，and N. Lorenz，2000，"Decentralization and Central and Regional Coordination of Health Services：The Case of Switzerland，" *International Journal of Health Planning Management*，15，pp.103—114.

第10章 政府规模大就能更好地提供公共产品吗？

——以空气污染为例*

　　解释政府规模及其后果的理论有两种。第一种是将政府描绘成公共产品的提供者和外部性的矫正者。第二种则是将大型政府与官僚低效和特殊利益集团的影响力联系起来。这两种理论的一个关键区别是，只有在前一种理论中，政府规模的扩大明确地与社会福利的增加联系在一起。至于后者，政府规模与公共产品供给（或社会福利）之间的关系是负相关的。通过考察1971—1996年42个国家的政府规模与一种特殊的公共产品——即环境质量（特别是以二氧化硫浓度衡量的空气质量）——之间的关系，我们实证性地检验了这两种相互矛盾的理论的意义。我们发现，即使在考虑到政府质量（即官僚机构的质量和腐败程度），政府规模与环境质量两者之间也是负相关的。这一结果可能并不能决定性地证明，政府规模扩张是由公共产品以外的因素推动的，但它为反对政府规模增强公共产品供给的有关理论的假设提供了一定的支持。

　　* 作者：托马斯·伯瑙尔（Thomas Bernaue）是苏黎世联邦理工学院政治学教授，瓦里·库比（Vally Koubi）是苏黎世联邦理工学院比较与国际研究中心（CIS）的高级科学家，也是伯尔尼大学经济学系的教授。选文引自《公共选择》期刊，2013年第156期，第593—609页，https://doi.org/10.1007/s11127-012-9916-1。

10.1　引言

20 世纪,全球政府规模大幅增长,最大的增长出现在 1960 年左右。[①]
Tanzi 和 Schuknecht（2000）提供了 17 个工业化国家的公共支出数据。
他们报告说,虽然 1937—1960 年,政府平均规模增长了 22%,但 1960—
1980 年间,政府平均规模增长了 54%。自 1980 年以来,政府规模增长缓
慢,1996 年 17 个国家的政府支出占 GDP 的比例仅比 1980 年增长 6%。

公共选择和政治学文献提供了几种政府增长理论。这些理论可以根
据不同的标准进行分类。一个共同的分类是基于需求侧和供给侧驱动力
的区别,或者等价地,基于公民优先和国家优先考虑的区别。公民优先的
理论依赖于一个前提,即政府的规模是由需求驱动的,因此它反映了公民
作为一个整体或公民的子群体对政府服务（项目）的需求。这一范畴内的
主要理论又可分为两个子范畴:（1）政府作为纯公共产品的提供者和外部
性的矫正者（Pigou,1932）;（2）政府作为特殊利益集团的利益提供者
（Olson,1965）。[②]

国家优先的理论强调政府规模的供给侧决定因素,特别是政府机构
将其规模扩大到公民要求的水平之上的动机。虽然这一子范畴中的主要
理论通常分为更多的子范畴,如官僚制理论（Niskanen,1971,2001）和利
维坦理论（Brennan and Buchanan,1977,1980）,但所有这些理论和子范
畴的基本逻辑是相似的。政府作为一个整体或个别政府机构在各自的社
会中占据垄断地位,因此,它们能够主要根据自己的偏好和目标选择它们
提供的服务的数量和类型。在这方面,政府可以通过许多不同的方式偏

---

①　Peacock 和 Wiseman(1961)认为政府规模的增长可能是由于战争的棘轮效应的存在。在这
个理论中,Higgs(1987)包括了任何国家紧急情况或经济危机。也就是说,一旦政府支出因战争或衰
退而增加,就不会回落到原来的水平。Henrekson(1990)没有找到这一假设的实证支持。

②　虽然经常提到第三个子类别,即政府作为收入—财富再分配的执行者（Meltser and
Richard,1981,1983）,但似乎这一子类别并不明显,而是前两个观点中的一部分。古典自由主义者
认为收入再分配属于第二类,而社会主义者认为收入再分配属于第一类。

离公民的偏好。例如,它们可以提供公众需要的服务,但其成本超过了效率水平。或者,它们可以把公共服务和有利于自己的服务捆绑在一起。在所有这些情况下,公共产品的供给即使真的发生了,也是一个次要问题。

上述分类表明,只有一种情况下,政府规模的扩大可能会明显改善整个社会的福利,即这种扩大是由需求驱动的(公民优先),其目的是提供纯公共产品或纠正外部性。[①]在所有其他情况下,福利要么随着政府规模的增长而减少,要么不可能以明确的方式将政府规模与福利联系起来。因此,通过实证检验针对所有剩余理论提供关于第一理论有效性的信息,对于评估政府规模对福利的影响很重要。

大量的文献对个体理论的组成部分进行了实证研究(Berry and Lowery,1987;Cameron,1978;Lowery and Berry,1983)。[②]尽管这些相互竞争的理论可以预见政府规模与公共产品供给之间可能存在关系,但没有实证研究能直接表明政府规模与公共产品的供给有关。在本章中,我们试图通过考察一种特定的公共产品,即环境质量,来研究两者之间的关系。我们之所以选择环境质量,是因为它大体上是一种纯公共产品且能够识别和量化。出于以下原因,我们使用二氧化硫浓度作为环境质量的衡量标准。我们研究了 1971—1996 年间 42 个国家的政府规模与二氧化硫浓度之间的关系,控制了环境质量的重要经济和政治决定因素。我们的主要发现是,这种关系是负的,也就是说,政府规模较大的国家往往遭受更多的空气污染。此外,即使考虑到政府的质量(以官僚机构的质量和腐败程度来衡量),这种关系仍然显著地为负。

有几点需要注意。发现政府规模与特定环境产品(与二氧化硫有关)的供给呈负相关,并不能证明政府规模与总体环境质量供给之间,或政府规模与总体公共产品供给之间存在类似关系(我们的样本中的每个国家

---

① 但应该指出的是,政府确定的许多外部性实际上并不是真正的外部性,因此是政府行动的合理目标。此外,即使是正确识别的外部性,政府干预往往也会让事情变得更糟。

② 关于此类研究结论的综述,参见 Mueller(2003)。

都是如此）。关于第一个问题，Bernauer 和 Koubi（2009）认为，大多数形式的空气污染（如二氧化硫、二氧化碳、一氧化氮和氮氧化物）在不同国家表现得非常相似，因此二氧化硫是一种相当好的总体空气污染测量方法。关于第二个问题，有人可以争辩说，如果不同类型的公共产品之间具有很强的可替代性，那么这一结论在何种情况下都不适用于一般公共产品供给；因此，一个无视环境恶化的政府可能会非常重视教育、健康或国防。事实很可能就是这样，但值得进一步研究。尽管对于此类结论的判断还有待后续研究的进一步论证，但并不妨碍我们给出这样一个结论，即我们的研究结果确实对政府作为公共产品提供者和外部性矫正者的理论提出了一种假设。

本章的其余部分安排如下。10.2 节提出相互竞争的理论命题。10.3 节介绍了数据和实证方法，并给出了实证结果。10.4 节进行总结。

10.2　理论与命题

10.2.1　公民优先理论

这一理论的基本前提是政府规模是需求驱动的。在这种情况下，一个大政府可以从以下方面产生：

第一，广泛的外部性，提供教育或卫生服务是这一主张的典型例子。

第二，私人产品和政府产品弹性的差异。如果政府主要提供服务，并且制造业主要由私营部门完成，那么如果经济中生产力增长的来源主要是制造业（一如既往），政府服务的相对价格将随着时间的推移而增加。这是因为制造业产出的供给将比服务业产出的供给增长更快，这就需要有利于服务业的价格变化（Baumol，1967；Mueller，2003）。

第三，对公共产品和服务的偏好随时间的变化（Mueller，2003）。以社会保险为目的的收入和财富再分配就是这种产品的一个例子。例如，Rodrick（1998）研究了与开放经济相关的风险（收入波动和就业），发现了开放经济体拥有更大政府的证据。

政府作为特殊利益集团服务提供者的理论起源于奥尔森(1965)。通过施加政治压力,这些团体可以获得所期望的政策,这些政策对团体成员产生有益的影响,而牺牲整个社会。虽然其中一些团体的行动可能导致政府规模缩小(例如,当商业游说团体实现较低的税收时),但从经验上看,大多数国家各种利益团体的净效应似乎是政府支出的增加。例如,Mueller 和 Murrell (1986)认为,当政党向利益集团提供好处以换取他们的支持,这对其他团体有一些溢出效应,政府就会变得更大。之后,他们在 1970 年对 OECD 国家的横向抽样中提出证据,证明有组织的利益集团的数量对政府规模有积极和显著的影响。Sobel (2001)还指出,政治行动委员会(PAC)与美国联邦开支之间存在着显著的正相关关系:在任何时期,PAC 的数量增加 10%会导致随后一个时期内美国联邦开支增加 1.07%—1.57%。

10.2.2　国家优先理论

这些理论的基本前提是政府规模是供给驱动的。官僚制理论和利维坦理论这两个主要版本强调了政府垄断地位的关键作用。

官僚制理论:根据 Niskanen(2001)的观点,政府官僚的主要目标是最大化其机构的可自由支配预算,这并不排除这些机构提供有用的公共服务的可能性,而只是假定公共机构的目标是隐藏其真实成本。因此,与单纯被动地回应中位选民的需求相比,他们获得的总预算更多,产出更少,提供公共服务的效率更低。然而,Chang 等(2001)指出,因为官僚机构建模涉及许多复杂问题,包括其内部组织、各级决策的广泛参与者以及一系列复杂的制度互动,官僚行为的总体理论尚未达成一致,这使得预测各种政府官僚机构的表现和行为变得异常困难。

利维坦理论:Tullock (1959)描述了民选政治家如何通过将公共产品和各种私人物品捆绑在一起来增加政府的规模,比如可以带来个人经济收益的政策,或者能够增加他们再次当选的可能性的公共产品供给。投票交易在这一过程中扮演着至关重要的角色,因为立法者为其他立法者的项目投票，以换取他们对自己项目的投票。美国国会的"专项拨款"①做法就是一个很好的例子（见 *Economist*，"Lexington"，2006 年 1 月 19 日）。

10.2.3 命题

除利益集团理论外，公民优先理论主张政府是纯公共产品的提供者和外部性的矫正者。因此，公共产品供给随政府规模的增加而增加。国家优先范畴理论（官僚制理论、利维坦理论）认为，政府规模与公共产品供给之间的关系从模糊到消极。因此，研究政府规模与公共产品供给之间的关系，可以产生有助于评估这些竞争理论有效性的信息。

10.3 实证研究

我们的实证分析关注环境质量有两个原因。第一，环境质量在很大程度上可以被视为纯公共产品：总的来说，一个国家的大多数公民都能享受到清洁的空气和水。一个社会成员消费这些产品并不会减少其他成员消费这些资源的可用性。第二，环境质量可以在各国之间以足够的精度和时间进行测量，以便在相对较多的国家和年份内定量检验上述理论主张。

我们首先定义对环境质量的衡量标准和分析中使用的自变量，然后给出统计分析的结果。

10.3.1 变量

1. 环境质量：大气污染——二氧化硫

我们衡量环境质量的标准是空气污染，尤其是二氧化硫浓度。我们选择二氧化硫浓度有几个原因。第一，空气质量被广泛认为是最重要的

---

① 专项拨款是指国会议员个人直接要求的、不受竞标限制的支出项目。

环境质量指标之一,二氧化硫是世界银行、OECD 及许多其他国家和国际权威机构用来描述空气质量的所谓标准污染物之一。

第二,二氧化硫可能是世界范围内最严重的空气污染形式,因为它对人类健康、生态系统和经济有直接影响。

第三,如果政府愿意,可以通过改变生产技术来控制二氧化硫。[①]在先进的工业化国家,二氧化硫现在主要是由发电和冶炼有色矿石产生的,而在发展中国家和转型经济国家,二氧化硫主要是作为燃烧柴油和家庭取暖的副产品排放的。虽然通过适当的法规和税收来控制排放,但法规的设计、实施和监测确实需要公共资源(例如环境机构)。[②]尽管在公共预算的大计划中,政府在环境问题上的支出并不大,但它仍然是(从计量经济学的角度)用于纯公共产品支出的工具。关键是,如果更高的政府支出是由政府提供公共产品的愿望(政府作为公共产品的提供者和外部性的矫正者的理论)驱动的,那么我们应该预期,这种愿望也表现在更好地提供特定的公共产品,即空气质量的考虑上。也就是说,高政府支出伴随着低环境质量的供给(在控制了空气质量的其他决定因素之后)与这一理论不一致。

第四,大量国家和长期的良好数据都是可得的(这是这类研究的一个严重问题)。二氧化硫浓度的数据比其他形式的空气污染数据更可靠,自 20 世纪 70 年代以来,许多国家的二氧化硫浓度数据也都可得。此外,尽管有人认为应该使用排放数据,因为排放与经济活动的联系比浓度更密切,但我们选择关注环境污染而不是排放,因为:(1)它更直接地衡量空气质量;(2)当公民的收入增加时,他们所偏爱和要求限制的是污染;(3)更适合研究污染对人类健康的影响,从而考察选民对更好的环境质量的偏好(Stern et al., 1996);(4)数据本身的质量和可靠性更高,因为它们是由国际监测项目收集和报告的,而有关排放的数据主要来自各个国家,因

---

① 注意,尽管二氧化硫会跨越国界传播,但相对于其他空气污染物(如二氧化碳),它在很大程度上是一个国家问题,而二氧化碳是全球性问题,由于正外部性,减少它需要许多国家的合作努力。

② 当然,公共资源方面的成本可能因不同的措施而不同(例如是否实施生产配额或是否发放可交易的污染许可证),但一般来说,它将是非零的。

此可能无法在各国之间进行比较。

第五，正如 Bernauer 和 Koubi（2009）所示，二氧化硫通常是一种有意义的空气污染测量方法，因为各种重要形式的空气污染，如二氧化碳、一氧化二氮和氮氧化物，在国家间和时间上表现相似。一些研究包括几种污染物（Spilker，2011；LianRey，2006；Barret and Graddy，2000）。然而，这种方法的问题在于，不同国家和年份的污染物数据不同。这使得比较不同污染物的结果变得非常困难。

我们的二氧化硫浓度数据由 42 个国家 1971—1996 年的年度观测数据（不平衡数据集）组成。这些数据是在全球环境监测系统（GEMS）框架下通过标准化程序收集的——参见附录中列出的国家和数据来源，以及 Antweiler 等（2001）对数据的描述。跟随 Antweiler 等（2001）的思路，我们使用二氧化硫浓度中位数的对数变换。测量单位是微克/立方米。

2. 政府规模：政府支出——政府支出

我们衡量政府规模的标准是名义上（中央）政府支出总额在（名义）GDP 中的比例。这包含了政府直接管理的国民收入份额。我们的数据来源是国际货币基金组织的国际金融统计数据库。

尽管我们主要关注政府规模对环境质量的影响，但需要控制一些其他因素，这些因素在相关文献中被确定为二氧化硫浓度的重要决定因素。环境质量的这些额外决定因素可以分为两大类，即政治变量和经济变量。

3. 政治变量

政治制度：民主政体。许多作者（Bueno de Mesquita, et al.，2003；Lake and Baum，2001；McGuire and Olson，1996；Niskanen，1997）认为，非民主政体可能会对公共产品（包括环境质量）供给不足。其逻辑如下。非民主政体通常由小部分精英统治，他们利用各自国家的资源创造个人财富，并将收入从人口中重新分配给自己。如果更严格的环境政策的成本由精英阶层不成比例地承担（例如限制污染性工业活动的情况），而利益则均匀地分散在整个人口中，那么这些精英阶层就没有动力实施这些政策。相比之下，在民主国家中，决定公共政策的中间选民面临着环境政策相对于经济和政治精英的较低成本。这使得在民主政体中更可能采取和执行更严格的环境政策。

Congelton(1992)还认为,政策制定者的执政时间跨度越短,环境法规就越不严格,因为许多形式的环境退化发展缓慢,需要很长一段时间(例如,气候变化、生物多样性、空气和水污染)。鉴于独裁统治者的任期往往较短,Congelton(1992)的结论是,民主国家制定的环境法规比非民主国家更严格。另一方面,有人可能会说,由于选举周期的必要性,选举产生的政府可能比非选举产生的政府有更短的规划期限。由于当前的经济行为和政治选择的社会成本往往是长期的,并给后代和未来的政治家带来负担,因此,与政治领导人不需要频繁(重新)选举的非民主政权相比,民主国家可能会提供不足的环境公共产品,并可能采取更昂贵的决定(更严格的环境政策),而无需担心受到目光短浅的选民的惩罚。Midlarsky(1998)提出了类似的观点,指出民主政府可能不愿意减轻环境问题,因为在实施环境政策时,一些群体预计会比其他群体失去(或获得)更多。

我们对政治制度变量的测量是一个指数,捕捉政府的民主参与程度,政体,从政治工具变量数据集。政治工具变量获取了政治参与的竞争力、行政人员招聘的公开性和竞争性的保证,以及行政权力行使的制度化约束的存在。政体范围从-10(主要是专制)到10(主要是民主)(Marshall and Jaggers,2002)。在理论论证的基础上,我们认为民主政治制度与环境质量关系的符号是模糊的。

4. 经济变量

在本章中,我们遵循 Antweiler 等(2001),将经济活动分解为规模、构成和收入因素,以说明收入和生产可能对环境质量产生的不同影响。具体包括:

经济活动强度(规模效应):活动。单位经济活动规模越大,环境退化(即污染)的程度就越高。我们用每平方千米 GDP 来衡量经济活动的规模,用人均 GDP 与人口密度(人口/平方千米)相乘构成。我们预期经济活动与环境退化之间有正向的关系。

生产资本密集度（构成效应）：资本。经济活动的构成影响环境质量，因为不同的经济部门对环境质量的影响不同。例如，资本密集型部门，如工业，特别是制造业，可能比农业或服务业产生更多污染，这取决于污染的形式。我们用国家的资本劳动比来捕捉这一因素，并期望它对污染产生积极影响。

收入效应：收入。如果环境质量是一种正常的商品（很多文献都这么假设），人们应该预期人均收入对污染有负面影响。按照文献中的标准做法，我们使用滞后收入的移动平均值（滞后人均 GDP 的 3 年平均值）。

贸易开放程度：贸易。一些研究者将国际贸易纳入其对经济—环境联系的分析中（Frankel and Rose，2005）。他们认为，贸易影响国内经济，因此也影响环境行为。由于抵消力的作用，这种关系的符号在理论上似乎是模棱两可的。然而，Antweiler 等（2001）发现，至少对于二氧化硫浓度而言，贸易的净效应是降低污染水平。在这个分析中，用进出口总额与 GDP 之比来衡量一个国家的贸易开放程度。

5. 其他变量

气象条件：降水量。降水量包括月降水量的变化。降水量会影响（冲刷）二氧化硫浓度。但如果降水集中在一个季节，那么全年的二氧化硫浓度不会降低。因此，预计降水量的变化会对二氧化硫浓度产生积极影响。

时间趋势：年份。我们在回归分析中加入一个时间趋势，以捕捉在样本期内观察到的较高环境质量的总体趋势。这一变量控制了收入、资本密集度和经济活动密集度的趋势的存在。

10.3.2　计量模型

结合上述变量，得到以下统计模型：

$$SO_{2kt} = \beta_0 + \beta_1 \times \{government\ size\} + \beta_2 \times \{political\ variables\} +$$
$$\beta_2 \times \{economic\ variables\} + \beta_3 \times \{weather\ conditions\} + b_4 \times year + e$$

其中，SO_{2kt} 是 k 国在时间 t 的二氧化硫浓度中位数的对数（通过每个国家和年份的可得数值进行平均而得），$\beta_i = 1, 2, 3$ 是待估系数。该模型采用 Beck 和 Katz（1995）倡导的计量经济学技术进行估算。我们校正了面板异方差和空间同期自相关，并通过估计所有面板的单个 AR 参数来解决潜在的序列自相关问题，如 Beck 和 Katz（1995，p.645）所建议的那样。这些结果提供了具有面板校正标准误的 Prais-Winsten 系数。

在报告结果之前，有必要讨论估计的统计模型是否存在可能的同时性偏误。本章的主要研究对象是政府支出与环境质量之间的因果关系。因此，如果影响政府规模的因素同时影响环境质量，而这些因素不包括在回归方程右侧的变量列表中，则这种关系中会出现同时性偏误问题。我们虽然无法确定任何此类因素，也不知道是否存在这样一个因素的理论，但在回归中加入了一个虚拟变量，如果一个国家有环境部或环境机构，则取 1，否则为 0。这个变量是用来捕捉忽略影响环境的变量（即误差项）对政府规模可能产生的任何影响。由此发现，政府规模的估计系数及其统计显著性水平均不受该虚拟变量的影响。

10.3.3　计量结果

表 10.1 报告了相关的汇总统计数据。表 10.2 显示了分析中使用的变量的相关系数。

表 10.1　统计汇总

变　量	观测量	均　值	标准差	最小值	最大值
二氧化硫	470	−4.664 75	0.939 008 7	−6.907 755	−2.533 603
政府支出	430	0.274 485 1	0.106 923 2	0.080 443 6	0.560 279 8
政体	461	5.496 746	6.919 293	−10	10
腐败	397	4.649 874	1.520 344	0	6
官僚主义	397	4.923 804	1.464 873	0	6
收入	470	1.537 56	1.456 816	0.012 346 8	6.943 756
活动	470	6.154 907	7.385 244	0.224 473 5	45.604 68
资本	470	6.200 937	3.297 288	0.829 223	17.188 89
贸易	470	0.547 364 9	0.368 631 1	0.088 4	2.617 4
降水量	470	0.011 913 8	0.005 856	0.002 809 4	0.054 203 6

表 10.2 相关系数表

	环境	政府支出	政体	腐败	官僚主义	收入	活动	资本	贸易	降水量
二氧化硫	1.000 0									
政府支出	−0.042 8	1.000 0								
政体	−0.106 2	0.307 0	1.000 0							
腐败	−0.051 5	0.391 2	0.619 9	1.000 0						
官僚主义	0.040 0	0.335 8	0.629 6	0.877 4	1.000 0					
收入	−0.186 3	0.081 0	0.523 4	0.591 8	0.664 1	1.000 0				
活动	0.326 9	−0.291 6	0.205 6	0.199 5	0.307 0	0.341 1	1.000 0			
资本	0.060 4	0.225 4	0.468 2	0.378 7	0.427 8	0.468 6	0.130 8	1.000 0		
贸易	−0.053 9	0.699 6	0.116 7	0.209 8	0.171 1	−0.104 0	−0.290 8	0.097 7	1.000 0	
降水量	0.197 2	−0.222 3	−0.464 1	−0.484 2	−0.452 3	−0.521 3	−0.179 8	−0.495 9	−0.195 9	1.000 0

如表 10.2 所示,一些自变量,特别是腐败、官僚素质、政体和收入是高度正相关的。因此,我们考虑了使用方差膨胀因子(VIF)诊断的多重共线性问题。

表 10.3 中的模型 1 报告了二氧化硫浓度对前述解释变量的回归结果。该模型主要关注的变量是政府规模。政府规模对空气污染的影响在统计上和数量上都是非常不利的。[①]尽管二氧化硫浓度与政府支出之间的无条件关系为负(相关系数为 0.254 8),但只要控制变量被纳入,这种关系就变为正。一种可能的解释是,收入越高,政府规模越大,空气质量越好。因此,一旦收入得到控制,其他条件都一样,政府规模越大的国家,空气质量就越差。

表 10.3   二氧化硫和政府规模(政府支出)(Prais-Winsten 回归,异方差面板修正了标准误差)

	模型 1	模型 2
政府支出	1.863***	1.574**
	(0.690 0)	(0.721 0)
腐败＋官僚主义		0.009 1
		(0.033 9)
政体	−0.030 5**	−0.027 2**
	(0.012 1)	(0.012 5)
收入	−0.198 4***	−0.177 7***
	(0.051 6)	(0.055 1)
活动	0.056 6***	0.055 9***
	(0.008 7)	(0.007 9)
资本	0.065 3***	0.059 7***
	(0.020 3)	(0.017 3)
贸易	−0.528 0**	−0.276 1
	(0.253 8)	(0.223 8)
降水	−5.579	3.905
	(8.910)	(7.029)
年份	−0.068 0***	−0.078 8***
	(0.010 3)	(0.009 7)
常数	129.71***	151.02***
	(20.48)	(19.44)

---

①   政府支出占 GDP 的比例每增加 10%,二氧化硫浓度就会增加 1.10 个百分点。

续表

	模型 1	模型 2
观测量	421	375
R^2	0.634 6	0.653 1
Wald χ^2	118.61	162.99
Prob$>\chi^2$	0.000 0	0.000 0

注：标准误呈于括号内。＊表示在 10％水平显著；＊＊表示在 5％水平显著；＊＊＊表示在 1％水平显著。

　　所有经济变量的系数在统计上都是显著的，并且其影响方向与预期的相同（注意，由于因变量表示的是空气污染程度，负号表示对空气污染有良好的影响）。事实上，结果与之前文献给出的结果非常相似。收入越高，污染就越少，而经济活动规模越大或资本密集度（制造业）越高，污染就越严重。国际贸易的净效果是减少污染。同样，时间趋势为负，即空气污染随着时间的推移而下降。与之前的研究一致，我们发现民主对环境质量有积极的影响（Bernauer and Koubi，2009；Li and Reuveny，2006；Barrett and Graddy，2000）。①我们检验了其他民主指标，如 Cheibub 等（2010 年）开发的民主二分指数，但对报告的结果没有任何影响。我们还研究了民主与政府规模之间的相互作用。交互变量的系数为正，表明如果民主的增加伴随着政府规模的扩张，那么这就会抵消民主对环境的一些积极影响。然而，鉴于这一系数在统计上是微不足道的，我们不能推断环境的最佳前景与民主化有关，民主化之后不会出现政府规模的扩张。

　　二氧化硫浓度与政府开支之间的关系是相当稳固的。它们之间的关系不受是否考虑滞后因变量，以及年份虚拟变量和国家虚拟变量的影响。考虑这些变量的目的在于控制特定时间和特定国家的固定效应。

　　在确定政府规模对空气质量（至少就二氧化硫浓度而言）有负面影响后，我们现在进一步探讨，以了解这种关联的可能来源。虽然公民和利益集团可能需要政府提供的商品和服务，但它们是由政府机构提供的。鉴

---

① 多重共线性不是问题，因为模型的平均 VIF 为 1.67，所有变量的 VIF 均小于 0.06。

于官僚机构提供一定程度的活动,而不是生产特定数量的单位,Niskanen(1971,2001)认为,监督机构无法准确判断产出的有效性。此外,由于大多数部门的垄断性质,供资机构(即议会/国会和行政部门)缺乏可比较的信息来判断其效率。最后,仅仅是政府及其部门的存在以及随之而来的委托代理问题必然导致腐败。因此,作为一种公共产品,提供环境质量的关键是否并非在于政府规模本身,而是在于一个政府是否低效和腐败?

一些学者(Goel and Nelson,1998;Scully,1991)研究表明,腐败往往会随着政府规模的扩大而增加。此外,一些实证研究证实,官僚机构的低效率和高水平的腐败与低水平的投资、低水平的经济增长和社会上不理想的政府政策有关(Rose Ackerman,1999)。例如,Mauro(1998)、Tanzi 和 Davoodi(1997)基于跨国比较的结果显示,腐败改变了政府支出的构成。具体来说,腐败将支出从教育、卫生和现有基础设施的维护上转移到公共投资上,比如大型公共建筑工程和军队建设。

官僚主义的低效和腐败似乎也助长了环境的恶化。《环境可持续性指数》(2005)的作者根据环境表现对国家进行排名,在该指数包含的 67 个生活质量变量中,官僚机构的低效率和腐败是与糟糕的环境质量最相关的。对这种关系的一个可能解释是,在非常腐败的社会里,政府官员收受贿赂,以换取不颁布环境法规或不执行环境法。[①]此外,Fredriksson 和 Svensson(2003)建立了一个模型来研究腐败和政治稳定与环境政策的相互影响。他们发现,虽然腐败降低了环境监管的严格程度(他们仅对农业部门使用了一个指数),但随着政治不稳定的加剧,腐败的影响也随之消失。Lopez 和 Mitra(2000)建立了一个正式的模型来调查腐败对收入和污染水平之间关系的影响,并确定对于任何人均收入水平,腐败导致的污染水平总是高于社会最优水平。

因此,我们将腐败指数和官僚质量指数的总和与政府规模变量一起纳入回归,以此来衡量政府质量。我们使用了由 Knack 和 Keefer(1995)

---

① Desai(1998)表明,腐败严重加剧了发展中国家的环境退化。

根据国际国家风险指南(IRIS-3)获得的数据构建的腐败指数和官僚质量指数。这些指标在以往的研究中得到了广泛的应用。它们的范围都在 0 到 6 之间,其中 6 表示腐败程度低/官僚素质高;0 表示腐败程度高/官僚素质低。也就是说,较低的腐败分数表明高级政府官员可能会要求特别报酬,而非法报酬通常会在较低级别政府中普遍存在,其形式是与进出口许可证、税务评估等服务相关的贿赂。较高的官僚质量分数表明,当政府更迭时,存在着"既定的招聘和培训机制""免于政治压力的自主权"和"在不大幅改变政策或中断政府服务的情况下进行治理的实力和专长"。我们预计低水平的腐败和高水平的官僚主义素质会导致二氧化硫浓度降低,也就是说,我们预期会有一个负系数。

表 10.3 中的模型 2 表明,包含该变量不会对结果产生实质性的改变。政府质量变量(腐败＋官僚素质)的估计系数在任何置信水平上都不具有统计意义。尽管如此,估计的政府规模对空气质量的影响仍然不乐观。这一结果表明,除了政府规模⇒腐败、官僚素质⇒公共产品供给渠道低等因素外,大型政府还可能通过其他渠道对环境产生有害影响。文献中强调的是支持一个大政府以获取私人利益的特殊利益集团(Mueller and Murrell,1986)。如果占主导地位的特殊利益集团不是环境质量的推动者,那么这种关联就可能出现。[①]Bernauer 和 Koubi (2009)关于工会力量与空气污染呈正相关的发现与这一解释是一致的。

10.4　结论

一些理论试图从更广泛的角度解释政府的规模及其对公共产品供给和社会福利的影响。这些理论对于政府活动的福利效应有着截然不同的含义。如果政府存在的唯一目的是提供纯公共产品和矫正外部性,那么政府规模越大意味着福利水平越高。如果说政府的关键职能至少在某种

---

① 然而,请注意,存在利益集团为了销售其产品而宣传环境质量的情况。例如,Brandt 和 Svendsen (2004)认为,美国风力涡轮机行业提倡二氧化碳减排,因为这符合他们自己的利益。

程度上是以牺牲其他群体的利益为代价的,为个别群体的利益服务,那么政府增长对社会福利的影响要么是负的,要么是模棱两可的。

这些相互竞争的理论很难进行实证检验,因为在确定纯公共产品以及它们的最优供给水平方面存在争议。在本章中,我们首次尝试评估假设政府主要作为纯公共产品提供者和外部性矫正者的理论的实证相关性和意义。具体地,我们研究了政府规模与环境质量供给之间的关系。公共产品的检测是空气质量。我们发现这种关系是负的,在数量上是显著的。政府支出占 GDP 的比例越大,空气污染就越严重。重要的是,这个机构不受政府质量指标的影响。

我们认为,这一发现并不能确凿地证明,政府规模扩张是由公共产品供应以外的担忧推动的。第一,环境质量只是政府可能提供的众多公共产品之一。第二,二氧化硫污染只是空气污染的一种形式,尽管它是反映总体空气污染水平的一种重要形式。第三,我们没有一个具体的、经验性的最佳污染水平理论。第四,对于政府规模、民主、腐败和特殊利益集团的寻租行为如何影响公共产品的供给,我们需要更精细的理论论证。有待进一步调查的一个假设是,专制政体中的政府规模过大,可能导致公共产品供给水平低下,主要是通过腐败实现的,而在民主国家,这可能主要是通过寻租实现的。尽管如此,我们的发现建立了一个初步的假设,反对强调慈善的公共产品供给的政府增长理论。无论如何,需要更多的研究来检验政府规模和其他环境产品之间的关系,以确定结果的普适性。

附录

A.1 样本国家列表

阿根廷、澳大利亚、奥地利、比利时、巴西、加拿大、智利、中国、哥伦比亚、捷克斯洛伐克、丹麦埃及、芬兰、法国、德国、加纳、希腊、印度、印度尼西亚、伊朗、伊拉克、爱尔兰、意大利、日本、肯尼亚、马来西亚、荷兰、新西兰、巴基斯坦、秘鲁、菲律宾、波兰、葡萄牙、韩国、西班牙、瑞典、瑞士、泰国、英国、美国、委内瑞拉。

A.2 变量和数据源说明

数据集由以下来源的数据构成：

二氧化硫浓度：在时间 t 时，k 国城市 i 站点 j 的二氧化硫浓度中值的对数；每个国家和年份的所有站点的平均值。GEMS/AIR，美国环境保护局（US EPA）（http://www.epa.gov/airs/aexec.html）。

政府规模：名义政府支出总额除以名义 GDP。国际货币基金组织《国际金融统计》。

腐败：腐败指数从 0 到 6，6 表示腐败程度低，0 表示腐败程度高。见Knack、Steve 和 Philip Keefer（2006）。IRIS-3：国际国家风险指南（ICRG）数据文件，第三版，马里兰大学帕克分校（http://ssdc.ucsd.edu/ssdc/iri0001.html/）。

官僚素质：官僚素质指数从 0 到 6，6 代表高，0 代表官僚素质低。见Knack、Steve 和 Philip Keefer（2006 年）。IRIS-3：国际国家风险指南（ICRG）数据文件，第三版，马里兰大学帕克分校（http://ssdc.ucsd.edu/ssdc/iri0001.html/）。

政治：指数范围从 -10（主要是独裁的）到 10（主要是民主的）。政治IV（http://www.cidcm.umd.edu/inscr/polity）。

收入：人均滞后 GDP 三年平均值。宾夕法尼亚大学世界表。（ftp://ftp.nber.org/pwt56/），国际货币基金组织《国际金融统计》。

活动：实际 GDP/平方千米（GDP/人口×人口/平方千米）。宾夕法尼亚大学世界表。

资本：资本与劳动的比率（每个工人的物质资本的数量）。宾夕法尼亚大学世界表。

贸易：进出口总额占 GDP 的比率。宾夕法尼亚大学世界表。

人口：全球人口分布数据库，国际地球科学信息网联盟（CIESIN）（http://grid2.cr.usgs.gov/globalpop/1degree/description.html）。

降水量：月降水量的变异系数（某一年份月降水量的标准差除以该年的月平均降水量）。全球历史气候网络（GHCN），美国国家海洋和大气管理局的国家气候数据中心（ftp：//ftp.ncdc.noaa.gov/pub/data/ghcn/v1/）。

参考文献

Antweiler，W.，B. R. Copeland，and M. S. Taylor，2001，"Is Free Trade Good for the Environment?"，*American Economic Review*，*91*(4)，877—908.

Barrett，S.，and K. Graddy，2000，"Freedom，Growth，and the Environment"，*Environment and Development Economics*，*5*(4)，433—456.

Baumol，W. J.，1967，"The Macroeconomics of Unbalanced Growth：the Anatomy of Urban Crisis"，*American Economic Review*，*57*(3)，415—426.

Beck，N.，and Katz，J. N.，1995，"What to Do(And Not to Do) with Time-Series Cross-Section Data"，*American Political Science Review*，*89*(3)，634—647.

Bernauer，T.，and V. Koubi，2009，"Effects of Political Institutions on Air Quality"，*Ecological Economics*，*68*(5)，1355—1365.

Berry，W. D.，and D. Lowery，1987，" Explaining the Size of the Public Sector：Responsive and Excessive Government Interpretations"，*Journal of Politics*，*49* (2)，401—440.

Brandt，U. S.，and G. T. Svendsen，2004，"Fighting Windmills：the Coalition of Industrialists and Environmentalists in the Climate Change Issue"，*International Environmental Agreement：Politics，Law and Economics*，*4*，327—337.

Brennan，G.，and J. M. Buchanan，1977，"Towards A Tax Constitution for Leviathan"，*Journal of Public Economics*，*8*(3)，255—273.

Brennan，G.，and J. M. Buchanan，1980，*The Power to Tax：Analytical Foundations of A Fiscal Constitution*，Cambridge：Cambridge University Press.

Bueno de Mesquita，B.，A. Smith，R. M. Siverson，and J. D. Morrow，2003，*The Logic of Political Survival*，Cambridge：MIT Press.

Cameron，D.，1978，" The Expansion of the Public Economy：A Comparative Analysis"，*American Political Science Review*，*72*(4)，1243—1261.

Chang，K. H.，R. Jr. de Figueiredo，and B. R. Weingast，2001，"Rational Choice Theories of Bureaucratic Control and Performance"，In W. Shughart II and L. Razzolini(Eds.)，*The Elgar Companion to Public Choice*. Northampton：Edward Elgar.

Cheibub，J. A.，J. Gandhi，and J. R. Vreeland，2010，"Democracy and Dictatorship Revisited"，*Public Choice*，*143*(1—2)，67—101.

Congelton，R. D.，1992，"Political Institutions and Pollution Control"，*Review of Economics and Statistics*，*74*(3)，412—421.

Desai，U.，1998，"Environment，Economic Growth and Government in Developing Countries", In U. Desai(Ed.), *Ecological Policy and Politics in Developing Countries*: *Growth*, *Democracy and Environment*. Albany: State University of New York Press.

Environmental Sustainability Index, 2005, http://sedac.ciesin.columbia.edu/edu/es/esi/ESI2005.pdf.

Frankel, J. A., and A. K. Rose, 2005, "Is Trade Good or Bad for the Environment? Sorting Out the Causality", *Review of Economics and Statistics*, 87(1), 85—91.

Fredriksson, P. G., and J. Svensson, 2003, " Political Instability, Corruption and Policy Formation: The Case of Environmental Policy", *Journal of Public Economics*, 87, 383—1405.

Goel, R. K., and M. A. Nelson, 1998, "Corruption and Government Size: A Disaggregated Analysis", *Public Choice*, 97(1), 107—120.

Henrekson, M., 1990, "The Peacock and Wiseman Displacement Effect", *European Journal of Political Economy*, 6(2), 245—260.

Higgs, R., 1987, *Crisis and Leviathan*: *Critical Episodes in the Growth of American Government*. New York: Oxford University Press.

Knack, S., and P. Keefer, 1995, "Institutions and Economic Performance: Cross-Country Tests Using Alternative Institutional Measures", *Economics and Politics*, 7, 207—227.

Lake, D., and M. Baum, 2001, "The Invisible Hand of Democracy: Political Control and the Provision of Public Service", *Comparative Political Studies*, 34(6), 587—621.

Li, Q., and R. Reuveny, 2006, "Democracy and Environmental Degradation", *International Studies Quarterly*, 50(4), 935—956.

Lopez, R., and S. Mitra, 2000, "Corruption, Pollution and the Kuznets Environment Curve", *Journal of Environmental Economics and Management*, 40 (2), 137—150.

Lowery, D., and W. D. Berry, 1983, "The Growth of Government in the United States: An Empirical Assessment of Competing Explanations", *American Journal of Political Science*, 27(3), 665—694.

Marshall, M. G., and K. Jaggers, 2002, *Polity IV Dataset*, College Park: University of Maryland: Center for International Development and Conflict Management.

Mauro, P., 1998, "Corruption and the Composition of Government Expenditure", *Journal of Public Economics*, 69(1), 263—279.

McGuire, M., and M. Olson, 1996, "The Economics of Autocracy and Majority Rule: the Invisible Hand and the Use of Force", *Journal of Economic Literature*, 34(1), 72—96.

Meltzer, A. H., and S. F. Richard, 1981, " A Rational Theory of the Size of Government", *Journal of Political Economy*, 89(5), 914—927.

Meltzer, A. H., and S. F. Richard, 1983, "Tests of A Rational Theory of the Size of

Government", *Public Choice*, *41*(3), 403—418.

Midlarsky, M., 1998, "Democracy and the Environment: An Empirical Assessment", *Journal of Peace Research*, *35*(3), 341—361.

Mueller, D. C., and P. Murrell, 1986, "Interest Groups and the Size of Government", *Public Choice*, *48*(1), 125—145.

Mueller, D. C. , 2003, *Public Choice III*, Cambridge: Cambridge University Press.

Niskanen, W. , 1971, *Bureaucracy and Representative Government*, Chicago: Aldine-Atherton.

Niskanen, W. , 1997, "Autocratic, Democratic and Optimal Government", *Economic Inquiry*, *35*(3), 464—479.

Niskanen, W. , 2001, "Bureaucracy", in W. Shughart II & L. Razzolini(Eds.), *The Elgar Companion to Public Choice*, Northampton: Edward Elgar.

Olson, M. , 1965, "*The Logic of Collective Action*, Cambridge: Harvard University Press.

Peacock, A. T., and J. Wiseman, 1961, *The Growth of Public Expenditure in the United Kingdom*, Princeton: Princeton University Press.

Pigou, A. , 1932, *The Economics of Welfare*, London: Macmillan.

Rodrick, D. , 1998, "Why Do More Open Economies Have Bigger Governments", *Journal of Political Economy*, *106*(5), 997—1032.

Rose-Ackerman, S. , 1999, *Corruption and Government: Causes, Consequences, and Reforms*, Cambridge: Cambridge University Press.

Scully, G. W. , 1991, "Rent-Seeking in US Government Budgets, 1900—1988", *Public Choice*, *70*, 99—106.

Sobel, R. S., 2001, *The Budget Surplus: A Public Choice Explanation*, Working Paper 2001—2005). West Virginia University.

Spilker, G., 2011, "Helpful Organizations: IGO Membership and Environmental Quality in Developing Countries", *British Journal of Political Science*. doi: 10.1017/s0007123411000329.

Stern, D. I., M. S. Common, and E. B. Barbier, 1996, "Economic Growth and Environmental Degradation: the Environmental Kuznets Curve and Sustainable Development", *World Development*, *24*(7), 1151—1160.

Tanzi, V., and H. Davoodi, 1997, *Corruption, Public Investment and Growth*, (IMF Working Paper 97/139). International Monetary Fund, Washington D.C.

Tanzi, V., and L. Schuknecht, 2000, *Public Spending in the 20th Century*, Cambridge: Cambridge University Press.

Tullock, G., 1959, "Problems of Majority Voting", *Journal of Political Economy*, *67*(6), 571—579.

第 11 章　大型开放经济体中的政府赤字：公共债务太少的问题*

美国、英国、日本和欧元区不断增长的巨额公共债务引发了人们对大型开放经济体赤字的跨国效应的新兴趣。本章纳入一个考虑了高昂的税收及外生的公共支出和初始债务的动态优化模型，以考察与单个国家赤字相关的外部效应是正的还是负的。该模型描述了纳什均衡中的税收路径，其中政策制定者采取民族主义行动，并将这一结果与全球最优结果进行比较。

11.1　引言

2014 年，日本的一般政府债务净额占年度 GDP 的比例约为 129%，英国为 76%，美国为 86%，是 2000 年普遍水平的两倍多。①这种快速增长的官方债务引发了人们对近年来相对忽视的话题的新兴趣：大国借贷的跨国影响。这样一个国家在一体化的全球金融市场上的借贷是否会对

　　* 作者：威廉·比特(Willem H. Buiter)，英国伦敦政治经济学院经济绩效中心；安妮·西伯特(Anne C. Sibert)，英国伦敦大学伯克贝克经济系。论文选自《经济学》，2016 年第 2 期第 10 卷。
　　① OECD 经济展望，2015 年 6 月。欧元区总的政府债务净额占年度 GDP 的比例在 2014 年为 73%，在 2000 年为 47%。

其他国家造成外部性影响？如果是,这些溢出效应是专门用于再分配的,还是会造成或减轻低效率？在本章中,我们通过对全球无风险实际利率的影响来考虑其与国家公共债务政策传导相关的跨境金钱外部性影响。[①]

我们提供了一个优化家庭和政府的动态平衡模型,其中公共债务和政府的跨期预算约束提供了当前和未来税务决策之间的联系。这样的模型在分析上是困难的,特别是如果它们没有表现出李嘉图等价性。因此,我们的基线框架拥有国民经济最简单的可能供给方:易逝的禀赋。我们的模型考虑的是具有对数线性偏好的代表性无限居住家庭,同时假设李嘉图不等价性或债务中性缺失的一个简单来源为:管理和征税的实际资源成本增加且严格凸性。我们要求各国政府遵循可持续发展的计划,而忽视货币政策;因此,我们关注的是没有主权违约风险、国家财政当局和国家或超国家货币当局之间没有战略互动的情况下发生的实际利率跨境溢出效应。

我们假设金融资本在各个国家都是完全流动的,国家财政政策的国际传递完全是通过利率实现的。税收是一次性征收的,但是由于税收成本的严格凸性,税收的时间安排在这个模型中很重要,就像在有内生劳动力供给或资本积累的模型中,对劳动收入或金融资产收入征收传统的扭曲性税收一样。

在没有征税成本的情况下,我们的模型(因其有代表性的家庭)将表现出李嘉图等价性:对于任何给定的公共产品采购序列,任何满足跨期预算约束的一次性税收和债务序列都将支持相同的均衡,而不会有国际溢出效应。即使一些国家在世界资本市场上占有很大的份额,并利用它们的垄断力量,情况也是如此。然而,基于严格的凸形税收成本,我们证实了如果国家政策制定者不能合作,就会出现再分配的金钱外部性,且其结果是低效的。

---

① 金钱外部性是指仅通过一方所面临的价格来影响另一方价格的外部性。

如果我们假定代际重叠，并且没有征税成本以及税收是一次性的，那么为公共产品购买融资的替代性规则将导致纯粹的再分配性的金钱外部性。即使是在对称国家，代际间也可能会存在分配效应，但只要动态低效率不存在，任何一次性税收和债务的可行序列都会支持帕累托有效分配。[①]

在我们模型中只有一个国家的特殊情况下，假设这些成本在反事实的计划经济中与在我们的市场经济中相同，那么征税成本不会导致效率低下。当存在多个国家时，每个国家都通过市场价格影响其他国家的选择集，而这种影响并没有充分反映在市场价格中时，就会产生效率低下的情况。

在对称国家和具有代表性的无限居住的家庭中，对称的税收政策没有分配效应。然而，由于征税成本的凸性，如果改变了世界利率，它们可能会产生福利后果。如果国家有未偿债务，而政策的改变导致利率上升，那么更高的偿债率就意味着各国现在或将来必须提高税收，征税成本就会增加。将本国居民家庭福利最大化的国家政府，不会将更高的征税成本内部化给其他国家。因此，与传统理念相一致的是，如果一个国家政府的融资决定提高了世界利率，那么它会对世界其他地区造成负外部性。

我们的模型与传统理念的不同之处在于融资选择影响利率的机制。将公共支出的赤字融资与"金融挤出"联系起来是传统做法，至少在静态凯恩斯模型中是这样。也就是说，对于特定的公共支出计划，人们认为由减税带来的更大的债券融资赤字会推高利率。

在我们的新古典跨期模型中，情况未必就是如此。比如说，在第零期降低税收，在第一期提高税收，以使政府的跨期预算约束在第二期保持不变，随后导致第零期的赤字增加，第一期的赤字减少，第零期至第一期之间的借款利率降低。其原因是第零期税收降低而第一期税收增加，导致了第零期税收相关的实际资源成本降低，而第一期实际资源成本增加。

[①]　参见 Buiter 和 Kletzer(1991)。如果存在动态低效率，那么引起从年轻人到老年人的分配的财政政策可以导致帕累托改进。

在外生给定产出的情况下,这会导致第零期的消费更高和第一期的消费下降。因此,第零期的消费价格相较于第一期的消费价格将会下降。

我们的模型表明,如果一个政府太小而不能影响全球利率,那么它会随着时间的推移使征税成本最小化。然而,如果它能够影响世界利率,并且它有严格正的初始债务,那么它在初始阶段的税收比在未来阶段要低。这就降低了政府未偿债务的利息支付,从而降低了未来的征税成本。

与全球(合作)最优相比,非合作国家在初始阶段的税收过多,债券太少。降低当期税收有积极的福利溢出效应,即使它需要发行更多的债务。通过降低现行税率来降低现行利率,可以降低偿还所有国家未偿债务的成本,从而减少所有国家征收高昂税收的需求。在非合作均衡中,各国没有考虑到其他国家的这一利益,并且在初始时期将税收定得过高。

我们的研究表明,随着国家数量的不断增加并趋于无穷,且个别国家失去了市场力量,非合作结果将进一步偏离最优结果。这一结果与Kehoe(1987)、Chang(1990)、Wildasin(2003,2011)和 Han 等(2014)获得的结果相似,但与典型的"以邻为壑"政策博弈的结果形成了鲜明的对比。

我们的研究与其他类型的国际财政政策联系的大量文献有关。它还与涉及面较少的关于征税时机的政治经济文献,以及关于多重扭曲性税收的最优时机的大量文献有关。

关于财政政策国际传递的文献有两个主要部分。其一,研究一次性税收和无征税成本对政府支出冲击的传导。例如,Frenkel 和 Razin(1985,1987)、Buiter(1987,1989)、Turnovsky(1988,1997)、Corsetti 和 Muller(2007)、Corsetti 等(2010,2012)分析的理论或数值校准模型。我们与这方面的文章的不同之处在于,我们把政府支出看作外生的,探讨当存在征税成本时,融资的重要性。其二,研究在平衡预算环境下,有关于税收扭曲性模型中的税收冲击传递。关于世界经济中资本收入的战略税收,有大量文献,可以追溯到 Hamada(1966)。在这篇文献中,资本输出(输入)国可以通过充当垄断者和限制资本流动来增加其国民收入。其结果是一个纳什均衡，各国都想对资本流动征税。其他文献，例如 Sinn（1990）、Bovenberg（1994）、Janeba（1997）、Keen 和 Konrad（2014）等，则考虑了在一体化的世界经济中，不同税收制度的可行性、税收协调和税收竞争等问题。

在政治经济学文献中，封闭经济体中过多的公共赤字和债务可能是多种原因导致的，包括现任政府在大选前表现其胜任力的动机（Rogoff and Sibert，1988），或是由于分配财政调整成本的"消耗战"（Alesina and Drazen，1991），抑或是政党希望牵制可能的继任者（Persson and Svensson，1989）；Alesina and Tabellini，1990；Battaglini，2011；Kirchgässner，2014），[1]以及出于抑制征收租金的政府的意图（Yared，2010）。Tabellini（1990）将后一部分文献延伸至多国环境，并表明国际合作可能加剧产生过度赤字的扭曲，从而恶化结果。在本章中，我们从政治经济学的关注点中提取，至少在基线模型中，各国政府能够致力于实现国家福利最大化的政策。这一领域的最新研究为这一已经很复杂的文献增加了代际冲突（例如 Song et al.，2012）。

Chamley（1981，1986）率先研究了在政府可以借贷的情况下，通过最优化家庭来实现封闭经济体中动态最优税收的问题。他把重点放在了扭曲资本和劳动所得税之间的选择，而没有考虑本章所研究的征税成本。其最优政策是对私营部门的初始、预先确定的资本和公共债务征收最大可能的资本税，然后永久性地转换为零资本所得税税率。[2]Acemoglu 等（2011）表明，当自私的政客无法可靠地执行政策并且比选民更不耐烦时，最佳的次博弈完美均衡（从选民的角度来看）涉及长期资本税。显然，无论是否进行 Acemoglu 等（2011）的政治经济和承诺考虑因素分析，将本章所考虑的征税成本包括在内，将使 Chamley 极不均衡的税收收入的时间模型成为次优选择。事实上，管理和征税的实际资源成本不断增加且严格凸性，导致我们的模型即使作出承诺也产生了不同于 Gross（2014）

---

[1]　Drazen（2000）对此文献进行了论述。

[2]　也可参见 Lucas（1988）。

中发现的结果。Gross(2014)通过一个具有战略承诺且能够承担义务的政府竞争模型,重现了 Chamley 的长期均衡资本税率为零的结果。我们认为,税收管理和征税成本——包括公共部门的实际资源承诺以及私营部门专用于税务合规、避税和逃税的时间与其他实际资源都是首要的效率问题——不是常见的与传统税收扭曲相关的三角形福利损失,而是寻租和 DUPE 造成的梯形福利损失。[①]最近,Fichtner 和 Feldman(2013)对美国的研究以及 Vaillancourtc(2013)对加拿大的研究都让人清醒地意识到,即使是目前可以捕捉和衡量的成本,其规模也相当巨大,并且忽略了大量难以衡量的管理和合规成本。

本章运用动态优化均衡模型分析国家政府的税收和借贷策略对国际利率溢出的福利经济学影响,这可能与 Chang(1990,1997)、Buiter 和 Kletzer(1991)的相关研究关系最为密切。在 11.3 节中,我们将对这些论文进行更详细的讨论,主要涉及与全球实际利率变化相关的纯再分配金钱外部性。然而,我们关注的是模型中由金钱外部性造成的效率损失,通过构建该模型,全球利率变化对均衡没有再分配的影响。

Aschauer(2000)研究了当税收扭曲/破坏潜在产出时,公共部门资本对经济增长的贡献。本章没有考虑到,公共债务在这里可以起到税收平滑的作用,是支持公共部门资本积累的理想路径。Aiyagari 和 Mc-Grattan(1998)提出了一个模型,其中金融市场的不完全性起着核心作用:家庭无法购买针对低收入时期的保险。稳定状态下的最优政府债务净额是正的,因为它与适当的税收和转移支付一起,部分替代了缺失的保险市场和家庭本可以求助的自我保险(通过预防性储蓄)。Checherita-Westphal 等(2014)研究了一个包含公共部门资本、公共债务和扭曲税收的内生增长模型,该模型在增长和债务强度之间呈现出拉弗曲线型、驼峰型关系。然而,这一结果取决于这样一个假设:公共债务的发行完全等同于公共部门资本形成——公共财政的黄金法则。然而,在同一模型中,当

① DUPE 代表直接非生产性支出。

允许更为普遍的公共债务政策,较小的公共赤字和较低的公共债务总是会产生较高的增长率(见 Greiner,2013)。

在接下来的 11.2 节中,我们将提出基线模型,其中偏离李嘉图等价性是由征税成本驱动的,政策制定者可以承诺未来的税收,并且存在易变的外生禀赋和对数线性偏好。在 11.3 节中,我们讨论国家决策者之间博弈的纳什均衡的性质,并将其与全球最优结果进行比较。在 11.4 节中,我们通过假设产出是内生的,是家庭劳动休闲决策的结果,以及偏离李嘉图等价性是扭曲劳动税的结果来改变基线模型。我们证明,全球最优税收政策在性质上与基线模型相似。在 11.5 节中,我们考虑基线模型的三个时期变量,并找到了不可能承诺未来税收政策的全球最优结果。我们证明它的特点是税收随着时间的推移而上升。在 11.6 节中,我们考虑一个具有资本积累、CES 偏好和高额税收的生产型经济。我们的研究表明,如果世界处于一个债务严格为正的稳定状态,那么协调减少由未来更高税收提供资金的当前税收将提高福利。11.7 节是结论部分。

11.2 模型

该模型由 $N \geqslant 1$ 个国家组成,每个国家都有一个有代表性的无限居住家庭和一个政府。每个时期,每个家庭都会收到单一可交易、不可储存的消费品,每个政府都会购买一定数量的该商品。政府通过发行债券或对其居民家庭征税来为其购买提供资金。我们假设税收制度的管理成本很高;政府在征收税款时耗尽了实际资源。所有的储蓄都是以私人或公开发行的债券的形式进行的。我们假设禀赋和政府的购买随着时间的推移是不变的,并且在不同的国家是相同的。各国的家庭偏好、初始资产持有量和政府初始债务也是相同的。资本流动是完全的,因此世界利率是一致的。

11.2.1 家庭

国家 i 的家庭($i \in Z_N$),对其消费路径有偏好:

$$u^i = \sum_{t=0}^{\infty} \beta^t \ln c_t^i \tag{11.1}$$

其中，c_t^i 为 t 期消费，$\beta \in (0, 1)$ 为折现系数。[①]家庭的 t 期预算约束是：

$$c_t^i + a_{t+1}^i = W - \tau_t^i + R_t a_t^i, \ t \in \mathbb{Z}_+ \tag{11.2}$$

其中，a_t^i 是指家庭在 t 期初持有的实际债券，$W > 0$ 是指该商品的每期禀赋大于零，τ_t^i 是其 t 期税单，R_t 是（1 加上）$t-1$ 期与 t 期之间的利息。家庭的初始资产为 a_0。

除了满足其在期限内的预算约束外，家庭还必须满足长期的偿债能力条件，即当时间无穷大时，其资产的现值并非严格为负。与最优化问题相关的转换条件确保其资产的当前折现值不是严格为正的。因此：

$$\lim_{t \to \infty} a_{t+1}^i / \rho_t = 0 \tag{11.3}$$

式中，$\rho_t \equiv \prod_{s=0}^{t} R_s$（1 加上）第零期与 t 期之间的利率。

式（11.2）和式（11.3）意味着家庭消费的折现值等于其可支配养老收入加上初始资产的折现值：

$$\sum_{t=0}^{\infty} (w_t - \tau_t^i)/\rho_t = \sum_{t=0}^{\infty} c_t^i/\rho_t, \ \text{其中 } w_t \equiv \begin{cases} W + R_0 a_0, & \text{当 } t = 0 \\ W, & \text{否则} \end{cases} \tag{11.4}$$

家庭根据跨期预算约束式（11.4）选择其消费路径，以最大化其效用函数式（11.1）。解满足欧拉方程：

$$c_{t+1}^i = \beta R_{t+1} c_t^i, \ t \in \mathbb{Z}_+ \tag{11.5}$$

求解微分方程式（11.5）有助于计算家庭初始消费函数中的 t 期消费及第零期与 t 期之间的利率：

$$c_t^i = \beta^t \rho_t c_0^i / R_0, \ t \in \mathbb{Z}_+ \tag{11.6}$$

---

① 我们使用 $\mathbb{Z}_N \equiv \{1, 2, \cdots, N\}$、$\mathbb{Z}_+ \equiv \{0, 1, \cdots\}$ 和 $\mathbb{Z}_{++} \equiv \{1, 2, \cdots\}$。

将式(11.6)代入式(11.4)得出家庭的初始消费量是其税收和利率的函数:

$$c_0^i = (1-\beta)\rho_0 \sum_{t=0}^{\infty} (w_t - \tau_t^i)/\rho_t \tag{11.7}$$

将式(11.6)代入式(11.1)得出家庭的间接效用是初始消费和利率的函数:

$$u^i = \ln c_0^i + (1-\beta) \sum_{t=1}^{\infty} \beta^t \ln \rho_t \tag{11.8}$$

在本章中,我们忽略了不影响家庭优化问题的常数。

11.2.2 政府

对于国家 i, $i \in \mathbb{Z}_N$,政府部门的 t 期预算约束是:

$$\tau_t^i - \phi(\tau_t^i)^2/2 + b_{t+1}^i = G + R_t b_t^i, \ t \in \mathbb{Z}_+ \tag{11.9}$$

其中,b_t^i 是指政府在 t 期初的未偿债务,$G > 0$ 是指政府的每期购买。与税收 τ 相关的征税成本是 $\phi\tau^2/2$, $\phi > 0$。[1]我们考虑负税收或补贴。在这种情况下,征税成本是管理和支付盈余的成本。我们将在下一小节中更详细地讨论征税成本。

给定政府的初始债务 b_0,我们将自己局限于经验相关的 $b_0 \geqslant 0$ 的情况。我们对模型的参数进行了限制,使满足方程式(11.9)是可行的,本节后面将详细介绍这些限制。

除了满足其期内预算约束外,政府还满足以下条件:

$$\lim_{t \to \infty} b_{t+1}^i/\rho_t = 0 \tag{11.10}$$

与家庭一样,这是长期偿付能力约束和与政府最优化问题相关的横向条件的影响。[2]

---

① Barro(1979)在封闭经济体环境中率先提出了这些严格凸的税收成本。他假设政府最小化了这些成本的折现总和,而不是最大化了家庭的折现福利。

② 我们忽略了主权违约可能性这一重要问题。关于这个问题已经有相当多的文献。例如,Eaton 和 Gersovitz(1981)、Bulow 和 Rogoff(1989)、以及 Cole 和 Kehoe(1995)。

式(11.9)和式(11.10)表明,政府采购的当前折现值加上其初始债务等于其税收流的当前折现值,扣除征税成本:

$$\sum_{t=0}^{\infty} \left[\tau_t^i - \phi(\tau_t^i)^2/2 - g_t \right]/\rho_t = 0,\ \text{其中}\ g_t \equiv \begin{cases} G + R_0 b_0, & \text{当}\ t = 0 \\ G, & \text{否则} \end{cases}$$

$$(11.11)$$

11.2.3　市场清算

市场清算要求 N 个家庭资产的总和等于 N 个政府债务的总和。因此:

$$a_t = b_t,\ t \in \mathbb{Z}_+ \tag{11.12}$$

其中,变量没有上标表示全球平均值。根据式(11.12),不等式(11.4)中定义的 w_0 等于 $W + R_0 b_0$。

商品市场清算要求平均家庭消费、平均政府采购和平均征税成本之和等于平均禀赋。因此:

$$c_t = W - G - \frac{1}{N} \sum_{j=1}^{N} \frac{\phi(\tau_t^j)^2}{2},\ t \in \mathbb{Z}_+ \tag{11.13}$$

当然,式(11.13)也包含在式(11.2)、式(11.9)和式(11.12)中。

将欧拉方程式(11.6)的两边在 N 个国家上取平均值得出:

$$\rho_t = \rho_0 c_t/(\beta^t c_0),\ t \in \mathbb{Z}_+ \tag{11.14}$$

式(11.13)和式(11.14)表示,在均衡状态下,第零期和第 t 期之间的利率即第零期和第 t 期税收的函数。

较低的第零期税由较高的第 t 期税提供资金,降低了第零期和第 t 期之间的利率。在继续往下推理之前,它将对该模型预测的全球无风险利率的影响进行评估。有大量的经验工作试图量化政府预算赤字和利息之间的关系。然而,文献存在问题,并且由于几个原因,结果很难解释。[①]

---

① 有关结果和问题的讨论参见 Baldacci 和 Kumar(2010)。

首先，税收和利率都是内生的，它们之间的明显关系可能是由于其他变量的影响。例如，自动稳定器在经济衰退期间会导致税收收入降低，赤字增加。同时，扩张性货币政策（本章未考虑）可能会暂时降低实际利率。因此，货币政策在商业周期中的作用可能会导致赤字和实际利率负相关。其次，虽然降低税收可能会降低全球无风险利率，但也可能增加主权违约风险溢价。我们的模型排除了这一点，因为假设每个政府都满足其偿付能力约束。如果对国家主权风险溢价的影响比对全球无风险利率的影响更大，它将导致与较高的计量市场利率相关的税收减少。再次，如果一国的资本税较低，那么该国的资本边际产出可能会下降，从而与各国的税后回报相等。这导致较低的税收与较低的（税前）利率相关联。

最后，此模型预测，在当前期间降低税收并在下一个期间提高税收将增加当前的赤字，并降低利率。然而，它还预测，将当前和未来的税收降低相同的数额会增加当前的赤字，并且对利率没有影响；降低当前税收少于下一个时期的税收会增加当前的赤字和利率。在实证研究中，公众对未来税收政策的预期很难控制。

将式（11.14）代入式（11.7）和式（11.8）得出：

$$c_0^i = (1-\beta)c_0 \sum_{t=0}^{\infty} \beta^t (w_t^i - \tau_t^i)/c_t \qquad (11.15)$$

$$u^i = \ln c_0^i - \beta\ln c_0 + (1-\beta)\sum_{t=1}^{\infty} \beta^t \ln c_t \qquad (11.16)$$

将式（11.15）代入式（11.16）得出：

$$u^i = \ln\left(\sum_{t=0}^{\infty} \beta^t (w_t - \tau_t^i)/c_t\right) + (1-\beta)\sum_{t=0}^{\infty} \beta^t \ln c_t \qquad (11.17)$$

将式（11.14）代入式（11.11）得出：

$$B^i \equiv \sum_{t=0}^{\infty} \beta^t s_t^i = 0, \text{其中} \ s_t^i \equiv [\tau_t^i - \phi(\tau_t^i)^2/2 - g_t]/c_t \qquad (11.18)$$

将式（11.13）代入式（11.17）和式（11.18），可以使家庭的间接效用和政府的预算约束只表现为 N 个国家税收路径的函数。

对于 $t>0$，s_t^i 在式(11.18)是政府在 t 期的主要预算盈余(如果是负的话，或者减 1 乘以赤字)除以 c_t。对于 $t=0$，s_0^i 是主要盈余减去未偿债务本金和利息除以 c_0。作为一种速记，我们将 s_t^i 当作国家 i 的 t 期折现盈余，我们将把 $\tau_t^i - \phi(\tau_t^i)^2/2 - g_t$ 作为国家 i 的 t 期盈余，$t \in \mathbb{Z}_+$。

11.2.4 税收和收入

在本节中，我们将描述盈余函数的一些性质，并确定在参数空间上的一些有效的税收和重要的限制条件。我们的一些结果超过了所计算的盈余函数。最后，我们讨论一些与现实世界征税成本相关的实证结果。

盈余曲线 $\tau_t - (\phi/2)\tau_t^2 - g_t$ 看起来像拉弗曲线，虽然它的形状是征税成本的结果，而不是与非一次性税收相关的扭曲。在 $\tau = 1/\phi$ 时，其最大值为 $1/(2\phi)$。暂时假定它们存在，用 τ_t^- 和 τ_t^+ 表示零盈余的两种税收，其中 $0<\tau_t^-<1/\phi<\tau_t^+$。[①]当且仅当 $\tau_t^i \in (\tau_t^-, \tau_t^+)$，国家 i 的 t 期中存在严格正盈余。

如果把消费放在一个严格为正的国家的话一组期间税 $\{\tau_t^i\}_{i \in \mathbb{Z}_+}$ 据说是可行的。设 $\bar{\tau}$ 是对称结果中可行税集的最小上界。[②]我们假设盈余最大化税收最大化是可行的，但等于整个禀赋的税收是不可行的。为了确保存在政策制定者问题的解是内部解的均衡，可以简单且充分地(但不是必要地)施加条件，使政府可以一直保持盈余，即使其第零期税为零，政府也可以满足跨期预算约束。因此：[③]

$$1/\phi < \bar{\tau} < W,\ 1/(2\phi) > g_0,\ \beta \geqslant 1/(1+\alpha) \qquad (11.19)$$

$$\text{其中 } \alpha \equiv \frac{1/(2\phi) - G}{g_0} \frac{\phi\bar{\tau}^2}{\phi\bar{\tau}^2 - 1}$$

在下面的命题中，我们证明，鉴于其他国家的税收，每个国家的折现

---

① 很明显有 $\tau_t^- \equiv (1/\phi)(1 - \sqrt{1-2\phi g_t})$ 和 $\tau_t^+ \equiv (1/\phi)(1 + \sqrt{1-2\phi g_t})$，$t \in \mathbb{Z}_+$。

② 由方程式(11.13)，$\bar{\tau} \equiv \sqrt{(2/\phi)(W-G)}$。

③ 命题 11.1 和 $1/(2\phi) > g_0$ 将确保 $\alpha > 0$，并且因此总有可能找到这样的 $\beta \in (0,1)$。

盈余作为其自身税收的函数，其外观与盈余函数相似。但是，最大化折现盈余的税收将大于最大化盈余的税收。此外，在多国家世界中，如果各国的税收相同，而且每个国家的税收使其折现盈余最大化，那么每个国家的税收都低于只有一个国家时使折现盈余最大化的税收。

命题 11.1　令 $t \in \mathbb{Z}_+$，$i \in \mathbb{Z}_N$，假设存在 $\tau_t^j < \bar{\tau}$，$j \neq i$，然后，s_t^i 有一个唯一的最大值 $\tau_{Nt}^{i*} \in (1/\phi, \tau_t^+)$，$\tau_t^i$ 在区间 $[0, \tau_{Nt}^{i*})$ 上严格递增，在区间 $(\tau_{Nt}^{i*}, \tau_t^+]$ 上严格递减。此外，如果各国的税收相同，则当 $N > 1$ 时，$\tau_{Nt}^* < \tau_{1t}^*$。

证明：所有证明见附录。　　　　　　　　　　　　　　　　　　　　　　■

为什么一个国家可以通过增加税收而使其盈余最大化，从而增加其折现盈余，其证明如下。假设某个国家最大化其盈余，那么该国税收的边际增加不会对盈余产生影响，而该盈余对该水平的税收是不敏感的，但会降低平均消费，从而增加折现盈余。如果只有一个国家，那么这一税收增加对平均消费的影响要比多国情况下单个国家的税收增加的影响更大。因此，当只有一个国家时，折现盈余最大化税收比多个国家和国家采取对称行动时要高。

我们将征税成本建模为行政税；我们可以将其建模为合规成本。这些解释是等效的，因为在这两种情况下，税收最终由家庭承担。在继续讨论决策者的最优化问题之前，有理由讨论关于此类成本重要性的经验证据。

OECD(2009)估计，日本 2007 年的行政成本占净税收的百分比为 1.53，英国为 1.10，美国为 0.45。评估合规成本更为困难，大多数研究都集中在特定的组成部分。Sanford 等(1989)估计合规成本占英国公司税收入的比例为 2.22%。Allers(1995)估计，对于荷兰公司税而言，合规成本占其税收收入的比例约为 4%。Slemrod 和 Venkatesh(2002)估计，中等规模美国企业的合规成本占收入的比例为 28.0%—29.6%。Pitt 和 Slemrod(1989)估计，1982 年逐项列出扣除项目的美国纳税人平均花费 43 美元；Guytonet 等(2003)估计，2003 年美国纳税人的平均合规成本为

25.5 小时和 149 美元。Slemrod(1996)估计总体合规成本约占收入的 10%。Slemrod 和 Sorum(1984)估计,美国与行政和合规相关的总资源成本为所得收入的 7%:大约是与税收扭曲相关的效率成本的两倍。Fichtner 和 Feldman(2013)估计,2012 年联邦个人和企业所得税的"隐藏部分"在 215 亿—987 亿美元,或占年度 GDP 的 1.3%—6.1%。这不包括游说成本等私人成本。据估计,2012 年联邦税收因此损失 4 520 亿美元,约占联邦收入的 18.4%。Vaillancourt 等(2013)估计,2011 年加拿大的总合规和行政成本占 GDP 的 1.5%—1.8%。[①]

虽然似乎有大量证据表明,相对于税收扭曲产生的成本而言,征税成本绝对巨大,但几乎没有关于征税函数形状的经验证据。尽管如此,由于试图征收越来越多的税款,导致逃避或避免此类税收的努力越来越多,因此成本以越来越高的速度增加似乎是合理的。这些成本严格凸的假设在公共财政文献中很常见,例如,Wilson(1989)、Kaplow(1990)和 Aragón (2010)。

11.3 动态最优税收

我们假设在第零期中,国家政府 i 可以提交税收计划 $\{\tau_t^i\}_{t=0}^{\infty}$。它根据其他政府的税收计划,选择可行的税收,使其家庭的间接效用最大化[式(11.17)],受其预算约束[式(11.18)],其中全球平均消费量由式(11.13)给定。我们考虑国家行为对称的纳什结果。

我们首先证明,补贴不能成为对称纳什均衡的一部分,而且税收不得大于最大化折现盈余的税收。

命题 11.2 对称纳什均衡必须有 $\tau_t \in [0, \tau_{Nt}^*]$, $t \in \mathbb{Z}_+$。

直觉很简单。如果一个国家选择的税收大于最大化折现盈余的税收,那么根据命题 11.1,该税收处于该国折现盈余拉弗曲线的"错误"一

---

① 人们可能会增加税收诉讼成本,对税收制度的愤怒、不满和失望所产生的心理成本,以及破坏性抗议和经济动荡所产生的实际资源成本。

侧。因此,在拉弗曲线的"右侧"有一个税收,它产生相同的折现盈余,并产生较小的扭曲。如果一个国家在某一时期提供补贴,那么它必须在另一时期征税。如果该国要降低补贴,这既会增加该时期的消费,也会改善财政状况,允许在其他时期降低税收。

然后,我们证明一个独特的均衡的存在,描述均衡税收的时间路径。

命题 11.3　存在一个独特的对称纳什均衡,从第 1 期起就具有恒定的税收。此外,如果初始政府债务严格为正,则第 0 期的均衡税收低于第 1 期。如果没有初始的政府债务,税收将随着时间的推移而保持不变。

结果背后的直觉是政府权衡了两个目标。首先,它希望通过平滑征税成本来平滑消费。如果这是它唯一的目标,那么最优性就需要不断征税。其次,它希望通过影响全球利率来降低征税成本的折现价值。这是通过降低初始税收和提高未来税收来实现的。它通过商品市场清算条件[式(11.13)]提高初始消费并降低未来消费。根据欧拉方程式(11.14),这将降低第 0 期至第 1 期之间的利率。因此,它所需的税收收入下降,其征税成本也下降。

命题 11.4　如果国家没有市场力量($N \to \infty$),那么各个时期的税收都是不变的。

当国家没有市场力量时,我们就得到了 Barro(1979)的结果。如果这些成本是凸的,那么一个最优化的政府会随着时间的推移而使其平衡。

我们现在比较均衡和最优结果,并说明国家数量如何影响均衡结果与全球最优结果的偏差。我们注意到,当 $N = 1$ 时的结果是全球最优结果。

命题 11.5　假设 $N > 1$。如果存在严格正的初始政府债务,那么第 0 期税收相对于全球最优税收太高,后续税收太低。此外,增加国家数量会增加均衡税收和全球最优税收之间的差异。

这一命题第一部分的直觉是,如果初始债务严格为正,则将第 0 期税收降低到后续税收以下,会通过降低所有国家的借贷成本而导致正外部性。各国没有考虑到这一社会效益,也没有充分降低第 0 期税收。第二部分的直觉是,随着国家数量的增加,任何一个国家对全球变量的影响都会下降,各国没有考虑到其行动对世界经济的影响变得更加严重。

我们的论文可以与 Chang(1990,1997)的论文进行对比,他还将政府债务建模为国家政府之间的动态博弈。在他的重叠世代框架中,两个时期的家庭年轻时生产,老年时消费。由于没有一个家庭在超过一个时期内消费,本章中的欧拉方程(导致实际利率在今天消费价格相对于明天消费价格中的作用)被一个静态效率条件所取代,即产出(和等价地,储蓄)随实际利率增加。因此,增加存款需要增加实际利率,以增加储蓄并恢复平衡。

与我们的模型不同,更高的实际利率(由较低的税收带来,而不是像我们的模型那样由较高的税收带来)不会影响到世界各地的实际资源成本。由于税收是一次性的,不存在征税成本,因此 Chang(1990,1997)的模型中与一国税收政策对全球实际利率影响相关的金钱外部性是纯粹的再分配。尽管 Chang(1990,1997)的模型中所有可行的国家税收政策都支持动态和帕累托效率的均衡,但它们都是根据民族主义政府排序的福利,这些政府将当前和未来几代居民的福利折现和最大化。非合作均衡比合作均衡具有更大的政府赤字和更高的利率。

我们的结果是,当国家数量趋于无穷,国家失去市场力量时,均衡结果离全球最优结果最远,这与 Chang(1990)的结果相似,即当国家数量趋于无穷时,非合作解决方案离合作解决方案最远,并且与"以邻为壑"的国家试图利用其市场力量以牺牲其他国家为代价获取利益的政策博弈结果形成鲜明对比(见 Hughes Hallett and Rees,1983)。在这类文献中,随着国家数量趋于无穷和国家失去市场力量,非合作成果与合作成果趋同。[1]De Bruyne(1979)证明了如果没有利益冲突,非合作均衡是帕累托最优的。这里存在利益冲突,即使 $N \to \infty$ 而且国家没有市场力量:每个国家(如果初始债务存量为正)都希望全球实际利率更低。因此,每个国

---

[1] 例如,根据 Hamada(1966),这将发生。

家都希望所有其他国家在初期均能享受到较低的税收。

11.4　传统税收扭曲

在上一节中，我们考虑了一个场景，即偏离李嘉图等价性是由于税收成本。我们选择这个框架作为我们的基准，是因为它的相对易处理，而且我们认为征税成本在经验上比传统税收扭曲相关的效率和福利成本更重要。然而，由于在经济学文献中通常将重点放在后一种摩擦上，故在本节中，我们考虑一个国家的模型，其中偏离李嘉图等价性是由扭曲税收而非征税成本造成的。

11.4.1　税收扭曲的模型

我们假设家庭有一个时间单位的禀赋，在劳动和休闲之间分配。它能从劳动力中一对一地生产出产品，而且它的产出要缴纳一定的劳动所得税 τ_t。它的储蓄形式是真正的有息债券。

在每个时期 $t \in \mathbb{Z}_+$，家庭从消费商品和休闲中获得效用 $1-l_t$：

$$u = \sum_{t=0}^{\infty} \beta^t \big[\alpha \ln c_t + (1-\alpha)\ln(1-l_t)\big], \ \alpha \in (0,\ 1) \quad (11.20)$$

它使式（11.20）最大化，并受期间内预算约束的限制：

$$c_t + a_{t+1} = (1-\tau_t)l_t + R_t a_t, \ t \in \mathbb{Z}_+ \quad (11.21)$$

并满足终端条件式（11.3），取给定的 a_0。

最优化的充要条件是方程式（11.3）和式（11.21），静态最优化条件：

$$1 - l_t = \frac{(1-\alpha)c_t}{\alpha(1-\tau_t)} \quad (11.22)$$

以及（一个国家）欧拉方程式（11.14）。

政府满足期内预算约束：

$$\tau_t l_t + b_{t+1} = G + R_t b_t, \ t \in \mathbb{Z}_+ \quad (11.23)$$

以及终端条件式(11.10)，取给定的 b_0。求解方程式(11.23)并将式(11.10)代入结果，得出政府的跨时期预算约束：

$$\sum_{t=0}^{\infty} (\tau_t l_t - g_t)/\rho_t = 0 \qquad (11.24)$$

将式(11.22)代入式(11.24)，将式(11.14)代入结果，得出：

$$\sum_{t=0}^{\infty} \frac{\tau_t - g_t}{\rho_t} - \frac{(1-\alpha)c_0}{\alpha R_0} \sum_{t=0}^{\infty} \frac{\beta^t \tau_t}{1-\tau_t} = 0 \qquad (11.25)$$

市场清算要求债券市场清算[式(11.12)]和商品市场清算：

$$c_t + G = l_t, \ t \in \mathbb{Z}_+ \qquad (11.26)$$

将式(11.22)代入式(11.26)，将式(11.14)代入结果，得出：

$$c_0 \rho_t = \frac{\alpha R_0(1-G)}{\beta^t h_t}, \ t \in \mathbb{Z}_+，其中 h_t \equiv \frac{1-\alpha\tau_t}{1-\tau_t} \qquad (11.27)$$

这意味着：

$$\rho_t = \frac{R_0 h_0}{\beta^t h_t}, \ t \in \mathbb{Z}_+ \qquad (11.28)$$

如前一节所述，由于第 t 期税收的增加，第 0 期税收的减少降低了第 0 期和第 t 期之间的利率。

11.4.2 最优税收

将式(11.22)代入式(11.20)，并使用式(11.14)和式(11.27)得出

$$u = \sum_{t=0}^{\infty} \beta^t [\alpha \ln(1-\tau_t) - \ln(1-\alpha\tau_t)] \qquad (11.29)$$

将式(11.27)代入式(11.25)得出：

$$B \equiv \alpha(1-\beta) \sum_{t=0}^{\infty} \beta^t \tau_t - G - (1-\beta)R_0 h_0 b_0 = 0 \qquad (11.30)$$

如 11.3 节所述，政策制定者选择税收路径，以在预算约束式(11.30)

的前提下最大化间接效用式(11.29)。如 11.2 节所述，我们需要做出假设，以确保存在内部优化。我们假设：

$$G < \alpha, \ R_0 b_0 \leqslant \min\{\alpha(1-\beta)/(1-\alpha), \ \alpha\beta - G, \ (\alpha - G)/\alpha\}$$

$$(11.31)$$

这些不等式是方便和充分的，可以确保政府的跨期预算约束同时满足恒定税收和 $\tau_0 = 0$。

我们证明了政策制定者问题有唯一解，并描述了最优税收的时间路径。

命题 11.6　存在一个唯一的最优，它满足 $\tau_t = \tau_1 > \tau_0$，$\tau \in \mathbb{Z}_{++}$。

如前一节所述，全球最优化最初的税收较低，后来的税收较高。似乎不可能（至少对我们来说）分析 $N > 1$ 的情况下的纳什均衡。然而，很容易证明，如果 $N \to \infty$，那么纳什均衡具有恒定的税收。由于没有市场力量，政策制定者的唯一的目标是随着时间的推移平滑扭曲。因此，与全球最优水平相比，没有市场力量的国家将第 0 期税收设定得太高，随后的税收设定得太低。

11.5　时间一致的税收

11.3 节和 11.4 节中的结果取决于政府能够承担计划税收的假设。命题 11.3 表明，第 0 期税收低于随后的税收。这意味着政府进入第 1 期时，债务严格为正。因此，如果政府能够在第 1 期重新进行优化，命题 11.3 将意味着它会在第 1 期比在以后的阶段设置较低的税收。这意味着，除非没有初始债务或国家没有市场力量，否则从第 1 期开始就具有恒定税收的均衡就不是时间一致的。在本节中，我们考虑了基线模型的三个阶段的变量，并找到了单一国家情况下的时间一致性税收。

家庭的终身效用由 $\ln c_0 + \beta \ln c_1 + \beta^2 \ln c_2$ 给出。对于 $t = 0, 1, 2$，家庭预算约束由方程式(11.2)给出，其中 $a_3 = 0$ 和 a_0 给定。家庭的最优性

要求欧拉方程式(11.5)对 $t=0$，1 成立。政府预算约束由式(11.9)对于 $t=0$，1，2 给出，其中 $b_3=0$ 和 b_0 给定。市场清算要求方程式(11.12)适用于 $t=0$，1，2。消费由 $t=0$，1，2 的商品市场清算条件式(11.13)给出。

为了找到时间一致的解，我们反向工作，首先从第 1 期开始最大化效用，并将 $R_1 b_1$ 作为给定值。这给出了 τ_1 和 τ_2，以及从第 1 期起作为 $R_1 b_1$ 函数的最大效用。在第 1 期，政府采用 $R_0 b_0$ 和 τ_1、τ_2 的函数形式，并从第 1 期起按规定最大化效用。利用第 0 期和第 1 期之间的欧拉方程，我们可以发现 $R_1 b_1$ 是 τ_0 和 b_1 的函数。因此，从第 1 期开始的最大效用可以表示为 τ_0 和 b_1 的函数。然后，政策制定者选择 τ_0 和 b_1，以在第 0 期预算约束下最大化寿命效用。将技术细节留在附录中，我们得到以下结果。

命题 11.7 如果有严格为正的初始债务，那么时间一致的税收将随着时间的推移而严格增加。

即使在 $N=1$ 的情况下，税收的时间一致性序列从低于最优水平的水平开始，并在每个时期上升，最终达到高于最优水平的水平。直觉上的原因是，以继承的债务股票为例，决策者忽略了一个事实，即早期较低的税收已经提高了最初的债务股票，迫使他今天征收更高的税收。

本节说明，从第 1 期开始，全球最优税收保持不变的基线模型得出的结果取决于决策者承诺计划未来税收的能力。然而，基线模型的结果是第 1 期的全球最优税收应该相对较低，之后更高，这不取决于承诺能力。

税收的时间序列从一个低于最优水平的水平开始，并在每一个时期上升，最终超过社会税收水平的最优平衡。直观的原因是，将继承的债务存量视为给定的，决策者忽略了一个事实，即早期较低的税收提高了他的初始债务存量，迫使他今天征收更高的税收。

11.6 生产和资本积累

基线模型的一个重要简化特征是，随着时间的推移，改变税收的时间安排,从而改变征税成本,这是跨期间转移实际资源的唯一方法。在均衡中,全球私人和公共储蓄净额总是为零,因为商品是易腐的。在任何特定时期减税都会增加该时期的可用资源并增加私人消费。在本节中,我们考虑到使用资本作为投入进行生产。因此,实际资源可以跨时期转移,这不仅可以通过改变税收路径,还可以通过资本形成实现。

在本节中,我们假设有 N 个国家,i 国家庭有 CES 偏好如下,$i \in \mathbb{Z}_N$：

$$u^i = \frac{1}{1-\theta} \sum_{t=0}^{\infty} \beta^t \left[(c_t^i)^{1-\theta} - 1 \right], \ 0 < \beta < 1, \ 0 < \theta \neq 1 \quad (11.32)$$

式中 θ 为跨时期替代弹性的倒数。因为 $\theta \to 1$,上述偏好成为 11.2 节的对数规范。

模型中的单一商品既是资本商品,也是消费商品。代表性家庭每个时期都非弹性地提供一个单位的劳动力,并以资本的形式保存债券和当前商品的产出。节省下来的资金被贷给公司用于下一个时期的生产过程。企业通过柯布—道格拉斯生产函数将资本和劳动力转化为产出,其中单位劳动力产出为 $f(k) = Ak^\alpha$,其中 k 是资本劳动比,$A > 0$, $\alpha \in (0, 1)$。我们假设各国的劳动力是不流动的,资本是完全流动的,资本是完全贬值的。那么,资本的完全流动和完全竞争意味着各国的资本劳动比率和工资是相等的,而且 $k_t = k(R_t) = \left[A(1-\alpha)/R_t \right]^{1/\alpha}$。

家庭最优化问题的欧拉方程变成：

$$c_{t+1}^i = (\beta R_{t+1})^{1/\theta} c_t^i, \ t \in \mathbb{Z}_+ \quad (11.33)$$

解差分方程式(11.33)和各国的平均值得出：

$$\rho_t = (1/\beta^t)(c_t/c_0)^\theta, \ t \in \mathbb{Z}_{++} \quad (11.34)$$

政府的预算约束由方程式(11.11)给出。将式(11.34)代入式(11.11)得出：

$$\sum_{t=0}^{\infty} \beta^t c_t^{1-\theta} s_t^i = 0 \quad (11.35)$$

市场清算要求式(11.12)和：

$$f(k(R_t)) - G - (\phi/2)\sum_{i=1}^{N}(\tau_t^i)^2 - c_t - k_{t+1} = 0 \qquad (11.36)$$

有资本的模型比没有资本的模型更难分析,为了得到分析结果,我们只做了一个简单的实验。

命题 11.8 假设各国处于一个对称的稳定状态,税收不变,公共债务严格为正。那么在当前时期,通过协调边际减税来增加福利是可能的。

证据表明,福利可以通过当前的减税措施(以及相关的当前消费增长)得到改善,其资金来源是持续的永久性未来增税,这将使未来消费减少一个固定的数额。

降低当前税收和提高未来税收会提高当前消费和降低未来消费,从而降低当前利率,如前几节所述。这降低了偿还债务的成本,并降低了未来的征税成本。要想让利率必须下降,假设利率没有下降,然后,下一个时期的资本边际产出上升,而当前的资本积累下降。随着征税成本的降低和固定的经常性产出,这意味着经常性消费增加。这与当前期间的利率下降不一致,除非下一个期间以及每个未来期间的消费增长超过当前消费。然而,随着流动资本积累的减少和未来税收成本的提高,这是不可能的。

11.7 结论

我们已经证明,在我们的税收成本基线模型中,如果没有市场力量或初始债务,最优化政府将使税收完全平稳。如果各国的规模足以影响世界利率,并且它们的初始债务严格为正,那么最优化的国家政府将在当前期间比未来降低税收。结果表明,相对于全球最优结果,非合作国家政府设定的现行税收过高,未来税收过低。因此,相对于最优值而言,初始预算赤字太低,未来赤字太高。

我们扩展了我们的基线模型来考虑由扭曲劳动税导致的与李嘉图等

价性偏离,并表明最优结果与基线模型相似:第 0 期税收低于第 1 期税收。我们考虑一个三期模型,其中承诺未来税收是不可能的,并证明合作时间一致的税收会随着时间的推移而上升。最后,我们考虑一个具有 CES 偏好和资本积累的模型。我们证明,如果世界处于一个稳定的状态,政府债务严格为正,那么福利可以通过提高未来税收来增加当前的减税,而减税的资金来自未来更高的税收。

附录

命题 11.1 的证明。根据式(11.13)和在式(11.18)中 s_t^i 的定义:

$$\partial s_t^i / \partial \tau_t^i = (1 - \phi \tau_t^i + \phi \tau_t^i s_t^i / N) / c_t \tag{11.37}$$

我们有 $\partial s_t^i / \partial \tau_t^i$ 随 τ_t^i 在 $[0, \tau_t^+]$ 上连续,当 $\tau_t^i = \tau_t^+$ 时 $\partial s_t^i / \partial \tau_t^i = (1 - \phi \tau_t^i) / c_t < 0$,当 $\tau_t^i = 1/\phi$ 时,$\partial s_t^i / \partial \tau_t^i = s_t^i / (N c_t) > 0$。因此,$s_t^i$ 在 $(1/\phi, \tau_t^+)$ 中有一个临界点。如果 $\tau_t^i \in [0, \tau_t^+]$,那么 $\partial s_t^i / \partial \tau_t^i = 0 \Rightarrow \partial^2 s_t^i / \partial \tau_t^{i2} = -\phi (1 - s_t^i / N) / c_t = -(c_t \tau_t^i)^{-1} < 0$。因此,$\tau_{Nt}^i$ 是 s_t^i 在 $[0, \tau_t^+]$ 中的唯一最大值,如果 $\tau_t^i \in [0, \tau_{Nt}^i)$ 则 $\partial s_t^i / \partial \tau_t^i > 0$;如果 $\tau_t^i \in (\tau_{Nt}^i, \tau_t^+]$ 则 $\partial s_t^i / \partial \tau_t^i < 0$。一旦当 $\tau_t^i \notin [0, \tau_t^+]$ 时,$s_t^i < 0$,那么 τ_{Nt}^i 就会是在 $(-\bar{\tau}, \bar{\tau})$ 中的唯一最大值。

根据式(11.13)、式(11.37),s_t^i 的定义和 $\bar{\tau}$ 的定义,w_t 和 g_t[来自式(11.4)(在 $a_0 = b_0$ 的条件下),式(11.11)和11.2.4 小节的脚注①],当 $\tau_t^i = \tau_t$,$i \in \mathbb{Z}_N$ 时,$\partial s_t^i / \partial \tau_t^i = 0$,意味着 $\bar{\tau}^2 - 2w_t \tau_t + \tau_t^2 = 2\tau_t s_t c_t (N-1) / N$。等式的左侧严格地在 $(1/\phi, \tau_t^+)$ 上递减。当 $N = 1$ 时,等式右侧等于零;当 $N > 1$ 时,等式右侧为 $\tau_t \in (1/\phi, \tau_t^+)$。因此,$\tau_{Nt}^i < \tau_{1t}^*$。

注意,$\tau_{Nt}^i = \tau_{N1}^*$,$t \in \mathbb{Z}_{++}$,$\tau_{1t}^* = w_t - \sqrt{w_t^2 - \bar{\tau}^2}$。

命题 11.2 的证明。我们证明没有对称最优的赋税能比 τ_{Nt}^* 更大。假设恰恰相反,存在一个对称的平衡,$\exists t$,$\tau_t = \tau^w > \tau_{Nt}^*$。$s_t^i$ 在 τ_t^i 中的连续性在可行赋税集上确保存在一个可行的 $\tau^R < \tau_{Nt}^*$,使得 s_t^i 在 τ^R 上与 s_t^i 在

τ^w 上相等。因此,根据式(11.18),从 $\tau_t^i = \tau^w$ 转换到 $\tau_t^i = \tau^R$ 不需要改变任何其他赋税。如果其间接效用式(11.17)在 $\tau_t^i = \tau^R$ 时大于 $\tau_t^i = \tau^w$,政府更倾向于 $\tau_t^i = \tau^R$ 而不是 $\tau_t^i = \tau^w$。将在 $\tau_t^i = \tau^w$ 时评估的 c_t 表示为 c_t^K,$K = W, R$。那么这是如果 $c_t^R > c_t^w$ 且 $(w_t - \tau^R)/c_t^R > (w_t - \tau^w)/c_t^w$ 时的情况。第一个不等式显然是正确的。根据 w_t、g_t 和 s_t^i 的定义,如果

$$\left[W - G - \left(\frac{\phi}{2}\right)(\tau^R)^2 - c_t^R s_t\right]\Big/c_t^R > \left[W - G - \left(\frac{\phi}{2}\right)(\tau^w)^2 - c_t^w s_t\right]\Big/c_t^w,那么$$

第二个不等式是正确的。由式(11.13)得出,$\bar{\tau}$ 的定义如下:$(N-1)\bar{\tau}^2 > \sum_{j \neq i} (\tau^j)^2$。

我们现在表明税收不能是负的。假设恰恰相反,$\exists u$,$\tau_u < 0$。然后,为了满足式(11.18),$\exists v$,$\tau_v > 0$,$S_v > 0$。我们证明,τ_v 的边际递减伴随着 τ_u 的边际递增,所以式(11.18)得到满足增加了间接效用式(11.17)。通过 $\tau_v^i \in [0, \tau_{Nv}^*]$,以及命题11.1,$\partial s_v^i / \partial \tau_v^i > 0$;因此,通过式(11.17)和式(11.18),足以表明:

$$\beta^v(\partial s_v^i/\partial \tau_v^i)(\partial u^i/\partial \tau_u^i) > \beta^u(\partial s_u^i/\partial \tau_u^i)(\partial u^i/\partial \tau_v^i) \qquad (11.38)$$

用式(11.13)来微分式(11.17),得到:

$$\partial u^i/\partial \tau_t^i = (\partial H^i/\partial \tau_t^i)/H^i - \beta^t(1-\beta)\phi\tau_t/Nc_t, \quad t \in \mathbb{Z}_+ \qquad (11.39)$$

其中 $H^i \equiv \sum_{t=0}^{\infty} \beta^t(w_t - \tau_t^i)/c_t$。根据式(11.13),我们可以得出:

$$\partial H^i/\partial \tau_t^i = -\beta^t[Nc_t - \phi\tau_t(w_t - \tau_t^i)]/(Nc_t^2), \quad t \in \mathbb{Z}_+ \qquad (11.40)$$

根据式(11.13)和 s_t^i 的定义,在对称结果下 $(w_t - \tau_t)/c_t = (c_t - c_t s_t)/c_t = 1 - s_t$。因此,$H = 1/(1-\beta)$,在对称结果下:

$$\partial u^i/\partial \tau_t^i = -\beta^t(1-\beta)(N + \phi\tau_t s_t)/Nc_t, \quad t \in \mathbb{Z}_+ \qquad (11.41)$$

根据式(11.37)(在对称结果下)和式(11.41),我们得出:如果 $(N + \phi\tau_u s_u)/\tau_u < (N + \phi\tau_v s_v)/\tau_v$,则式(11.38)是正确的。因为这个不等式的左侧是严格负的,右侧是严格正的,所以它一定是正确的。

命题 11.3 的证明。我们首先找到优化问题的剩余相关导数。根据式(11.40),在对称结果下:

$$\frac{\partial^2 H^i}{\partial(\tau_t^i)^2} = \frac{\frac{\beta^t \phi}{N^2} N c_t (1-s_t) - 2\tau_t A_t}{c_t^2}, \; \frac{\partial^2 H^i}{\partial \tau_t^i \tau_s^i} = 0, \; s \neq t, \; s, \; t \in \mathbb{Z}_+ \tag{11.42}$$

其中 $A_t \equiv N + \phi \tau_t s_t - \phi \tau_t$。因此,根据式(11.39),在对称结果下:

$$\frac{\partial^2 u^i}{\partial \tau_t^{i2}} = -\frac{\beta^t (1-\beta)}{N^2 c_t^2} [D_t + \beta^t (1-\beta) A_t^2], \; \frac{\partial^2 u^i}{\partial \tau_t^i \tau_s^i}$$

$$= (1-\beta)^2 \beta^{t+s} A_t A_s, \; s \neq t, \; t \in \mathbb{Z}_+ \tag{11.43}$$

其中 $D_t = \phi(N c_t s_t + 2\tau_t A_t + \phi \tau_t^2)$。根据式(11.18)和式(11.37),在对称结果下:

$$\frac{\partial B^i}{\partial \tau_t^i} = \frac{\beta^t C_t}{N c_t}, \; \frac{\partial^2 B^i}{\partial(\tau_t^i)^2} = \beta^t \phi \frac{N c_t (s_t - N) + 2\tau_t C_t}{N^2 c_t^2}, \; \frac{\partial^2 B^i}{\partial \tau_t^i \partial \tau_s^i} = 0, \; s \neq t, \; t \in \mathbb{Z}_+ \tag{11.44}$$

其中 $C_t = N + \phi \tau_t s_t - N \phi \tau_t$。

政府的优化问题的拉格朗日量是 $L^i = u^i + \lambda^i B^i$,其中 λ^i 是乘数。一阶条件 $\partial u^i / \partial \tau_t^i + \lambda^i \partial B^i / \partial \tau_t^i = 0$ 意味着:

$$\frac{\partial u^i}{\partial \tau_t^i} \frac{\partial B^i}{\partial \tau_0^i} = \frac{\partial B^i}{\partial \tau_t^i} \frac{\partial u^i}{\partial \tau_0^i}, \; t \in \mathbb{Z}_{++} \tag{11.45}$$

将式(11.41)和式(11.44)的一阶导数代入式(11.45),在对称结果下计算得到:

$$\frac{N + \phi \tau_t s_t}{\tau_t} = \frac{N + \phi \tau_0 s_0}{\tau_0}, \; t \in \mathbb{Z}_{++} \tag{11.46}$$

由式(11.13)和 w_t, g_t 以及 s_t^i 的定义,我们可以得到 $c_t = c_t(\tau) = w_t - g_t - \phi \tau^2 / 2$ 和 $s_t = s_t(\tau) = (\tau - \phi \tau^2 / 2 - g_t) / c(\tau)$, $t \in \mathbb{Z}_+$。

引理 11.1:函数 $\Phi_t(\tau) \equiv [N + \phi \tau s_t(\tau)] / \tau$ 在 $(0, \tau_{Nt}^*)$ 上严格减小。

引理 11.1 的证明。通过微分可以证明这是真的 $v_t(\tau) \equiv \phi\tau^2[1 - \phi\tau + \phi\tau s_t(\tau)] - Nc_t(\tau) < 0$。随着 v_t 在 N 上递减，当 $N=1$ 时就足够了。根据 $\bar{\tau}$ 的定义，情况应该就是如果 $\tau^4 - 4w_t\tau^3 + 4\bar{\tau}^2\tau^2 - \bar{\tau}^4 < 0$，我们就有 $\psi_t(0) < 0$ 和 $\psi(\tau_{1t}^*) < 0$；因此在 $[0, \tau_{Nt}^*] \subseteq [0, \tau_{1t}^*]$ 上证明了 $\psi < 0$，这就充分证明了 ψ_t 在 $[0, \tau_{1t}^*]$ 没有内部最大值。求解 $\partial\psi_t/\partial\tau = 0$，并且要求 $\partial^2\psi_t/\partial\tau^2 < 0$，得到 $\tau = (3w_t - \sqrt{9w_t^2 - 8\bar{\tau}^2})/2 > \tau_{1t}^*$；因此不存在内部最大值。∎

根据引理 11.1，给定 τ_0，τ_t 是式(11.46)的唯一解；因此，$\tau_t = \tau_1$，$t \in \mathbb{Z}_{++}$。二阶条件需要二次形式 $\sum_{t=0}^{\infty} \sum_{s=0}^{\infty} (\partial^2 L^i/\partial\tau_t^i\partial\tau_s^i)\mathrm{d}\tau_t^i\mathrm{d}\tau_s^i$ 为负，其中 $\sum_{t=0}^{\infty} (\partial B^i/\partial\tau_t^i)\mathrm{d}\tau_t^i = 0$，在一阶条件的对称解处求值，除了在 $\mathrm{d}\tau_t^i = 0$，$t \in \mathbb{Z}_+$，使用式(11.43)、式(11.44)和 $\lambda^i = -(\partial u^i/\partial\tau_t^i)/(\partial B^i/\partial\tau_t^i)$，如果符合以下条件，这个就是正确的：

$$\sum_{t=0}^{\infty} \left(\frac{\beta^t(1-\beta)D_t}{N^2 c_t^2} + \frac{\dfrac{\partial u^i}{\partial\tau_t^i}}{\dfrac{\partial B^i}{\partial\tau_t^i}} \frac{\partial^2 B^i}{\partial(\tau_t^i)^2} \right)(\mathrm{d}\tau_t^i)^2 + \left(\frac{1-\beta}{N} \sum_{t=0}^{\infty} \frac{\beta^t A_t}{c_t}\mathrm{d}\tau_t^i \right)^2 > 0$$

$$(11.47)$$

使用 $\partial B^i/\partial\tau_t^i > 0$，通过命题，如果满足 $\beta^t(1-\beta)D_t\partial B^i/\partial\tau_t^i + N^2 c_t^2(\partial u^i/\partial\tau_t^i)\partial^2 B^i/\partial(\tau_t^i)^2 \geq 0$，这就是正确的。根据式(11.41)和式(11.44)，我们知道如果 $N^3 c_t - N\phi\tau_t^2 - \phi^2\tau_t^3 s_t + N\phi^2\tau_t^3 > 0$ 这是正确的。因为不等式左侧对于 $N > 1$ 是严格递增的，根据 $v(\tau_t) < 0$，在引理 11.1 的证明中，它在 $N=1$ 时是正的。

最后，我们证明了一个独特的内部均衡 (τ_0, τ_1) 存在并且存在 $\tau_0 < \tau_1$。由式(11.18)和式(11.46)满足这样的均衡

$$(1-\beta)s_0(\tau_0) + \beta s_1(\tau_1) = 0 \qquad (11.48)$$

$$\Phi_1(\tau_1) = \Phi_0(\tau_0) \qquad (11.49)$$

根据假设式(11.19)和命题 11.1,∃!$\hat{\tau}$ 使($\hat{\tau}$,$\hat{\tau}$)满足式(11.48)。对于任意的 $\tau_0\in(0,\hat{\tau})$,假设式(11.19)和命题 11.1 保证∃!$\tau_1\in(\hat{\tau},\tau')$使($\tau_0$,$\tau_1$)满足式(11.48)。在$(0,\hat{\tau})\times(0,\tau')$上满足隐函数定理的条件;因此,在$(0,\hat{\tau})$上存在一个连续函数 $\tau^A(\tau_0)$使(τ_0,$\tau^A(\tau_0)$)满足式(11.48)。命题 11.1 确保$\partial\tau^A/\partial\tau_0<0$。图 11.1 用标记为 A 的曲线表示函数 τ^A,要注意的是,如果 $\tau\in(0,\tau')$则 $\Phi_0(\tau)=\Phi_1(\tau)-\phi R_0 b_0/c(\tau)<\Phi_1(\tau)$。由引理 11.1,如果 $\tau_1\in(0,\tau')$则 $\Phi_1(\tau_1)\in(\Phi_1(\tau'),\infty)$,也是由引理 11.1,在$(0,\tau')$上有$\partial\Phi_0/\partial\tau_0<0$,有 $\Phi_0\rightarrow\infty$,在 $\tau_0\searrow0$ 和 $\Phi_0\rightarrow\Phi_0(\tau')<\Phi_1(\tau')$上有 $\tau_0\nearrow\tau'$。因此对于任何 $\tau_1\in(0,\tau')$,∃!$\tau_0\in(0,\tau_1)$使(τ_0,τ_1)满足式(11.49)。根据隐函数定理,存在一个唯一的连续函数 $\tau^B(\tau_1)$在$(0,\tau')$上使($\tau^B(\tau_1)$,τ_1)满足式(11.49)。显然,$\tau^B(0)=0$ 和引理 11.1 确定$\partial\tau^B/\partial\tau_1>0$,函数 τ^B 由图 11.1 所示的曲线表示。

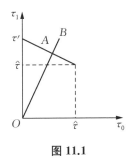

图 11.1

从图 11.1 可以清楚地看出,A 和 B 有一个唯一的相交点,并且在相交点处 $\tau_0<\tau_1$,在$[0,\tau_{1t}^*]$($t=0$,1)的范围里,由于 s_t 是严格递增的,而 Φ_t 是严格递减的(因此曲线 A 的任何"延拓"都将向下倾斜,曲线 B 的任何"延拓"都将向上倾斜),所以不可能有其他的均衡。这就完成了证明。

命题 11.4 的证明是由式(11.46)简单地推出的。

命题 11.5 的证明,由式(11.49)、$\tau_1>\tau_0$ 和命题 11.3 中的引理 11.1 可以看出,N 的增加使图 11.1 中曲线 B 顺时针旋转,这就产生了结果。

命题 11.6 的证明,设 $\tau_t\in[0,1)$,$t\in\mathbb{Z}_+$,求导式(11.29)和式(11.30)。

$$\frac{\partial u}{\partial \tau_t} = -\frac{\beta^t \alpha (1-\alpha) \tau_t}{(1-\tau_t)(1-\alpha \tau_t)} < 0, \ t \in \mathbb{Z}_+$$

$$\frac{\partial B}{\partial \tau_0} = (1-\beta)\alpha \left[1 - \frac{\gamma}{(1-\tau_0)^2} \right], \ \frac{\partial B}{\partial \tau_t} = \beta^t (1-\beta)\alpha, \ t \in \mathbb{Z}_{++}$$

$$\frac{\partial^2 u}{\partial \tau_t^2} = -\frac{\beta^t \alpha (1-\alpha \tau_t^2)}{(1-\tau_t)^2 (1-\alpha \tau_t)^2} < 0, \ \frac{\partial^2 u}{\partial \tau_t \partial \tau_s} = 0, \ s \neq t, \ s, \ t \in \mathbb{Z}_+ \quad (11.50)$$

$$\frac{\partial^2 B}{\partial \tau_0^2} = -\frac{2(1-\beta)\alpha \gamma}{(1-\tau_0)^3} < 0, \ \frac{\partial^2 B}{\partial \tau_t^2} = \frac{\partial^2 B}{\partial \tau_t \partial \tau_s} = 0, \ s \neq t, \ t \in \mathbb{Z}_{++}, \ s \in \mathbb{Z}_+,$$

其中 $\gamma \equiv (1-\alpha)R_0 b_0 / \alpha$。

由于所有交叉偏导数均为零,如果符合条件: $(\partial B/\partial \tau_t)^2 (\partial^2 u/\partial \tau_t^2) - (\partial u/\partial \tau_t)(\partial^2 B/\partial \tau_t^2) < 0$, $t \in \mathbb{Z}_+$,则满足二阶条件,通过由类似于命题11.2 的论证得出的结论式(11.50)和 $\partial B/\partial \tau_t > 0$ 可以得到这是明显正确的。

一阶条件是式(11.30)和 $\Psi_t(\tau_t) = \Psi_0(\tau_0)$, $t \in \mathbb{Z}_{++}$,其中 $\Psi_t(\tau_t) \equiv (\partial u/\partial \tau_t)/(\partial B/\partial \tau_t)$, $t \in \mathbb{Z}_+$。由于 Ψ_t 严格递减,并且 $\Psi_t(\tau_t) = \Psi_1(\tau_1)$, $t \in \mathbb{Z}_{++}$,所以一定会得到 $\tau_t = \tau_1$, $t \in \mathbb{Z}_{++}$,以及:

$$\Psi_1(\tau_1) = \Psi_0(\tau_0), \ t \in \mathbb{Z}_{++} \quad (11.51)$$

在命题11.3 中,式(11.31)和式(11.50)保证存在唯一的连续严格减函数 $\tau^A(\tau_0)$ 在 $(0, \hat{\tau})$ 上使得 $(\tau_0, \tau^A(\tau_0))$ 满足式(11.30)(当 $\tau_t = \tau_1$, $t \in \mathbb{Z}_{++}$ 时)。其中 $\hat{\tau}$ 是满足式(11.30)的唯一常量税。在式(11.50)中,当 $\tau \in (0, \tau')$, $R_0 b_0 > 0$ 时,$\Psi_0(\tau) < \Psi_1(\tau)$;如果 $\tau \in (0, \tau')$,那么 $\Phi_1(\tau_1) \in (\Phi_1(\tau'), 0)$;也是在式(11.50)中,在 $(0, \tau')$ 中随着 $\Phi_0 \to 0$, $\tau_0 \searrow 0$,会有 $\partial \Phi_0/\partial \tau_0 < 0$;并且当 $\tau_0 \nearrow \tau'$ 时 $\Phi_0 \to \Phi_0(\tau') < \Phi_1(\tau')$。因此,对于任意 $\tau_1 \in (0, \tau')$,$\exists! \tau_0 \in (0, \tau_1)$ 使得 (τ_0, τ_1) 满足式(11.51)。利用隐函数定理,在 $\tau \in (0, \tau')$ 上存在唯一的连续函数 $\tau^B(\tau_1)$ 使得 $(\tau^B(\tau_1), \tau_1)$ 满足式(11.51)。很明显可通过 $\tau^B(0) = 0$ 和式(11.50)得到 $\partial \tau/\partial \tau_1 > 0$。命题11.3 中的几何学论点,通过图11.1 成立,其中对于优化问题有一个唯一的解决方案,并且方案中 $\tau_1 > \tau_0$。

命题 11.7 的证明,通过倒推,在第 1 期中,政府的拉格朗日函数是 $u_1 + \lambda(s_1^c + \beta s_2)$,其中 $u_1 \equiv \ln c_1 + \beta \ln c_2$,消费由式(11.13)给出,储蓄由式(11.18)得以定义,并且 $s_1^c \equiv s_1 - R_1 b_1 / c_1$。

当 $t = 1$ 时可以由式(11.5)给出欧拉方程,最优性要求:

$$\frac{1 + \phi \tau_1 s_1^c}{\tau_1} - \frac{1 + \phi \tau_2 s_2}{\tau_2} = 0 \tag{11.52}$$

$$s_1^c + \beta s_2 = 0 \tag{11.53}$$

$$\begin{vmatrix} L_{11} & L_{12} & \dfrac{\partial s_1^c}{\partial \tau_1} \\[2mm] L_{12} & L_{22} & \dfrac{\partial s_2}{\partial \tau_2} \\[2mm] \dfrac{\partial s_1^c}{\partial \tau_1} & \dfrac{\partial s_2}{\partial \tau_2} & 0 \end{vmatrix} > 0 \tag{11.54}$$

求解式(11.54)得到:

$$\Delta \equiv (1 + \beta)\phi \frac{\partial s_1^c}{\partial \tau_1}\frac{\partial s_2}{\partial \tau_2} - \frac{\beta}{\tau_1^2}\frac{\partial s_2}{\partial \tau_2} - \frac{1}{\tau_2^2}\frac{\partial s_1^c}{\partial \tau_1} < 0 \tag{11.55}$$

求式(11.52)和式(11.53)微分,得到:

$$\frac{d\tau_1}{d(R_1 b_1)} = \frac{1}{c_1 \Delta}\left[(1 + \beta)\phi \frac{\partial s_2}{\partial \tau_2} - \frac{1}{\tau_2^2} \right], \quad \frac{d\tau_2}{d(R_1 b_1)} = -\frac{1}{c_1 \Delta \tau_1^2} \tag{11.56}$$

用式(11.56)求间接效用函数 $u_1 = u_1(R_1 b_1)$ 的积分:

$$\frac{du_1}{d(R_1 b_1)} = -\frac{\phi \tau_1}{c_1^2}\left(\frac{\partial s_1^c}{\partial \tau_1} \right)^{-1} \tag{11.57}$$

求式(11.5)在 $t = 0$ 时的积分,得到:

$$\frac{\partial(R_1 b_1)}{\partial \tau_0} = \frac{b_1 c_1}{c_0}\frac{\phi \tau_0}{\phi \tau_1 \dfrac{d\tau_1}{d(R_1 b_1)} b_1 + \beta c_0}, \quad \frac{\partial(R_1 b_1)}{\partial b_1} = \frac{c_1}{\phi \tau_1 \dfrac{d\tau_1}{d(R_1 b_1)} b_1 + \beta c_0} \tag{11.58}$$

在第 0 期,即 $t=0$ 时,决策者在式(11.13)和式(11.18)的约束下使 $\ln c_0 + \beta u_1(R_1 b_1)$ 最大。此时最优性要求为:

$$\frac{\phi \tau_0}{c_0} = \beta \frac{\mathrm{d}u_1}{\mathrm{d}(R_1 b_1)} \left[\frac{\partial(R_1 b_1)}{\partial \tau_0} - (1 - \phi \tau_0) \frac{\partial(R_1 b_1)}{\partial b_1} \right] \qquad (11.59)$$

将式(11.57)和式(11.58)代入式(11.59):

$$-\frac{1}{\Delta} \frac{\phi s_0}{\tau_1^2} \frac{\partial s_2}{\partial \tau_2} = \frac{1 + \phi \tau_0 s_0}{\tau_0} - \frac{1 + \phi \tau_1 s_1}{\tau_1} \qquad (11.60)$$

这意味着 $(1 + \phi \tau_0 s_0)/\tau_0 > (1 + \phi \tau_1 s_1)/\tau_1$ 可以推出 $\tau_0 < \tau_1$。

命题 11.8 证明。设初始周期为 $t=0$,则有 $\tau_0 < 1/\phi$。否则在税收不变的情况下,福利可以通过向产生相同盈余的较低税收(在 Laffer 曲线的另一边)转移来改善。

假设初始税收的边际协调下降至 $\mathrm{d}\tau_0 < 0$,则由一系列未来税收变化 $\{\mathrm{d}\tau_t\}_{t=1}^{\infty}$ 提供资金,以至于对式(11.32)求微分 $\mathrm{d}c_t = \mathrm{d}c$,$t \in \mathbb{Z}_{++}$ 并在初始稳定状态下严格递增效用所需的收益:

$$\mathrm{d}c_0 + \beta \mathrm{d}c/(1-\beta) > 0 \qquad (11.61)$$

对式(11.35)求微分并在稳态下计算收益:

$$\frac{1 - \phi \tau}{\theta} \sum_{t=0}^{\infty} \beta^t \mathrm{d}\tau_t - \left(s - \frac{R_0 b_0}{c} \right) \mathrm{d}c_0 - \frac{\beta s \mathrm{d}c}{1-\beta} = 0 \qquad (11.62)$$

稳态时,$R_t = 1/\beta$。由此计算式(11.35)在稳态下的 $s = (1-\beta) b_0/(\beta c)$。把这个代入式(11.62)得到式(11.63):

$$(1 - \phi \tau) \sum_{t=0}^{\infty} \beta^t \mathrm{d}\tau_t + \theta b_0 \mathrm{d}c_0/c - \theta b_0 \mathrm{d}c/c = 0 \qquad (11.63)$$

对式(11.34)求微分并在稳定状态下计算收益:

$$\mathrm{d}R_t = \theta(\mathrm{d}c - \mathrm{d}c_0)/(\beta c), \ \mathrm{d}R_t = 0, \ t = 2, 3, \cdots \qquad (11.64)$$

求对式(11.36)求微分,采用 $\partial f_t/k_t = R_t$ 和 $\mathrm{d}k_t/\mathrm{d}R_t = -k_t/(\alpha R_t)$,代入式(11.64),求稳态收益:

$$\phi\tau\mathrm{d}\tau_0 = \theta(\mathrm{d}c - \mathrm{d}c_0)k_1/(\alpha c) - \mathrm{d}c_0$$

$$\phi\tau\mathrm{d}\tau_1 = -\theta(\mathrm{d}c - \mathrm{d}c_0)k_1/(\alpha\beta c) - \mathrm{d}c \qquad (11.65)$$

$$\phi\tau\mathrm{d}\tau_t = -\mathrm{d}c, \ t = 2, \ 3, \ \cdots$$

将式(11.65)代入式(11.63),用 $b_0 > 0$ 得出,当且仅当效用上升时得出:

$$\frac{1-\phi\tau}{\phi\tau}\frac{\beta}{1-\beta} + \frac{b_0}{c} > 0 \qquad (11.66)$$

主要原因是 $\tau < 1/\phi$。

参考文献

Acemoglu, D., M. Golosov, and A. Tsyvinski, 2011, "Political Economy of Ramsey Taxation", *Journal of Public Economics*, 95(7—8), 467—475.

Aiyagari, S. Rao and Ellen R. McGrattan, 1998, "The Optimum Quantity of Debt", *Journal of Monetary Economics*, Elsevier, 42(3), 447—469.

Alesina, A., and A. Drazen, 1991, "Why Are Stabilizations Delayed?", *American Economic Review*, 81(5), 1170—1188.

Alesina, A., and G. Tabellini, 1990, "A Positive Theory of Budget Deficits and Government Debt", *Review of Economic Studies*, 57(3), 403—414.

Allers, M., 1995, *Tax Compliance Costs: Measurement and Policy*, Bath, UK: Fiscal Publications, 173—195.

Aragón, Fernando M., 2010, *The Flypaper Effect and Costly Tax Collection*, London School of Economics.

Aschauer, D. A., 2000, "Public Capital and Economic Growth: Issues of Quantity, Finance, and Efficiency", *Economic Development and Cultural Change*, 48(2), 391—406.

Baldacci, E. and Manmohan S. Kumar, "Fiscal Deficits, Public Debt and Sovereign Bond Yields", International Monetary Fund: Working Paper, 10/184, 2010.

Barro, R., 1979, "On the Determination of Public Debt", *Journal of Political Economy*, 87(5), 940—971.

Bataglini, M., 2011, "The Political Economy of Public Debt", *Annual Review of Economics*, 3, 161—189.

Bovenberg, A. Lans, 1994, *Handbook of International Macroeconomics*, Oxford: Blackwell, 116—150.

De Bruyne, G., 1979, "Pareto Optimality of Non-cooperative Equilibrium in a Time-dependent

Multi-period Game", *European Economic Review*, 12(3), 243—260.

Buiter, W., 1987, *Economic Policy in Theory and Practice*, London: Macmillan, 101—144.

Buiter, W., 1989, *Budgetary Policy, International and Intertemporal Trade in the Global Economy*, Amsterdam: North Holland.

Buiter, W., and Kenneth M. Kletzer, 1991, "The Welfare Economics of Cooperative and Non-cooperative Fiscal Policy", *Journal of Economic Dynamics and Control*, 15(1), 215—244.

Bulow, J. and K., Rogoff, 1989, "A Constant Recontracting Model of Sovereign Debt", *Journal of Political Economy*, 97, 155—178.

Chamley, C., 1981, "The Welfare Cost of Capital Income Taxation in a Growing Economy", *Journal of Political Economy*, 89(3), 468—496.

Chamley, C., 1986, "Optimal Taxation of Capital Income in General Equilibrium with Infinite Lives", *Econometrica*, 54(3), 607—622.

Chang, R., 1990, "International Coordination of Fiscal Deficits", *Journal of Monetary Economics*, 25(3), 347—366.

Chang, R., 1997, "Financial Integration with and without International Policy Coordination", *International Economic Review*, 38(3), 547—564.

Checherita-Westphal, Cristina, A. Hughes Hallett and P. Rother, 2014, "Fiscal Sustainability Using Growth-maximising Debt Targets", *Applied Economics*, 46 (6), 638—647.

Cole, Harold L. and Patrick J. Kehoe, 1995, "The Role of Institutions in Reputation Models of Sovereign Debt", *Journal of Monetary Economics*, 35(1), 45—64.

Corsetti, G., and Gernot J. Müller, "International Dimensions of Fiscal Policy Transmission", Fondation Banque de France pour la recherche project working paper, 2007.

Corsetti, G., A. Meier and Gernot J. Müller, 2010, "Cross-Border Spillovers from Fiscal Stimulus, International Journal of Central Banking", 6(1), 5—37.

Corsetti, G., A. Meier and Gernot J. Müller, 2012, "What Determines Government Spending Multipliers?", *Economic Policy*, 27(72), 521—565.

Drazen, A., 2000, *Political Economy in Macroeconomics*, Princeton: Princeton University Press.

Eaton, J. and Mark Gersovitz, 1981, "Debt with Potential Repudiation", *Review of Economic Studies*, 48(2), 289—309.

Fichtner, J. J., and Jacob M. Feldman, "The Hidden Costs of Tax Compliance", Mercatus Center George Mason University: Mercatus Research, 2013.

Frenkel, Jacob A., and Assaf Razin, 1985, "Government Spending, Debt, and International Economic Interdependence", *Economic Journal*, 95(379), 619—636.

Frankel, Jacob A., and Assaf Razin, 1987, *Fiscal Policies and the World Economy*, Cambridge: MIT Press.

Greiner，A.，2013，"Debt and Growth: Is There a Non-monotonic Relation?"，*Economics Bulletin*，33(1)，33—47.

Gross，T.，2014，"Equilibrium Capital Taxation in Open Economies under Commitment"，*European Economic Review*，70，75—87.

Guyton，John L.，John F. O'Hare，Michael P. Stavrianos and Eric J. Toder，2003，"Estimating the Compliance Cost of the U. S. Individual Income Tax"，*National Tax Journal*，56，673—688.

Hamada，K.，1966，"Strategic Aspects of Taxation on Foreign Investment Income"，*Quarterly Journal of Economics*，80(3)，361—375.

Hamada，K.，1986，"Strategic Aspects of International Fiscal Interdependence"，*Economic Studies Quarterly*，37(2)，165—180.

Han，Y.，P. Pieretti，S. Zanaj and B. Zou，2014，"Asymmetric Competition among Nation States: A Differential Game Approach"，*Journal of Public Economics*，119，71—79.

Hughes H.，Andrew J. and H. J. B. Rees，1983，*Quantitative Economic Policies and Interactive Planning*，Cambridge: Cambridge University Press.

Janeba，E.，1997，*International Tax Competition*，Tübingen: Mohr Siebeck.

Kaplow，L.，1990，"Optimal Taxation with Costly Enforcement and Evasion"，*Journal of Public Economics*，43(2)，221—236.

Keen，M. and Kai A. Konrad，2014，"The Theory of International Tax Competition and Coordination"，Working Paper of the Max Planck Institute for Tax Law and Public Finance，No. 2012-06.

Kehoe，P.，1987，"Coordination of Fiscal Policies in a World Economy"，*Journal of Monetary Economics*，19(3)，349—376.

Kehoe，P.，1989，"Policy Cooperation Among Benevolent Governments May Be Undesirable"，*Review of Economic Studies*，56(2)，289—296.

Kirchgässner，G.，2014，"On the Political Economy of Public Deficits and Debt"，*German Economic Review*，15(1)，116—130.

Lucas，Robert E.，1988，"On the Mechanisms of Economic Development"，*Journal of Monetary Economics*，22(1)，3—42.

OECD，*Tax Administration in OECD and Selected Non-OECD Countries*，Paris，2009.

Persson，T. and Lars E.O. Svensson，1989，"Why a Stubborn Conservative Would Run a Deficit: Policy with Time-Inconsistent Preferences"，*Quarterly Journal of Economics*，104(2)，325—345.

Pitt，Mark M. and Joel Slemrod，1989，"The Compliance Cost of Itemizing Deductions: Evidence from Individual Tax Returns"，*American Economic Review*，79，1224—1232.

Rogoff，K. and A. Sibert，1988，"Elections and Macroe-conomic Policy Cycles"，*Review of Economic Studies*, 55(1), 1—16.

Sanford, C., M. Goodwin and P. Hardwick, 1989, "Administrative and Compliance Costs of Taxation", Bath, UK: Fiscal Publications.

Sinn, Hans W., 1990, "Tax Harmonization and Tax Competition in Europe", *European Economic Review*, 34, 489—504.

Slemrod, J., 1996, *Economic Effects of Fundamental Tax Reform*. Washington, DC: Brookings Institution, 355—391.

Slemrod, J. and N. Sorum, 1984, "The Compliance Cost of the U.S. Individual Income Tax System", *National Tax Journal*, 37(4), 461—474.

Slemrod, J. and V. Venkatesh, "The Income Tax Compliance Cost of Large and Mid-Size Businesses", University of Michigan, Ross School of Business working paper, 2002.

Song, Z., K. Storesletten and F. Zilibotti, 2012, "Rotten Parents and Disciplined Children: A Politico-economic Theory of Public Expenditure and Debt", *Econometrica*, 80(6), 2785—2803.

Tabellini, G., 1990, "Domestic Politics and the International Coordination of Fiscal Policies", *Journal of International Economics*, 28(3—4), 245—265.

Turnovsky, Stephen J., 1988, "The Gains from Fiscal Cooperation in the Two-Commodity Real Trade Model", *Journal of International Economics*, 25(1—2), 111—127.

Turnovsky, Stephen J., 1997, *International Macroeconomic Dynamics*, Cambridge: MIT Press.

Vaillancourt, F., Édison Roy-César and Maria Silvia Barros, "The Compliance and Administrative Costs of Taxation in Canada", Studies in Tax Policy Fraser Institute, 2013.

Wildasin, David E., 2003, "Fiscal Competition in space and Time", *Journal of Public Economics*, 87(11), 2571—2588.

图书在版编目(CIP)数据

国家规模、政府和公共产品 /（德）费利克斯·J. 比尔布劳尔等著；欧阳崚等译. —上海 ：格致出版社 ：上海人民出版社，2023.11
（国家规模和经济增长译丛）
ISBN 978 - 7 - 5432 - 3491 - 8

Ⅰ.①国…　Ⅱ.①费…　②欧…　Ⅲ.①公共物品-供给制-研究　Ⅳ.①F20
中国国家版本馆 CIP 数据核字(2023)第 146878 号

责任编辑　王浩淼
装帧设计　零创意文化

国家规模和经济增长译丛

国家规模、政府和公共产品

[德]费利克斯·J.比尔布劳尔　　[英]西蒙·威克瑞
[美]詹姆斯·安德里尼　　[英]威廉·H.比特 等著
欧阳崚　周利　周密　周游 译

出　　版　格致出版社
　　　　　上海人民出版社
　　　　　(201101　上海市闵行区号景路 159 弄 C 座)
发　　行　上海人民出版社发行中心
印　　刷　上海商务联西印刷有限公司
开　　本　720×1000　1/16
印　　张　20.75
插　　页　2
字　　数　285,000
版　　次　2023 年 11 月第 1 版
印　　次　2023 年 11 月第 1 次印刷
ISBN 978 - 7 - 5432 - 3491 - 8/F·1527
定　　价　92.00 元